Kolumbus' Erben

KOLUMBUS' ERBEN

Europäische Expansion und überseeische Ethnien im Ersten Kolonialzeitalter, 1415–1815

Herausgegeben von
Thomas Beck, Annerose Menninger
und Thomas Schleich

Wissenschaftliche Buchgesellschaft
Darmstadt

Einbandgestaltung: Neil McBeath, Stuttgart.

Einbandbild: Sklavenmarkt in Rio de Janeiro. Kolorierte Zeichnung von Augustus Earle. Wahrscheinlich zwischen 1821 und 1824 auf seiner Brasilien-Reise entstanden. 184 × 264 mm. London, British Museum. Für die freundliche Unterstützung bei der Auffindung des Originals danken die Herausgeber der Menil Foundation Inc., Houston, Texas.

Die Deutsche Bibliothek – CIP-Einheitsaufnahme

Kolumbus' Erben: europäische Expansion und überseeische Ethnien im ersten Kolonialzeitalter, 1415–1815 / hrsg. von Thomas Beck ... – Darmstadt: Wiss. Buchges., 1992
ISBN 3-534-11872-3
NE: Beck, Thomas [Hrsg.]

Bestellnummer 11872-3

Gedruckt auf säurefreiem und alterungsbeständigem Offsetpapier
Satz: Setzerei Gutowski, Weiterstadt
Druck und Einband: Wissenschaftliche Buchgesellschaft, Darmstadt
Printed in Germany
Schrift: Linotype Wilke, 9.5/11

ISBN 3-534-11872-3

Für
Eberhard Schmitt

Inhalt

Europäische Expansion und überseeische Ethnien. Eine Einleitung 1

Schwarze Portugiesen. Die Geschichte des frühen Westafrika-Handels. Von Marília P. L. dos Santos Lopes 21

Europäische Mission in Neu-Spanien: Auswirkungen auf die Volksreligiosität in Mexiko. Von Richard Nebel 39

Unter 'Menschenfressern'? Das Indiobild der Südamerika-Reisenden Hans Staden und Ulrich Schmidl zwischen Dichtung und Wahrheit. Von Annerose Menninger 63

Europäisches Überlegenheitsgefühl und die Entdeckung Chinas. Ein Beitrag zur Frage der Rückwirkungen der europäischen Expansion auf Europa. Von Walter Demel 99

Von der freien Lohnarbeit zur Sklaverei: Die Ausbildung der karibischen Plantagengesellschaft. Von Andrea Wirsching . . 145

Der Ruf nach Mitbestimmung: Bürgerproteste in Neu-Niederland. Von Anneli Partenheimer-Bein 165

Lohnarbeit im Wigwam: Ein Blick hinter den Schleier der Indianergrenze in Neu-England während King Philipp's War 1675/1676. Von Thomas Beck 197

Vom Warenumschlag zum Wissenstransfer: Die Anfänge der japanischen Öffnung zum Westen in der Phase des verschlossenen Landes (1640–1853). Von Thomas Schleich 217

Die europäischen Mächte und die Religionsgemeinschaften Syriens im Rahmen der Orientalischen Frage. Bemerkungen zum 'indirekten Imperialismus' im Osmanischen Reich. Von Alfred Schlicht 247

Verzeichnis der Bilddokumente 281

Personenregister 283

Sachregister 295

Die Autoren 321

Europäische Expansion und überseeische Ethnien

Eine Einleitung

Blickt man vom Ergebnis her auf den Prozeß der Europäisierung der Erde zurück, so ist der Befund, daß Europa reicher wurde, die Anderen ärmer, das zentralste und nicht strittige Wesensmerkmal.

Aber auch politisch und kulturell hat Europa offenbar ein übermächtiges Gewicht in der Weltgeschichte. Zentrale Impulse für Wohl und Übel der Völkergemeinschaft gehen von den Bewohnern Europas und Nordamerikas aus. Sucht man rückwärtsschreitend die Wurzeln dieses uns nur allzu deutlichen Tatbestands, so läßt sich eine Genese rekonstruieren, die, gleichsam einer inneren Logik folgend, Mosaikstein um Mosaikstein den Fortschritt dieses Prozesses offenzulegen scheint. Von Kolumbus' Landung auf Guanahaní (San Salvador) am 12. Oktober 1492 an, oder, wenn man in die frühesten Anfänge der Expansion zurückgehen will, von der portugiesischen Eroberung der marokkanischen Karawanserei Ceuta 1415 an, scheint die lineare Entwicklung zur imperialistischen Weltdominanz Europas im 19. und 20. Jahrhundert vorgezeichnet. Gerade im Umgang mit anderen Kulturen, auf die Europäer im Zuge ihrer Expansion zwangsläufig stießen, zu denen sie notwendigerweise in friedliche oder feindliche Beziehungen gerieten, scheint Europa, wie es wurde, im Anfang angelegt. Sprichwörtliche Goldgier, militärische und technische Überlegenheit, sowie rücksichtsloser Wagemut europäischer Eroberer bringen in nur vier Dekaden nach der Kolumbusfahrt die metropolitanen Kulturen Mittel- und Südamerikas unter europäische Herrschaft. Die Portugiesen setzen sich in nur drei Dekaden nach der Erschließung des Seewegs nach Indien durch Bartolomeu Dias 1488 und in nur zwei Dekaden nach der ersten Landung in Indien durch Vasco da Gama 1498 im Handels- und Wirtschaftsraum des Indischen Ozeans fest, gründen mit der Vernichtung der ägyptischen Flotte bei Diu 1509, der Eroberung von Goa 1510, der Eroberung Malakkas 1511 und der Eroberung von Ormuz 1515 ihren „Estado da India". Dies ist der Auftakt für eine, wie es scheint, nicht mehr abreißende Folge europäischer Eroberung und

Durchdringung der Welt, in der nur die jeweils führende europäische Metropole wechselt – die Niederländer im 17. Jahrhundert, Engländer und Franzosen im 18. Jahrhundert und schließlich das weltdominierende angelsächsische Imperium im 19. Jahrhundert.

Nimmt man die russische Kontinentalexpansion hinzu, so kann man ohne Übertreibung sagen, daß kaum eine Zivilisation auf der Erde außerhalb massiver europäischer Einflußnahme blieb – und dies nicht nur aus europäischer Sicht.

So haben Europäer und Nichteuropäer ein Bild von Europa gewonnen, das es als Gestalter unserer Welt zeichnet, damit aber auch als Hauptverantwortlichen für die drängendsten globalen Probleme. Aus der europäischen Geschichte scheint unsere Welt positiv und negativ ableitbar. Die Anderen erscheinen als die Passiven, die Erleidenden oder – wie es Eric R. Wolf provokativ in seinem viel beachteten Buchtitel formulierte – „Die Völker ohne Geschichte".

Doch so treffend diese Reduktion des Prozesses der Expansion Wesentliches charakterisiert, in der Vielschichtigkeit des Geschehens war das Ergebnis nicht so klar angelegt, geschweige denn für die Handelnden abzusehen. Anders ausgedrückt: Das Bild von einem mächtigen, zentralen Europa, das genialisch und rücksichtslos ausgriff, um seine eigentliche Bestimmung zu erfüllen, ist – jedenfalls für die frühe Neuzeit – eine Überschätzung im Positiven wie im Negativen. Europa war bekanntlich kein reicher Kontinent auf der Suche nach Absatzmärkten, sondern ein Kulturkreis am Rande der Welt, von dem man außerhalb der islamischen Welt, die nicht unbeträchtlich an der Belieferung der armen Europäer mit verfeinerten und feinen Waren verdiente, wenig Notiz nahm. Dies war auch den Europäern bewußt. Selbst in spätmittelalterlichen kartographischen Abbildungen der Welt, wie etwa der Edition der ptolemäischen Geographie durch den deutschen Benediktinermönch Nicolaus Germanus, 1474, dem katalanischen Weltatlas aus der jüdischen Kartographenschule auf Mallorca um 1375, oder der Fra Mauro-Karte von 1459, wird die bewußte Randständigkeit Europas verzeichnet. Im Zentrum steht Asien, der Kontinent, der all die Kostbarkeiten barg, die der europäischen Mangelgesellschaft so spärlich und teuer über die Endpunkte des asiatischen und afrikanischen Handelsnetzes auf der Krim, in der Levante und in Alexandria zuflossen. Noch deutlicher schlägt sich dieses Weltbild in der spirituellen Deutung der Erde nieder. Auf den T-Karten des Mittelalters, die geostet waren, jedoch nicht Geographie, sondern christlich-europäische Welt- und Heilsdeutung wiedergeben wollten, nimmt Asien $2/3$ der dargestellten

Welt ein, mit Jerusalem als Zentrum, gewissermaßen als Haupt Christi am Kreuz.

Natürlich hatte Europa ein Selbstbewußtsein, das dieses vergleichsweise reale geographische Weltbild ausbalancierte. Die christlich-abendländische Kultur stiftete nicht nur europäische Identität, sondern seit den Kreuzzügen auch ein aggressives Sendungsbewußtsein gegenüber anderen Kulturen. Die Bekehrung – im Verständnis der meisten Bekehrer die Inkulturierung – außereuropäischer Kulturen auch mit Gewalt war nicht nur akzeptierte Option, sondern Teil der spätmittelalterlichen und frühneuzeitlichen Ethik. Dieser Anspruch ist allerdings kaum europaspezifisch zu nennen und blieb im Zuge der Expansion aus verschiedenen Argumentationsmotiven heraus auch nicht unwidersprochen. Dennoch brachen die Europäer zu ihren Entdekkungsfahrten und Eroberungszügen zweifelsohne mit dem auf, was Eberhard Schmitt einmal „Heilsbringermentalität" nannte.

Freilich wollten die Europäer viel mehr holen als bringen; Gold nämlich und Spezereien, die teuer über viele asiatische und orientalische Händler bezogen werden mußten, und feine Tuche mit dauerhaften, leuchtenden Farben nach einer in Europa noch unbekannten Technik bedruckt, bemalt oder gefärbt. Wie schon Vasco da Gama während seines ersten Indienaufenthaltes feststellen mußte, hatte Europa nicht viel im Tausch anzubieten. Silber vor allem, das überwiegend in den Gebirgen und Mittelgebirgen gefördert wurde, Metalle und Halbedelmetalle sowie technische Apparate und feinmechanische Geräte, die eine Nürnberger Spezialität waren, deshalb international bald die Handelsbezeichnung „Nürnbergereien" führten. Anderswo galten sie jedoch eher als Kuriosa. Sehr begehrt waren auch europäische Waffen, aber aus naheliegenden Gründen gab Europa seine überlegene Waffentechnologie nur sehr zögerlich preis.

Es kann daher nicht verwundern, wenn die Abenteurer, die mit schlichtem Kalkül der europäischen Welt den Zugang zu den in Europa raren, anderswo alltäglichen Kostbarkeiten verschaffen wollten, sowohl nach Gold und Silber suchten, als auch nach kostbaren Spezereien, Farben, Tuchen und kunstgewerblichen Erzeugnissen. Es kann auch nicht verwundern, daß sie ihre einzige Überlegenheit ausspielten, ihre Kriegs- und Waffenkunst. Der Zwang dazu war nicht allein im persönlichen Bereicherungs- und Gewinnstreben angelegt, sondern ergab sich auch aus der Erwartungshaltung der Investoren in die teuren und risikoreichen Überseeunternehmungen. Die Suche nach Edelmetallen war die schlichte Motivation für die Eroberung des Reiches der Azteken (1519–1521) und der Inka (1531–1534), in deren Folge man schließlich 1545 im peruanischen Hochland einen 4700 m hohen Silberberg entdeckte. Der Cerro Rico, an dessen Fuß die größte Bergbaustadt der frühen Neuzeit entstand – das um 1600 bereits von 120000 Menschen bewohnte Potosí –, deckte für eineinhalb Jahrhunderte den Großteil des europäischen Edelmetallbedarfs.

In Asien suchten die Portugiesen die Gewürzinseln und das sagenhafte Cipangu, das verklärte, weil nie gesehene „Goldland" Japan aus dem „Buch der Wunder" Marco Polos. Oder zumindest doch einen der Gewürzhandelsplätze in Indien, wo man wesentlich billiger einkaufen konnte als auf den Märkten an den Mittelmeer- und Schwarzmeerküsten. Die Portugiesen fuhren nicht als Eroberer nach Asien, sondern als bewaffnete Händler. Doch als man kaum etwas von den mitgebrachten europäischen Waren vorteilhaft tauschen konnte, Spott erntete und Kränkung, als die schneidende arabische Konkurrenz ihre bessere Lobby im bedeutenden Marktort Kalikut gegen die Portugiesen kehren konnte, setzte schon da Gama seine wirkliche, konkurrenzlose Stärke ein, seine Schiffskanonen. In der Folge erzwangen die Portugiesen durch einen regelrechten Seeterror – ganz wirkungsvoll mit allen nur erdenklichen Greueltaten häufig gegen unbewaffnete Mekka-Pilger eingesetzt – ihre Teilhabe am asiatischen Handel. Ein Paßsystem, das an strategisch günstigen Punkten, etwa in der zu dieser Zeit einzig befahrenen Meeresstraße zwischen dem malaiisch-chinesischen und dem indischen Handelsraum, in der Straße von Malakka, oder am Eingang zum Persischen Golf, in Ormuz, überwacht werden konnte, machte einige zentrale Bereiche des asiatischen Handels für portugiesische Interessen nutzbar.

Die ziemlich genau ein Jahrhundert nach den Portugiesen in den asiatischen Raum eindringenden Niederländer waren nicht zimperlicher, wenn es darum ging, ihre Interessen durchzusetzen. Nachdem sie in den von den Portugiesen, die zwischen 1580 und 1640 in Personalunion vom spanischen König regiert wurden, nur unzureichend geschützten malaiischen Archipel eingedrungen waren, setzten sie ab 1619 rücksichtslos ihren Monopolanspruch auf Muskat und Nelken durch. Die Bandainseln wurden durch Deportation und Genozid entvölkert und von europäischen Muskatpflanzern und ihren Sklaven neu erschlossen. Der Nelkenanbau auf Amboina wurde durch die Polizeitruppe der Hongitochtenflotte überwacht. Bei preisdrückender Überproduktion wurde den Erzeugern die Ernte, wenn nötig auch die Pflanzkultur, verbrannt.

Nicht nur in der spanischen Eroberung Mittel- und Südamerikas, sondern auch bei anderen europäischen Kolonialmächten und in anderen Regionen spielte der Typ des wagemutigen, rücksichtslosen und grausamen Konquistadors eine prominente Rolle. Einige sind weniger bekannt geworden, andere, wie Afonso de Albuquerque, der Begründer des portugiesischen Estado da India, oder Jan Pietersz. Coen, der Eroberer von Jakatra und Begründer von niederländisch Indien, standen einem Hernán Cortés und einem Francisco Pizarro in nichts nach. Selbst die französischen, englischen, niederländischen, dänischen und schwedischen Siedlungs- und Handelskolonien, die seit Anfang des 17. Jahrhunderts in Nordamerika entstanden, kannten solche Militärs, wenn diese auch durch ihre eher bescheidenen Aktionen im nahen Umfeld der Kolonialsiedlungen oder in fernen, schwer zugänglichen Wäldern kaum zu vergleichbarem Ruhm gelangten.

Doch waren Indios, Indianer, Schwarzafrikaner, Orientalen und Asiaten keineswegs Statisten. In weiten Teilen der Welt wurden die aus europäischer Sicht so gewaltigen Eroberungen zum Teil für weitere zwei Jahrhunderte kaum zur Kenntnis genommen.

Schon bei der Kontaktaufnahme mit dem ersten, Europa weitgehend fremden Kulturkreis Schwarzafrikas mußten zunächst die Portugiesen, später Niederländer, Franzosen, Engländer, Dänen und Schweden, für kurze Zeit auch Brandenburger und Kurländer ihre eng gesteckten Grenzen als fremde Küstenhändler und als kleinere Territorialmächte kennenlernen. Nach anfänglichen Raubfahrten, auf denen vor allem Sklaven erbeutet wurden – bei den Portugiesen in der Tradition des Einbringens maurischer Kriegsgefangener als Sklaven –, orientierten sich alle europäischen Handelsmächte am geregelten Handelssystem, das die Portugiesen entwickelten. Die Portugiesen mußten schnell feststellen, daß sie ihr ursprüngliches Interesse an Afrika, die Teilhabe am Goldhandel, nur verfolgen konnten, wenn sie ihre Geschäfte auf vertrauensvolle Basis stellten. Für eine Eroberung der reichen afrikanischen Staaten, die Gold, Elfenbein, Malaguetta-Pfeffer, Indigo, Sklaven und feine Hölzer lieferten, waren die Europäer vor dem 19. Jahrhundert zu schwach, die Afrikaner zu stark, zumal schon einige atmosphärische Störungen in den Handelsbeziehungen die Warenströme umleiten konnten. Der Kulturkreis Afrikas war zu komplex und zu stabil für eine erfolgversprechende Konquista. Die Sklaverei brachten keineswegs die Europäer nach Afrika. Zumindest in den bedeutenderen Küstengebieten war sie eine fest etablierte Institution. Allerdings lernten Europäer Sklaverei auch nicht erst durch Afrikaner oder Orientalen kennen. Das gesamte europäische Mittelalter kannte sie. Jedoch brachte die Neuzeit und insbesondere die europäische Expansion eine neue Qualität und Quantität der Sklaverei hervor, die man beinahe „industrielle Sklaverei“ nennen möchte. Aus einer Rechtsinstitution, die übrigens auch in Mittel- und Südamerika, aber auch in Nordamerika und natürlich im Orient und in Asien anzutreffen war, wurde – jedenfalls dort, wo sie ihr grausigstes Antlitz zeigte – eine Produktionsweise, die Menschen als Investitionskapital mit kurzfristiger Abschreibung einsetzte, die (Zucker-)Plantagenwirtschaft. Doch ein guter Teil der in Afrika angekauften Sklaven war schon als Sklave geboren, war aufgrund von juristischen Sanktionen gegen Übertretungen der Rechtsordnung oder wegen Schulden bereits in Afrika in die Sklaverei geraten. Zunehmend suchten europäische Abnehmer ab dem späten 17. Jahrhundert für ihre Spezialplantagen – etwa Indigoterien, oder Reisplantagen – Fachleute, die schon im Sklavenstatus in Afrika Indigo oder Reis produziert hatten. Diese Sklaven stellten kaum ersetzbares, langfristig investiertes Kapital dar, und mußten wenigstens nicht mit ihrer Vernichtung durch Arbeit rechnen.

Die Modalitäten des Handels mit afrikanischen Sklaven in Afrika bestimmten jedoch nicht die Europäer. Wenn es auch eine dünne portugiesischstämmige Händlerschicht gab, die den Sklavenhandel vermittelte, das Handelsrecht war afrikanisch und mußte, insbesondere nachdem im 17. Jahrhundert Niederländer, Franzosen und Engländer im wachsenden Sklavenhandel scharf konkurrierten, peinlich beachtet werden. Die afrikanischen Sklavenhändler verdienten sehr gut, und dem englischen Unterhaus mochte 1806 die Abschaffung des Sklavenhandels zum 1. März 1808 auch deshalb erleichtert worden sein, weil die Sklaven in Afrika bar bezahlt werden mußten, in der Karibik jedoch auf Kredit weiterverkauft wurden, das Geschäft für die englische Volkswirtschaft daher nicht gerade risikolos war. Das Afrikageschäft war im Ersten Kolonialzeitalter kein von Europa kontrollierter Markt, zumal Schwarzafrika weiterhin auch an den arabischen Handelsraum angebunden blieb. Kulturell, ethisch und sozial waren die Auswirkungen des Sklavenhandels für den schwarzafrikanischen Kulturkreis ein Desaster und bereiteten ihn sicherlich für die vollständige Kolonisierung durch Europa im 19. und 20. Jahrhundert vor. Doch wäre es in jeder Hinsicht eine Fehleinschätzung, hielte man diesen Prozeß für alleine von Europa oktroyiert.

„Das Buch, das Las Casas hinterlassen hat, ist ein Skandal“, schrieb Hans Magnus Enzensberger im Kommentar zu seiner Edition der Übersetzung des „Kurzgefaßten Bericht[s] von der Verwüstung der Westindischen Länder“ von D.W. Andreä, der 1790 in Berlin erschienen war. Er weiß die Moral auf seiner Seite, wenn er den weiten Bogen von den abscheulichen Kriegsgreueln der spanischen Konquista Amerikas zu den nicht weniger abscheulichen des Vietnamkriegs – Enzensberger schrieb den Kommentar 1966 – spannte. Und Enzensberger spielt mit der ursprünglichen und gewordenen Bedeutung des Wortes. Doch genau in dieser Vielschichtigkeit müßte man ergänzen: Die Konquista war ein zweifacher Skandal. Einerseits zog die von der spanischen Krone sorgfältig dirigierte und überwachte Konquista gerade jene adelige Unterschicht an, für die Ehre bloßes soziales Ansehen war, das nur durch die „Ochsentour“, den beständigen erfolgreichen Dienst bei Hochadel und Krone, durch Eintritt in den geistlichen (katholischen) Stand ohne legitime leibliche Erben oder durch einen erfolgreichen Eroberungszug mit reicher Beute oder gar einer erkämpften Grundherrschaft im Kriegsdienst zu vergrößern war. Die soziale Sicherheit dieses Niederadels war höchst prekär, sein Selbstverständnis hing jedoch ganz einem am Hochadel orientierten Ritterideal nach. In diesem Feudalverständnis hoben sie ihre Truppen selbst aus – es war eine Berufssoldateska, die ihre unbegrenzten und unbegrenzbaren Träume vom märchenhaften Aufstieg in den Kampf trug. Durchtrieben und glänzend, hinterhältig, arglistig und brutal verfolgte sie ihr Ziel. Andererseits stieß sie auf zum Teil hochverfeinerte, unermeßlich reiche Kulturen, deren Äußerungsformen sie noch mehr ans erwartet Märchenhafte glauben ließ – Kulturen, die sich ihrer nicht zu erwehren vermochten. Keiner der großen Konquistadorenzüge wäre ohne die indianischen Verbündeten der Europäer, die nicht minder hart fochten, denkbar. Die Konquistadoren kannten sich relativ gut aus in den politischen Zuständen der Reiche, die sie erobern wollten, denn sie waren schon Kolonialspanier, die von La Española (Haiti) oder von Cuba aus sehr sorgfältig ihre Unternehmungen planten, Informationen sammelten, Dolmetscher und indianische Verbindungsagenten anheuerten oder „umpolten“ und mit jener strategisch und taktisch exakten Methodik, die für Berufsmilitärs charakteristisch ist, ihr Unternehmen angingen. Und die politischen Zustände in den indianischen Metropolen in Mexiko, Perú, Guatemala und Kolumbien waren günstig für die Konquista. Einerseits zerstoben diese lockeren Herrschafts- und Bündnissysteme in dem Augenblick, in dem sich bedrückten Vasallen und benachteiligten Bundesgenossen durch das Auftreten der neuen Militärmacht – den viel besser, mit Harnisch, Schwert, Lanze, Armbrust, Pferd und Kampfhund ausgerüsteten Spaniern – die Chance bot, die Herrschaftsverhältnisse zu ändern. Andererseits begünstigten religiöse Vorstellungen und die Sozialstruktur der metropolitanen indianischen Kulturen die Machtübernahme der Konquistadoren in intakten Staatsgebilden. An harte Unterdrückung und Zwangsarbeit für die Herren im Staat waren die indianischen Unterschichten gewöhnt. Als das wahre Ausmaß der europäischen Herrschaft sichtbar wurde, war diese zu sicher und fest etabliert, um sie abzuschütteln. Interessant ist sicherlich, daß dort, wo indianische Bündnissysteme und Gesellschaften entschlossen Widerstand leisteten, die europäische Durchdringung in der frühen Neuzeit sehr langsam vorankam, so etwa zwischen Darién und Guayana und im Amazonasgebiet. Zum Teil verfügten hier die indianischen Kämpfer aber auch über Giftgeschosse, die geeignet waren, die europäische Waffenüberlegenheit auszugleichen.

Aus den Erkenntnissen der jüngeren Forschung wissen wir, daß das rechtliche und völkerrechtliche Vorgehen der Konquistadoren in Mittel- und Südamerika nichts unerhört Neues war, sondern in ähnlichen Formen ablief, wie sie in der spanischen Reconquista angewandt worden waren. Die besondere „amerikanische" Brutalität der siegreichen Soldateska entsprang sicherlich viel mehr der größeren Schwierigkeit einer nachhaltigen Überwachung und Überprüfung ihrer Handlungen über den Atlantik hinweg. Natürlich ist ihr Vorgehen keine „leyenda negra", keine schwarze Legende, sondern Wirklichkeit gewesen, was schon allein durch die scharfen Auseinandersetzungen zwischen Kirche, Krone und Konquistadoren insbesondere ca. 1540–1550 belegt wird. Weder Kirche noch Krone konnten die dramatischen Bevölkerungsverluste hinnehmen, die direkt oder indirekt auf das Konto der entfesselten Soldateska in ihrem Siegesrausch und ihrem Streit um die Beute gingen.

Wie sehr der Erfolg der Konquistadoren von der Kooperation indianischer Völker und der für eine Eroberung günstigen Sozialstruktur bei den Eroberten abhing, läßt sich an den – bis auf die Gründung von St. Augustine in Florida 1565 durch die Spanier – erfolglosen Eroberungsversuchen in Nordamerika im 16. Jahrhundert ermessen. Vorderhand fehlten in Nordamerika die angesammelten Goldschätze und die erschlossenen Edelmetallvorkommen, jedoch glaubten noch die Kolonisten des 17. Jahrhunderts stets daran, Edelmetalle zu finden. Außerdem gab es andere Reichtümer und Chancen auf dem Nordkontinent. Je nach Interessenperspektive war die nordamerikanische Küste die offene Flanke oder der strategische Zugang zur Karibik – und vor allem zur Florida-Straße, dem Rückweg der spanischen Amerika-Flotte. Vor der Neufundland- und der Neu-England-Küste lagen die reichsten

Fischfanggründe, die Europa in der frühen Neuzeit nutzen konnte. Nordamerika warf unermeßliche Mengen von Pelz und Leder ab, dazu feinstes Schiffbauholz, wilde Seide und andere natürlich vorkommende Rohstoffe und Drogen. Aber es gab keine metropolitanen Zentren, deren Eroberung den Europäern ein intaktes, weitverzweigtes Herrschaftsnetz in die Hände gegeben hätte. Nirgendwo bot sich ein Ansatz für eine schnelle und nachhaltige Festsetzung. Im Gegenteil, man traf auf eine – hätte man es begreifen können – im wirklichen Wortsinn wunderbare, weil unvergleichbare Welt. Auf relativ niedrigem technischen Niveau und mit einer für Europäer unglaublich schwer durchschaubaren Sozialstruktur waren sich die vielen verschiedenen indianischen Kulturen in Nordamerika noch in einem Dritten gleich: Sie erwiesen sich als wehrhaft.

Nach anfänglicher abwartender Neugier gegenüber den fremden Ankömmlingen unterbanden sie deren Fouragieren und ihre territoriale Ausbreitung, so daß die frühen europäischen Kolonisationsversuche meist an Nahrungsmittelknappheit und erfolgreichen kriegerischen Unternehmen der Indianer scheiterten. Bisweilen verschwanden die frühen europäischen Stützpunkte spurlos, wie etwa Raleigh's Roanoke 1585–1590. Erst am Anfang des 17. Jahrhunderts konnten sich Europäer unter unsäglichen Schwierigkeiten am Ende jedoch erfolgreich festsetzen. Einerseits lag dies sicherlich an der inzwischen leichter zu bewältigenden Atlantiküberquerung durch Versorgungsschiffe und am höheren Kapitaleinsatz der europäischen Kolonialunternehmer, andererseits jedoch auch an den sich grundlegend ändernden Existenzbedingungen der nordamerikanischen Indianer. Soweit wir dies rekonstruieren können, traf die Indianer an der Ostküste um die Wende vom 16. zum 17. Jahrhundert eine verheerende Seuchenwelle, die zwei Dekaden lang so grassierte, daß volkreiche Stämme auf wenige Personen zusammenschmolzen. Eingeschleppt wurden die Krankheitserreger hauptsächlich von europäischen Fischern, die in immer größerer Zahl die fischreichen amerikanischen Gewässer anliefen und im Laufe des 16. Jahrhunderts dazu übergingen, an der amerikanischen Küste zu überwintern oder doch wenigstens ihren Fang an Land zu konservieren, um seine Qualität zu erhalten. Zwischen Fischern und Indianern entspann sich zunächst ein sporadischer Handel, der jedoch für beide Seiten lukrativ war. Der Vorteil, der den Indianerstämmen erwuchs, war so groß, daß sie ihren Nachbarn technisch überlegen wurden. Europäische Handelswaren gelangten in das amerikanische Handelsnetz, und die Überlegenheit vor allem der Werkzeuge und Waffen weckte eine breite Nachfrage.

Um die Wende vom 16. zum 17. Jahrhundert entstanden weit verstreute Handelsstützpunkte, über die auch Informationen über fruchtbares, durch die Bevölkerungsverluste der Indianer brachgefallenes Ackerland nach Europa drangen. Als die ersten dauerhaften europäischen Kolonien entstanden, geschah dies in engem Zusammenwirken mit benachbarten Indianern, die sich Vorteile von der Präsenz der Europäer versprachen und zumindest bis zur Mitte des 18. Jahrhunderts auch zum Teil errangen. Während dieses Zeitraums waren die indianisch-europäischen Beziehungen überwiegend ein komplexes Interessengeflecht mit wechselnden Bündnissen und gegenseitiger wirtschaftlicher Abhängigkeit. Schwere blutige Zusammenstöße, die Europäer auf der einen, Indianer auf der anderen Seite sahen, gingen, wie etwa im "James Town Massacre", 1622, oder "King Philipp's War", 1675/76, auf Versuche der Kolonien zurück, ihre Jurisdiktion auf benachbarte Indianer auszudehnen. Es waren Kämpfe um die Dominanz in Regionen, in denen Europäer die anfängliche zahlenmäßige Überlegenheit ihrer indianischen Nachbarn ausgeglichen hatten. Im weiten, nur auf indianischen Wegen und mit indianischen Verkehrsmitteln – insbesondere dem von den indianischen Händlern entlang der großen Flüsse gebauten und benutzten Kanu – zugänglichen Hinterland der Kolonien konnten Europäer nur begrenzten Einfluß ausüben und mußten sich meist den indianischen Kulturen anpassen. Innerhalb weniger Jahrzehnte reagierten diese Kulturen auf die sich bietenden Chancen, mit Hilfe der europäischen Präsenz ihren materiellen Wohlstand zu verbessern. Einzelne indianische Bündnisse wurden in ihrem Kampf um die beherrschende Stellung im Pelzhandel zur Legende, wie etwa die Huronen und die Irokesen. Noch bis zur Mitte unseres Jahrhunderts glaubten nordamerikanische und europäische Historiker ein „irokesisches Reich", nach europäischen, machtpolitischen Strukturen geordnet, identifizieren zu können. Aufgrund der jüngsten ethnohistorischen Forschung erwies sich dies als Trugschluß. Dennoch versuchten die Irokesen, erfolglos zwar, die Dominanz im Pelzhandel zu erringen, wie vor ihnen die Huronen, deren beherrschende Stellung im Pelzhandel sie in einem unter Indianern völlig neuen Winterfeldzug 1648/49 zerstörten. Natürlich waren in den indianischen Biberkriegen auch europäische Interessen involviert. Es wäre jedoch eine Überinterpretation, wenn man an eine europäische „Steuerung" dieser Auseinandersetzungen glauben würde, zumal wir heute ziemlich sicher wissen, daß der Kampf um die Dominanz über den St. Lorenz-Wasserweg schon im 16. Jahrhundert im Gange war.

Bis zum Ausbau des französischen und danach des englischen Stützpunktsystems im St. Lorenz-, Ohio- und Mississippi-Gebiet in der Mitte des 18. Jahrhunderts bestimmten die Indianer zum überwiegenden Teil die Modalitäten des Indianerhandels und sogar der Diplomatie außerhalb der Siedlungsgrenzen der Kolonien. Vor der amerikanischen Revolution war selbst europäisches Militär jenseits der von den Kolonien erschlossenen Gebiete auf indianische Kooperation angewiesen.

Viel schwerer noch als in Nordamerika faßten die Europäer in Asien Fuß. In der frühen Neuzeit blieben sie in Asien in jeder Hinsicht eine Randerscheinung. Portugiesen und Spanier im 16., Engländer, Franzosen und Dänen im 17. Jahrhundert sicherten sich zwar eine Teilhabe am lukrativen asiatischen Markt, errangen im Fall der niederländischen Ostindienkompanie, der VOC, sogar das Welthandelsmonopol auf Muskat, Nelken, später auch auf ceylonesischen Zimt, kontrollierten aber stets – alle zusammen – nur einen geringen Anteil des gesamtasiatischen Warenaustauschs. Bis auf wenige, von See her beherrschbare Inseln und Handelsplätze, die schon in voreuropäischer Zeit fremde Schutzmächte kannten, wie etwa die chinesische im 15. Jahrhundert, standen die europäischen Faktoreien auf Boden mit fremder Oberhoheit oder waren gar regelrechte Lehen asiatischer Feudalherren.

Als die Niederländer, kapitalkräftiger und zielsicherer als die gleichzeitig vorstoßenden Engländer, in das weitmaschige und während der Personalunion mit Spanien, 1580–1640, brüchige Netz des portugiesischen „Estado da India" in der letzten Dekade des 16. Jahrhunderts eindrangen, waren weder sie noch ihre englischen Konkurrenten eine beherrschende, neuaufsteigende Großmacht in Asien. Zur Zeit, als sich die „rothaarigen Barbaren", wie die Niederländer weithin in Asien – ganz besonders in China – genannt wurden, auf dem malaiischen Archipel, an Handelsplätzen an der Malabar-, der Koromandelküste, in Bengalen, auf Formosa und in Japan festsetzten, expandierten nacheinander zwei asiatische Großmächte: Das auf den Tschingisiden Babur (1494–1530) zurückgehende Moghulreich in Nordindien und die nordasiatische Macht der vereinigten Tungusen, die Mandschu. Das Moghulreich begann sich unter Akbar (1556–1605) bis an den Dekhan auszudehnen und beherrschte unter Aurangzeb (1658–1707) praktisch den gesamten Subkontinent. Unter den Mandschu, die in der dritten und vierten Dekade des 17. Jahrhunderts in die Bürgerkriege der zerfallenden Ming-Herrschaft eingriffen und 1644 die Macht im Reich der Mitte an sich rissen, erlangte China seine größte territoriale Ausdehnung.

In beiden Machtsphären waren Europäer nur geduldete Ausländer und mußten sich durch kostspielige Gesandtschaften Handels- und begrenztes Bleiberecht erbitten. Insbesondere in China, aber auch im Moghulreich blieben europäische Kaufleute auf die enge Zusammenarbeit mit einheimischen Händlern angewiesen. Gerade in Indien bildeten sich hinter dem Rücken der europäischen Monopolgesellschaften und der portugiesischen Krone Geschäftskonsortien, in denen Europäer verschiedener Nationalität, Mohammedaner und Hindu erfolgreich zusammenarbeiteten. Die isolationistische Handelspolitik der Mandschu zwang die europäischen Kaufleute in China unter einen strikten Handelskodex und sicherte chinesischen Handelskonsortien, den Ko Hong, ein sicheres Monopol und Monopson. Außer den Portugiesen in Macao erlaubte die Mandschu-Verwaltung keiner europäischen Handelsmacht, einen festen Stützpunkt oder eine permanente Faktorei einzurichten. Neben Macao blieb der legale Chinahandel auf Kanton beschränkt. Die Europäer, die in China Geschäfte machen wollten, mußten in Kanton für die zeitlich begrenzte Handelssaison ein Haus mieten und selbst den Transport zwischen Marktort, der über keinen Hochseehafen verfügte, und dem Ankerplatz der Schiffe über chinesische Firmen abwickeln. Noch stärker als China isolierte sich Japan gegen unkontrollierten europäischen Einfluß. Über zwei Jahrhunderte lang gab es in Japan nur einen für Europäer offenen Außenhandelshafen – Nagasaki. Ab 1639 hatten nur die Niederländer Aufenthaltserlaubnis, und sie waren auf einer streng bewachten, künstlichen Insel interniert.

Außer Engländern und Franzosen in Indien gelang es keiner europäischen Handelsmacht in der frühen Neuzeit, in die Binnenmärkte Asiens einzudringen. Selbst im innerasiatischen Seehandel dominierten nach Gesamttonnage asiatische Spediteure und Händler. Selbst die Monopolprodukte der Niederländer verschwanden nicht vom asiatischen Markt, da die VOC aus den Gewinnen im innerasiatischen Handel teilweise oder ganz ihre immensen Unterhaltskosten von Faktoreien und Personal decken mußte.

Regelrechte Siedlungskolonien wie in Amerika entstanden in Asien auch nicht in den direkten Einflußsphären der Europäer vor dem Ende des Ersten Kolonialzeitalters. Im Gegenteil, die stete Zuwanderung europäischen Personals – im Falle der VOC vorwiegend Deutsche und Polen – hielt sich knapp die Waage mit der horrenden Sterberate und der Rückwanderung von Bediensteten, die ihr bescheidenes Glück oder unermeßlichen Reichtum erworben hatten und am Ende ihrer Dienstzeit nach Europa zurückkehrten oder in der niederländischen

Kapkolonie ohne europäische Standesgrenzen als „gemachte Leute" blieben.

Territorial ausgedehnte europäische Kolonialherrschaft breitete sich in Asien erst langsam im 18. Jahrhundert aus, als Europäer, wie die Niederländer auf Java, die Engländer in Indien, in die Nachfolgeauseinandersetzungen zerbrechender Reiche involviert wurden. Neben wirtschaftlichen und machtpolitischen Ursachen, die von Europa ausgingen, war gerade das Engagement in diese Entwicklung ein Grund für den Niedergang der großen Monopolhandelsgesellschaften, der auch das Ende des alten Kolonialsystems in Asien markierte. Gerade die territoriale Ausbreitung der englischen Ostindienkompanie, der EIC in Indien, die von England aus kaum kontrollierbar war, weist in ein neues Kolonialzeitalter, das in vielen Bereichen aus den Strukturen des alten herauswuchs. Aber nach der Kolonialmüdigkeit, die Europa in der Zeit der großen Revolutionen und der Unabhängigkeit der amerikanischen Kolonien erfaßte, war es ein anderes, ein selbstbewußtes und in jeder Hinsicht überlegenes Europa, das in einem Neuansatz expandierte.

Das europäische Fußfassen auf allen Kontinenten kostete in vier Jahrhunderten große Opfer. Bekannt ist der hohe Blutzoll der Konquista und der Sklaverei. Bekannt sind auch die mittelbaren Auswirkungen der europäischen Expansion auf Amerika, die hohen Bevölkerungsverluste durch eingeschleppte Epidemien. Jedoch fielen auch unzählige Europäer den Kolonialunternehmungen zum Opfer. Die meisten Europäer, die in der frühen Neuzeit über den Atlantik fuhren, waren dienstverpflichtet. Ihr Verpflichtungsvertrag – und damit ihre Arbeitskraft – war veräußerlich. In den englischen und französischen Plantagen stellten "engagés" und "indentured servants" zunächst sogar den größeren Teil der Arbeitskräfte, bevor sie in der zweiten Hälfte des 17. Jahrhunderts nach und nach durch Sklaven ersetzt wurden. Für die Siedlungskolonien waren sie in allen Bereichen der kolonialen Wirtschaft unverzichtbar. Außer auf den Zuckerplantagen erwartete Sklaven im allgemeinen eine bessere Behandlung als die Dienstverpflichteten, denn Sklaven waren eine bessere Investition. Da den Dienstverpflichteten am Ende ihrer Dienstzeit eine Entschädigung zustand, war es für ihre Arbeitgeber einträglicher, wenn sie das Ende ihrer Dienstzeit nicht erlebten. Weniger bekannt sind auch die unsäglichen Bedingungen auf den Ostindienfahrern. Nicht selten bestand die Mannschaft auf den Retourflotten zum Teil aus Asiaten, weil nicht genügend europäische Seeleute die Strapazen der Hinfahrt und der Ankerzeit im tropischen Klima überlebten. Zu den Anstrengungen des Dienstes kamen noch drakonische Disziplinierungsmaßnahmen, die häufig Verstümmelung oder Tod zur Folge hatten.

Unbestreitbar verübten Europäer alle nur erdenklichen Greueltaten an fremden Ethnien und begründeten sie schon zeitgenössisch damit, daß es sich um Heiden handle, die umgekehrt – und das traf überwiegend wirklich zu – in ebensolcher Weise mit Christen verfuhren, wenn sie dazu in die Lage kamen. Bei genauem Hinsehen gewinnt man jedoch den Eindruck, daß Europäer gegen Europäer nicht viel zimperlicher verfuhren, wenn es wirtschaftlich einträglich und politisch und rechtlich durchsetzbar war. Die Brutalität, die weithin mit der europäischen Expansion einherging, scheint sich nicht allein aus ethnozentrischen Motiven genährt zu haben, sondern in gleichem Maße aus einem naiven Nützlichkeitsdenken.

Aus ihrem Selbstverständnis heraus bildeten die christlichen Kirchen ein gewisses Regulativ zu dieser Eroberermentalität. Insbesondere in der Mission waren sie die Träger christlich-abendländischer Heilsverkündung. Aber: Sie waren ebenso auch eingebunden in das komplexe Interessengeflecht europäischer Kolonial- und Überseehandelspolitik. Dort, wo es ihnen gelang, ihre Belange mit politischen und wirtschaftlichen Interessen in Europa in Einklang zu bringen, konnten sie missionarisch wirken – bisweilen sogar Exzessen Einhalt gebieten. So etwa in Spanisch-Amerika, wo sich die Dominikaner und später die Jesuiten geschickt hinter Kroninteressen stellten und Front machten gegen den Genozid der Konquistadorenabkömmlinge an den Indios. Mit der Erwirkung der päpstlichen Bulle „Sublimis Deus" von 1537 etablierten sie wenigstens geistig und geistlich die Bewohner der Neuen Welt als „richtige Menschen" und traten damit der Rechtfertigungsstrategie der Grundherren in Amerika entgegen, die ihre brutale Unterdrückung mit dem Hinweis, die Indianer seien halbe Tiere, bagatellisierten. Durch ihre Vermittlertätigkeit im nordamerikanischen Pelzhandel – übrigens ebensosehr von den Indianern in diese Rolle gedrängt – gelang es den Jesuiten wenigstens innerhalb Französisch-Kanadas die europäisch-indianischen Beziehungen überwiegend friedlich zu gestalten.

Dort jedoch, wo die Mission das Geschäft störte und keine politische Unterstützung fand, mußte sie anderen Interessen weichen. So etwa in Mbanza Congo in Nordangola, das zwischen 1506 und 1543 unter Nzinga Mbemba, oder Dom Afonso, ein christliches Königreich war und sich um die Einrichtung eines Bistums bemühte. Von einem Bistum in einem christianisierten und europäisierten Mbanza

Congo befürchtete man jedoch offensichtlich Störungen des Sklavenhandels und richtete das Bistum in São Tomé, im Einflußbereich der Sklavenhändler, ein. Noch rigoroser ging die niederländische Ostindienkompanie in ihrem asiatischen Machtbereich vor. Sie ließ überhaupt keine Mission zu, um Verstimmungen bei nicht-christlichen Handelspartnern zu vermeiden.

Nicht nur die ideologische Überzeugung Europas, die beste aller denkbaren Kulturen der Welt vermitteln zu müssen, sondern auch persönliche Beweggründe der Missionare, wie etwa Aufstieg in der kirchlichen Hierarchie aufgrund von Missionsleistung oder geistige Erhöhung durch ein Martyrium, führten zu gewaltigen Missionsanstrengungen, vor allem in den katholischen Orden. Und sie führten zur größten Ernüchterung des geistigen Europa in der frühen Neuzeit. Gemessen an ihren eigenen Standards gelang den Missionaren überwiegend nur die dauerhafte Bekehrung von Randgruppen in den überseeischen Kulturen. Selbst die „Wilden" Nordamerikas, wie sie die Missionare sahen, schätzten ihre eigene Kultur so hoch, daß nicht wenige Konvertiten nach einer gewissen Zeit wieder zu ihrer ursprünglichen Kultur zurückkehrten. In Spanisch-Amerika, wo der Christianisierung mit machtpolitischen Instrumenten Nachdruck verliehen werden konnte, entstanden synkretische Formen des Christentums, die Essentialia der indianischen Kultur in christliche Symbole gekleidet weitertradierten.

Das Hauptproblem der Mission war die enge Verknüpfung des Christentums mit der europäischen Kulturtradition als Ganzem. Selbst dort, wo theologische Prinzipien des Christentums Interesse weckten, schreckte oft die wenig geschätzte europäische Lebensart, die mit dem Christentum verbunden sein sollte. Der Versuch der Jesuiten, das Christentum insbesondere in die asiatischen Hochkulturen zu inkulturieren, indem Begrifflichkeit, Symbolik und Kultus angepaßt werden sollten, löste Anfang des 18. Jahrhunderts den „Ritenstreit" in der Kurie aus. Der Konflikt hatte schon in der zweiten Hälfte des 17. Jahrhunderts geschwelt und erledigte sich mit der Aufhebung des Jesuitenordens in der siebten und achten Dekade des 18. Jahrhunderts von selbst. Der Versuch der Jesuiten war nicht erfolgreich. Zum einen setzten sich ihre Gegner, die Franziskaner und die Dominikaner, mit ihrer Vorstellung, der christliche Glaube sei nur in der reinen, europäischen Begrifflichkeit und Symbolik vermittelbar, vor der Kurie durch. Zum andern wurde auch im Modell der Jesuiten die Interessendivergenz zwischen europäischen Missionaren und der Intelligenz fremder Kulturen offenkundig. Wo die Europäer glaubten, Gotteserkenntnis durch wissenschaftlich-technische Leistungen zu offenbaren, so etwa am Hof des Mandschu-Kaisers Kang Xi (1662–1722), interessierten sich die Anderen viel mehr für Wissenschaft und Technik. Auch in Kanada, wo die Jesuiten eine zentrale Mittlerrolle im Pelzhandel inne hatten, nahmen die Indianer die Missionstätigkeit in Kauf und aus Höflichkeit und Berechnung an kultischen Handlungen teil, recht eigentlich aber interessierten sie sich für Werkzeuge, Waffen, Textilien und ihre handwerkliche Herstellung, Wartung und Reparatur.

Die Mission, die auf die Inkulturierung der Missionierten setzte, hatte es noch schwerer. Gerade in den Bewohnern der Neuen Welt sah sie naive Kinder, die das Rohmaterial für einen besseren Christen, einen „neuen" Menschen abgeben konnten. Bewußt oder unbewußt förderte diese Mission die geistige und gesellschaftliche Ausgrenzung dieser Neuchristen. In diesem Phänomen waren sich protestantische und katholische Mission gleich. Die mit der Ghettoisierung der christianisierten Indianer verbundene häufige „Rückfälligkeit", d.h. die Rückkehr von Konvertiten aus christlichen – isolierten – Indianersiedlungen in noch unabhängige indianische Nationen und zu deren Kultur, verschärfte noch die Stigmatisierung dieser neuchristlichen Konkurrenten im Daseinskampf der europäischen Kolonien. Die christianisierten und europäisierten Indianer wurden und blieben Randgruppen. Diese Ghetto-Indianer – und viele der frühen Reservate gehörten zu den tristesten Ghettos und sind es zum Teil bis heute geblieben – förderten gewiß den unter dem Einfluß der Aufklärung aufkommenden Rassismus.

Viel gravierender für diese Entwicklung war jedoch, daß die europäischen Entdecker und Eroberer mit einem klaren Bild des Exotischen, das es zu entdecken galt, ausfuhren. Es speiste sich aus antiken Traditionen, denen im Mittelalter Fiktion und Wirklichkeit aus Reiseberichten hinzugefügt wurde. Wesentliche Bestandteile waren die Wunder Asiens und sein Reichtum sowie wilde Menschen, Monster und Mischwesen am Rande der zivilisierten Welt. Die Wunder Asiens fand man, ohne fabulieren zu müssen. Freilich sah man ganz besonders in China, verklärt durch die mittelalterliche europäische Erfahrung des Yüan-China unter Kubilai Chan, eine perfekt und weise geordnete Gegenwelt zu Europa und drang nur langsam zu den ganz anders gelagerten, aber eben auch massiven politischen, sozialen und kulturellen Problemen des Riesenreichs vor. Ganz anders war es mit der Neuen Welt, als man erkannte, daß es sich um einen bislang nicht bewußt wahrgenommenen und wahrscheinlich von der übrigen Welt abgeschiedenen Kontinent handelte. Immer wieder tauchen in frühen Augenzeugenberichten Mischwesen und Monster in Menschengestalt auf, die das geistige Auge des Betrachters gesichtet hatte. Als man vertrauter wurde mit dem neuen Land und immer mehr Europäer es durchdrangen, ernüchterte sich der Blick, und das einzige Fabelwesen, das man wirklich fand, waren Kannibalen. Nicht die Zivilisation der Azteken, nicht die Inka-Kultur oder die Kulturleistungen der Chibcha oder der Maya wurden zum Sinnbild für den neuen Kontinent Amerika, sondern die fast nackte Kannibalin. Wenn auch dem gelehrten Europa durchaus differenzierte Erkenntnisquellen zu den neu entdeckten Kulturen zur Verfügung standen, im Massenmedium der Zeit, im Bild, wurde Amerika zur Heimat des menschenfressenden wilden Mannes. Für die mittleren Bildungsschichten standen Schauergeschichten aus in häufiger Auflage erscheinenden Brasilienberichten, zum Teil in Kosmographien enthalten, zur Verfügung. Ähnlich erging es Afrika, das zur Heimat des an sich schon durch sein Aussehen stigmatisierten, schwarzen Wilden wurde – ja in mancher Allegorie waren Afrika und Amerika nicht voneinander zu unterscheiden. Als im Asienbild genau die Momente, die anfänglich unter dem Eindruck der politischen Idee des Absolutismus positiv gesehen wurden, aufgrund der politischen Neuorientierung der Aufklärung hin zum gewaltenteiligen Staat zum negativen Despotismus wurden, hatte auch Asien seinen positiven Nimbus verloren. Sicherlich sind dies nur ganz äußerliche Anzeichen für eine tiefgründige geistige Entwicklung in Europa, der Entstehung des Rassismus als Ideologie im Laufe des 18. und 19. Jahrhunderts. Zweifelsohne gab es Rassismus der Sache nach auch in der frühen Neuzeit, aber er speiste sich aus einer nicht europaspezifischen Ideologie, der hauptsächlich moralisch-ethische Maßstäbe zugrunde lagen: dem Kulturzentrismus. Aus der naturwissenschaftlichen Beobachtung von Äußerlichkeiten in der Aufklärung und dem wachsenden übersteigerten Selbstbewußtsein in europäischen Gelehrtenkreisen erwuchsen die Grundsätze eines stringenten Denksystems, das zunächst die Ethnien außerhalb Europas biologisch-genetisch ausgrenzte und schließlich in einer Hierarchie der Rassen mündete, an deren Spitze die Mehrheitsgruppe des Staatsvolks im bürgerlichen Nationalstaat stand.

Niemand wird heute mehr begründet an eine quasi-naturgesetzliche historische Entwicklung glauben können; deshalb griffen die Autoren dieses Bandes gerne die Idee von Thomas Schleich auf, Besonderheiten in dem langen Begegnungsprozeß von Europäern mit überseeischen Ethnien in der frühen Neuzeit aus ihrer Forschungsarbeit darzustellen. Die Beiträge können zusammen den gesamten Prozeß der frühneuzeitlichen Kulturbeziehungen nicht annähernd vollständig erhellen; das ist auch nicht ihre Absicht. Vielmehr wollen sie Einzelphänomene zum Teil schlaglichtartig, zum Teil in größeren Zusammenhängen vorstellen. Es war auch unser Anliegen, visuelle Eindrücke von Zeitgenossen mit einzubinden, daher wurden die Texte mit kommentierten Bildquellen ergänzt. Die Autoren der Beiträge sind der wissenschaftlichen Arbeit und dem Wirken von Eberhard Schmitt, dem dieser Band gewidmet ist, verpflichtet und dankbar, einige sind seine Schüler. Insbesondere die von ihm herausgegebene Edition „Dokumente zur Geschichte der europäischen Expansion" ist ein wertvoller Fundus, aber auch voller Anregungen. Auch diese Einleitung verdankt zentrale Gedanken und Erkenntnisse seinen Publikationen.

Bamberg, im Dezember 1991 Für die Herausgeber
Thomas Beck

Deutschsprachige Literaturauswahl

Beck, Th.: Rassismus als Problemlösungsstrategie. Die ideologische Bewältigung indianisch-europäischer Konflikte im frühen Neu-England. Kleine Beiträge zur europäischen Überseegeschichte 10. Bamberg 1991.

Bitterli, U.: Die „Wilden" und die „Zivilisierten". Grundzüge einer Geistes- und Kulturgeschichte der europäisch-überseeischen Begegnung. München 1976. Ndr. München 1991.

Ders.: Alte Welt – Neue Welt. Formen des europäisch-überseeischen Kulturkontakts vom 15. bis zum 18. Jahrhundert. München 1986.

Ders.: Die Entdeckung Amerikas. Von Kolumbus bis Alexander von Humboldt. München 1991.

Ders. u. E. Schmitt (Hrsg.): Die Kenntnis beider 'Indien' im frühneuzeitlichen Europa. Akten der Zweiten Sektion des 37. deutschen Historikertags in Bamberg 1988. München 1991.

Demel, W.: Als Fremde in China. Im Druck.

Ders.: Ansichten vom Reich des Himmelssohnes. Im Druck.

Engl, L. u. Th.: Glanz und Untergang des Inkareiches. München 1981.

Enzensberger, H.M. (Hrsg.): Bartolomé de Las Casas Kurzgefaßter Bericht von der Verwüstung der Westindischen Länder. Frankfurt 1981.

Everaert, J.G.: Der westliche Seehandel mit China in der Zeit des Isolationismus (ca. 1520–1842). Kleine Beiträge zur europäischen Überseegeschichte 6. Bamberg 1990.

Förster, S.: Handelsmonopol und Territorialherrschaft. Die Krise der East India Company, 1784–1813. Kleine Beiträge zur europäischen Überseegeschichte 9. Bamberg 1991.

Ders.: Die mächtigen Krallen des britischen Löwen. Im Druck.

Forster, R.: Erscheinungsformen der Plantagensklaverei im 18. Jahrhundert. Ein Strukturvergleich zwischen Virginia und Saint Domingue. Kleine Beiträge zur europäischen Überseegeschichte 7. Bamberg 1990.

Gewecke, F.: Wie die neue Welt in die alte kam. Stuttgart 1986.

Johnson, W. W.: Cortez. Die Eroberung und Zerstörung des Aztekenreiches. Wiesbaden 1979.

Klöss, E.: Die Herren der Welt. Die Entstehung des Kolonialismus in Europa. Köln 1985.

Konetzke, R.: Süd- und Mittelamerika I: Die Indianerkulturen Altamerikas und die spanisch-portugiesische Kolonialherrschaft. Frankfurt 1985. Ndr. Frankfurt 1990.

Lopes-Hanenberg, M.: Africa. Eine neue Welt in deutschen Schriften des 16. und 17. Jahrhunderts. Im Druck.

Menninger, A.: Die Kannibalin Amerika. Zur Rezeption eines Bild-Topos in den Erdteilallegorien Jost Amanns und Hans Weigels (1577). Kleine Beiträge zur europäischen Überseegeschichte 11. Bamberg 1991.

Nebenzahl, K.: Der Kolumbus Atlas. Karten aus der Frühzeit der Entdeckungsreisen. Braunschweig 1990.

Parry, J. H.: Das Zeitalter der Entdeckungen. München 1978.

Pietschmann, H.: Die staatliche Organisation des kolonialen Iberoamerika. Stuttgart 1980.

Ders.: Staat und staatliche Entwicklung am Beginn der spanischen Kolonisation Amerikas. Münster 1980.

Ders.: Aufbau und Entwicklung der staatlichen Organisation des kolonialen Hispanoamerikas. Kleine Beiträge zur europäischen Überseegeschichte 3. Bamberg 1989.

Ptak, R.: Portugals Wirken in Übersee. Atlantik, Afrika, Asien. Bammental/Heidelberg 1985.

Ders.: Pferde auf See. Chinas Pferdeimporte von den Riukiu-Inseln und den Ländern Südostasiens u. d. Indischen Ozeans (1368–1435). Kleine Beiträge zur europäischen Überseegeschichte 8. Bamberg 1991.

Ders.: Die chinesische maritime Expansion im 14. und 15. Jahrhundert. Kleine Beiträge zur europäischen Überseegeschichte 14 (im Druck).

Reinhard, W.: Geschichte der europäischen Expansion. Bd. 1: Die alte Welt bis 1818. Stuttgart 1983. Bd. 2: Die neue Welt. Stuttgart 1985.

Rothermund, D.: Europa und Asien im Zeitalter des Merkantilismus. Darmstadt 1978.

Salentiny, F.: Aufstieg und Fall des portugiesischen Imperiums. Wien 1977.

Schmitt, E. (Hrsg.): Dokumente zur Geschichte der europäischen Expansion. Bd. 1: Die mittelalterlichen Ursprünge der europäischen Expansion. München 1986. Bd. 2: Die großen Entdeckungen. München 1984. Bd. 3: Der Aufbau der Kolonialreiche. München 1987. Bd. 4: Wirtschaft und Handel der Kolonialreiche. München 1988.

Ders., Th. Schleich u. Th. Beck (Hrsg.): Kaufleute als Kolonialherren. Die

Handelswelt der Niederländer vom Kap der Guten Hoffnung bis Nagasaki, 1600–1800. Bamberg 1988. (Schriften der Universitätsbibliothek Bamberg 6.)

Schmitt, E., Th. Schleich u. Th. Beck (Hrsg.): Die Anfänge der europäischen Expansion. Idstein 1991.

Ders.: Atlantische Expansion und maritime Indienfahrt im 16. Jahrhundert. Kleine Beiträge zur europäischen Überseegeschichte 13 (im Druck).

Todorov, T.: Die Eroberung Amerikas. Das Problem der Anderen. Frankfurt a. M. 1985.

Wallerstein, I.: Das moderne Weltsystem. Kapitalistische Landwirtschaft und die Entstehung der europäischen Weltwirtschaft im 16. Jahrhundert. Frankfurt a. M. 1986.

Wolf, E. R.: Die Völker ohne Geschichte. Europa und die andere Welt seit 1400. Frankfurt a. M.–New York 1986.

Schwarze Portugiesen

Die Geschichte des frühen Westafrika-Handels

Von

Marília P. L. dos Santos Lopes

Abb. 1: Handel zwischen Schwarzen und Europäern in Senegal. Kupferstich in Olfert Dappers Afrika-Werk: Umbstaendliche und Eigentliche Beschreibung von Africa, Und denen darzu gehoerigen Koenigreichen und Landschaften / als Egypten / Barbarien / Libyen / Biledulgerid / dem Lande der Negros / Guinea / Ethiopien / Abyßina [...]. Amsterdam: Jakob von Meurs 1670, S. 359. 12 × 16 cm.

Olfert Dapper (?–1690) wirkte als Arzt, Publizist und Buchhändler in Amsterdam. Mit ihm begegnet man erneut einem Arzt, der sich dem im Zuge der abendländischen Expansion gewonnenen Wissen über die außereuropäische Welt und dessen Verbreitung über das Medium Buch widmete: So verdankte etwa schon ein lateinunkundiges Publikum dem Arzt Lorenz Fries die 1525 gedruckte Weltkarte „Carta Marina", versehen mit deutschen Legenden und einem deutschen erklärenden Beitext; so veranstaltete Johannes Dryander, seines Zeichens Anatomieprofessor an der Marburger Universität, 1543 eine Neuauflage von Waldseemüllers „Cosmographiae introductio" mit einer Kurzbeschreibung der vier Erdteile auf den letzten Seiten und fungierte bekanntlich und offiziell als Korrektor jenes Reiseberichtklassikers, den 1557 ein Hans Staden über seine Gefangenschaft unter brasilianischen Kannibalen veröffentlichte; und auch Heinrich Petri, in dessen Offizin in Basel 1540 erstmals die bis ins 17. Jahrhundert hinein bedeutend gebliebene Kosmographie seines Stiefvaters Sebastian Münster gedruckt wurde, hatte in Basel Medizin studiert.

Während der letzten beiden Jahrzehnte seines Lebens machte Dapper durch seine detaillierten Darstellungen Afrikas, Asiens und Amerikas von sich reden, die keineswegs aufgrund eigener Reisebeobachtungen, sondern vielmehr auf der Basis umfangreicher Quellenstudien eines fleißig sammelnden Nicht-Augenzeugen entstanden sind. Seine zunächst in niederländischer Sprache veröffentlichten Kompendien, die aber auch Übersetzungen in andere Sprachen, wie die vorliegende Ausgabe zeigt, erlebten, mögen durch ihr reichhaltiges Angebot an qualitativ hervorragenden Stichen und Karten an die mehrbändigen und ebenfalls unübersehbar auf die Macht des Bildes setzenden Reisebericht-Kompilationen von Theodor de Bry und Levinus Hulsius erinnern, die seit den 90er Jahren des 16. Jahrhunderts mit großem Erfolg erschienen.

In seiner Beschreibung Afrikas ist Dapper bemüht, sein Publikum umfassend über den 'schwarzen Kontinent' zu informieren: über geographische Besonderheiten, Flora und Fauna, das Aussehen der Eingeborenen, ihren Alltag und ihre Sitten, über die Herrschaftsstruktur der einzelnen Königreiche bis hin zum wirtschaftlichen Nutzen für den Handelspartner Europa. Gezeigtes Bilddokument illustriert Dappers Kapitel über das „Koenigreich Zenega", d.h. das Gebiet des heutigen Senegal, das auf den Seiten 344–361 abgehandelt wird. Überlegenheitsdenken und Zivilisationsarroganz des europäischen Betrachters überschatten die Beschreibung der Eingeborenen und ihrer Kultur – Vorurteile, die wohl auch heute noch nicht überwunden sind: Die Einwohner seien „sehr schwartz", steht da zu lesen, „diebisch / betrueglich / luegenhaft", „hitzig und unkeusch" und „ueberaus freshaftig / also / daß sie nicht essen / sondern fressen als das Vieh." Gewarnt wird vor ihren angeblichen Zauberkünsten, durch die sie selbst einem Menschen eine tödliche Krankheit anhexen könnten. Die Kleidung der Männer besteht, wie der Stich auch illustriert, entweder lediglich aus einem um die Hüften geschlungenen Tuch oder, was dem „Adel" vorbehalten bleibt, aus einem Hemd und einem bis auf die Erde reichenden Hüfttuch. Mit sichtlichem Erstaunen wird festgestellt, daß selbst „Koenig" und „Unterkoenige" des Senegal „keine bemauerte[n] Staedte / Festungen / und Schloesser", sondern nur „kleine runte Huetten" aus Holz und Stroh als Wohnstatt hätten. In Sachen Glauben würden die Schwarzen einer „falschen Lehre" folgen, indem sie „Goetzenbildern"

Feldfrüchte und Tierblut opfern, und was die „Landessatzungen" anbelangt, so folgten sie „allein dem Gesetze der Natur". An Handwerkszweigen würden nur Weberei und Schmiedehandwerk betrieben, wofür man „sehr schlechte Werckzeuge" zur Verfügung hätte, ansonsten bildeten Landwirtschaft, Viehzucht und Fischerei die Lebensgrundlage der Bevölkerung jenes armen Landes. Wen mag es angesichts eines solchen 'primitiven Gesellschaftsbildes' da noch wundern, daß auf der Wunschliste der Schwarzen von den aus Europa begehrten Tauschobjekten, die Dapper im Text mit über dreißig Produkten beziffert (S. 357) und für die sie Tierhäute liefern, Metallwaren und „Schlechter [!] Hollaendischer Brantewein" an oberster Stelle rangieren?! Daß freilich die plakativ ins Bild gerückte Handelsszene mit einer Trinkprobe eben jenes Tauschartikels, wie auf dem gezeigten Stich zu sehen, im Leser einen entsprechend verstärkten Eindruck hinterlassen haben dürfte, versteht sich von selbst. A. Menninger

In den Berichten des 16., 17. und 18. Jahrhunderts, die sich der westafrikanischen Küste widmen, wird gelegentlich eine Gruppe von Menschen genannt, deren Bezeichnung zunächst paradox klingen muß: schwarze Portugiesen.[1] So heißt es in einer Beschreibung der Region von Kap Blanco bis Sierra Leone,[2] die schwarzen Portugiesen sähen sich als Weiße und als Christen, die meisten seien aber schwärzer als die Afrikaner selbst und hätten weder Kirchen noch Geistliche unter sich. Darüber hinaus lägen sie alle den schwarzen Weibern bei, mit denen sie Kinder zeugten. So schwarz sie auch seien, behielten sie doch sowohl die portugiesische Sprache als auch ihre portugiesischen Namen. Alle seien sie Kaufleute, die vor allem mit Sklaven einen regen Handel trieben. Sterbe aber einer von ihnen, so eigne sich der einheimische König all sein Gut an und ließe die Frauen, Kinder und Diener fortan für sich arbeiten. Kurz, so sehr sie sich auch wie Portugiesen kleideten – selbst Rosenkränze trügen sie stets bei sich –, so sehr seien sie doch den Sitten und Gebräuchen der Region verfallen, aller Tugenden verlustig und ein liederliches Volk.

Solche Beschreibungen werfen eine ganze Reihe von Fragen auf, denen im folgenden nachgegangen werden soll. Wer ist eigentlich mit der Bezeichnung „schwarze Portugiesen" gemeint? Wie konnte sich eine solche Gruppe bilden? Welche Rolle spielten sie für die Entwicklung dieser Region? Wie standen sie selbst gegenüber den Einheimischen und den Portugiesen? Welche Bedeutung hatten sie für den Handel? Um diese Fragen beantworten zu können, gilt es, sich der historischen Zusammenhänge in Westafrika bewußt zu werden. Es ist zu zeigen, auf welche Weise die Portugiesen von ihren ersten Entdekkungsfahrten entlang der afrikanischen Küste an den Kontakt und den Handel mit den fremden Völkern organisierten und entwickelten.

Nach der großen Überraschung, südlich der Sahara eine bewohnte und fruchtbare Gegend gefunden zu haben, reich an Rohstoffen und Handelsgütern,[3] versuchten die Portugiesen, die Kontakte zu diesem

Gebiet zu intensivieren und zu stabilisieren. So sammelten sie schon während ihrer ersten Reisen (1444 erreichte man das Kap Verde) eine Reihe von Informationen, die Auskunft geben sollten über die vorhandenen Produkte, Handelsstrukturen und über die Möglichkeiten, selbst an dem Geschäft teilzunehmen. Geographischer Forschungseifer und ökonomische Überlegungen gingen Hand in Hand, bedingten und ermöglichten einander. Waren die ersten Kontakte und der erste Austausch von Handelsgütern noch zufälliger und spontaner Art, so zeigte sich bald die Notwendigkeit, wenn man wirklich gewinnbringend und effektiv vorgehen wollte, geeignete und sichere Strukturen aufzubauen. Dabei spielte eine wichtige Rolle, daß man auch gegenüber den einheimischen Händlern seine Position klärte, sich Zugangswege und Handelsrechte sicherte, indem man Friedensverträge und Allianzen abschloß.

Ab 1448 begannen die Portugiesen, sich auch um eine Besetzung strategisch wichtiger Handelspunkte an der westafrikanischen Küste zu kümmern. Mit ihrer ständigen Präsenz versuchten sie, ihre Rolle auch im regionalen Handel zu sichern. Einerseits sollten damit die Zugangswege zu den einheimischen Märkten verstärkt werden, andererseits bedurfte es eines Umschlagplatzes für die Waren aus den Königreichen im Sudan. Diese Waren dienten ihrerseits als Tauschobjekte im regionalen Handel, so daß die ständige Präsenz der Portugiesen doppelt motiviert war.

Der erste Schritt, diese ständige Präsenz zu verwirklichen und zu demonstrieren, bestand in der Wahl eines strategisch geeigneten Standorts. Die Wahl fiel auf das südlich von Kap Blanco gelegene Arguim, wo die Portugiesen ihre erste Festung und Faktorei errichten ließen. Von hier aus also begann der organisierte Handel an der westafrikanischen Küste, dessen Abwicklung über die Seeschiffahrt nach und nach die Handelswege über Land verdrängen sollte.

Die Aktivitäten in Arguim standen zunächst ganz unter der Regie Heinrichs des Seefahrers. Ihm oblag es, den Handel zu kontrollieren und zu bestimmen. Bis zu seinem Tode im Jahre 1460 bedurften alle Fahrten an die westafrikanische Küste seiner Genehmigung. Händler, die nicht selbst über ein Schiff verfügten, mußten die Hälfte ihrer Einnahmen an den Infanten abtreten. Diejenigen, die selbst eine Flotte charterten, mußten immerhin ein Viertel des Gewinns an Heinrich zahlen.[4] Für die Zeit nach dem Tod des Infanten bis 1469 ist nichts Genaueres über die Organisation und Verteilung des Profits bekannt. Wahrscheinlich lag das Geschäft aber in privaten Händen, wie z. B. im Fall eines Handelsprivilegs, das 1466 die Bewohner von Kap Verde erhielten. Es gestattete ihnen den Handel an der Küste von Guinea, wobei Arguim von diesem Privileg ausgenommen wurde. Allerdings zahlten auch diese Kaufleute ein Viertel ihres Gewinns an den König von Portugal.

Im Jahre 1469 wird ein neues System des Westafrika-Handels eingeführt. Fortan vermietete die Krone das Privileg – wiederum unter Ausschluß von Arguim und darüber hinaus der Kapverdischen Inseln – für fünf Jahre an einen privaten Kaufmann, Fernão Gomes. Gomes verpflichtete sich, pro Jahr 200 000 reais an den König zu bezahlen.[5] Weiterhin beinhaltete der Vertrag die Auflage, daß Gomes pro Jahr 100 léguas (portugiesische Seemeilen) der westafrikanischen Küste neu zu erforschen hätte. Im Jahre 1470 wurden die Bedingungen für Gomes noch einmal verschärft, indem die Krone das Handelsprivileg für bestimmte Güter wieder grundsätzlich an sich nahm und somit Gomes vom Handel mit diesen Produkten ausschloß. Dabei ging es vor allem um Malagueta-Pfeffer und andere Spezereien und um Edelsteine.[6] Auf diese Weise versuchte die Krone, die Finanzierung weiterer Entdekkungsreisen auf dem Weg nach Indien zu sichern.

Gomes' Proteste gegen diese Verschärfung hatten nicht den gewünschten Erfolg. Immerhin erreichte er aber schon 1470 für weitere 100 000 reais das Handelsrecht in Arguim und nach Ablauf des Vertrages 1474 eine Verlängerung seiner Privilegien um ein Jahr.

In dieser Zeit zeigte sich mit dem Kronprinzen João, dem späteren König João II., die Krone wieder verstärkt interessiert an dem lukrativen westafrikanischen Handel. João erkannte sehr wohl die Bedeutung bestimmter Handelsgüter, die er seit seiner Thronbesteigung für die Krone reservieren ließ. Dabei ging es vor allem um die Tauschobjekte des Zwischenhandels in Afrika, also z. B. Pferde, Stoffe und Metalle, die sich gegen Gold, Pfeffer, Sklaven und Elfenbein tauschen ließen. Hier schuf João ein staatliches Monopol, das die Profitinteressen der Kaufleute weitgehend zurückzudrängen verstand.

Verfolgt man das ökonomische System des frühen westafrikanischen Handels in seiner Entwicklung, so läßt sich, wie V. M. Godinho festgestellt hat, ein ständiges Oszillieren zwischen Monopol-Wirtschaft, sei es des Staates oder eines privaten Kaufmanns, sei es geographisch oder auf bestimmte Produkte beschränkt, und den partikularen Interessen einzelner Kaufleute, stets abhängig von den Privilegien des Staates oder der Konzessionsträger, beobachten.[7] Man kann sich leicht vorstellen, daß die Durchsetzung staatlicher Richtlinien und Privilegien mit allerhand Schwierigkeiten verbunden war. So streng die Vorschriften auch im einzelnen waren, so sehr war doch auch mit ihrer regen Mißachtung zu rechnen, nicht zuletzt durch die, die vor Ort ihr Auskommen zu finden versuchten.

Die Krone war also auf besondere Weise herausgefordert, wenn sie die Rechte wahrnehmen wollte, die sie sich gegeben hatte. Eine der wichtigsten Maßnahmen zum Schutz des Monopols bestand in der Errichtung von Faktoreien und Festungen, wie man sie in Arguim bereits gebaut hatte. Den Faktoreien und Festungen standen Gouverneure bzw. Kapitäne vor, die vom König ernannt wurden. Das System dieser Handelsorganisation hatten die Portugiesen bereits früher erprobt, so z. B. in Antwerpen und anderen europäischen Umschlagplätzen. Nun galt es aber, in fremden und recht unbekannten Regionen neue Erfahrungen zu sammeln, wobei man die kommerziellen Aktivitäten durch militärische Präsenz stützte und schützte.[8] Alle Bedingungen des Handels, also der Ankauf und Umschlag europäischer und einheimischer Waren sowie der Tauschgüter aus anderen Gebieten, oblagen der Kontrolle der Faktoreien. Auf diese Weise versuchten die Faktoreien die Ansprüche der Krone gegenüber den afrikanischen Händlern zu vertreten. Dabei setzten sie die Preise und Bedingungen des Handels fest, konnten also den Umschlag der Waren nach den Interessen der Krone regulieren.

Drei Positionen waren in den Faktoreien jeweils von großer Bedeutung: erstens die des Faktors, des Vorstandes der Faktorei, zweitens die des Kapitäns, der für die militärische Sicherheit des Marktes zu sorgen hatte, und schließlich die des Schreibers, in dessen Hand die Kontrolle über ankommende und abgehende Waren lag. Damit es auf diesen einflußreichen Posten zu keinem Mißbrauch käme, wurden sie alle drei Jahre neu besetzt. Darüber hinaus waren die Preise der Waren, mit Ausnahme der der Sklaven, durch königliche Dekrete festgelegt. Den Schiffen, die auf Handelsfahrt gingen, waren Listen der zu bezahlenden Preise mitgegeben, an die sie gebunden waren. Vom Schreiber der Faktorei wurden Waren und Preise exakt festgehalten, so daß bei der Ankunft in Lagos bzw. später in Lissabon eine Kontrolle möglich war. Im Casa da Guiné in Lissabon wurden die Handelsgüter nach ihrer Herkunft sortiert und mit Steuern belegt. Die Sklaven übergab man einer bestimmten Abteilung, die für ihren Verkauf zuständig war.[9]

Im Falle Arguims hatte sich dieses strenge Handelssystem für die Portugiesen bewährt. In Arguim endeten die Karawanen, die Gold, Sklaven, Getreide, Pferde und Stoffe aus dem Landesinnern brachten. Hier konnte man jene Waren erwerben, die einerseits für den europäischen Markt, andererseits aber vor allem für den Handel an der weiter südlich gelegenen Küste von Bedeutung waren. So muß man sich vorstellen, daß z. B. der Wert eines Pferdes oft mit zehn Sklaven anzusetzen war.[10] Auf diese Weise wurden die Faktoreien nicht nur zum Umschlagplatz für europäische und afrikanische Waren, sondern auch zu innerafrikanischen Handelszentren, in denen die Produkte verschiedener Regionen gegeneinander getauscht wurden. In diesem Zusammenhang ist auch das Bemühen Portugals, Städte und Orte in Nordafrika zu erobern, zu verstehen, wodurch man sich einen unmittelbaren Zugang zu jenen Waren zu sichern versuchte, die weiter im Süden begehrt wurden und dort weiteren Profit versprachen. Nordafrika, hier v. a. Marokko, als Herkunftsort der Pferde und Stoffe, spielte also eine große Rolle in der Organisation des westafrikanischen Handels.[11]

Was die Größenordnung dieses Handels angeht, so liegen keine zuverlässigen Zahlen vor. Ca'da Mosto spricht einmal von durchschnittlich 750 Sklaven, die pro Jahr durch Tausch erworben wurden.[12] Doch was z. B. das Gold angeht, so weiß man nicht, in welchen Mengen und mit welchem Wert hier gehandelt wurde.

Die Bedeutung Arguims verringerte sich im Verlauf des 16. Jahrhunderts allerdings immer mehr. Einerseits war dafür die Konkurrenz anderer Faktoreien verantwortlich, v. a. die der weiter südlich gelegenen Faktorei Mina, die 1481 errichtet worden war. Dazu kam noch die Konkurrenz anderer, nicht unmittelbar an Faktoreien gebundener Handelsplätze, die sich entlang der Flüsse Guineas gebildet hatten und über die noch zu reden ist. Andererseits verlor Arguim aber auch deshalb an Bedeutung, weil es nicht gelungen war, die Handelswege über Land ganz zu verdrängen, so daß vor allem die arabische Konkurrenz nicht allein auf den Handel mit der Faktorei angewiesen war.

Neben den zentralen Umschlagplätzen in den Faktoreien bildeten sich mit der Zeit eine ganze Reihe kleinerer Handelspunkte, die entweder direkt an den Mündungen der Flüsse gelegen waren oder etwas weiter im Landesinnern, bis wohin die Flüsse noch beschiffbar waren. Der erste dieser Handelspunkte, die in den portugiesischen Quellen Resgates genannt werden, lag am Senegal, wo ein reger Tausch mit Sklaven und Gold betrieben wurde. Hier erreichte der Wert eines alten Pferdes zunächst 25–30 Sklaven, verringerte sich aber zu Beginn des 16. Jahrhunderts auf 10–20.[13] Aber Duarte Pacheco Pereira spricht in dieser Zeit noch von einem regen Handel am Senegal, der bis zu 400 Sklaven pro Jahr umfaßte.[14]

Mit dem Senegal begann jenes Gebiet, das man «Rios de Guiné de Cabo Verde» oder «Guiné do Cabo Verde» nannte und das sich bis Sierra Leone erstreckte. Zunächst wurde dieses Gebiet von den portugiesischen Schiffen nur sporadisch angefahren. Im Laufe der Zeit boten sich aber verschiedene Küstenstationen oder auch Orte entlang der Flüsse als regelmäßige Anlaufstellen an. Diese Resgates unterstanden zunächst den Faktoreien, wurden aber auch an Vertragspartner vermietet, die den Handel organisierten und am Profit beteiligt waren.

Neben Senegal ist die Handelsstation am Gambia zu nennen, wo ebenfalls viel mit Gold gehandelt wurde. Noch 1594 berichtet André Alvares d'Almada, daß hier ein reger Handel mit Sklaven, Baumwollstoffen und Baumwolle, Wachs und Honig und sehr viel Elfenbein betrieben würde.[15] Ja, der Handel sei hier reger als an allen anderen Flüssen in Guinea. Und so beschreibt er, daß entlang des Flusses sehr viele Dörfer liegen, «por amor do trato que têm com os nossos» (aus Liebe zum Handel mit den unsrigen).[16]

Auch Ca'da Mosto berichtet vom Handel an den Flüssen, indem er über seine Beziehungen zum König Batimansa spricht, mit dem er sehr viel Gold und Sklaven tauschte.[17] So spricht er vom Fluß Casamansa, an den viele Einwohner mit ihren Waren kämen, um sie mit den Portugiesen zu tauschen.[18] Etwas weiter südlich liegt der Ort Cacheu, an dem der Sklavenhandel florierte. Am nahe gelegenen São Domingos soll, Hieronymus Münzer zufolge, bereits um 1456 Handel betrieben worden sein, v. a. mit Malagueta-Pfeffer, Baumwolle und Elfenbein.[19] André Alvares d'Almada bezeichnet ihn aber auch als den größten portugiesischen Umschlagplatz für Sklaven.

Auch am Geba fand Diogo Gomes Malagueta-Pfeffer neben Baumwolle und Elfenbein.[20] Südlich des Geba liegt der Rio Grande, an dem man, wie D. Pacheco Pereira berichtet, sechs bis sieben Sklaven gegen ein Pferd und Gold gegen rote Stoffe und Tücher tauschte.[21] Weiterhin wird in den Quellen der Fluß Nuno genannt, an dem man viel Elfenbein erwerben konnte. Daneben gab es hier aber auch viele Farbstoffe, die die Portugiesen an den oben genannten Flüssen São Domingos und Casamanca gewinnbringend gegen Sklaven und Nahrungsmittel tauschen konnten.

Im weiteren Verlauf der Küste ist v. a. der Rio Case als Umschlagplatz für Gold von Bedeutung. Im Bereich der Sierra Leone werden eine ganze Reihe von Handelsstationen genannt, so am Gamboas und Palmas, an denen man wiederum einen regen Tausch mit Sklaven, Gold, Malagueta-Pfeffer und Elfenbein betrieb.

Sierra Leone wird von André Alvares d'Almada als ein sehr fruchtbares Gebiet beschrieben. Alles gebe es hier, nichts würde fehlen, es sei reich an vielen Nahrungsmitteln und an Wasser, an Orangen- und

Zitronenbäumen, Zuckerrohr, Palmen und sehr gutem Holz. Würde man dieses Gebiet besiedeln, gäbe es einen regeren Handel als in Brasilien, denn dort gebe es nichts weiter als Zucker, Holz und Baumwolle. Hier aber finde man neben Holz und Baumwolle Elfenbein, Wachs, Gold und Malagueta-Pfeffer. Man könne hier sehr viele Zuckermühlen errichten, denn Eisen, Holz und Sklaven stünden ausreichend zur Verfügung.[22] André Alvares d'Almada setzt sich sehr für die Besiedlung dieses Gebietes durch Portugiesen ein und versucht den König von der Lukrativität des Ortes zu überzeugen. Auch andere, die die drohende Konkurrenz durch europäische Nationen erkannten, sprachen sich für die Besiedlung dieses Gebietes aus. Dennoch konnten sie sich nicht gegenüber dem König durchsetzen.

Hier in Sierra Leone endete das kontinentale Gebiet der «Rios de Guiné de Cabo Verde». Allein dieses Gebiet brachte den Portugiesen in der Blütezeit, wiederum nach D. Pacheco Pereira, rund 3500 Sklaven pro Jahr.[23] Über das Gold liegen auch hier keine Zahlen vor, man weiß aber, daß Gold und Sklaven vor Elfenbein, Malagueta-Pfeffer und Baumwolle die wichtigsten Handelsgüter im Tausch mit diesem Gebiet waren.

Neben den Handelsstationen an den Flüssen in Afrika spielten aber auch die Kapverdischen Inseln eine große Rolle im ökonomischen System des frühen Afrikahandels. Schon 1466 hatte der König D. Afonso V. den portugiesischen Bewohnern der einzigen bevölkerten Insel Santiago einen Privilegien-Brief ausgestellt, der es ihnen erlaubte, mit ihren Schiffen an allen Stationen in Guinea zu handeln, mit Ausnahme von Arguim. Es gab keine Beschränkung der Handelsgüter und -wege, sowohl auf der Insel als auch nach Portugal durften sie ihre Waren verkaufen. Allerdings unterlagen auch sie der Verpflichtung, ein Viertel des Gewinns an den König abzuführen.[24] Mit diesem Privileg gedachte der König, einerseits den lokalen Handel zu beflügeln, andererseits neue Siedler für die Kapverdischen Inseln zu werben. Man hatte sich ja schon sehr früh auf die Suche nach diesen Inseln gemacht, die nun eine wichtige Zwischenstation im Guinea-Handel darstellten, indem sie ein bevorzugter Umschlagplatz für europäische und afrikanische Waren und auch für Sklaven waren. Auch viele ausländische Schiffe, denen der Handel an der afrikanischen Küste verboten war, liefen die Häfen der Inseln an, wo sie Zugang zu den begehrten Produkten fanden. Mit der Zeit kollidierten aber die Interessen der Insel-Bewohner mit denen des Königs und mit denen Fernão Gomes', so daß ihre Handelsprivilegien immer mehr eingeschränkt wurden. In einem erneuerten Privilegien-Brief von 1472 wurde ihnen eine Reihe von Beschränkungen auferlegt. So durften sie nur noch mit eigenen Schiffen, also nicht mit gecharterten, ihren Handel betreiben, mußten ihre Ware auf den Inseln löschen, durften nur mit Waren handeln, die auf den Inseln selbst vorhanden waren, und den Sklavenhandel durften sie nunmehr nur noch für den Eigenbedarf betreiben. Darüber hinaus waren Handelspartnerschaften mit Inselfremden und v. a. mit ausländischen Kaufleuten bei der Ausrüstung der Schiffe verboten.[25]

Diese Maßnahmen waren dazu geeignet, einerseits die Möglichkeiten der Inselbewohner zu beschränken, andererseits das Monopol der Krone zu fördern. So waren die Siedler gezwungen, mehr und mehr von der Landwirtschaft und der Baumwollanpflanzung zu leben und weniger von den Tauschgeschäften zwischen Afrika und Europa zu profitieren. Mit den ›Ordenações Manuelinas‹, also mit der Gesetzgebung des Königs Manuel I., verschärften sich die Einschränkungen für die Bewohner der Kapverdischen Inseln. 1514 wurde eine Reihe von Waren von ihrem Handel ausgeschlossen, deren Liste 1517 noch einmal erweitert wurde. Der Import bestimmter Produkte, v. a. Metalle und Stoffe, nach Santiago war nun verboten, womit die Möglichkeit, an der Küste Afrikas Handel zu treiben, sehr eingeschränkt war, ging es doch genau um diejenigen Waren, die dort als Tauschobjekte begehrt waren.[26] Durch solche Maßnahmen wurde der Kreis derer, die sich am Guinea-Handel beteiligen konnten, beschränkt, so daß der Krone Kontrolle und Nutznießung dieses Handels um so mehr zufielen. Darüber hinaus sollte damit ein Schutz gegen Piraterie und ausländische Konkurrenz erreicht werden.

Im Zusammenhang dieser Bemühungen stand auch das Dekret von 1512, demzufolge der Sklavenhandel nunmehr nur noch direkt über Lissabon abzuwickeln war. D. h., weder Zwischenlandungen noch Zwischenhandel waren möglich, so daß auch die Bewohner Santiagos ganz vom Sklavenhandel ausgeschlossen wurden. Ihre Bemühungen, gegen dieses Dekret zu opponieren, blieben erfolglos.

Dennoch ließen die Insulaner aber nicht davon ab, immer wieder neue Versuche zu starten, sich doch noch am lukrativen Guinea-Handel zu beteiligen. So wurde dem König berichtet, daß ein Schiff von Santiago aus nach Sierra Leone aufgebrochen war, um dort verbotene Ware an Bord zu nehmen. Auf solche Informationen reagierte der König mit der erwähnten Gesetzesverschärfung von 1517, der die Bewohner Santiagos praktisch ganz vom Handel an der afrikanischen Küste ausschloß.[27]

Freilich hatten diese Verordnungen wichtige Folgen in der lokalen Wirtschaftsstruktur. Angewiesen auf die eigenen Produkte, waren die

Bewohner Santiagos nicht in der Lage, der ausländischen Konkurrenz, also v. a. den Franzosen und Engländern, gegenüberzutreten. 1527 beendete der König die letzten freien Handelsinitiativen der Insulaner, indem er eine Faktorei in Santiago einrichtete, die fortan den gesamten Handel zugunsten der Krone monopolisierte.

Dennoch fanden alle diese Maßnahmen Widerstand und wurden unterlaufen. Einzelne Portugiesen machten sich nämlich auf den Weg ins Innere des Kontinents, um dort als Zwischenhändler zu fungieren. Sie kauften bei den Einwohnern, dort, wohin sonst keine staatlichen Kaufleute kamen, und verkauften ihre Ware an den Küsten. Diese Zwischenhändler, die Lançados genannt wurden, was mit Lanzenstöße oder Vorreiter übersetzt werden mag, wohnten zusammen mit der einheimischen Bevölkerung und entflohen damit der portugiesischen Gesetzgebung.[28] Zum einen Teil waren es hauptsächlich getaufte Juden, zum anderen ehemalige Bewohner der Kapverdischen Inseln, die auf diese Weise ihr Auskommen suchten.[29]

Im Verlauf des 16. Jahrhunderts gewannen ihre Aktivitäten immer mehr an Resonanz und Bedeutung für den Handel. So berichtet André Alvares d'Almada eindrucksvoll über die Ursachen und Folgen ihres Auftretens:

> Früher hatten die Einwohner Santiagos den größten Handel mit dem Gebiet des Königs Budumel. [...] Von den Kapverdischen Inseln gingen jährlich ganze Schiffsladungen mit Pferden und anderen Waren zu dieser Handelsstation. [...] Ihr König Budumel Bixirim residierte stets an seinem Hof in Lambaia, fernab vom Meer. Er bezahlte unsere Leute sehr schlecht, während er die Franzosen in seinen Häfen mit Freude empfing. Deswegen ließen die Bewohner der Insel von diesem Handel ab, der nun mehr von den Engländern als von den Franzosen beherrscht wird, da diese mächtiger sind und die Franzosen von der Handelsstation verjagt haben. Sowohl mit den einen als auch mit den anderen machen viele von uns Portugiesen Geschäfte [...], indem sie von Fluß zu Fluß und viele Meilen im Landesinnern handeln. Und so erhalten die Engländer und Franzosen jedes Jahr eine große Menge an Kuhhäuten, Büffel- und Gazellen-Fellen und anderer Tiere [...], viel Elfenbein, Wachs, Gold und andere Sachen, die sie gegen Eisen und andere Waren, die sie aus England und Frankreich mitbringen, tauschen. Unsere portugiesischen Lançados werden von diesen Feinden sehr verwöhnt. Am Tag, an dem sie ihre Bezahlung bekommen und die Waren abliefern, geben die Engländer ihnen zu Ehren große Feste, mit Bratschenmusik und anderen Instrumenten. Aus diesen Gründen sind die Handelsstationen an dieser ganzen Küste von Kap Verde bis zum Gambia verloren. Allein die Lançados handeln dort mit den Feinden. [...] Wären diese portugiesischen Lançados nicht, so hätten diese beiden Nationen keinen so großen Handel und Tausch in Guinea, wie sie ihn heute haben. Denn die Einheimischen sind nicht in der Lage, so große Geschäfte abzuwickeln, läge der Handel

in ihren Händen, so wäre er nicht so bedeutsam, denn sie fahren nicht mit Schiffen und bringen keine Waren vom Landesinnern her, sondern nur aus der Nähe, so daß sie nur geringen Umsatz erzielen. Heute durchqueren die portugiesischen Lançados alle Flüsse und Länder der Schwarzen und erwerben alles, was sie dort finden für die Schiffe ihrer Freunde. [...] Mit Hilfe der Lançados gibt es immer mehr Feinde im Guinea-Handel, so daß wir alles, was wir dort hatten, verlieren.[30]

In diesem ausführlich zitierten Bericht schilderte Almada die Lage des Guinea-Handels am Ende des 16. Jahrhunderts, die den abnehmenden Einfluß Portugals in seinen Gründen erkennbar macht. Einerseits führten die Bestrebungen der Krone um eine Monopolisierung des Handels dazu, daß eine Gruppe von illegalen Handelsagenten, wie es die Lançados waren, entstehen konnte. Andererseits begünstigte die Anwesenheit ausländischer Konkurrenten, wie der Engländer und Franzosen, die Geschäfte der Aussteiger, mit denen zusammen sie die portugiesischen Ansprüche umgehen konnten. Ab 1530 hatte die Präsenz der ausländischen Konkurrenz stetig zugenommen, die sich anschickte, wichtige Küstenpunkte zu kontrollieren. Trotz einer Zunahme des militärischen Schutzes und trotz neuer Festungsanlagen wurde es für die Portugiesen immer schwieriger, ihre Positionen zu sichern. Darüber hinaus hatte man es ja – trotz der Empfehlungen Almadas – versäumt, durch eine Besiedlung dieses Gebietes das ökonomische System langfristig zu stabilisieren. In der zweiten Hälfte des 17. Jahrhunderts sprechen die Quellen immer weniger von den Lançados. In dieser Zeit hatten sich die Franzosen, Engländer und Holländer bereits in ihren Faktoreien und Festungen etabliert, so daß sie auf die Zulieferhilfe der Lançados nicht mehr angewiesen waren. Noch in den Reiseberichten von 1659 und 1684 beschreibt Francisco de Lemos Coelho die Fruchtbarkeit dieses Landstriches und spricht sich deutlich für eine Besiedlung durch Portugiesen aus.[31] Tatsächlich muß er aber feststellen, daß die Anwesenheit der Portugiesen immer mehr zurückgeht, wofür er einige Gründe angeben zu können meint. Die wenigen Orte, an denen sich einige Portugiesen niedergelassen hätten, wären niemals zu wirklicher Blüte und Bedeutung gekommen, sei es, weil offizielle Unterstützung fehlte, sei es, weil die Siedler untereinander oder – jedoch seltener – mit den Einheimischen nicht zurechtgekommen wären. So hätten viele das Land wieder verlassen oder aber als einzelne Personen sich in die afrikanische Gesellschaft integriert.[32] Ihre Nachkommen seien wahrhaftige Kinder ihres Landes, deren Leben sich vollkommen ihrer Umgebung angepaßt habe. Für diese einzelnen

Portugiesen gäbe es gute Lebensbedingungen, seien doch Land und Handel so fruchtbar, daß sie ihren Mann ernähren könnten.

Die schwarzen Portugiesen, von denen wir ausgegangen waren, Nachkommen jener einzelnen portugiesischen Aussteiger, sind also das lebendige Zeugnis einer wechselreichen ökonomischen Politik im westlichen Afrika. In ihrem Auftreten spiegeln sich die Erfolge und das Scheitern des portugiesischen Engagements im Guinea-Handel. Einerseits blieb den Portugiesen kaum mehr als das Überleben in den schwarzen Nachkommen ihrer wenigen Siedler. Andererseits repräsentieren diese Nachkommen bei aller Integration in die afrikanische Gesellschaft aber doch Momente europäischer Einflußnahme, sei es in der Physiognomie, in der Kultur und Sprache oder in der Religion. Was die ökonomische Exploration betrifft, überflügelten bald andere Nationen die anfänglichen Bemühungen Portugals, das mit seiner Monopol-Politik letztlich auch am Integrationsvermögen eigener Landsleute gescheitert war. Im Zuge dieser Entwicklung verloren auch die schwarzen Portugiesen alle Chancen, die aus dem Zusammenspiel der Kulturen entstanden sein mögen: Mit den Bewohnern Afrikas teilten sie das Schicksal, Kinder ihres Landes zu sein.

Anmerkungen

1 Vgl. dazu Richard Rainolds (1591). In: R. Hakluyt, Principal navigations VII. Glasgow 1589, S. 98–99; Les voyages fameux de Sieur Vincent le Blanc (1592). Ed. le Sieur Coulou. Paris 1648, Vol. 3, S. 26–33; F. Guerreiro, Relação annual das couzas que fizeram os Padres da Compania de Jesus nas partes da India oriental. Lisboa 1605, Vol. 2, S. 130–142; Manuel Alvarez, Etiopia Menor descrição geografica da Provincia de Sera Leone. Lisboa 1616, passim. – Der Bericht von Guerreiro liegt vielleicht auch der „Historischen Relation" zugrunde, die Aegidius Albertinus 1609 in München veröffentlichte und deren dritter Teil sich einer „kurtze[n] Beschreibung deß Landts Guinea vnd Serra Lioa" widmet.

2 Reisen längst der westlichen Küste von Africa, von Capo Blanco bis Sierra Leona. In: Allgemeine Historie der Reisen zu Wasser und zu Lande oder Sammlung aller Reisebeschreibungen welche bis itzo in verschiedenen Sprachen von allen Völkern herausgegeben worden und einen vollständigen Begriff von der neuern Erdbeschreibung und Geschichte machen. Bd. 3. Leipzig 1748, S. 140–150.

3 Luis de Cadamosto, Navegações. Ed. Giuseppe Carlo Rossi. Lisboa 1944, S. 31; Diogo Gomes/Martin Behaim, Do primeiro Descobrimento da Guiné. In: José Manuel Garcia (ed.), Viagens dos Descobrimentos. Lisboa 1983, S. 35.

[4] Luis de Cadamosto (wie Anm. 3), S. 8.

[5] Vgl. den entsprechenden Abschnitt in: Matthias Meyn, Manfred Mimler, Anneli Partenheimer-Bein und Eberhard Schmitt (Hrsg.), Die großen Entdekkungen. München 1984 (Dokumente zur Geschichte der europäischen Expansion. Bd. 2), S. 67–70.

[6] João M. da Silva Marques, Descobrimentos portugueses. 5 vols. Lisboa 1944–1971, Vol. 3, Doc. 60, S. 86.

[7] Vitorino Magalhães Godinho, A economia dos Descobrimentos Henriquinos. Lisboa 1962, S. 207; vgl. auch Manuel Nunes Dias, O Capitalismo Monárquico Português (1415–1549). Contribuição para o Estudo das Origens do Capitalismo Moderno. 2 vols. Coimbra 1963.

[8] Vgl. Vírginia Rau, Feitores e Feitorias. Instrumentos do comércio internacional português no século XVI. In: Brotéria LXXXI (1965), S. 462–479.

[9] Vgl. Damião Peres (ed.), Regimento das Cazas das Indias e Mina. Coimbra 1947.

[10] Luis de Cadamosto (wie Anm. 3), S. 21.

[11] Robert Ricard, Le commerce de Berbérie et l'organisation économique de l'empire portugais aux XVe et XVIe siècles. In: Études sur l'histoire des portugais au Maroc. Coimbra 1955, S. 81–114.

[12] Luis de Cadamosto (wie Anm. 3), S. 21.

[13] Friedrich Kunstmann, Hieronymus Münzer's Bericht über die Entdekkung der Guinea. In: Abhandlungen der historischen Classe der königlich Bayerischen Akademie der Wissenschaften. Bd. 6 (1850), S. 291–362, hier S. 331. Über den Handel an den westafrikanischen Flüssen vgl. António Carreira, Os Portuguêses nos Rios de Guiné (1500–1900). Lisboa 1984.

[14] Duarte Pacheco Pereira, Esmeraldo Situ Orbis. Ed. Augusto E. da Silva Dias. Lisboa 1905.

[15] André Alvares d'Almada, Tratado breve dos Rios de Guiné. Ed. Luís Silveira. Lisboa 1946, S. 29 f.

[16] Ibid., S. 29.

[17] Luis de Cadamosto (wie Anm. 3), S. 76 f.

[18] Von der Handelsstation an diesem Fluß spricht wiederum auch André Alvares d'Almada (wie Anm. 15), S. 44.

[19] Hieronymus Münzer (wie Anm. 13).

[20] Diogo Gomes/Martin Behaim (wie Anm. 3), S. 38.

[21] Duarte Pacheco Pereira (wie Anm. 14), S. 76.

[22] André Alvares d'Almada (wie Anm. 15), S. 87.

[23] Duarte Pacheco Pereira (wie Anm. 14), S. 98.

[24] João M. da Silva Marques (wie Anm. 6), Vol. 3, Doc. 36, S. 55–56.

[25] Ibid., Vol. 3, Doc. 81, S. 107–109.

[26] Vgl. A. Teixeira da Mota, Alguns Aspectos da Colonização e do Comércio Marítimo dos Portugueses na Africa Ocidental nos séculos XV e XVI. Lisboa 1976, S. 12.

[27] Vgl. Christiano José de Senna Barcelos, Subsídios para a história de Cabo Verde e Guiné. 3 vols. Lisboa 1899–1913, Vol. 1, S. 84 f. und allgemein

António Carreira, Cabo Verde. Formação e Extinção de uma Sociedade Escravocrata (1460–1878). Lisboa 1983 und ders., Documentos para a História das Ilhas de Cabo Verde e «Rios de Guiné» (Séculos XVII e XVIII). Lisboa 1983.

[28] Im Jahr 1497 wird der Begriff zum ersten Mal in den Quellen erwähnt; vgl. João M. da Silva Marques (wie Anm. 6), Vol. 3, Doc. 369, S. 615. Zur weiteren Verwendung des Begriffs in den Jahren 1500, 1501, 1503, 1505 und 1508 vgl. A. Teixeira da Mota (wie Anm. 26), S. 15 und ders., Contactos culturais luso-africanos na Guiné de Cabo Verde. In: Boletim de Geografia de Lisboa 1951, S. 659–667.

[29] Vgl. André Donelha, Descrição da Serra Leoa e dos Rios de Guiné do Cabo Verde. Description de la Serra Leoa et des Rios de Guiné du Cabo Verde (1625). Ed. A. Teixeira da Mota, P. E. H. Hair u. Léon Bourdon. Lisboa 1977, S. 128.

[30] André Alvares d'Almada (wie Anm. 15), S. 17–19.

[31] Francisco de Lemos Coelho, Duas descrições seiscentistas da Guiné. Ed. Damião Peres. Lisboa 1953, S. 143.

[32] Francisco de Lemos Coelho (wie Anm. 31), S. 100, berichtet, daß die Portugiesen, die im Gebiet der Jalofos lebten, jährlich einmal den einheimischen König besuchen mußten, um mit ihm Geschenke auszutauschen. Ebenso wie bei ihren Nachkommen, den schwarzen Portugiesen, fiel auch ihr Erbe an den König.

Europäische Mission in Neu-Spanien: Auswirkungen auf die Volksreligiosität in Mexiko

Von

Richard Nebel

Abb. 2: Aztekische Kindestaufe. Zeichnung im Codex Florentinus des Fray Bernardino de Sahagún aus dem 16. Jahrhundert, Buch VI, Kap. 37, Fol. 170. 8 × 8,5 cm.

Der Franziskaner Fray Bernardino de Sahagún hatte an der Universität von Salamanca studiert und kam 1529 als Missionar nach Mexiko, wo er bis zu seinem Tod im Jahr 1590 blieb. Nicht einmal eine Generation, nur ein knappes Jahrzehnt lag zwischen der Eroberung des Aztekenreichs durch Hernán Cortés und seiner Ankunft: Sahagún konnte noch die – wenn auch teilweise zerstörten – gewaltigen architektonischen Leistungen dieser Hochkultur erleben und auf Eingeborene treffen, die noch in der Tradition altmexikanischer Kultur aufgewachsen waren. Ganz offensichtlich getrieben von der Idee, die fremde Kultur erst begreifen zu lernen, um die Indianer dann erfolgreich zum christlichen Glauben bekehren zu können, unternahm er in Tenochtitlán selbst sowie auf seinen Reisen im südlichen Mexiko systematische Studien, deren Konzept heute anerkennend als Vorläufer der Methodik moderner Völkerkunde gehandelt wird: Auf der Grundlage einer Art ethnologischen Fragebogens ließ Sahagún in Zusammenarbeit mit Indianern, die bereits die lateinische Sprache erlernt hatten, ausgewählte Männer der aztekischen Eliteschicht über ihren Alltag, ihre Sitten, Kunst, Wissenschaft, Mythologie und Weltanschauung aus der Zeit vor der spanischen Eroberung berichten. Als Ergebnis dieser mehrjährigen Studien entstand eine Sammlung von Dokumenten, die eine Kombination aus aztekischer Bilderschrift und erklärendem Text darstellt. Eine Kopie dieser Dokumentation, die im übrigen Sahagúns Vorlage für sein selbst verfaßtes Geschichtswerk über Neu-Spanien bilden sollte (Historia General de las cosas de Nueva-Espana), ist uns mit dem Codex Florentinus überliefert. *A. Menninger*

Das vorliegende Bilddokument zeigt eine Szene der eindrucksvollen Zeremonie der aztekischen Kindestaufe (hier: eines Jungen), die vier Tage nach Geburt von der Hebamme vorgenommen wurde. Für die im Kreis der Familie und Verwandtschaft stattfindende Zeremonie, die aus rituellen Handlungen, Namensgebung und Gebeten an verschiedene Gottheiten bestand, wurden u. a. auch ein kleiner Rundschild, ein Bogen sowie vier Pfeile (Symbole für die vier Himmelsrichtungen) aus Beermeldenteig, sowie ein Gericht aus Mole (aztekisch: Molli), Bohnen, Mais u. a. m. zubereitet. Die obersten Gottheiten Ometecuhtli und Omecíhuatl („Herr" und „Frau der Zweiheit") lassen vom höchsten Himmel, dem „Ort der Geburt", die Seelen „herabtropfen", d. h. die männliche und zugleich weibliche Gottheit schickt die Kinder in die Welt, die „Seelen" in den Schoß der Mutter. So sprach denn die Hebamme bei der Waschung und Taufe eines Kindes u. a. folgende Worte: „O gnädigste Herrin Chalchiuhtlícue [Göttin des Wassers]! Hier ist in die Welt gekommen euer Knecht, den unsere Mutter und unser Vater, Ometecuhtli und Omecíhuatl, in die Welt gesandt haben [...]" (Codex Florentinus, Buch VI, Kap. 32, Fol. 148b).

Von größter Bedeutung für Geburt, Namensgebung, Erziehung etc. war das geheiligte Kalendersystem. Stand beispielsweise der Tag der Namensgebung unter einem ungünstigen Stern, versuchte man durch einen Aufschub von Bad und Taufe die Namensgebung des Kindes an einem günstigeren Tag vornehmen zu können, um dem Schicksal des Kindes eine gute Wendung zu geben; denn „wer Unglück vermeidet, erfreut den glückverheißenden Gott".

Im Verlauf der europäischen Expansion im 16. Jahrhundert bot die Zeremonie der aztekischen „Wassertaufe" – neben anderen religiösen Gebräuchen aus altmexikanischer Zeit (Kreuzesform, „Beichte", „Gottesessen" Teoqualo u. a. m.) – willkommene Anknüpfungspunkte für die christliche Lehrverkündigung.

R. Nebel

1. Zur Problemstellung

Nach der Eroberung der aztekischen Hauptstadt México-Tenochtitlán (1521) durch die spanischen Konquistadoren und ihre indianischen Verbündeten setzte eine alternative, eine sogenannte „geistige Eroberung“ des ehemaligen aztekischen Herrschaftsgebietes durch die christliche Mission ein.[1] Sie stellte einen komplexen, in sich widerspruchsvollen historischen Prozeß dar, in dem sie zugleich gleichsam religiöse Gesetzgebung der militärischen Eroberungen einerseits und andererseits doch ein Mittel für den Schutz der autochthonen Bevölkerungsgruppen vor den Übergriffen der Konquistadoren und der Kolonisatoren war. Vor allem Franziskaner (seit 1523), Dominikaner (seit 1526), Augustiner (seit 1533), Jesuiten (seit 1572) und Karmeliter (seit 1585) erzielten bei der Mission unter den zahlreichen Völkern des großen, von den Spaniern „Neu-Spanien“ genannten Landes außerordentliche Erfolge in der Verbreitung des Christentums. Wenngleich nicht wenige Angehörige der Missionsorden vor allem im Laufe des 16. Jahrhunderts größten Einsatz zeigten und in wissenschaftlicher, kultureller, sozialer und religiöser Hinsicht nachwirkende Leistungen vollbracht haben (z. B. Pierre de Gand, Bernardino de Sahagún, Bartolomé de Las Casas, Vasco de Quiroga), die in der christlichen Missionsgeschichte einen hervorragenden Platz einnehmen, entstanden dennoch – aufgrund divergierender Missionsziele und divergierender Rahmenbedingungen – sehr unterschiedliche christlich-altmexikanische Mischkulturen und -religionen, die bis heute in Mexiko anzutreffen sind. Die Begegnung des Christentums mit den altmexikanischen Kulturen und Religionen ist somit ein Prozeß, der nicht nur die Konquista überdauert, sondern bis in die Gegenwart die Entwicklung des religiösen Lebens der verschiedenen Bevölkerungsschichten und Ethnien Mexikos maßgeblich beeinflußt hat. In einem aztekisch geschriebenen Text aus dem 16. Jahrhundert, der von Jacinto de la Serna überliefert worden ist und dem eine bildliche Darstellung eines zweiköpfigen Wesens – nämlich Jaguar und Adler im Habsburgischen Stil – beigegeben ist, heißt es: „Hier wird festgeschrieben und berichtet, was der wahre Christ tun und glauben muß, damit er die Worte Jesu Christi verstehe und ihnen gehorche, sowie die Interzession der Jungfrau Maria, seiner gebenedeiten Mutter: Sie sind es, die Adler und Jaguar von den Macehuales genannt werden, von den niedrigen und einfachen, armen und unterdrückten Leuten, die auf den Feldern und in den Bergen arbeiten, damit durch unser Verdienst die Heiligste Jungfrau und Mutter Gottes für uns bei ihrem Sohn Jesus Christus im Himmel Fürsprache einlege, daß er uns in seine Herrlichkeit aufnehme, uns, die wir uns in Gebeten, Psalmen, Antiphonen und den übrigen Verpflichtungen immer Unserer Lieben Frau erinnern.“[2] Aus dem Text ergibt sich die Rolle von Adler und Jaguar als Verbindungselemente von christlichem Glauben und aztekischer Religion. Die christianisierten und hispanisierten Indianer hatten auf ihre Weise versucht, die Kontinuität ihrer alten Weltsicht in ihren neuen Glauben zu überführen. Dem entsprach der Versuch der Missionare, die mexikanische Geschichte mit der europäischen so zu verbinden, daß die indianische Identität bei der Neuinterpretation und Umformung in etwa gewahrt bliebe, um auf diese Weise einen wirklichen kulturellen Bruch zu vermeiden.

Dieses Bemühen um Kontinuität war im Verlauf der mexikanischen Religionsgeschichte verschiedenen Wandlungen unterworfen, die sowohl die Religion der Indianer wie die der Spanier und Kreolen betraf. Daß es sich dabei um einen dynamischen Prozeß handelt, der die Einbeziehung neuer Ideen und Deutungen in die christliche Religion sowie in die vielschichtige Volksreligiosität begünstigte, versteht sich von selbst. Unter dem mehrdeutigen Begriff der Volksreligiosität werden hier alle religiösen Spuren zusammengefaßt, die sich für die Kolonialzeit nachweisen lassen und die – oft mannigfach abgewandelt – bis heute bestehen. Diese Volksreligiosität gedeiht innerhalb einer „Kultur der Armut“,[3] hauptsächlich unter Randgruppen – Indianern, Mischlingen, Teilen der Landbevölkerung, Arbeitern u. a. m. –, sowohl in ländlicher als auch städtischer Umgebung. Ihre Werte, Symbole, Glaubensvorstellungen und Riten – hier vor allem Jesus und Maria – sind nur zum Teil dieselben wie im offiziellen Katholizismus. Der im Laufe der letzten fünf Jahrhunderte gewachsene Komplex der mexikanischen Volksreligiosität und -frömmigkeit besteht aus einer Reihe von Elementen, die sich im wesentlichen aus fünf Quellen speisen: aus einheimischen Traditionen; aus katholischer Theologie und spanischen

Volksreligionen; aus afro-amerikanischen Vorstellungen[4]; aus bestimmten Versatzstücken protestantisch-angelsächsischer Herkunft[5] und aus Neu-Entstandenem[6] (wobei ich mich im folgenden aufgrund des Fehlens von Spezialuntersuchungen über Christologie und die Mariologie der mexikanischen Volksreligiosität auf die beiden erstgenannten Komplexe beschränken muß). Diese Volksreligiosität hat ihre Hauptwurzeln einmal im mittelalterlichen Wunderglauben, gepaart mit dem Glauben an die Vorsehung und an die Notwendigkeit der Buße sowie in bestimmten Resten altmexikanischer, vorchristlicher Religiosität. Diese Relikte spielen für die Religiosität der herrschenden Oberschicht eine relativ geringe Rolle. Dennoch kann die mexikanische Volksreligiosität nicht als spezifisches Klassenproblem bezeichnet werden. Auf der Basis des historischen und des anthropologischen Hintergrundes dieser Religiosität sollen im folgenden Neubewertungen und neue Interpretationen der christologischen und mariologischen Elemente im heutigen Mexiko zur Sprache gebracht werden.

2. *Der historische Rahmen*

In dem Teil Zentralamerikas, der mit dem Begriff Mesoamerika bezeichnet wird, haben sich zahlreiche und bedeutende Kulturen entwikkelt: die Olmeca, Maya, Zapoteca, Mixteca, Huaxteca, Totonaca, Teotihuacana, Otomí, Tolteca, Purépecha, Azteca u. a. m. Obgleich zwischen diesen Völkern zum Teil große Unterschiede bestehen, kann mit Blick auf Religionen und Kultur dennoch von einer mesoamerikanischen Einheit gesprochen werden. In dieser Religion verehrten die Menschen im Lauf der Geschichte die Gottheiten des Regens, der Vegetation und der Gestirne, die Spender von Licht und Leben. Die Götter wurden bei den einzelnen Völkern auf unterschiedliche Weise repräsentiert. Oft nahmen sie die Gestalten von Tieren an, insbesondere die der Schlange, des Jaguars und des Adlers. Ihre Funktionen und wesentlichen Charakterzüge waren jedoch ähnlich. Die Götter, ob „gut" oder „böse", mußten günstig gestimmt werden, und die Kunst war, als sie sich entfaltete, der Metaphysik dieser Religion gewidmet. Denn die Religion war eng mit dem Leben der Menschen verknüpft, in politischer, in sozialer, in familiärer und in individueller Hinsicht.[7] Die Azteken, auch Mexica genannt, die Erben dieser Kulturen und Religionen, insbesondere jedoch der Tolteca, waren bei der Ankunft der Spanier das mächtigste Volk Mesoamerikas. Etwa im 10. Jahrhundert stießen, vom Norden herkommend, verschiedene, der Sprachfamilie der Nahua-

Völker angehörende Nomadenstämme in das Hochland von Anáhuac vor. Durch geschickte Kriegsführung und durch den Glauben an ihre religiöse Sendung als das von ihrem Gott und Führer Huitzilopochtli auserwählte „Sonnenvolk" erlangten vereinigte Nomadenstämme (Chichimeca) bald die Oberherrschaft im Hochland von Mexiko und gründeten gegen 1325 im Texcocosee ihre Hauptstadt México-Tenochtitlán, Zentrum der Macht und der Herrschaft über einen großen Teil des gegenwärtigen mexikanischen Territoriums. Politische Ereignisse, kulturelle und religiöse Höhepunkte, aber auch Alltägliches aus dem Leben der Azteken sind in Form von Skulpturen, Keramik, Codizes, Bilderschriften sowie Chroniken der Spanier überliefert. In einem erstaunlichen Synkretismus übernahmen sie religiöse Vorstellungen und Kulturvorschriften unterworfener Völker, die ihrerseits das religiöse Erbe vergangener Reiche übermittelten.[8] Die Bevölkerung der zahlreichen, in den aztekischen Herrschaftsbereich einverleibten Völker war entsprechend ihrer sozialen Schichtung religiös unterschiedlich orientiert. Die Volksreligiosität der Grundschichten konzentrierte sich auf uralte, meist unblutige Regen- und Fruchtbarkeitskulte männlicher und vor allem weiblicher Gottheiten (Quetzalcóatl, Tláloc, Xipe, Tótec, Tlazoltéotl, Tonantzin-Cihuacóatl u. a.), Manifestitationen und Attribute des unzugänglichen obersten Prinzips Ometéotl, „Zwei-Gott", Fundament und Wahrheit alles Geschaffenen, auch Ometecuhtli („Zwei-Herr") und Omecíhuatl („Zwei-Frau") genannt. Die herrschende Krieger- und Priesterkaste der Azteken suchte die Synthese dieser Manifestationen und versuchte das Vielfältige auf bloße Aspekte gewisser Gottheiten zurückzuführen. Sie wachte strikt über die von männlich-kriegerischen Idealen der Kriegs-, Gestirns- sowie der weiblichen Gottheiten (Huitzilopochtli, Tezcalipoca, Tlahuizcalpantecuthli, Coatlícue, Chalchiutlícue, Coyolxauhqui u. a.) geprägte Religion in der Vision „Tlacaélel-Huitzilopochtli",[9] die sich in der Kriegsmystik des seiner göttlichen Auserwählung bewußten „Sonnenvolkes" und in der gewaltigen Zunahme der unterschiedlichsten (zumeist synkretischen) Götter- und Menschenopferkulte manifestierte: aus religiösen Gründen zur Aufrechterhaltung der Weltordnung und -harmonie. Götter erschufen die Welt durch Opfer[10] (vgl. Schöpfungs- und Opfermythen), und die Menschen, als Mitarbeiter der Götter, erhalten die Welt durch Opfer. Das Opfer des einen bewirkt das Heil aller; aus soziopolitischen Gründen zum Aufrechterhalten der sozialen Strukturen und des politischen Herrschaftsanspruches: Festhalten an der überlieferten Ordnung und sozialen Schichtung; Vollzug des „Willens der Götter"; Förderung des Gemeinschaftssinnes; Mittel der Expansion und des Terrors u. a. m.[11]

Gegen diese vorherrschende religiös-politische Weltanschauung der aztekischen Führerschicht und offiziellen Religion richteten sich folgerichtig eine Reihe von Aufständen (Tlaxcalteca, Huejotzinca, Purépecha u. a.). Sogenannte Tlamatinime („Weise Männer") entwickelten in der Sicht „Quetzalcóatl-Netzahualcóyotl"[12] theologisch-philosophische Konzeptionen und suchten, in Abkehr von den blutigen Menschenopferkulten, nach neuen Mitteln und Wegen, ungelöste Fragen menschlicher Existenz zu beantworten und mittels der Transzendenz des befreienden[13] und schöpferischen Mottos „in Xóchitl in Cuícatl" (Blume und Gesang)[14] zu dem Geheimnis „Gott" zu finden. Ob diese „Weisen Männer" zu Erneuerern der aztekischen Religion und Gesellschaft hätten werden können, läßt sich nur mutmaßen, denn in diese Zeit des geistigen und religiösen Neuaufbruchs fiel die Ankunft der „Weißen Götter".

Religiöse Basis der iberischen Volksreligiosität, die sich in Mexiko im Gefolge von Konquista, Kolonisation und Evangelisierung der autochthonen Völker verbreitet hat, ist vornehmlich die spätmittelalterliche Frömmigkeit, die sich in den Königreichen der Iberischen Halbinsel entfaltet hat und während des 11. Jahrhunderts, durch die Erneuerungsbewegung von Cluny und dem Zisterzienserorden, intensiviert und kultiviert worden ist.[15] In diesem der „Entdeckung" Amerikas vorangehenden halben Jahrtausend schlägt der von Byzanz aus in das westliche Europa ausstrahlende Marienkult tiefe Wurzeln in der hauptsächlich von romanischen, germanischen und maurischen Elementen angereicherten Volksreligiosität Iberiens (Virgen de Guadalupe, Virgen del Pilar in Zaragoza, Virgen del Montserrat u. a.). Die vornehmlich marianische und trinitarische Volksfrömmigkeit sucht ihren vielfältigen Ausdruck in zahllosen Liedern, Hymnen, Wechselgesängen, Responsorien u. a. m., insbesondere an glanzvollen Festen der Himmelfahrt Mariens, dem ältesten Fest, und der Unbefleckten Empfängnis. Die bestimmende und weittragende Erfahrung des „Heiligen" in dieser mittelalterlichen Welt ist die Allmacht Gottes, der göttlichen Vorsehung sowie der Einheit des Historischen und des Metahistorischen, bis zu dem Punkt, daß oft sogar die Konsistenz der natürlichen Zweitursachen unscharfe Konturen annimmt. Es herrscht eine religiöse Welt vor, deren Gefühlsüberschwang und Formenreichtum in vielfältiger Weise in Prozessionen, Wallfahrten, Festen, Theatern, Folklore u. a. m. in Erscheinung treten. Als Wunder schlechthin gilt die heilige Eucharistie. Dem heiligen Altarsakrament wird tiefe Verehrung zuteil; pompöse Fronleichnamsprozessionen werden eingeführt. Späterhin entstehen die Bettelorden, das Volk organisiert sich in vielen Laienbruderschaften mit religiösen, kulturellen und sozialen Zielen. Die Darstellungen Jesu Christi konzentrieren sich in erster Linie auf die Passion; sie gewinnen dabei einen dramatischen Akzent.

In der Kolonialzeit empfing und transformierte Neu-Spanien eine Reihe von Strömungen und Einflüssen aus dem europäischen Mittelalter,[16] aus der Renaissance, aus dem Barock und aus der Aufklärung. Zusammen trugen sie dazu bei, auch auf dem Weg der Auswanderung, eine spezifisch „mexikanische" Kultursphäre zu schaffen, in einem Gebiet, in dem es bereits viele autochthone Völker und Kulturen mit eigener starker Personalität gab. Das eigentliche koloniale Mexiko entstand jedoch im Barock. In unserem Zusammenhang verdient der Umstand besondere Beachtung, daß das Konzil von Trient (1545–1563) den katholischen Kultus in doppelter Hinsicht festschrieb: Auf der einen Seite siegte der strenge Formalismus der offiziellen Religion mit seiner exakten Dogmenformulierung (römischer Katechismus und Missale, kanonisches Recht, Neuordnung der Verwaltungsstruktur), auf der anderen Seite wurde der Volksfrömmigkeit in ihren verschiedenen Ausdrucksformen große Freiheit gewährt. Für die Kultur Neu-Spaniens bedeutete dies, daß die offizielle Religion für viele Menschen in den Hintergrund trat. In der Fortführung mittelalterlicher Devotionsformen entstand der Barock mit neuen, mystischeren, sentimentaleren Ausdrucksweisen, die sich aus der *devotio moderna* ableiten. Ihnen liegt ein neuer Geist zugrunde, der die Schöpfung, den Schöpfer und die Erlösung dramatisiert und preist. Auch die Marienfrömmigkeit nimmt dabei trinitarische Züge an. Als die Kraft dieser Strömung in den oberen Gesellschaftsschichten im 18. Jahrhundert erschlafft, erfährt sie jedoch eine intensive Fortführung in den Grundschichten. Zugleich ermöglichte eine gewisse „trinitarische Unbestimmtheit" die Integration zwischen Christentum und indianischer Religiosität. Aus einem vagen Christentum und aus der indianischen Religiosität entstanden vielfältige Formen des Synkretismus. So wurden die einheimischen weiblichen Kulte und Mythen – im Zusammenhang mit Mutterschaft und Fruchtbarkeit – auf Maria bezogen und damit umgewandelt und erhöht. Missionsgeschichtlich lassen sich zwei verschiedene Wege ausmachen: Auf der einen Seite stößt man auf die Bemühungen der Franziskanermissionare, die unter dem Einfluß des Millenarismus des Joachim von Fiore die möglichst rasche Schaffung einer christlichen Umwelt beabsichtigen und zu diesem Zweck die vorkolumbianischen Kulturen christianisierten bzw. alte Traditionen mit christlichem Geist erfüllten. Auf der anderen Seite „übersetzten" die Jesuiten des 17. und des 18. Jahrhunderts die einheimischen Mythen ins Christliche, um auf diese Weise den katholischen Glauben zu „mexikanisieren". Es hat glühende Anhänger des Guadalupe-Kultes gegeben (Emilio Sánchez, Lasso de la Vega, Becerra Tanco u. a.), die die phantastische Hypothese zu rechtfertigen suchten, daß Quetzalcóatl der Apostel Thomas gewesen sei und – im Extrem – die „echte" Maria sich als Mexikanerin auf dem Tepeyac-Hügel verkörpert hätte.[17] Diese mestizische Jungfrau von Guadalupe wurde so zum Symbol einer neuen Symbiose der unterschiedlichen Kulturen und Religionen des Landes.[18] Die Volksreligiosität entstand somit aus mittelalterlicher Wurzel und barocker Synthese. Aus der dialektischen Tätigkeit der Kirche gegenüber den autochthonen Religionen keimten Synkretismen, aus denen sich in der Gesellschaft eine „mexikanische" Christenheit herausbildete. Zur Unabhängigkeit ergab sich damit eine Koexistenz sehr unterschiedlicher Formen von Volksreligiosität mit der offiziellen Religion, ohne gegenseitige Befruchtung. Diese Epoche belegt man mit dem Etikett „romanisiert". Gegenwärtig wächst in Mexiko ein neues historisches Bewußtsein der Kirche als „Volk Gottes", das sich in seinem Apostolat auf die Wurzeln im Volk besinnt. Die mexikanische theologische Intelligenz hat seit dem Zweiten Vatikanum (1962–1965), seit den Bischofskonferenzen Medellín (1968) und Puebla (1979) ihr eigenes Volk wiederentdeckt und mißt seiner authentischen Religiosität neuen Wert bei.

3. Der anthropologische Rahmen

Die spanischen Missionare stellten von Anfang an das Erlösungswerk des Gottessohnes Jesus Christus in den Mittelpunkt ihrer Evangelisation und glorifizierten Leiden und Tod Jesu mit Bezug auf die Opferkulte der autochthonen Völker Neu-Spaniens.[19] Es ist evident, daß die mittelalterlich-iberische Spiritualität der Predigt des 16. Jahrhunderts dem Gekreuzigten und dem Christus des Kreuzwegs den Vorzug vor dem Auferstandenen gab. Beispiele finden sich bei drei Heiligen des Goldenen Zeitalters: Teresa de Avila, Pedro de Alcántara und Juan de la Cruz. Im Gegensatz zu Vertretern der byzantinischen Spiritualität bleibt in ihren Werken die österliche Auferstehung fast unerwähnt. Auf dieser Linie iberischer Spiritualität liegt die dem ersten Erzbischof von Mexiko, Juan de Zumárraga (OFM) zugeschriebene ›Regla Christiana Breve‹ (México 1547), wo der Zentralpunkt des Evangeliums, die Auferstehung Jesu Christi, fast beiläufig abgehandelt wird, während sein Martyrium und sein Tod ausführlich und detailliert dargestellt werden. Die Vielzahl der Kreuze, Kruzifixe und Bildwerke des gequälten und geopferten Jesu im ganzen eroberten Land lösten bei den Indianern, die von ihren eigenen Göttern „verlassen" worden waren, die ersten emotionalen Beziehungen zum Christentum aus.[20] Das Kreuzesopfer war für sie nicht das *scandalum crucis*, wie für die Denker des Alten Europa, sondern es war ihnen gewissermaßen vertraut: Der Mensch wird gerettet und erlöst durch Buße und Opfer. So sind der geopferte Jesus und die alten Götter, der Gottessohn mit der Dornenkrone und Quetzalcóatl („kostbare Schlange" oder richtiger „kostbarer Zwilling") in einem Element eng vereint[21]: im Blut des Opfers (mit Analogien zu Teotihuacán und Tollán). So spielt der Kult des gepeinigten, zerfleischten und sterbenden[22] Jesus zusammen mit dem der Jungfrau von Guadalupe als „Trost der Bedrängten" (mit Analogien zur Religion der Unterdrückten in der Aztekenzeit) eine zentrale und wichtige Rolle in der Volksfrömmigkeit seit der Mission und der Kolonialzeit. In der Gegenwart lebt dies weiter in der Verehrung des Kreuzes, des Gekreuzigten und der Guadalupana von seiten der Armen und Ausgestoßenen, ebenso wie in ihrer fast unglaublichen Fähigkeit zum Mitleiden mit dem gequälten und geopferten Christus, die bis zur Imitation des Opfers gehen kann. Diese Imitation wird unterstützt durch den Kult der Jungfrau von Guadalupe, die ausgleichende Funktion hat. Der Mexikaner ist der „leidende" Sohn der trostspendenden Mutter, der „Morenita" von Tepeyac. Das mexikanische Antlitz Christi, wie es in Kirchen, Festen und Prozessionen verehrt wird, besonders in den grausamen Darstellungen der Karwoche (z. B. in Tacátzcuaro, Mich.; San Andrés Chamula, Chia.; Pinotepa Nacional, Oax.; Cuajinicuilapa, Cax.; Huajicori, Nay.) ist das Gesicht des leidenden und sich aufopfernden Menschen. Es scheint, als ob der mexikanische Jesus einen unendlichen Tod erlitte, ohne jemals zur Auferstehung zu gelangen, auch wenn der christliche Glaube auf dem Osterereignis basiert.[23] Neben dem leidenden und sterbenden „Christus des Kalvarienberges" verbreiteten sich noch andere Darstellungen aus der spanischen Christologie. Dazu gehört das gute „Herz Jesu", das „süße und wehrlose Kind Jesus", Christus König – „kyrios" und himmlischer Herrscher –, dessen Abbild mit Gold und Aureole geschmückt ist. Ihre Identifikation mit den weltlichen Repräsentanten der glorifizierten Wesen ist offenkundig; der Patron, der Landbesitzer, der König. Der Kult dieser Jesus-Christus-Figuren blüht in der spanischen Volksfrömmigkeit: Es gibt zahlreiche theatralische Feste, große Prozessionen (bei den *Pasos* der Karwoche), Plastiken (berühmt sind vor allem die realistischen Darstellungen aus dem 18. Jahrhundert), Gemälde und Gebräuche, die sich mit den grandiosen Ritualen, Opferkulten, Künsten und Gebräuchen der indigenen Bevölkerung verbunden haben.

Ein dritter Aspekt der volkstümlichen Christologie hat damit zu tun, daß die Gestalt Jesu Christi nicht immer mit der gleichen „heiligen" Person identifiziert wird. Die Vielzahl der verehrten Mysterien (Jesuskind, der Gekreuzigte, der Christus der Geduld, der Verurteilung, der Geißelsäule, vom Wahren Kreuz, von der Auferstehung, von der Himmelfahrt, von der Erhöhung, von der Eucharistie u. a. m.) und besonders die spezifische Verehrung in den einzelnen Landesteilen (Señor del Sacromonte de Amecameca, Mor.; Señor de Chalma, Mor.; Señor de Tila, Chia.; Señor de Chipinque, Jal.; Señor de Chavarriete, Taxco, Gue.; Señor de la Peña de Mazatepec, Mor.; Cristo de Tepalcingo, Mor. u. a. m.) führen bei den Gläubigen häufig zur Aufspaltung der Personen und machen es unmöglich, zwischen der Menschen- und der Gottesnatur Jesu Christi zu unterscheiden. Dazu kam das indianische, mythische und rituelle Substrat, das zur Quelle von Mißverständnissen geworden ist. Es ist daher nicht weiter verwunderlich, daß bei verschiedenen Ethnien die unterschiedlichen Darstellungen der Passion Christi zu unterschiedlichen „Heiligenpersönlichkeiten" geworden sind, die unter dem Motto *do ut des* verehrt und beschenkt werden (wie etwa *El Señor de las Maravillas, El Cristo Yacente, El Cristo de la Consolación, La Preciosa Sangre de Jesús, El Señor del Perdón* u. a. m.). Jesus Christus finden wir auch als „Gottheit zweiter Ordnung" neben anderen Heiligen, z. B. der „Santoetik", den „Heiligen" der Zinacantecos in Chiapas.[24] Es gibt auch Formen der Verehrung, bei denen Christus seinen Gottescharakter verliert, aber zu einem übernatürlichen Wesen wird, mit bestimmten Funktionen unter den Schutzheiligen oder Naturgeistern, z. B. *El Señor del Pozo* (für gute Ernten), *El Señor de las Lluvias* (für Regen), *El Señor de la Columna* (gegen Hexerei) bei den Zoques in Chiapas, Oaxaca und Tabasco.[25] Es gibt Beziehungen zwischen Jesus Christus und den alten mexikanischen Gottheiten: Quetzalcóatl, Tezcatlipoca, Huitzilopochtli, Tláloc, Xipe Tótec und ihre Analoga bei den verschiedenen Völkern. Viele der Christus-Darstellungen wecken Erinnerungen an aztekische Kultzeremonien im Zusammenhang mit Menschenopfern für bestimmte Gottheiten. Es entstehen Assoziationen: Jesus Christus – Sonne – Huitzilopochtli – Licht – Erlöser – Sieger. So verwandelte sich beispielsweise der Gott Oztotéotl in den Santo Christo de Chalma.[26] Daneben kennt man eine Vielzahl von Jesuskulten (besonders im Agrarzyklus), die sich an die Sonne, an bestimmte Sterne und an die Vegetation richten. Dies gilt etwa für den Sonnengott Tayaó (Unser Vater) der Cora-Indianer in Nayarit, der auch Tata Dios (Vater Gott) genannt wird. Man verehrt ihn in menschlicher Form als „Vater Sonne", „Großvater Sonne", „Großvater Feuer" und setzt ihn dem christlichen Gottvater und sogar Jesus Christus gleich, nämlich über den meistverehrten Heiligen, den «Santo Entierro», der in Form eines Sarges in der Kirche des Ortes Jesús María in Nayarit dargestellt wird.[27] Auf ein besonders explizites Beispiel für die Vermischung religiöser Vorstellungen findet sich unter den Nahua-Sprachigen von Ichcatepec in der Huasteca Veracruzana.[28] Innerhalb des religiösen Synkretismus wird aus dem Karneval, der Fastenzeit und der Karwoche die Darstellung des Kampfes von Christus – Licht – Sonne gegen die Juden – Ahnen – Teufel, die ihn töten wollen. Die Ähnlichkeitsbezüge zwischen indigener Nahua- und christlicher Vorstellungswelt lassen sich schematisch wie folgt fassen:

Nahua:

1. Gegensatz Licht–Finsternis; Licht = gegenwärtige Welt; Finsternis = alte Welt.
2. Die Ankunft der Sonne markiert den Beginn einer neuen Epoche, die gegenwärtige Welt.
3. Angst und Schrecken vor der Finsternis. Alle 52 Jahre oder bei den Sonnenfinsternissen kommen die Tzitzinime herab und vernichten das Menschengeschlecht.
4. Der Sonnengott (Huitzilopochtli) wird von Coatlícue ohne Zutun eines Mannes geboren.
5. Die Centzonhuitznahuaque widersetzen sich der Geburt ihres Bruders Huitzilopochtli, versuchen ihn zu töten, werden aber am Ende besiegt.
6. Die Sonne wird als Kreis mit Lichtstrahlen dargestellt.

Christlich:

1. Gegensatz Licht–Finsternis; Licht = Gott; Finsternis = Teufel.
2. Die Ankunft Jesu Christi markiert den Beginn der Gnade und die Erlösung des Menschen.
3. Der Teufel versucht die göttliche Wahrheit zu verhüllen und den Menschen in die Finsternis der Sünde zu stürzen, um so das Menschengeschlecht vernichten zu können.
4. Christus, das Licht der Wahrheit, wird aus Maria ohne Zutun eines Mannes geboren.
5. Die Juden widersetzen sich der Predigt Jesu vom himmlischen Königreich und kreuzigen ihn; dieser aber ersteht auf.
6. Der Leib Christi wird in der Eucharistie dem Volk im Kreis mit Lichtstrahlen (in der Monstranz) gezeigt.

Die intensive Marienfrömmigkeit ist ebenso ein vielschichtiges Erbe der iberischen Religiosität. Schon die ersten Konquistadoren und

Kolonisatoren trugen Marienbilder auf ihren Medaillen, Fahnen und Abbildern mit sich und gaben fast allen entdeckten oder gegründeten Orten, Meeren, Buchten, Häfen, Bergen, Ländern und Reichen die Namen Gottes, Christi, Mariens, der Heiligen und Mysterien der Religion. Folgt man der Untersuchung von Constantino Bayle[29], sind alle spanischen Advokationen der Jungfrau Maria in der überseeischen Geographie vertreten. Vargas Ugarte[30] zitiert einen Katalog der Mariennamen von Orten in Mexiko, in dem 1756 Toponyme aufgeführt sind; darunter sind die häufigsten Guadalupe (256), Santa María (221), La Concepción und La Purísima (219), La Soledad (154), El Refugio (136) und Dolores (109), abgesehen von vielen Dörfern und Gehöften, die Natividad, Candelaria, Luz, Remedios u. a. m. heißen. Das missionarische Ideal war eine christozentrische Kirche, aber dieses Ideal fand seine stärkste Stütze in Maria, der Mutter des Erlösers. Bereits die ersten Franziskaner in Neu-Spanien und die sogenannten 12 Apostel unter der Führung von Fray Martín de Valencia förderten – in Kunst, Verkündigungen, Schulen usw. – den Marienkult, besonders den der Unbefleckten Empfängnis. Im 18. Jahrhundert verbreitete sich die Verehrung der *Nuestra Señora del Refugio*, die aus Italien stammte und die die Jesuiten als Patronin ihrer Missionen im Norden Neu-Spaniens erwählt hatten. Das Kultbild der *Nuestra Señora de la Salud*, Patronin von Pátzcuaro, erinnert an das Werk von Vasco de Quiroga. Ihr Kult geht zurück auf das Jahr 1538. In den Werkstätten von Michoacán entstanden viele Kultbilder Jesu Christi und Mariens mit dem durchbohrten Herzen. Die Missionare, die nach Jalisco, Zacatecas und anderen Gebieten aufbrachen, nahmen diese leicht mitzuführenden Kultbilder mit. Von dort kam auch das Kultbild, das Fray Antonio de Segovia ins Chichimeca-Land brachte. Aus einem anderen Kultbild, das einer der Soldaten von Hernán Cortés, Juan Villafuerte, in einem Agavenfeld oberhalb von San Bartolo Naucalpan versteckt hatte, entstand das berühmte Heiligtum von Nuestra Señora de los Remedios. Unter dieser Advokation wurde 1543 die Stadt Valladolid in Yucatán gegründet, mit ihr als Patronin. Gleichfalls ist sie Titularin des Klosters von San Juan de Dios in Campeche. Als Eroberin tritt auch Nuestra Señora de la Defensa auf, die in der Kathedrale von Puebla verehrt wird und die Don Pedro Porter Casanate als Beschützerin zur Eroberung Chiles mitnahm. Jeder Orden förderte einen gesonderten Aspekt der Marienfrömmigkeit: die Franziskaner die Unbefleckte Empfängnis, die Dominikaner die *Virgen del Rosario*, die Mercedarier die *Virgen de la Merced*, die Bethlehemiten die *Virgen de Belén* und die Jesuiten *Nuestra Señora de Loreto* und die sogenannte *Virgen de San*

Lucas. Weitere Advokationen sind die folgenden (sie stammen durchweg aus dem 16. Jahrhundert): *Nuestra Señora de Zapopan* in Jalisco, *Nuestra Señora de Ocotlán* in Tlaxcala; *Nuestra Señora de la Raíz* in Jacona, Mich.; *Nuestra Señora de Guanajuato; Nuestra Señora de la Bufa* in Zacatecas; *Nuestra Señora de Acahuato* in Tancítaro, Mich.; *Nuestra Señora de los Afligidos* in Juquila, Oax.; *Nuestra Señora de Izamal*, Yuc.; *Nuestra Señora del Rayo* in Guadalajara, Jal.; *Nuestra Señora de Tamazula*, Jal.; *Nuestra Señora de la Consolación* im Kloster von San Carlos, Mex. D.F.; *Nuestra Señora de los Dolores de Acatzingo*; *Nuestra Señora del Socorro* im Augustinerkonvent in Morelia, Mich.; *Nuestra Señora de los Angeles*, *Nuestra Señora del Roble* in Monterrey u. a. m.[31] Die Vorstellung von „Jungfrau" und „Mutter" hatte in den einheimischen Agrarkulten Vorläufer; ähnlich wie sie sich beispielsweise in den anatolischen Kulten der vorchristlichen Zeit durchgesetzt hatte, wo das byzantinische Christentum die Marienfrömmigkeit förderte, nämlich die Theotokos, als solche definiert auf dem Konzil von Ephesos (431). Dies ist das mariologische Grundprinzip, von dem aus sich die Marienlehre und -frömmigkeit entfaltet. In ihrer Missionsmethodik gingen die Missionare oft von den weiblichen Gottheiten des indigenen Agrarkultes in Neu-Spanien aus, um dann transformativ die Aufmerksamkeit auf die Jungfrau von Nazareth zu lenken. Diese Kulte entstanden durchweg an alten, vorspanischen Kultorten: Der „heilige Ort" der autochthonen Bevölkerung erhielt einen christlichen Sinn, wie dies einst auf ähnliche Weise auch in Europa geschehen war: Aus dem teocalli von Cihuacóatl-Tonantzin („Schlangenfrau – *unsere verehrte und liebe Mutter*"), auch genannt Teteoinnan („Göttermutter") – wurde das berühmte Heiligtum von Guadalupe.[32] Die *Virgen de Guadalupe* ist am tiefsten im mexikanischen Marienkult verankert. Ihre Erscheinung[33] im Jahre 1531 symbolisiert die Verbindung zweier Welten. Für die Indianer war es nicht schwierig, sich mit ihr zu identifizieren. Sie hatte auf Náhuatl mit einem *Indio Macehual*, einem einfachen Mann aus dem Volk geredet, und sie residierte am selben Ort, wo man die aztekische Gottheit Cihuacóatl-Tonantzin verehrt hatte, die die gleichen Elemente wie die Guadalupana versinnbildlichte: Mond, Fruchtbarkeit, Wiedererstehung, Trost, Schutz. Ihr Eintritt in die mexikanische Geschichte symbolisierte für die Indianer eine Möglichkeit der Kontinuität, die ihnen ihre Identität aufs neue gewährt, wodurch sie als evangelisierungs- und erlösungswürdige Menschen anerkannt wurden; die Spanier fanden ihrerseits in der Jungfrau von Guadalupe ein ihnen vertrautes Marienbild, das seit dem 13. Jahrhundert in der Extremadura verehrt wurde. Mit seiner Hilfe gelang es ihnen, die indigene Bevölkerung rasch an die christliche Kirche heranzuführen. Mit der Zeit wurde aus der Jungfrau von Guadalupe auch das Sinnbild des kreolischen Nationalismus, das die Bewohner Neu-Spaniens aus der sowohl politischen als auch religiösen Abhängigkeit von Spanien herausführte. Als solches hat es in seiner politischen wie spirituellen Dimension noch heute seine Gültigkeit.

Darstellungen Jesu, rotgewandet und unter dem Kreuz ebenso wie der „Schmerzenreichen" und der „Jungfrau von der Einsamkeit", können auch als Zeichen einer Bilder-Religiosität gesehen werden, der eine ambivalente Funktion zugesprochen wird: Auf der einen Seite sublimiert sie die Bildwelt des eigenen Leidens und macht es gewissermaßen dauerhaft; auf der anderen Seite verinnerlicht sie eine konformistische Ethik, die ihrerseits zur Rechtfertigung des sozialen Status quo beigetragen hat und weiterhin beitragen kann. Dergestalt können die Darstellungen Jesu und Mariens jeweils als entfremdend oder als befreiend gesehen werden. Aus diesem Grund haben Jesus und Maria immer einen zentralen Platz in der Volksfrömmigkeit eingenommen. Seit den sechziger Jahren sind viele moderne Autoren – besonders Theologen und Soziologen innerhalb der *Befreiungstheologien*[34] – zu dem Schluß gelangt, daß diese christologischen und mariologischen Darstellungen eine Herrschaftsfunktion repräsentieren, und zwar innerhalb des Funktionsschemas Christianisierung/Kolonialisierung, Christus/Staat, Glaube/Politik, spirituell/materiell und Kreuz/Flagge. Nach dem Urteil dieser Autoren ist deshalb eine solche Christologie (Jesuskind: unverständig und süß; Christus im Sterben: geopfert = beherrscht; Christkönig: Monarch = beherrschender Vertreter der Besitzenden), komplementiert durch die Mariologie (Jungfrau/Mutter = Trösterin; Himmelskönigin = Herrscherin), defizient. Sie habe wenig zu tun mit dem Jesus Christus der Schrift, denn sie habe den Missionsauftrag der Kirche (Mk 16,15) verändert in eine Zielsetzung aus Expansion, Erwerb, Größe, Reichtum und die Realisierung eines Modellchristentums als staatlicher und religiöser Einheit.[35] Christus und sein Evangelium würden damit zu effizienten Instanzen in den gegebenen Gesellschaftsstrukturen: „Die Realität wird so aus der Gegenwart oder der Abwesenheit Christi in der sozialen Wirklichkeit eingeschätzt und bewertet. Alles reduziert sich auf Gnade oder Sünde [...] Das Erlösungswerk Christi wird damit in Analogie zu einer Befreiung von juristischen, politischen und kulturellen Werten verstanden. Jeder Angriff auf die Gesellschaft oder der Versuch ihrer Subversion wird von den herrschenden Klassen irrigerweise als Angriff auf Christus und seine Kirche interpretiert [...] Der Kampf des Volkes gegen die herrschenden

Klassen wird damit fälschlicherweise zum Kampf des Atheismus gegen die Religion."[36]

Zu diesen kritischen Stimmen läßt sich sagen, daß diese Autoren eine subjektiv richtige, objektiv jedoch zumindest unvollständige Geschichte wiedergeben, wobei ein Teil befremdend ahistorisch ist. Die (christliche) Religion ist in der menschlichen Geschichte oft durch weltliche und geistliche Mächte mißbraucht worden. Die Kirche erkennt zwar an, daß Christus oder besser Gott die universale Macht über alles und alle zukommt, zieht daraus aber nicht den Schluß, daß dies für die Bischöfe oder für die Besitzenden auch der Fall ist. Über dem Respekt vor der Autorität des Staates oder der Kirche steht das Gemeinwohl und die transzendentale Bestimmung des Menschen und der Menschenrechte.[37] In allen Epochen der mexikanischen Geschichte hat es Frauen und Männer gegeben, die im genannten Sinne gegen Übergriffe der Mächtigen kämpften, gegen die Europäisierung des Landes und gegen den Mißbrauch der Religion (z. B. Bartolomé de Las Casas für die Gerechtigkeit und Menschenwürde für die Unterdrückten; Jacobo de Dacia für die Priesterweihe von Indios zur Schaffung einer „mexikanischen" Kirche; Javier Clavijero für die Hochschätzung der eigenen, mexikanischen Kultur; Miguel Hidalgo, José María Morelos, Benito Juárez für die Änderung ungerechter Machtstrukturen; die Moralisten J. Clemente Orozco, Diego Rivera, D. Alfaro Siqueiros für die Solidarisierung mit dem Leiden des unterdrückten Volkes und für den Angriff auf die Institutionen der Macht).

4. Der theologische Rahmen

Christologie und Mariologie stellen für Mexiko wichtige Kategorien der spanischen Kulturübertragung dar. Soweit es um Dogma und Lehre geht, ist die katholische Religion dieselbe in der Alten wie in der Neuen Welt. Glauben und Kultform mit Bezug auf Jesus Christus und Maria haben jedoch viele sichtbare Ausprägungen in Fortsetzung der spanischen Religiosität angenommen, wobei sich erstaunliche Akkulturationsprozesse im indigenen Milieu ergeben haben.[38] Für das indianische Mexiko ist das Schlagwort von den „Götzenbildern hinter den Altären" zum Symbol für die Synthese, Mischung oder Koexistenz altmexikanischer Kulte und Glaubensvorstellungen mit dem vorherrschenden Katholizismus geworden. Die Unkenntnis von dessen Lehre bringt große Teile des Volkes dazu, religiöse Gedanken zu variieren und eine Reihe von individuell und geographisch sehr verschiedenen Neuerungen einzuführen. Die Volksfrömmigkeit war nie in der Lage, die chalzedonische Dialektik des „vere Deus et vere homo"[39] befriedigend zu assimilieren. Zum einen wird Christus auf der alexandrisch-monophysitischen Linie gesehen, nämlich nur als fleischgewordener Gott, so daß zum Schluß Jesus und Gott Synonyme werden. Zum anderen wird Christus, und zwar noch häufiger, auf der Linie von Antiochia verstanden, nämlich ausschließlich als menschlicher Messias, austauschbar mit anderen Heiligen wie der *Santo Jesus*, auch wenn ihm die Karwoche mehr Gewicht verleiht. Aus christlich-theologischer Sicht ist dies eine Christologie (der historische Jesus zusammen mit dem kerygmatischen Christus des Glaubens: vere homo et vere Deus), die unvollständig ist. Es fehlen wichtige Aspekte, die heute in der *Theologie der Armut*, der *Theologie der Volksfrömmigkeit* und in der *Befreiungstheologie* wiederentdeckt werden: besonders die Soteriologie (Tod–Auferstehung–Erlösung), die Ekklesiologie, historische, kosmologische, pneumatologische, ontologische und funktionale Dimension der Christologie etwa. Da die christliche Lehre vielen Menschen nicht klar genug vor Augen steht – insbesondere die Konzeption vom Dreieinigen Gott, die Gestalt und die Rolle Mariens, das Erlösungswerk Christi und seine Botschaft –, schaffen sie vielfältige Advokationen, so als gäbe es mehrere christliche Götter und mehrere Maria-Figuren. So ist es auch nicht verwunderlich, wenn es zwischen der offiziellen Religion der Herrschenden und der Religion der Beherrschten während der spanischen Kolonialherrschaft – wie im übrigen schon in der Zeit der altmexikanischen Imperien – zu gewissen Dichotomien und Verwerfungen gekommen ist, die bis in die Gegenwart Mexikos in der Volksreligiosität mancher Bevölkerungsgruppen anzutreffen sind (Tezcatlipoca-Quetzalcóatl; Virgen de los Remedios-Virgen de Guadalupe; Santiago Mataindígenas-Santo Tomás u. a. m.).

Seit den sechziger Jahren läßt sich in Mexiko – unter dem Einfluß der lateinamerikanischen Befreiungstheologien – eine Bewegung für eine wahrhaft autochthone und authentische Kirche ausmachen, was mit Begriffen wie Indigenisation, Inkulturation, Inkarnation des Christentums in Mexiko umschrieben wird. Theologen wie S. Méndez Arceo, S. Ruiz, J. Llaguno u. a. haben[40] neue Wege zu einer Metanoia der mexikanischen Kirche gewiesen, sowohl mit theologischen wie mit sozioökonomischen Argumenten. Sie interpretieren die Phänomene der Jesus- und Marienfrömmigkeit als reiches Arsenal an Befreiungssymbolik und Ausdrucksformen der Armen und Unterdrückten. Von daher erweist sich die Sozialkritik in ihrer Funktion als Korrektiv der etablierten Macht, als Hilfsinstrument zum Ausdruck der Opposition und als prophetische Ankündigung einer Gesellschaft, die die Menschen als Mitglieder respektiert. Das Konzil von Chalzedon hat 451 gelehrt: Jesus, eine Person, zwei Naturen, unvermischt und untrennbar. Von daher stammt eine vertikale Christologie, die sich im theologischen Nachdenken in der Kirchengeschichte entwickelt hat. Seit dem Zweiten Vaticanum ist eine Umwandlung der vertikalen zur horizontalen Theologie mit verschiedenen Varianten in den sogenannten Befreiungstheologien Asiens, Afrikas und besonders Lateinamerikas zu bemerken.[41] Dieser Wandel vollzieht sich mittels einer gegenseitigen Durchdringung der Attribute Jesu und Gottes, der Botschaft vom Reich Gottes und des Glaubens an die Auferstehung. Auf diese Weise wird das historische Dilemma (Jesus oder Christus) und das metaphysische (Gott und Mensch) überwunden. Und er führt außerdem zu neuen Zentralpunkten der Christologie, eben denselben, die für den mexikanischen Kontext wichtig sind[42]: Vorrang der Anthropologie vor der Ekklesiologie, der Utopie vor der Realität, der Existentialkritik vor der etablierten Dogmatik, der soziologischen Aspekte vor den historischen und der Befreiungspraxis vor der Befreiungstheologie. Diese Gedanken zielen auf Jesus im spirituellen und profanen sowie auf eine spirituelle Begrifflichkeit des täglichen Lebens. In den christologischen Entwürfen ist die zentrale christologische Befreiungsidee zusammengesetzt aus anthropologischen (als Beitrag zur Klärung der menschlichen Existenz, zur Findung seiner Authentizität), soziologischen (tätige Interventionen zur Erreichung dieses Zieles in der Sozialstruktur) und theologischen Komponenten (Einflußnahme auf eine Neufassung der Idee von der menschlichen Existenz im Rahmen Gottes). Rubén R. Dri zeigt eine direkte Parallele zwischen Lateinamerika und Christus auf, indem er den „mystischen Leib Christi“ mit den ausgebeuteten und unterdrückten Klassen des amerikanischen Kontinents identifiziert.[43] Er fordert eine Revision der traditionellen Christologie, damit der geopferte Christus nicht weiter für das Opium des Volkes stehe, das in einer Leidensmystik die Ausgebeuteten ihre Lage passiv hinnehmen lasse. Jesus muß das aktive Ferment sein, das die Unterdrückten veranlaßt, für ihre Befreiung zu kämpfen. In den Befreiungstheologien spielt auch die dogmatische Theologie (Maria als Mutter Gottes, Jungfrau, Unbefleckte Empfängnis, in den Himmel Aufgenommene) eine Rolle. Maria entspricht jedoch auch in ihrem Bild der lateinamerikanischen Realität.[44] So erscheint sie hier als Maria von Nazareth, eine Arme aus dem Volk, die arbeiten muß, verfolgt und exiliert wird, aber immer stark bleibt; Maria wird identifiziert mit der Maria des „Magnificat“, die prophetische und befreiende Frau, die die Widersprüche zwischen

Reichen und Hungernden zwischen den Mächtigen und den Unterdrückten anklagt und die die „Revolution Gottes" ankündigt als Anwalt der Unterdrückten: Maria ist insbesondere die Maria der Volksfrömmigkeit, die Maria des lateinamerikanischen Volkes, das selbst ein marianisches Volk ist. Dies gilt besonders für die María de Guadalupe in Mexiko, die, zusammen mit Christus, als „Hauptperson der Geschichte"[45] gesehen und empfunden wird, analog zur mexikanischen Geschichte. Sie ist klar erkennbar als die Frau der Fleischwerdung des Gotteswortes in der Geschichte.[46]

Die Mariologie verleiht auch den matriarchalen Traditionen des Christentums neue Vitalität.[47] Seit den großen Göttinnen der babylonischen und ägyptischen Religionen bis zu denen des alten Mexiko verkörpern sie den Aspekt der Jungfräulichkeit und der Mutterschaft als Ausdruck vitaler Autonomie, Schutz und Wiedergewinnung des Lebens. Die sogenannten Feministinnen akzeptieren diese traditionelle Bedeutung Mariens nicht mehr, in der sie „Mutter Gottes" ist und nur in ihrer Beziehung zu Christus gesehen wird und nach der sie nur für die Glorie ihres Sohnes und des Vaters existiert. Sie suchen vielmehr das Modell ihrer autonomen Existenz als Frau. Nach ihrer Meinung sollte die Verehrung Mariens dazu beitragen, daß die Frauen nach größerer Anerkennung ihrer Existenz und nach individueller Autonomie suchen.[48] Zudem entdecken sie – speziell im Bild von Guadalupe[49] – die mütterlichen Aspekte des Gottesbildes,[50] die sie in Hinblick auf eine *androgyne* Konzeption Gottes und eine neue Begrifflichkeit Gottes und des Menschen neu interpretieren. Die neue Wertung Mariens in ihrem Guadalupe-Bild hat in Mexiko und Lateinamerika derzeit neue Formen hervorgebracht, die auf die mexikanische Theologie und Kirche[51] einzuwirken und die sozialen und politischen Strukturen zu erreichen versuchen.[52] Aus den neuen Interpretationen der Botschaft von Guadalupe (Neubewertung der mexikanischen Kultur, Option für die Armen, Anerkennung der Volksweisheit u. a. m.)[53] und aus der soziopolitischen Bedeutung[54] des Guadalupe-Ereignisses, das auch für die pastorale Erneuerung der Kirche des Volkes relevant geworden ist,[55] lassen sich tiefe Veränderungen erahnen, die zu einer christologischen und mariologischen Begrifflichkeit mit mexikanischem bzw. lateinamerikanischem Charakter führen.[56] Der Versuch der Verminderung der vom Kolonialismus verursachten kulturellen Entfremdung, die Wiederentdeckung der eigenen geistigen Werte und die verstärkte Rückbesinnung auf die eigenen, religiösen Traditionen, vereint mit dem Willen, die traditionellen christlichen Werte gleichzeitig weiterzuentwickeln und den Erfordernissen der modernen Zeit anzupassen, sind langwierige Prozesse, an deren Ende ein „authentisches" Modell der religiösen Entwicklung zu einem einheimischen „mexikanischen" Christentum stehen könnte.

Anmerkungen

[1] Robert Ricard, La «Conquête Spirituelle» du Mexique. Paris 1933; Pedro Borges, Métodos Misionales en la Cristianización de América (Siglo XVI). Madrid 1960; L. Gómez Canedo, Evangelización y Conquista. Experiencia Franciscana en Hispanoamérica. México 1977.

[2] Jacinto de la Serna, Manual de Ministros de Indios para el Conocimiento de sus Idolatrías y Extirpación de ellas. In: Anales del Museo Nacional de México 6 (1892), S. 291. Siehe dazu auch Wolfgang Rüger, Theorie der religiösen Mischung in Zentral-Mexiko im ersten Jahrhundert nach der Eroberung. Hohenschäftlarn 1986, S. 156–162.

[3] Oscar Lewis, The Children of Sánchez. New York 1961.

[4] G. Aguirre Beltrán, La población negra de México. México 1946 ([2]1958).

[5] Hans-Jürgen Prien, La historia del cristianismo en América Latina. Salamanca 1985, S. 387–494, 711–808; Jean Pierre Bastian, Breve historia del protestantismo en América Latina. México 1986; Søren Hvalkof u. Peter Åaby (Hrsg.), Ist Gott Amerikaner?, Bornheim-Merten 1980.

[6] Silvia Ortiz Echániz, Ursprung und Charakteristika des Spiritualismus in Mexiko. In: Anuario 14 (1985), S. 159–186.

[7] Alfonso Caso, El Pueblo del Sol. Mexiko [2]1974.

[8] Miguel León-Portilla, La Filosofía Náhuatl. México 1956.

[9] M. León-Portilla (wie Anm. 8), S. 249–257.

[10] Walter Krickeberg, Mitos y Leyendas de los Aztecas, Incas, Mayas y Muiscas. Mexico 1971, S. 21–39; Altmexikanische Kulturen. Neubearbeitet von G. Kutscher. Berlin 1966.

[11] Hierzu L. Séjourné, Los Sacrificios Humanos: Religión o Política? In: Cuadernos Mexicanos 7 (1958), S. 127–149.

[12] Miguel León-Portilla, Trece poetas del Mundo Azteca. México 1972.

[13] Das reiche religiöse und kulturelle Erbe Altmexikos kennt Vorformen der aktuellen Befreiungstheologien, die für die Entwicklung authentischer indianisch-christlicher Theologien im heutigen Mexiko bedeutsam sein können. Vgl. Richard Nebel, Concepciones teológicas y filosóficas de los Tlamatinime en la cultura náhuatl. In: Logos 42 (1986), S. 41–61.

[14] B. Leander, In Xóchitl in Cuícatl. Flor y Canto. México 1972.

[15] CELAM (ed.), Iglesia y Religiosidad Popular en América Latina. Bogotá 1977.

[16] Hierzu das sehr informative Werk von Luis Weckmann, La Herencia Medieval de México. 2 vols. México 1984; George M. Foster, Cultura y Conquista: la herencia española de América. Xalapa 1985.

[17] Francisco de la Maza, El Guadalupanismo Mexicano. México 1953.

[18] Auf die politische, wirtschaftliche und kulturelle Geschichte von Staat und Kirche in Neu-Spanien kann in diesem Zusammenhang nicht näher eingegangen werden. Vgl. dazu Horst Pietschmann, Staat und staatliche Entwicklung am Beginn der spanischen Kolonisation Amerikas. Münster 1980; León Lopetegui–Felix Zubillaga, Historia de la Iglesia en América Española. México. América Central Antillas. Madrid 1965; Willi Henkel, Die Konzilien in Lateinamerika. Teil I: Mexiko 1555–1897. Paderborn–München 1984; Enrique D. Dussel, Historia General de la Iglesia en América Latina. Vol. 1.1. Salamanca 1983; Johannes Meier, Zur Geschichte des Christentums in Lateinamerika. München–Zürich 1988.

[19] Richard Nebel, Altmexikanische Religion und christliche Heilsbotschaft. Mexiko zwischen Quetzalcóatl und Christus. Immensee 1983, S. 281–289; Jakob Baumgartner, Mission und Liturgie in Mexiko. 2 Bde. Schönbeck–Bekkenried 1971.

[20] Octavio Paz, Das Labyrinth der Einsamkeit. Eschwege 1974, S. 86–87.

[21] W. Krickeberg (wie Anm. 10), S. 28–32.

[22] Xavier Moyssén, Mexiko. Angustia de sus Cristos. Mexiko 1967.

[23] R. Nebel (wie Anm. 20), S. 300–305.

[24] E. Z. Vogt, Los Zinacantecos: Un Grupo Maya en el Siglo XX. México 1973.

[25] N. D. Thomas, Envidia, Brujería y Organización Ceremonial. Un Pueblo Zoque. México 1974.

[26] R. Nebel (wie Anm. 20), S. 229–280; ders., Christological Aspects of the Ancient Mexican-Christian Popular Piety in Modern Mexico. In: Verbum SVD 27 (1986), S. 43–52.

[27] Th. B. Hinton y otros, Coras, Huicholes y Tepehuanes. México 1972.

[28] Luis Reyes García, Pasión y muerte del Cristo Sol. Xalapa 1960, S. 49–51.

[29] Constantino Bayle, Santa María en Indias. Madrid 1928, S. 184–185.

[30] Rubén Vargas Ugarte, Historia del Culto de María en Iberoamérica y de sus Imágenes y Santurios más venerados. 2 vols. Madrid 1956, Vol. 1, S. 82–83.

[31] Ernesto de la Torre Villar, La Virgen de Guadalupe en el desarrollo espiritual e intelectual de México. In: José Ignacio Echeagaray (ed.), Album Conmemorativo del 450 aniversario de las Apariciones de Nuestra Señora de Guadalupe. México 1981, S. 255–269.

[32] Zu Guadalupe aus soziopolitischer, historischer und katholischer Sicht vgl. jeweils Jacques Lafaye: Quetzalcóatl y Guadalupe. México 1977; Edmundo O'Gorman, Destierro de Sombras. México 1986; Ernesto de la Torre Villar, Testimonios Históricos Guadalupanos. México 1982; Guillermo Schulenburg Prado (ed.), 450. Aniversario 1531–1981. Congreso Mariológico. México 1983.

[33] Luys Lasso de la Vega, Hvei Tlamahviçoltica. México 1649.

[34] Jose Míguez Bonino (ed.), Faces of Jesus. Maryknoll [2]1985.

[35] Vgl. ebenda den aufschlußreichen Artikel von Saúl Trinidad und Juan

Stam, in dem sie scharfe Kritik an jenen christologischen Konzeptionen üben, die von den Protestanten in Lateinamerika gepredigt würden (S. 39–45).

[36] J. Pablo Richard G., Cristología y racionalidad política. In: Cristianismo y Sociedad 13 (1975), S. 38.

[37] Vgl. Concilio Vaticano II. Documentos Completos. México 1966.

[38] John M. Ingham, Mary, Michael and Lucifer. Folk Catholicism in Central Mexico. Austin 1986.

[39] Hinsichtlich zentraler christologischer Schwerpunkte vgl. Walter Kasper (Hrsg.), Christologische Schwerpunkte. Düsseldorf 1980.

[40] Jesus García, La Iglesia Mexicana desde 1962. In: Enrique D. Dussel (ed.), Historia General de la Iglesia en América. Vol. 5: México. México 1984, S. 361–466.

[41] Jon Sobrino, Cristología desde América Latina. México 1976.

[42] Leonardo Boff, Jesus Christus der Befreier. Freiburg 1986, S. 212–215.

[43] Rubén R. Dri, El Dolor de los Hombres Latinoamericanos y la Muerte de Jesús. In: Christus 42 (1977), S. 22–25.

[44] Leonardo Boff, O rosto materno de Deus. Petrópolis 1979.

[45] Consejo Episcopal Mexicano (ed.), III. Conferencia General del Episcopado Latinoamericano. Puebla 1984, S. 91.

[46] Ibid., S. 93.

[47] Rosemary Radford-Ruether, Maria. Kirche in weiblicher Gestalt. München 1980.

[48] María Luiza Marcilio, A mulher pobre na história da igreja Latinoamerica. São Paulo 1984; Shilene Soto, Tres modelos culturales: La Virgen de Guadalupe, la Malinche y la Llorona. In: Fem 10 (1986), S. 13–16.

[49] Alicia Puente de Guzmán, Promoción y Dignidad de la mujer a luz del Evento Guadalupana. In: Instituto Superior de Estudios Eclesiásticos (ed.), Libro Anual 1981–1982. México 1984, S. 385–407.

[50] Christa Mulack, Die Weiblichkeit Gottes. Matriarchale Voraussetzungen des Gottesbildes. Stuttgart 1983.

[51] ISEE (ed.), Libro Anual 1981–1982. México 1984.

[52] Virgilio P. Elizondo, La Morenita. Evangelizer of the Americas. San Antonio 1980.

[53] Clodomiro L. Siller A., El Método de la Evangelización en el Nican Mopohua. In: Estudios Indígenas 8 (1981), S. 217–274; Para una Teología del Nican Mopohua. In: Estudios Indígenas 5 (1975–1976), S. 409–419.

[54] Miguel Concha Malo, La Virgen de Guadalupe, el nacionalismo y la evangelización. In: Humanidades. Anuario 8 (1986), S. 53–67; La Virgen de Guadalupe y el nacionalismo mexicano desde las clases populares. In: H. Martínez, R. Dri et al. (ed.), Hacia el Nuevo Milenio. Estudios sobre mesianismo, identidad nacional y socialismo. Vol. 1, México 1986, 107–123; Enrique D. Dussel (wie Anm. 18), S. 561–586.

[55] Richard Nebel, Bericht über das Symposium «Encuentro de Reflexión Guadalupana», San Juan Tlacatecpan und Gründung eines «Instituto de Pedagogía Guadalupana», México. In: Neue Zeitschrift für Missionswissenschaft 3

(1988), S. 233–234; Eduardo Hoornaert, A Evangelizaçao segundo a Tradiçao Guadalupana. In: Revista Eclesiástica Brasileira 34 (1974), S. 524–545.

[56] Andrés G. Guerrero, A Chicano Theology. Maryknoll 1987; Leonardo Boff, Exigências Teológicas e Eclesiológicas para una Nova Evangelizaçao. In: Revista Eclesiástica Brasileira 47 (1987), S. 120–144.

Unter 'Menschenfressern'?

Das Indiobild der Südamerika-Reisenden Hans Staden und Ulrich Schmidl zwischen Dichtung und Wahrheit

Von

Annerose Menninger

Abb. 3: Albert Eckhout, Tarairiu-Frau (Tapuaya-Indianerin). Öl auf Leinwand. 265 × 157 cm. 1641.

Mit seinem Mäzen, dem Prinzen Johann Moritz von Nassau-Siegen, ab 1636 Statthalter der niederländischen Kolonie in Brasilien, kam der niederländische Porträtmaler Albert Eckhout (1610–1665) nach Übersee. Das hier gezeigte Bildnis der Indianerin gehört zu seiner 8teiligen, zwischen 1641–43 in Südamerika entstandenen Serie überlebensgroßer Porträts, die jeweils einen Mann und eine Frau von vier Bevölkerungsgruppen Brasiliens darstellen – den Tapuaya, Tupí, schwarzen Sklaven und Mischlingen. Das Paar vom Stamm der Tapuaya, damals noch dem europäischen Akkulturationsprozeß entgangen, ist in seiner kulturellen Ursprünglichkeit vor dem Hintergrund einer unberührten, durch die Flora exotisch wirkenden Landschaft festgehalten. Die ethnographischen Merkmale knüpfen an die traditionelle, bereits aus dem 16. Jahrhundert hinlänglich bekannte Vorstellung des brasilianischen Indianers an: so die Nacktheit des Paares, der Feder- und Gesichtsschmuck des Mannes, seine Waffen Pfeile und Keule und natürlich die abgeschlagenen menschlichen Extremitäten in der Hand der Indianerin und in ihrem Rückenkorb als Verweis auf die anthropophage Sitte.

Solche ebenso reißerischen wie abstoßenden, provozierend als Blickfang arrangierten Kannibalen-Kompositionen wie der Buchmarkt scheint das Gemälde nicht hervorgebracht zu haben: Eckhouts diesbezügliche Bildsprache wirkt geradezu verhalten im Vergleich zu den schockierend grellen 'Menschenfresser'-Illustrationen, mit denen etwa Sebastian Münsters Kosmographie (zahlreiche Auflagen seit 1545), die Originalausgabe von Hans Stadens Augenzeugenbericht (1557) oder die Neuauflage desselben aus dem berühmten Verlagshaus Theodor de Brys (1593) um die Gunst eines sensationsverwöhnten Publikums zu werben suchten. Eckhouts „Tapuaya-Frau" und Jan van Kessels „Amerika" (Öl auf Kupfer. 1664–1666. München, Alte Pinakothek) müssen wohl zu den Raritäten unter den Gemälden gezählt werden, die das in den gedruckten Americana so beliebte Sensationsthema überhaupt aufgreifen. Wie sein Landsmann Eckhout jongliert auch van Kessel mit diesem Thema deutlich zaghafter als der Buchdruck: Brasilianische Indianer beleben sitzend und tanzend eine Säulenhalle im Zentrum seiner barocken Amerika-Allegorie, die von zahlreichen Tierszenen umrahmt wird. Auch er erinnert mittels einer Indianerinnen-Statue mit menschlichen Extremitäten in Hand und Rückenkorb zwischen Säulenbögen im Hintergrund an den kannibalischen Brauch; ferner wagt er sogar, das Zerlegen einer Leiche auf einem Wandbild der Halle darzustellen, das jedoch – etwa 130 mal kleiner als das gesamte Gemälde! – in jenem farbenprächtigen Sammelsurium von Figuren, Gegenständen und Fauna des Landes untergeht. Trägt jedoch die Beobachtung einer – wenn überhaupt – gezierten Behandlung der Anthropophagie im Gemälde ganz im Gegensatz zur gedruckten Massenillustration, hilft sie, die These einer Vermarktung des 'Menschenfressers' der Neuen Welt im Buchdruck zu stützen: Aufgrund einer anderen Zweckbestimmung, im allgemeinen der Ausstattung von Wohnräumen dienend, verlangte dieses Genre offensichtlich auch eine andere – nämlich dezentere – ikonographische Gesetzmäßigkeit, der die Belastbarkeit des Geschmacksempfindens europäischer Auftraggeber gerade hinsichtlich dieses heiklen Tabu-Themas enge Grenzen gesteckt haben dürfte.

A. Menninger

> Als ich diese Briefe [der Eingeborenen] nacheinander öffnete und las, staunte ich über die Bedeutungslosigkeit des Inhalts. Ich machte den gewöhnlichen Fehler eines mit Vorurteilen behafteten Kulturmenschen.
> Tania Blixen, Afrika. Dunkel lockende Welt. Originalausg.: Out of Africa. New York [1]1937. Zürich [8]1986, S. 153.

Berichte von Augenzeugen beanspruchen eine Schlüsselfunktion für die Entwicklungsgeschichte des auf dem europäischen Buchmarkt kursierenden Wissens über die Neue Welt, kurz: des Americana-Markts; folglich hängt damit auch von ihnen die Entwicklungsgeschichte der Vorstellung über die autochthone Bevölkerung des Vierten Kontinents im Abendland, also des Indiobildes, ab: Gelten sie doch als Informationen erster Hand, die von der großen Gruppe der Nicht-Augenzeugen (Kosmographen, Kartographen, Übersetzer, Künstler, Verleger) rezipiert werden müssen. So sehr der deutsche Americana-Markt den internationalen des 16. Jahrhunderts dominierte – er wartete mit den meisten Publikationen und der farbigsten Palette von Americana-Gattungen auf (Flugblatt/-schrift, Kartographie, Kosmographie, Augenzeugenbericht, Allegorie, Kompilation) –, so arm war er an Augenzeugenberichten deutscher Amerika-Reisender; von den anonym veröffentlichten Briefen Philipp von Huttens einmal abgesehen, verfügte er über deren nur drei: Nikolaus Federmanns Americanum aus dem Jahr 1557 stellte sich als ein Flop auf dem Buchmarkt heraus; die beiden anderen jedoch sollten mehr oder weniger Bestseller-Geschichte schreiben – die bisher als wahrheitsgemäße, ursprüngliche Zeugnisse längst vernichteter Kulturen von der einschlägigen Forschung euphorisch gefeierten Americana Hans Stadens und Ulrich Schmidls. Diese Augenzeugen repräsentieren einen in wesentlichen Punkten gleichen Berichterstatter-Typ: beide nicht gebildet (wie Amerigo Vespucci oder Jean de Léry), beide beruflich in keiner einflußreichen Stellung in der

Neuen Welt unterwegs (wie Cristóbal Colón oder Hernán Cortés), beide niemandem verpflichtete Americana-Autoren (wie die Hofkosmographen der spanischen bzw. französischen Krone Pietro Martire d'Anghiera oder: Petrus Martyr de Angleria bzw. André Thevet) und beide allein bekannt geworden durch ihre Reisebeschreibungen. Und in der Tat scheinen Staden und Schmidl auch ganz ähnliche Interessen an Niederschrift und Publikation ihrer Americana zu verbinden, woraus gleiche Folgen für ihre der Öffentlichkeit vermittelte Vorstellung vom Bewohner der Neuen Welt resultieren.

Hans Staden, um 1525 in Homberg im heutigen Hessen geboren und – seinem beruflichen Werdegang nach zu schließen – durchschnittlich gebildet, will 1547 nach der Iberischen Halbinsel aufgebrochen sein. Nach einem geplatzten Reisevorhaben nach Asien und einer Reise auf einem Handelsfrachter ins brasilianische Pernambuco (heute: Recife) lockten ihn Gerüchte über zwei „Goldreiche", der spanischen Okkupation anheimgefallene Gebiete der Neuen Welt, nämlich das Vize-Königreich Peru und die Provinz Rio de la Plata im Innern des amerikanischen Subkontinents, erneut nach Übersee.[1] Widrige Umstände ließen jedoch die Versorgungsflotte unter dem Befehl Juan de Salazars auf dem Kurs nach der la Plata-Mündung scheitern und verschlugen Staden nach zwei Jahren 1552 abermals nach Portugiesisch-Amerika. Hier übernahm der hessische „buechsen schuetz" das Kommando über einen provisorischen Stützpunkt auf der Insel Santo Amaro zum Schutz der südlich gelegenen Kolonie São Vicente vor Indianerüberfällen – verbunden übrigens mit einer „guote[n] besoldung".[2] Um den Jahreswechsel 1553/4 will Staden dann von Kannibalen verschleppt, erst nach rund einem Jahr befreit worden und in die Landgrafschaft Hessen zurückgekehrt sein. 1556 hat er hier in Wolfhagen das Bürgerrecht erworben, eine Schuldmahnung von 1558 weist ihn als Lehrling eines Marburger Pulvermachers aus dem Vorjahr aus, und durch seine beiden wohl 1557 oder wenig später verfaßten Briefe an zwei Grafen im heutigen Hessen, mittels deren er den Adressaten ein Exemplar seines Reiseberichts zukommen läßt, wird Hans Staden nach derzeitigem Kenntnisstand ein letztes Mal aktenkundig.[3]

Sein von Brasilien handelnder Reisebericht – ein Brasilianum also – ist außerordentlich geschickt aufgemacht und dürfte, was Konzeption, Handlungsdramatik, Erzählstil und Illustrationsfülle angeht, unter den Americana des 16. Jahrhunderts einmalig sein. Ein erster Teil bildet den Erlebnisbericht, im Kern Stadens packend erzähltes Gefangenenschicksal unter 'Menschenfressern'. In den Kapiteln dieses Parts eilt Staden von einem Abenteuer zum nächsten, wobei das Thema Kannibalismus die leitmotivische Verknüpfung zwischen den einzelnen Kapitelepisoden und damit die zentrale Rolle übernimmt: Staden gerät aus diesem Grund in die Gefangenschaft der Tupinambá, er muß sie auf Kriegszügen begleiten, mehrmals Tötung und Verzehr der hierbei gemachten Gefangenen miterleben und selbst um sein Leben bangen, bis es einem mit den Tupinambá kooperierenden Kapitän eines französischen Kapers gelungen sein soll, ihn loszukaufen und nach Europa zurückzubringen. Mit seinen tragischen Episoden, Dialogen und Einblendungen in die Gefühlswelt des Protagonisten, wozu sich ja die Thematik denkbar gut eignet, hat dieser Teil romanhaften Charakter und wendet sich damit ab vom für die Gattung Reisebericht dieser Zeit typischen distanzierten Erzählstil. Auf diesen Teil folgt ein unabhängig davon lesbarer zweiter, nämlich eine umfassende ethnographische Studie über Sitten und Lebensweise der Tupinambá in ebenfalls übersichtlicher Kapitelgliederung, aber nun sachlicher Formulierung. Die anthropophage Sitte findet auch hierin die größte Beachtung – Erschlagen und Verzehr des Gefangenen im Rahmen eines Rituals mit Kulttänzen und alkoholischem Getränk, begründet mit dem Rachemotiv für von Feinden getötete Stammesmitglieder, sind am raumgreifendsten beschrieben.[4] Nicht weniger als 54 Holzschnitte illustrieren beide Berichtteile und exponieren wie der Text anthropophage Handlungen. Da sich laut Staden die Tupí-Stämme von Pernambuco bis São Vicente kulturell nicht von den ihm als ihr Gefangener besonders bekannten Tupinambá unterschieden hätten,[5] präsentiert sich Brasilien dem Leser als Land der höchstens federgeschmückten, mit Pfeil und Bogen bewehrten, „Wilden/Nacketen/Grimmigen Menschenfresser Leuthen“[6] schlechthin.

Stadens ›Menschenfresserbuch‹, 1557 vom Verfasser selbst in Marburg herausgegeben, sollte eine rasante Wirkungsgeschichte erleben: 2 Ausgaben in insgesamt 4 Auflagen noch im Erscheinungsjahr, internationale Verbreitung noch im 16. Jahrhundert, mehr als 80 Ausgaben in 8 Sprachen bis heute – und damit einer der meistgelesenen Bestseller der Reiseliteratur überhaupt.[7]

Ulrich Schmidl, um 1510 als Sohn eines reichen Patriziers in Straubing geboren, brach 1534 auf der mächtigen Flotte Pedro de Mendozas nach der Neuen Welt auf und nahm als einfacher Landsknecht fast 20 Jahre lang an der Durchdringung und Eroberung der la Plata-Länder teil. Abenteuerlust allein dürfte auch ihn nicht nach Übersee getrieben haben; denn auf Schmidl übte der Reichtum Amerikas ebenso wie auf Staden unübersehbar eine magische Anziehungskraft aus – die von ihm häufig genannten Zauberworte „gold vnd sielber“, für die er wie andere Konquistadoren auch bedenkenlos bereit war, Indios zu unterwerfen, auszubeuten und zu versklaven,[8] sprechen für sich. 1554 kehrte er in seine Geburtsstadt zurück und schrieb hier wohl zwischen 1557 und 1562 seinen Reisebericht nieder, heute bekannt als die sog. Stuttgarter Handschrift, während die Münchener und Hamburger Handschrift jüngere und kaum von Schmidl selbst überarbeitete Fassungen jener Urhandschrift darstellen. Ihr schwerfälliger Stil und teilweise gedanklich bruchhafter Text lassen auf einen durchschnittlich gebildeten Verfasser schließen.[9] 1562 zwang die Gegenreformation den inzwischen zum Ratsherrn gewählten Schmidl, Straubing zu verlassen; er fand kurz darauf Aufnahme in die Freie Reichsstadt Regensburg, wo er als wohlhabender Bürger wahrscheinlich 1581 verstarb.[10]

Blutige Auseinandersetzungen mit Indiostämmen kennzeichnen Schmidls Bericht. Mit ihren unmenschlichen Eroberungspraktiken hat sich die spanische Konquista seit ihrer Ankunft im Mündungsbecken des Rio de la Plata 1535 ein freundschaftliches Verhältnis mit den Eingeborenen verscherzt und auf ihren rücksichtslosen 'Entradas' auf der Suche nach heißbegehrten Schätzen und Sklaven vom 1537 gegründeten Asunción, dem politischen Zentrum am Paraná, aus quer durch den Gran Chaco bis an die Grenzen Perus überall die verzweifelte Gegenwehr der Stämme herausgefordert. Zwischen die Gefechtsszenen sind ethnographische Mitteilungen über etwa 30 Indiostämme eingestreut. Neben den in stereotyper Manier häufig, aber knapp registrierten Merkmalen zum äußeren Erscheinungsbild der anderen Kultur – Nacktheit bzw. Halbbekleidung, Schmucksitten oder Waffengebrauch[11] – exponiert Schmidl durch jeweils längere Textpassagen die Sitten Skalpieren[12] und Kannibalismus; letztere will er unter den Carios im heutigen Paraguay und den Tupí Brasiliens beobachtet haben: Schmidl unterstreicht, wenn er von der Mästung der Gefangenen spricht, den Genuß am Menschenfleischverzehr unter den, von den Spaniern unterworfenen und dann offenbar als Verbündete geschätzten Carios.[13] Und auf seinem spektakulären Zug über Land von Asunción nach São Vicente, um dort ein Schiff für die Rückreise nach Europa zu erreichen, will Schmidl kannibalischen Tupí begegnet sein und tangiert damit jene Kultur, die auch Staden beschrieben hat; nach seinen Angaben würden diese Indios sich auf einem Fest berauschen, tanzen, ihre Gefangenen erschlagen und dann aufessen.[14]

Schmidls ›Gefechtsbuch‹, hiermit als Teil-Brasilianum ausgewiesen, erschien 1567 erstmals auf der Frankfurter Buchmesse, dort publiziert vom Verleger Sigmund Feyerabend. Im 16. Jahrhundert war der Bericht mit drei deutschen und zwei lateinischen Ausgaben relativ erfolgreich und erlebte dann besonders seit dem Ende des vergangenen Jahrhunderts eine Renaissance.[15]

Um den Interessen beider Augenzeugen an ihren Americana mit den Folgen für ihre der Öffentlichkeit vorgestellten Indiobilder auf die Spur zu kommen, sind zunächst folgende Fragen zu beantworten: Knüpfen Stadens und Schmidls Informationen über den Bewohner der Neuen Welt motivgeschichtlich an eine Tradition an? Und: Wie fiel das Urteil des zeitgenössischen Abendländers über diese Kulturen aus?

Zur ersten Frage ein Blick auf die Entwicklungsgeschichte des deutschen Americana-Markts in der ersten Hälfte des 16. Jahrhunderts: Eröffnet hat diesen die Gattung Flugblatt/-schrift, wohl das geeignetste Medium, die brandneuen Nachrichten über den eben entdeckten Erdteil publik zu machen. Schon im ersten deutschsprachigen Americanum dieses Typs, nämlich im Kolumbus-Brief von 1497, ist von anthropophagen Inselkariben der Antillen-Region kurz die Rede.[16] Und schon Kolumbus' Nachfolger auf dem zeitgenössischen Buchmarkt sollte den Bewohner der Neuen Welt als 'Menschenfresser' im Abendland populär machen – Amerigo Vespucci. Seine Berichte über die Kannibalen der Nordostküste Südamerikas und Brasiliens kursierten schlagartig im ersten Jahrzehnt des 16. Jahrhunderts, in mehrere Sprachen übersetzt und verschieden lange Flugblatt/-schrift-Versionen gebracht, im gesamten Mitteleuropa.[17] In Wort und Bild plakatiert, muß sich hierin der nur spärlich mit Federn bedeckte, jegliche Religion mißachtende, in Höhlen oder provisorischen Blätterhütten hausende und hemmungslos der Promiskuität frönende 'Menschenfresser' vom neugierigen Europäer u. a. beim Leichenschmaus über die Schultern sehen lassen, getötete Gefangene wie ein Metzger auf der Schlachtbank zerhacken oder mit Pfeil und Bogen gottesfürchtigen Matrosen nachstellen. So will es beispielsweise ein Einblattdruck von 1505 den Leser glauben machen, wobei im ausgiebigen Text nachdrücklich die genießerische Variante am Verzehr von Menschenfleisch betont wird: Sie essen das Fleisch getöteter Eingeborener „wie hie bey vns das schweinē fleysch [...] dan sie meinē dz es das aller beste fleysch sey".[18] Mit solchen Informationen wirbt auch ein weiteres Flugblatt aus wohl demselben Jahr mit einem knappen Text, dafür aber mit einem aufwendigen Holzschnitt um den vielleicht besonders eiligen oder phantasielosen Konsumenten.[19] Können diese Americana ihre sensationelle Absicht kaum verleugnen, scheint sich da eine gleich 32 Blätter umfassende Broschüre schon an ein anspruchvolleres Publikum zu wenden: die Flugschrift ›Diß büchlin saget‹ von 1509, eine ungekürzte Übersetzung der ›Quatuor Navigationes‹ Vespuccis und zugleich das aller Wahrscheinlichkeit nach ausführlichste deutsche Brasilianum vor der Jahrhundertmitte. Unter nautischen, kartographischen und landeskundlichen Angaben sowie Vespuccis Erfahrungen auf See und bei der Kontaktnahme mit Indios verdienen zwei markante Textpassagen erwähnt zu werden: eine durch ihre thematische Informationsdichte auffallende ethnographische Beschreibung von Kannibalen – als Kriegsmotiv für die untereinander verfeindeten Stämme wird die Rache für getötete Stammesmitglieder angegeben – und eine ausführliche Erlebnisepisode über Erschlagen und Verzehr eines Matrosen durch anthropophage Indios vor den Augen der Vespucci-Mannschaft auf dem Schiff.[20] Nicht die meso- oder südamerikanischen Hochkulturen – waren doch im Vergleich zum Markterfolg der Vespucci-Briefe weit abgeschlagen die Berichte eines Cortés oder Martyr de Angleria über dieselben –, sondern die 'primitiven Menschenfresser' der Nordostküste Südamerikas und Brasiliens sollten die deutsche Vorstellung vom Bewohner der Neuen Welt in der Folgezeit dominieren.[21] Eklatant bemerkbar macht sich dies, als die erfolgreichsten deutschen Repräsentanten der Gattungen Kartographie und Kosmographie dieses Jahrhunderts Notiz vom neuen Erdteil nahmen: Lorenz Fries' ›Carta Marina‹ und Sebastian Münsters ›Cosmographei‹. Fries' Weltkarte wurde als 12teiliges Kartenset zusammen mit einem 26 Blätter starken Beitext, der eine knappe Beschreibung der auf den Kartenstücken zu findenden Länder und Städte enthält, in drei Auflagen 1525, 1527 und 1530 auf den Markt gebracht. Der Käufer sollte nach einer Anleitung von Fries im Text der „Uslegung“ die Kartenteile zusammenkleben; tat er dies, entstand eine Wandkarte mit der stolzen Größe von rund 1,2 × 2,1 m! Ein Blickfang unter den wenigen ins Auge springenden Illustrationen auf derselben dekoriert den neuen Erdteil: Nur mit Federn bekleidete Kannibalen drehen an der Nordostküste Südamerikas Leichenteile auf einem Spieß über dem Feuer, und ein nebenstehender Legendentext attestiert ihnen eine delikate Leidenschaft für solche Leckerbissen, für die sie selbst Menschen mästen und züchten würden; Meso- und Zentralsüdamerika erscheinen als tabula rasa.[22] In Münsters Weltbeschreibung, mit ihren zwischen 1544 und 1628 zahlreichen erweiterten Auflagen ein außerordentlicher Markt-Renner und damit auch Meinungsmacher dieser Zeit, entfallen in der Ausgabe des Jahres 1550 von über 1200 Seiten klägliche 9 auf den vierten Erdteil: Der Verfasser läßt zunächst Kolumbus die Überreste gemästeter Kannibalen-Opfer auf einer Antillen-Insel entdecken und konzentriert sich dann ausschließlich auf die Expeditionen Vespuccis; dafür hat Münster teils wörtlich die beiden markanten Passagen aus der Flugschrift ›Diß büchlin saget‹ rezipiert und dürfte als Vorlage auch ihre phantastische Holzschnitt-Version (nackte Kannibalen zerlegen mit einem Knochenbeil Leichtenteile auf einem Steinquader) für seine entsprechend ausgefallene Illustration benutzt haben.[23]

Schon zu Beginn der deutschsprachigen Americana-Geschichte debütierte also der 'wilde Menschenfresser' – ausgestattet mit stereotypen Erkennungsmerkmalen wie Nacktheit, Federschmuck, Pfeil und Bogen und eben einem exponierten Hang zur Anthropophagie – auf dem Buchmarkt, sollte die bekanntesten Americana der ersten Hälfte des 16. Jahrhunderts bevölkern und damit dem heimischen Publikum längst vor Stadens und Schmidls Berichten bekannt sein: Von Kolumbus zuerst als Inselkaribe gesichtet, wandert er mit den folgenden Entdeckungsfahrten zur Nordostküste Südamerikas und schließlich zur brasilianischen Küste, wo ihn auch Staden und Schmidl lokalisiert wissen wollen. Damit liegen beide Augenzeugen mit ihren Reisebeschreibungen motivgeschichtlich im Trend ihrer Zeit, werden aber die Kenntnisse über die Neue Welt auch beträchtlich erweitern: Stadens Informationsaufgebot fällt wesentlich detaillierter aus als jenes der Flugschrift ›Diß büchlin saget‹, und Schmidl erschließt mit Zentralsüdamerika ein ganz offensichtlich der deutschen Öffentlichkeit noch unbekanntes Gebiet.

Grundsätzlich brachte es das Abendland des 16. Jahrhunderts nicht fertig, fremden Kulturen unvoreingenommen zu begegnen, beurteilte sie vielmehr mit ethnozentrischer Selbstgefälligkeit nach den Maßstäben und Wertvorstellungen der eigenen Gesellschaft und beschrieb sie damit nicht so, wie sie waren, sondern eher wie sie nicht waren.[24] Dies belegende Stellungnahmen finden sich in den Texten von Augenzeugen wie auch Nicht-Augenzeugen, die sich offenbar leichttaten, deren Urteile als Vorurteile zu übernehmen. Im Fall der von Staden und Schmidl vorgestellten Kultur spricht schon die gängige Begriffswahl für die Vertreter der eigenen bzw. anderen Bände: hier die „Christen" und dort die „Wilden", die „Sauvages", die „Barbares", die „Barbarischen Voelcker".[25] Welche Assoziationen sich hinter diesen diskriminierenden Titulierungen verbergen, zeigt folgendes Zitat aus dem Vorwort des Verlegers Levinus Hulsius zu seiner Schmidl-Ausgabe von 1599; auf engstem Raum läßt er die 'Anderen' gegen die wichtigsten Institutionen und Tabus des christlichen Europa verstoßen: Diese „wilde[n] Leut" würden – vor der Kontaktnahme mit dem Abendland, wie das Tempus klar impliziert – „von Gott vnd seinen Geboten / von keiner Erbarkeit/Ehestand/Zucht/Gesetz/Verstand noch Rath / nie nichts gewust / Sondern in aller Abgoetterey/Goetzendiensten/

Unfletterey/Unzucht/Fuellerey/Menschenfleyschfresserey vnd Unreinigkeit [...] gelebt haben“.[26] Was man sich dem Indiobild Stadens und Schmidls gegenüber an positiven Urteilen abringen konnte, erscheint in der Tat dürftig; Gefallen fanden die Körperschönheit und der wohl exotisch wirkende Federschmuck, wie etwa in der Vespucci-Flugschrift, bei Münster, Staden oder auch Schmidl nachzulesen ist.[27] Die übrigen stereotyp registrierten Hauptmerkmale aber ernteten eine ebensolche Kritik und Ablehnung: Die Nacktheit bzw. Halbbekleidung des Indio schien das Abendland gerne mit Unkultur im allgemeinen und ausschweifender Schamlosigkeit – die selbst vor dem lüsternen Griff nach den christlichen Besuchern nicht zurückgeschreckt haben soll – im besonderen assoziiert zu haben.[28] Ferner galt die Beobachtung von Religionslosigkeit wie auch jeglicher Glaubensform a priori als verwerfliches Stigma bzw. – im wahrsten Sinne des Wortes – teuflische Idolatrie.[29] Und wohl kaum ohne geringschätzige Herablassung wurde konstatiert, daß diese Indios weder Gesetze befolgen, Handel und Gewerbe treiben noch Eisen kennen würden und auf gewöhnliche europäische Gebrauchsgegenstände wie Messer oder Scheren nur allzu erpicht seien.[30] Die massivsten Ressentiments aber hat ganz offensichtlich das Tabu-Thema Kannibalismus im Abendland provoziert: Die Indios würden mit ihren Gefangenen „grusamlich“ verfahren und seien „boeser [...] dan die vnuernünfftigē tier“, stellt in jenem Zusammenhang die Flugschrift ›Diß büchlin saget‹ fest.[31] Münsters Randbemerkung dazu lautet „leüth fresser“.[32] Auch Staden artikuliert seine Ablehnung dieser Sitte in einem animalischen Vergleich und wirft den Indios an anderer Stelle vor: „das jr sie [die Gefangenen] esset das duenckt mich schrecklich sein“.[33] Und die beiden berühmten französischen Augenzeugen unter eben diesen Kannibalen haben das Urteil ihres Vorgängers bereitwillig bestätigt; André Thevet schreibt angesichts der Sitte: «Il ne se trouue par les histoires nation, tant soit elle barbare, qui ait vsé de si excessiue cruauté»,[34] während Jean de Léry, ebenso schockiert, von «meurtres» und «cruauté» spricht.[35]

Das Urteil der zeitgenössischen öffentlichen Meinung über den von Staden und Schmidl vorgestellten Kulturtyp fällt also für die Betroffenen denkbar ungünstig aus. Auf ihr Schicksal hatte dies bekanntlich ebensowenig Einfluß, aber hinsichtlich ihres Image im Abendland stellten sich dagegen die amerikanischen Hochkulturen sicher besser: Sah man zwar auch höchst entrüstet auf ihre Idolatrie, namentlich auf die Menschenopfer der Azteken, bestaunte man jedoch anerkennend deren Staatsordnung und Architektur, den Markt Tenochtitláns, den Hof Motecuhzomas II. und den Gold- und Silberreichtum Mexikos und

Perus.[36] Dagegen erschienen die von den beiden deutschen Augenzeugen beschriebenen 'primitiven Wilden' als Gegenstück par excellence zu den 'Zivilisierten': Sie gingen obszön nackt, kannten weder den Gott des christlichen Abendlandes noch die dort gültigen Gesetze und Moralvorstellungen, verfügten weder über 'Kultur' noch Reichtum und verscherzten sich augenfällig die letzten Sympathien mit ihrem verabscheuungswürdigen Kannibalentum.

Welche Interessen konnten aber Americana-Autoren damit verfolgen, ihrem Publikum eine solch abstoßende und widerwärtige Kultur mit nachdrücklicher Betonung der 'Menschenfresserei' als Lektüre anzubieten? Und warum hatte eine solche Lektüre überhaupt Erfolg auf dem Buchmarkt? Die bisherige Americana-Forschung suchte die Antwort auf die Frage nach der Beziehung zwischen Autorenintention und danach entworfenem Indiobild im politischen Motiv und führte als signifikante Beispiele dafür etwa Hernán Cortés und Petrus Martyr de Angleria ins Feld, beide der spanischen Krone in ihrer Eigenschaft als führender Konquistador bzw. Hofkosmograph verpflichtet. Diese Autoren interpretieren die Sitten des Indio (darunter besonders die Anthropophagie) als 'Laster' – freilich deren Wirkung auf das ethnozentrisch wertende Abendland wohl einkalkulierend –, um so im Interesse ihres Auftraggebers Karls V. Eroberung und Unterwerfung der Neuen Welt vor den Augen des übrigen Europa ideologisch zu legitimieren und der Propagierung der sog. ‹Leyenda negra› gegen die Expansionsmacht Spanien die Stirn zu bieten.[37] Noch keine Antwort aber auf Stadens und Schmidls Autorenintention: Sie verfassen ihre Americana als 'Privatleute', will meinen ohne Auftraggeber, und leiten aus den von ihnen mißbilligten Sitten der fremden Kultur keine argumentativ betonte Berechtigung für deren Versklavung ab. Jedoch auch ihr selbst viel beteuertes Motiv, nämlich der Wahrheit entsprechende Tatsachenberichte vorzulegen, um Gott hiermit preisen und danken zu wollen[38] – ohnehin ein in Americana des 16. Jahrhunderts beliebtes Publikationsargument –, erscheint mehr als vordergründig. Den Schlüssel zu ihren offensichtlich wirklichen Interessen darf man im rezeptionsgeschichtlichen Untersuchungsansatz sehen. Demnach spricht alles dafür, daß es beide Augenzeugen für notwendig erachteten, sich für die Abfassung ihrer Reisebeschreibungen am heimischen Americana-Markt zu orientieren und daraus zu rezipieren! Und die Rückschlüsse, die sich aus der Rekonstruktion ihrer getätigten Übernahmen ableiten lassen, verweisen auf kaum untypische Schlagworte aus der Buchbranche: auf Autorenprestige und Sicherung kommerzieller Absatzchancen der Berichtexemplare, auf das Begriffspaar Information und

Unterhaltung unter dem offenbaren Druck des Leseverhaltens der Käuferschaft, wofür gerade der 'Menschenfresser' in die Rolle einer sensationellen Publikumsattraktion zu schlüpfen hat.

Insbesondere Stadens Bestseller dürfte Ergebnis einer dem Diktat des Markterfolgs unterworfenen, ausgeklügelten Geschäftsstrategie sein: Diesem Brasilianum lag – bei eingehender Untersuchung kaum übersehbar – als hauptsächliche Vorlage die bereits erwähnte Flugschrift ›Diß büchlin saget‹ zugrunde und damit das wohl ausführlichste deutsche Brasilianum vor demjenigen Stadens. Schon Titel und Aufbau beider Drucke zeigen Übereinstimmungen: Der wichtigste Titelpart der Flugschrift lautet: „ein Nüwe welt von wilden nackenden Leüten / vormals vnbekant", und parallel dazu heißt es auf Stadens Titelblatt: „Landtschafft der Wilden/Nacketen/Grimmigen Menschfresser Leuthen / in der Newenwelt America gelegen / vor vnd nach Christi geburt im Land zu Hessen vnbekant." Beide Brasiliana enthalten ferner eine Vor- und Schlußrede, und die Gedankenführung der Schlußreden – Dank an Gott, der Hinweis auf Stoffkürzung, der dringende Verweis auf den wahren Berichtinhalt – entsprechen einander. Und die beiden markanten Passagen der Flugschrift korrespondieren augenfällig mit der zweigeteilten Grundkonzeption von Stadens Brasilianum.

Vergleicht man zunächst den ethnographischen Berichtteil von Stadens Reisebeschreibung mit der entsprechenden Passage in ›Diß büchlin saget‹, scheint Staden auf alle dort registrierten Themen bis auf diese Ausnahmen zu reagieren: die Aussetzung von Todkranken im Wald und die Erdbestattung von Toten, während er an neuen Themen nur die Kapitel über das Feuerquirlen, die Salzgewinnung, die Herstellung eines alkoholischen Getränks und die Namensnennung der Neugeborenen bietet.[39] Ebenso korrespondiert eine weitere knappe Stelle der Flugschrift mit karthographischen und geographischen Angaben über Brasilien sowie solchen über dortige Tiere und Pflanzen mit dies betreffenden Aussagen in Stadens Bericht, die hier vor bzw. hinter die ethnographischen Kapitel gestellt sind.[40] Diese Parallelen sind in zweifacher Hinsicht auffällig: Erstens ist der Themenkatalog der Flugschrift ungewöhnlich breit gefächert und schließt auch Informationen ein, die nicht zum in deutschen Americana der ersten Hälfte des 16. Jahrhunderts meist tangierten Kanon: Kleidung/Nacktheit, Kannibalismus, Religion und öffentliche Ordnung gehören.[41] Und zweitens sind solche Äußerungen ebenso knapp bei Staden abgehandelt, die am deutlichsten seine Auseinandersetzung mit der Vorlage belegen dürften; dazu folgende Gegenüberstellungen als Beispiele, wobei die zu beobachtende synonyme Wortwahl Stadens wohl tunlichst die Spuren zur Vorlage verwischen sollte: Die Flugschrift vermerkt, daß die Indiostämme „vō hundert meyle zuo hundert meylē […] anderley sprache vñ zungē“ hätten; ebenso kurz konstatiert Staden, daß in „America […] vil geschlecht Wilder leut [… mit] vil verenderung der spraach“ leben würden.[42] Die Behauptung, daß die Indios vor den Augen der Europäer „gãtz vnschamhafftig harnē“ würden, bestätigt Staden: „Vnd auff der stetde da sie trincken / schlagen sie auch jr wasser ab“.[43] Im Vergleich zur Aussage, daß die Indianerinnen „mit fast leychtem vnnd cleinen schmertzen“ gebären würden, „also dz sie morgens frisch vñ gesund allenthalben wandern(d)“ könnten, weiß Staden zu erwähnen: „Jch hab sie sehen gehen vngeferlich in den vierdten tag darnach / wie sie geberet hatten“.[44] Die Unterstellung, daß die Indios in der Öffentlichkeit ihrer „vnbenügigē fleischlichē glust gnuog thüen“, verneint Staden mit folgendem Satz: „Man vnd weib halten sich auch gebuerlich / machen jre sachen heymlich“.[45] Und im Vergleich zur Beobachtung indianischer Heilungsmethoden in der Flugschrift – kalte Wasserbäder, Wadenwickel und Kräutereinnahme – bietet Staden folgende Variante: Mit einem scharf gewetzten Tierzahn „kratzen sie sich auff der stete da es jnen wehe thut / das bluotet dañ / das ist jr schrepffen“.[46] Die meisten Aussagen der Flugschrift – sie handelt die einzelnen Themen in höchstens 2–3 Sätzen ab – können sich jedoch mit Stadens Informationsaufgebot in Wort und Bild nicht messen: Hier nur erwähnte Tiere bzw. Schmucksitten wie das Tragen von Lippensteinen und Federdiademen oder Gebauchsgegenstände wie Tongeschirr und Waffen werden dort in einzelnen Kapiteln ausführlich vorgestellt bzw. Erklärungen über ihre Herstellung abgegeben; eine hier nur konstatierte Negierung jeglicher Religionsform erhält dort eine detaillierte kultische Deutung; und besonders die anthropophage Sitte, hier lediglich registriert und als Grund für die Kriegslust der Stämme die Rache für getötete Clan Mitglieder angegeben, findet bei Staden intensive Berücksichtigung vor dem Hintergrund eines rachemotivierten Rituals.[47]

An einen Zufall der bisher beobachteten Parallelen mag man spätestens dann nicht mehr glauben, wenn man die meisten der in ›Diß büchlin saget‹ eingestreuten Erlebnisepisoden und -motive im ersten Teil von Stadens Brasilianum wiederfindet, wenn auch dort augenfällig sehr geschickt auf das individuelle Schicksal des gefangenen Protagonisten zugeschnitten; hierzu folgende Beispiele:

›Diß büchlin saget‹ beklagt das eigenmächtige Verhalten eines Flottenführers, der ohne „einhelligkeit“ der Kapitäne einen Kurswechsel befohlen haben soll und kurz darauf bei einem Schiffbruch ums Leben gekommen sein soll. Zurück in Lissabon und von der dortigen Bevölkerung nach dessen Schicksal gefragt, berichtet Vespucci von dessen „nerrische[r] übernemung“ und Tod, was zeigen könne, wie „got aller ding ein rechter vrteyler / die hoffart vergült“. In Stadens Erlebnisteil klingt diese Begebenheit so, wobei ihre Erzählung über mehrere und von anderen unterbrochene Kapitelepisoden hinweg einen konstruktiven Überblick des Verfassers verrät: Ein Franzose und später die Mannschaft eines französischen Kapers wollen den Tupinambá Stadens Opferung geraten bzw. seinen Fluchtversuch vereitelt haben. Dieses Schiff sei dann, so hat es Staden von den Indios erfahren, auch mit – welch ein Zufall – eben jenem Franzosen an Bord nach Frankreich abgesegelt. Endlich selbst befreit und mit seinen Rettern im Heimathafen genannten Schiffs angekommen, das dort schon „drei monat“ auf sich warten ließ, vermutet Staden als „prophet“ (!) auf Anfragen der „verwandten“ jener Besatzung, daß sie wohl auf See „vmbkomen“ sei, denn ihre ihm in Brasilien angetane „vnbarmhertzigkeyt“ würde „von Got“ nicht „vngestrafft bleiben“.[48]

Die Flugschrift berichtet in Wort und Bild über eine Massentaufe von Indios. Auch Staden wird sich als Missionar versuchen. Er will ein gefangenes Opfer am Vorabend seiner Tötung noch schnell bekehren und selbst dessen Leben retten, indem er die Tupinambá mit einem 'von ihm' in der Nacht heraufbeschworenen Sturm einzuschüchtern versucht – wenn auch nur mit dem Erfolg, daß der gefangene Indio nach Wetterberuhigung doch vor den Augen des Lesers verzehrt wird und die Indios mit Staden „zu zoernen“ begannen: ein wohl recht mutiges Verhalten eines Mannes, der selbst als Gefangener „alle tage vnd stunde / erwarten muste / das man jnen vnbarmhertziglich / todt geschlagen / vnd gessen hett“![49]

Die Vespucci-Mannschaft will während eines Seegefechts mit Indios vor der Ostküste Südamerikas einige gefangengenommen haben, von denen später drei wieder „entrunnen seind“. Nach Staden findet auch ein Kampf zwischen den Tupinambá und einem feindlichen Stamm in Booten vor der Küste statt, in dessen Verlauf zwei am Gefecht beteiligte getaufte Mestizen von ihnen gefangen wurden. Ihre spätere Flucht machte angeblich Hans Staden möglich: Er verzichtete selbst auf eine gute Fluchtgelegenheit, um das Leben beider Mestizen nicht zu gefährden, und hat ihnen den Fluchtweg beschrieben![50]

›Diß büchlin saget‹ erwähnt einen weiteren Kampf zwischen Indios und Europäern, wobei einer der Vespucci-Mannschaft „vmb kūmen“ und mehrere „verwundt“ worden seien, „die all auß gottes hilff zuo gesundtheit wider kummen seind". In Stadens Bericht wird der französische Kaper mit dem eben losgekauften Protagonisten an Bord von einem portugiesischen Schiff angegriffen. Etliche Franzosen wurden dabei angeblich „erschosen / etliche verwundt", und am schlimmsten soll es Staden getroffen haben: „Jch wurd auch in den todt verwundt mit eynem schoss / vil herter dañ der lebendigen verwundten keyner / Rieff in der angst zuo meinem herrn / dann ich fuohlte nichts anders dann todes not [...]. Vnd ich bekam meine vollkomne gesundtheyt wider. Gelobet sei der guetige Gott".[51]

Neben zwei knappen Bemerkungen über Kannibalen-Begegnungen korrespondiert insbesondere die markante Episode über Tötung und Verzehr des Matrosen in ›Diß büchlin saget‹ thematisch mit dem gesamten ersten Teil von Stadens Brasilianum.[52] Beobachten jedoch die entrüsteten Europäer auf dem Schiff aus sicherer Entfernung solches Spektakel, muß dies der gefangene Staden aus unmittelbarer Nähe mitansehen, und das ständig und in variantenreicher Vielfalt: Ein Nachbardorf lädt zum Kannibalenmahl ein, auf dem Heimweg benagt man noch die Knochenreste der Mahlzeit, ein Häuptling diskutiert mit Staden vor einem „grossen korb vol menschen fleysch vor sich", auf Kriegszügen gemachte Gefangene werden gegrillt, geräuchertes Menschenfleisch wird zu gegebener Zeit wieder aufgekocht und gegessen.[53]

Eine dieser Kapitelepisoden fällt besonders ins Auge; sie spielt um die Mitte des ersten Teils und darf auch wegen ihrer ausführlichen Inszenierung als Höhepunkt dieses Parts verstanden werden: Ein den Portugiesen entlaufener und deshalb unter den Tupinambá als Sklave geduldeter Indio eines feindlichen Stammes erkrankt angeblich schwer. Staden versucht sich als Arzt, um ihn zu retten – obwohl dieser für den Protagonisten lebensgefährliche Gerüchte unter den Tupinambá verbreitet haben soll. Der Tierzahn, mit dem ihn Staden zur Ader lassen will, erweist sich jedoch als zu stumpf. Staden muß deshalb auf die Frage der Indios, ob der Kranke genesen werde, bedauern. Daraufhin wird diesem nach der ritualüblichen Methode mit einer Keule auf den Hinterkopf geschlagen, daß das „hirn herauß sprang". Stadens Warnungen, den Toten wegen seiner Krankheit nicht zu verzehren, werden in den Wind geschlagen. Sein Leichnam wird zerlegt, gebraten und gegessen – bis auf den Kopf, denn der Indio „hatte [nur] eyn auge / vnd scheyn heßlich von der kranckheyt" entstellt, und die „daerme", denn davor „hatten sie eynen eckel" wegen seiner Gebrechen. Um die Glaubwürdigkeit insbesondere dieser Kapitelepisode sichtlich besorgt, schließt der Verfasser dieselbe mit der Beteuerung, er habe „diese muehe nit" auf sich genommen, um „etwas newes zu schreiben / sondern alleyne die erzeygte wohlthat Gottes an den tag zu bringen".[54] Da scheint er allerdings recht zu haben, denn seine offensichtliche Vorlage für dieses Kapitelabenteuer war zu jenem Zeitpunkt bereits rund 30 Jahre alt – Ludovico Varthemas Bericht über Kannibalen auf Java (1515) in der Fassung von Fries' Begleittext zur ›Carta Marina‹ aus den zwanziger Jahren[55]:

> Die leut in diser Jnsul seind vast grausam / haben ein gebrauch wan einer krank wirt / dz sie zuohand berueffen etliche ire meister / fragend sie ob der Mensch moege gesund werdē[.] Vnd so machen dan zuohand die selbigen meister ire zauber / vnd sagen den freunden vō stund an ob der siech vffkum oder sterbe. Vernemend dan die freund das der kranck sterben sol / berüffen sie vō stundan die hencker / die kumen vnd erstechen dē kranken. Dan so nemend die freund den leib braten / sieden vn̄ essen in / sprechend es sey erlicher dan solt er faulen.

Motivübernahme und Rollenverteilung nach der mutmaßlichen Vorlage scheinen unübersehbar: Staden als der „meister" mit seinem Heilungsversuch als „zauber", dem die Frage gestellt wird, ob „der kranck sterben sol", bzw. der Indio, der diesen totschlägt, als „hencker" und jene, die den Leichnam „essen", als „freund" – ein Kannibalen-Topos wandert um den halben Erdball.

Aus all diesen Parallelen dürfte folgendes zu schließen sein: Allem Anschein nach ist der in sachlicher Sprache abgefaßte ethnographische Teil von Stadens Brasilianum für ein amerika-interessiertes und informationswilliges Publikum konzipiert worden. Die weitgehende Entsprechung der Themen in der Flugschrift ›Diß büchlin saget‹ und diesem Part deutet daraufhin, daß ihr Themenkatalog Staden als Orientierungshilfe über das auf dem heimischen Buchmarkt schon vorhandene Wissen diente. Und ihre informative Erweiterung läßt erkennen, daß sein Reisebericht die bisherige Konkurrenz diesbezüglich überbieten sollte. Hinsichtlich der Frage nach Stadens tatsächlicher Beobachtung der anthropophagen Sitte übrigens stößt die rezeptionsgeschichtliche Untersuchungsmethode bei diesem Augenzeugen an ihre Grenzen – trotz der wohl phantastischen Zutaten im ersten Berichtteil: Denn grundsätzlich ist das Phänomen Kannibalismus so leicht nicht als bloßes Konstrukt von der Hand zu weisen wie andere Mythen der Neuen Welt (z. B. die von antiken Autoritäten entlehnten Fabelwesen wie Amazonen, Hundsköpfige oder Kreaturen mit dem Gesicht auf der Brust); und insbesondere vermögen Stadens Ausführungen über diese Sitte – wie auch über alle anderen ethnographischen Themen – im zweiten Berichtteil durch ihre ebenso detaillierte wie logische Darstellung einen durchaus überzeugenden Eindruck beim Leser zu hinterlassen.

Dagegen sollte das Publikum mit dem Erlebnisteil augenfällig unterhalten werden. Die Häufigkeit bzw. die detaillierte Übereinstimmung von Erlebnisepisoden und -motiven in Stadens erstem Berichtteil und ›Diß büchlin saget‹ bzw. der ›Uslegung‹ zur ›Carta Marina‹ erhärten die These einer Rezeption des Augenzeugen am bestehenden Americana-Markt und lassen vermuten, daß der Verfasser auf der Suche nach Erlebnisideen war, die den Leser mehr fesseln konnten als die tatsächlich gemachten eigenen Erfahrungen. Gleichzeitig bemüht sich ganz offensichtlich auch dieser Teil, die bisherige Konkurrenz in den Schatten zu stellen, und zwar hier hinsichtlich intensiverer Spannung zum Zweck besserer Unterhaltung; gerade der 'Menschenfresser in Aktion' erscheint dabei als Garant für Gänsehaut und Nervenkitzel: Kein deutsches Americanum zuvor läßt den Leser aus nächster Nähe, nämlich mit den Augen des – noch dazu gefangenen – Protagonisten, mitansehen, wie Opfern bei ihrer Tötung das „hirn herauß sprang", keines inszeniert – in Wort und Bild – anthropophage Handlung häufiger und farbiger und verwendet einen mit romanhaften Elementen durchsetzten Erzählstil. Und dieser – wie gesagt, unabhängig vom zweiten lesbare – Berichtteil dürfte nun selbst auch auf ein amerika-uninteressiertes und nur sensationsgieriges Publikum zugeschnitten sein: Dafür sprechen das dem Abendland vertraute Phänomen Kannibalismus, welches man bekanntlich schon im Mittelalter dem angeblich in unwegsamen Waldgebieten Europas hausenden 'wilden Mann' nachzusagen pflegte; die nachvollziehbaren Emotionen eines 'volkstümlichen Helden' in Gefangenschaft; der einzige, in seiner Ursprünglichkeit einfach zu vermittelnde und gleichzeitig exotische Schauplatz; der sparsame Umgang mit agierenden Personen – und all das vorgeführt in romanhaftem Genre. So gesehen, und dazu paßt die außerordentliche Wirkungsgeschichte dieses Reiseberichts, scheint der Erlebnisteil von Stadens Bestseller bereits das Erfolgsrezept der Robinsonade des 18. Jahrhunderts, allem voran das Inseldasein ihres Namensgebers, vorweggenommen zu haben.

Die übersichtliche Berichtkonzeption und die professionelle, weil geschickt die Spuren der Vorlagen verwischende Verarbeitung der mutmaßlichen Übernahmen lassen an der angeblichen Verfasserschaft des durchschnittlich gebildeten Staden zweifeln und lenken den Verdacht auf einen selbst literarisch tätigen Gelehrten – auf den Marburger Mathematik- und Anatomieprofessor Dryander alias Johannes Eichmann (1500–1560): Er ist in seiner Eigenschaft als Korrektor von Stadens

Brasilianum bereits auf dem Titelblatt bzw. im Text genannt und somit auf jeden Fall daran beteiligt. In einem verdächtig aufwendigen Plädoyer in seinem Vorwort verbürgt er sich für Stadens Wahrheitsliebe.[56] Er dürfte die Drucklegung von Stadens Reisebericht überhaupt erst genehmigt haben, zumal damit Andreas Kolbe, der damalige Buchdrucker der Marburger Universität, beauftragt war und dieser dazu ohne eine Manuskriptzensur durch den Professor, zu dessen Fakultät das Thema der geplanten Publikation gehörte, keine Erlaubnis hatte.[57] Unter seinen Publikationen – hauptsächlich anatomische und astrologische Schriften, wobei Dryander im für diese Untersuchung schon verdächtigen Ruf eines „Plakiator[s] großen Stils" steht[58] – sticht besonders die 1543 von ihm herausgegebene ›Cosmographiae introductio‹ ins Auge, worin in einer knappen Beschreibung Amerikas auf den letzten Seiten die von „Vesputio" entdeckten „Anthropophagi [...] crudelißimi" erwähnt sind.[59] Und der Büchsenschütze und spätere Pulvermacher Staden stellt in seinem Brasilianum beachtliche medizinische Fachkenntnisse unter Beweis, die man doch eher dem Marburger Anatomieprofessor zutrauen möchte: Er schröpft den kranken Indio – in eben jener Episode frei nach den Angaben von Dryanders Berufskollegen Fries aus dessen kartographischem Werk – an der „Median ader"![60] Zwar könnten wohl nur bis dato nicht gefundene Berichtmanuskripte oder Korrespondenzen zwischen dem Ordinarius und Staden Aufschluß über das tatsächliche Ausmaß von Dryanders Mithilfe an der Berichtabfassung – Korrektor für den letzten Schliff zum Markterfolg oder gar heimlicher Autor? – geben. Jedoch darf aufgrund der Indizienlage zumindest mit einer Interessengemeinschaft des Duos Staden/Dryander an der Herausgabe des Brasilianums gerechnet werden. Darüber hinaus bohren weitere Fragen, die sich angesichts des individuellen Gefangenenschicksals von Staden, der Spannungsdichte und -fülle sowie des offensichtlich erheblichen Rezeptionsausmaßes im Erlebnisteil ergeben (sein einziger, historisch faßbarer Gewährsmann unter den Tupinambá scheint er selbst zu sein – eine glänzende Voraussetzung für die literarische Narrenfreiheit eines Augenzeugen): Ist Staden jemals in die Gefangenschaft von 'Menschenfressern' geraten? Kann Stadens Reise in die Neue Welt überhaupt belegt werden? Und: Darf eine besondere Intention hinter seiner nachdrücklich betonten Frömmigkeit vermutet werden?[61]

Die vorgelegten Ergebnisse der rezeptionsgeschichtlichen Untersuchung lassen auf zwei Motive Stadens schließen, seinen Reisebericht publiziert zu haben; und sie mögen auch Dryanders Engagement in dieser Angelegenheit erklären: Das sichtliche Bemühen, mit seinem

Brasilianum die bisherige Americana-Konkurrenz aus dem Feld zu schlagen und durch die Kombination von Unterhaltung und Information im ersten bzw. zweiten Berichtteil ein möglichst großes Käuferpublikum zu tangieren, verrät ein kommerzielles Interesse: Laut Titelblatt und Vorrede gab Staden seine Reisebeschreibung selbst heraus und übernahm die Druckkosten, wodurch ihm – wohl unter Dryanders Beteiligung – auch der Erlös aus dem Verkauf der Exemplare zufloß.[62] Das Stichwort zum wahrscheinlichen zweiten Motiv liefern Stadens und Dryanders eigene Beteuerungen, wenn auch unter umgekehrten Vorzeichen: „Rhum oder weldtliche Ehrgeitzigkeyt" – im Bericht als Publikationsgrund weit zurückgewiesen[63]: Staden präsentiert sich, schon auf dem Titelblatt prestigeträchtig angekündigt, als Kenner einer „Newenwelt", die vor ihm „im Land zu(o) Hessen vnbekant" gewesen sein soll. Diese elitäre Tatsache verschaffte ihm Kontakte zu Personen von Rang und Namen, mit deren Bekanntschaft er sich vor der Öffentlichkeit auch schmückt, deren Popularität aber auch ihrerseits durch ihr Erscheinen in jenem Bestseller profitiert haben mag: Er konnte einen gelehrten Korrektor für die Publikation seines Reiseberichts gewinnen, dessen Name bereits exponiert auf dem Titelblatt steht. Er hatte nach Dryanders Worten die Ehre, von keinem Geringeren als seinem Landesherrn, dem Landgrafen Philipp dem Großmütigen von Hessen eingeladen worden zu sein, dem er laut Titelblatt auch sein Brasilianum dediziert hat; dabei vergißt der Ordinarius im übrigen nicht, den Leser darauf aufmerksam zu machen, daß er dieses Treffen arrangiert und sich natürlich selbst unter den Gästen befunden habe.[64] Dies jedoch genügte Stadens Geltungsdrang offensichtlich nicht, denn bezeichnenderweise wurde gerade in den rezipierten und damit fiktiven Erlebnisepisoden kräftig an den vorbildlichen Charaktereigenschaften des Augenzeugen gefeilt: Stadens Glaubenskraft wird in selbst ausweglosen Situationen mit einem besonderen Schutz Gottes belohnt; er will mutig die Tötung eines Indio verhindern, verzichtet selbstlos auf eine Fluchtmöglichkeit zugunsten anderer, verzeiht sogar seinem Feind und versucht, dessen Leben zu retten.

Im Fall von Schmidls Indiobild eignen sich für eine rezeptionsgeschichtliche Untersuchung seine Aussagen über die kannibalischen Tupí und Carios, da sie erstens für einen Vergleich mit weiteren Vorstellungsmustern von 'Menschenfressern' der Neuen Welt ausführlich genug und solche zweitens auf dem bisherigen Americana-Markt zu finden sind.

Schon die Umstände, die zu Schmidls Begegnung mit den brasilianischen Tupí führen, lesen sich recht phantastisch; wie Staden über die größte Strecke seines Erlebnisberichts, besteht hier Schmidl ein Abenteuer, wofür dies bestätigende Quellen weiterer Augenzeugen fehlen: Um noch ein Schiff in São Vicente für die Rückreise nach Europa abfangen zu können, will er Ende 1552 in der Begleitung von nur 20 Indiosklaven von Asunción aus auf dem Landweg São Vicente erreicht und damit eine Distanz von etwa 1000 km bewältigt haben quer durch einen damals noch weißen Fleck auf der Landkarte – oder mit Schmidls bezeichnenden Worten: „durch wieldnuß perg vnd thal".[65] Kurz bevor man die Grenze Portugiesisch-Amerikas und somit das Stammesland der Tupí erreicht hat, kommen vier Männer ins Spiel, die sich als unabdingbar für das weitere Geschehen erweisen sollten; es sind dies herumirrende, europäische Deserteure, die sich Schmidls Gruppe anschließen dürfen: Deren zwei glauben, in der nächsten brasilianischen Indiosiedlung dringend benötigten Proviant organisieren zu können – trotz der Bedenken der anderen wegen der feindlichen Tupí. Tatsächlich kehren auch prompt statt der beiden Reisegefährten Indios, und zwar angetan mit den „khlaieder[n] der criesten", zu Schmidls Truppe zurück; und aus dieser Tatsache schließt der Augenzeuge messerscharf, daß jene „gessen" worden seien. Nach Weigerung der Reisenden, den Tupí in ihr Dorf zu folgen, wollen sie mit über „6000 man" angegriffen haben. Nach einer „4 tag vnd nacht" währenden Verteidigung mit insgesamt „4 pickschen" will man eingesehen haben, daß die Übermacht der Tupí doch „zu starch" sei, und beschließt die Flucht. Diese glückt denn auch, so daß Schmidl nach strapaziösen Wochen im Juni 1553 über Santa Catarina entlang der brasilianischen Küste wohlbehalten und pünktlich zur Weiterfahrt nach Europa São Vicente erreichen konnte.[66] Und ohne seinen Angaben zufolge je näher mit den Tupí kontaktiert zu haben, weiß Schmidl in einer längeren Textpassage, die noch dazu in fragwürdiger Gedankenführung vor dem Tupí-Angriff steht, recht eingehend über ihre Handhabung der kannibalischen Sitte Bescheid: Sie beginnt mit der Feststellung, daß die „thopieß" ihre „feindt" aufessen und „Annderß nichte dan tag vnnd nacht kriegen [würden] wieder Einnander", und endet damit, daß sie „drienchken vnd fol sein tag vnd nacht vnd dantzē" würden. Dazwischen gibt Schmidl an, daß sie ihre Gefangenen in ihre „fleckhen" bringen und dort eine „hochzeit" planen würden, in deren Verlauf der Gefangene „dott [ge]schlagen" werde. Bis sein „druempff" vorbereitet sei, würde das Opfer bekommen, „waß sein hertz pegert", nämlich „ein weibß pielt", „daß Er mit Jer Zu schaffen hatt", und „speiß".[67] Der Verdacht, daß hier Übertreibung und Fiktion im Spiel sind, ist groß. Schon Schmidls Alleingang Asunción – Santa Catarina – São Vicente klingt fragwürdig: Denn zum einen mußte sich laut Schmidls eigenen Angaben der Oberbefehlshaber de Vaca mit 400 Soldaten wegen eines Schiffbruchs nahe des Stützpunkts Santa Catarina vor der südamerikanischen Ostküste für den Landweg in umgekehrter Richtung von dort nach Asunción entscheiden – und verlor dabei 100 Mann, übrigens keineswegs durch Kannibalen, sondern durch „hunger vnd Annder kranchkeit mer". Und zum anderen gab es eine wohl bequemere Möglichkeit, von Asunción aus São Vicente zu erreichen, nämlich den Seeweg den Paraná abwärts und der südamerikanischen Ostküste in nördlicher Richtung folgend, und auch davon ist in Schmidls Manuskript die Rede.[68] Benutzte Schmidl also die Berichte der in Asunción eingetroffenen Überlebenden der de Vaca-Expedition als willkommene Inspiration für ein zwar nur konstruiertes, dafür aber um so heroischeres Abenteuer unter 'Menschenfressern'? So abwegig scheint dieser Gedanke jedenfalls nicht mehr, wenn man neben sein Kannibalenbild die wahrscheinliche Vorlage legt und dabei feststellen muß, daß Schmidls diesbezügliche Aussagen, ohnehin im Text schon unglaubwürdig inszeniert, kaum auf eigenen Beobachtungen beruhen. Gemeint ist das aus der Sicht Schmidls jüngst erschienene und augenfällig einzige deutsche Americanum, das in allen Punkten qualitativ wie quantitativ mit seinen Angaben übereinstimmt – Stadens Brasilianum. Im Kapitel des ethnographischen Teils über das anthropophage Ritual der Tupí steht insbesondere, wobei dieses Thema bekanntlich auch mehrmals im Erlebnisteil wiederkehrt: Sie würden ihre auf Kriegszügen erbeuteten „feinde [...] heymbringen" ins Dorf. Dem Gefangenen „geben" sie „eyn weib", das „mit jme zu thun hat", und „wol essen". In der Zwischenzeit wird der Tag der Opferung vorbereitet – von Schmidl offenbar als „hochzeit" und „druemff" interpretiert –, zu dem sie die „gefeß vol [alkoholischer] getrencke" machen und andere Siedlungen einladen. Am Tag der Tötung wird der Gefangene bemalt, sie „Dantzen vmb jnen her", er „trincket mit ihnen" und wird dann „todt" [ge]schlagen".[69] Und darüber hinaus scheint Schmidls Behauptung, daß die Tupí die „khlaider" der beiden erschlagenen Deserteure getragen hätten, an Stadens Erfahrungen zum Zeitpunkt seiner angeblichen Gefangennahme anzuknüpfen – und das, obwohl sich diese Indios bekanntlich von jeglichem Textilmodegeschmack unbeeindruckt gezeigt haben sollen: Sie „schluogen mich zur erden / schossen vnnd stochen vff mich [...] vnd rissen mir die kleyder vom leib / Der eyne die halßkappen / der ander den huot / der dritte das hembd / vnd so vort an".[70]

Schon bei der ersten Kontaktaufnahme mit angeblichen Anthropophagen im heutigen Paraguay stellt der Verfasser fest: „auch haben die karioß menschen fleisch gessen so wier Zu Jennē khamē“, und deutet unmotiviert ihre kannibalische Sitte so: Wenn sie ihre „feinndt“ im „kriech“ gefangen hätten,[71]

Eß sey man oder weib Eß sey Jung oder alt Eß sey kinder so mesten siß wie man hie Zu lanndt Ein schwein mest so aber daß weibspielt Ein wennig schon iest so peheldt Erß [der die Frau gefangen hat] Ein Jar oder 3 wan Eß dan daß selbig weibpielt Ein wennig nach seine gefallen nit lebt so schlecht Erß Zu dott vnd iest Eß auch macht [er] geleich Ein vest oder hochzeit wie man heraussen [in Deutschland] macht wen Eß aber Ein altz manßpielt oder weibspielt ist daß selbig lest man Erbeden Jn den feldern.

Schmidls Ausführungen auch über diesen Kannibalenstamm können den kritischen Leser nicht überzeugen. Zum einen fällt ein Widerspruch im Zitat selbst auf; die zuerst zum Zweck des Verzehrs behauptete Mästung aller Gefangenen wird durch eine andere Behandlung schöner Frauen bzw. alter Frauen und Männer zurückgenommen. Zum anderen berichtet Schmidl an keiner weiteren Manuskriptstelle mehr von der oben zitierten Behandlung ihrer Gefangenen, obwohl die „karioß“ als Verbündete der Spanier an deren Seite blutige Auseinandersetzungen mit anderen Indiostämmen bestritten, sondern will in einem solchen Zusammenhang vielmehr ihr erbarmungsloses Niedermetzeln aller Gegner im Kampf betont wissen.[72] Und der Verdacht von Schmidls Konstruktion auch in diesem Fall erhärtet sich durch die Tatsache, daß jene Kannibalenvorstellung auf dem deutschen Americana-Markt bereits hinlänglich bekannt war – dank der erfolgreichen Folianten Fries' und Münsters. Während sich in Münsters ›Cosmographei‹ ebenso, nur in ausladenderer Metaphorik Antillen-Bewohner bei Kolumbus über die kriegslüsternen „Canibalē“ beschweren dürfen,[73] hier die Legendenversion auf Fries' ›Carta Marina‹ über die Festlandkariben der Nordostküste Südamerikas[74]:

[Sie] fahend die lüt vnd schnydē dē selben gefangnē manē vß / wie wir dē caponē thon vn̄ mesten sie das sie feißt werden dan doeren sies vnd essen das fleisch / die iungen weiber haltn̄ sie / von wegen der Geburt in / die alten zuo der arbeit.

Die korrespondierenden Aussagen in den mutmaßlichen Vorlagen und Schmidls Bericht sind wohl kaum zu übersehen: Die Kannibalen „mesten“ die (männlichen) Gefangenen für den Verzehr, während alte Frauen bzw. alte Männer und Frauen für die Arbeit bzw. Feldarbeit bestimmt sind; und die „iungen weiber“ müssen für den 'Frischfleischnachschub' sorgen, was bei Schmidl ebenso impliziert bleibt, wenn er den erotischen Zweck der ein „wennig schon[en]" gefangenen Indianerin betont. Darunter dürfte Schmidl nach Stadens Reisebericht, als seine sehr wahrscheinliche Vorlage bereits belegt, die Tötung des Opfers (hier allerdings kurzerhand auf Indianerinnen bezogen) während einer Ritualfeier bzw. mit Schmidls Worten: auf einem „vest" oder einer „hochzeit" gemischt haben – ein Amalgam zweier Kannibalen-Topoi aus der Neuen Welt wird in ein der deutschen Öffentlichkeit noch unbekanntes Gebiet derselben projiziert.

In seinem Testament erwähnt der wohlhabende Patriziersohn aus Straubing, daß er Bücher besessen habe,[75] und es liegt auf der Hand, daß sich darunter seine offensichtlichen Vorlagen befunden haben: der Foliant Fries' als erfolgreiche deutsche und jüngst vor Schmidls Aufbruch nach Übersee erschienene Weltkarte, aus der er sich Kenntnisse über Reiseroute und -ziel angeeignet haben mag; der Foliant Münsters als bedeutendste deutsche Kosmographie zur Zeit von Schmidls Rückkehr, aus der er sich über in Europa stattgefundene Ereignisse während seiner 20jährigen Abwesenheit informiert haben mag; und Stadens Brasilianum, da sich Schmidl auch noch nach seiner Rückkehr für die Neue Welt interessiert und das ihn sogar zur Niederschrift seines eigenen Berichts inspiriert haben mag.

Wie Staden gab demnach auch Schmidl ganz offensichtlich nicht nur seine eigenen Erlebnisse zum besten und setzte bei seinen konstruktiven Bemühungen ebenfalls auf den 'Menschenfresser', der seinem Bericht wohl eine sensationelle Würze verschaffen sollte. Anders als in Stadens Fall jedoch scheint der rezeptionsgeschichtliche Untersuchungsansatz hier sogar die ethnographische Unzuverlässigkeit eines Augenzeugen schlüssig zu dokumentieren: Schmidls augenfällig plumpe – d.h. fast wörtlich und nicht überzeugend in seiner Handschrift verarbeitete – Übernahmen bereits bekannter Kannibalen-Topoi vermögen die Glaubwürdigkeit seiner dies betreffenden eigenen Beobachtungen wohl nicht nur schwer zu erschüttern. Als Motiv Schmidls für die Niederschrift seines Americanums dürfte daraus das Bedürfnis nach dem zu seiner Zeit sicher elitären Prestige abzuleiten sein, nämlich von der Öffentlichkeit als Kenner der Neuen Welt und mutiger Bezwinger selbst der gefürchteten Kannibalen bewundert zu werden: Schon die Tatsache, daß er in seinem Manuskript häufig das Wort an den Leser richtet und sich im Titel seiner Handschrift ausführlich als „vlrich schmidl von straubing" vorstellt, deutet darauf hin, daß seine Aufzeichnungen für ein Publikum, aber kaum für ein familiäres, sondern öffentliches bestimmt waren.[76] Mehr noch zeichnen sich im Zusammenspiel der Popularität des 'Menschenfressers' in deutschen

Americana der ersten Hälfte des 16. Jahrhunderts und Schmidls augenfälliger Rezeption Wunsch und Verpflichtung des Berichterstatters ab, mit der Konstruktion sensationeller Kannibalenbegegnungen einer nunmehr längst bestehenden Erwartungshaltung der Öffentlichkeit und dem Druck des Buchmarkts nachgekommen zu sein. Zwar publizierte der reiche Straubinger sein Americanum nicht selbst, sondern der namhafte Verleger Sigmund Feyerabend 1567 in Frankfurt. Ein noch von der Verfasserin vorzulegender Vergleich dieser Erstausgabe mit den drei Manuskriptfassungen von Schmidls Bericht macht aber eine Beziehung zwischen Augenzeuge und Herausgeber – und damit Schmidls persönliches Interesse an der Veröffentlichung seiner Reisebeschreibung – wahrscheinlich: Weder die Stuttgarter noch die Münchener und Hamburger Handschrift stellen zwar die Druckvorlage dar, jedoch stehen die Erstausgabe und allein die Münchener Handschrift in so engem Verhältnis, daß sie auf einem gemeinsamen, heute verschollenen Manuskript basieren dürften; und die Münchener Handschrift weist nach den Worten „ist geherig v[r]lich schmidl" auf dem letzten Blatt diesen als ihren einstigen Eigentümer aus.[77]

Staden und Schmidl können als die Gewinner bei diesem Geschäft bezeichnet werden; wer jedoch verliert, ist der Indio – und das offenbar bis heute: Möchte man Leseraktionen aus Stadens und Schmidls Publikum des 16. und – dazu im Vergleich – 20. Jahrhunderts über die Beurteilung beider Augenzeugen und ihrer Berichte einfangen, so scheint man im letztgenannten erfolgreicher fündig zu werden – nicht zuletzt dank des diesbezüglich expressis verbis artikulierten Urteils der einschlägigen Forschung. Immerhin aber stößt man aus dem mehr oder weniger zeitgenössischen Leserkreis beider Autoren allem Anschein nach nur auf Beispiele, aus denen eine deutliche Akzeptanz ihrer Americana als Tatsachenberichte spricht: Noch in der zweiten Hälfte des 16. Jahrhunderts wurden ihre Reisebeschreibungen u. a. von den drei bedeutendsten Americana-Verlegern des deutschen Sprach- und Kulturraums dieser Zeit für eine Veröffentlichung ausgewählt; sie erschienen in den berühmt gewordenen Kompilationen eines Sigmund Feyerabend, Theodor de Bry und Levinus Hulsius. Schon der im Titel dieser Ausgaben exponierte Hinweis an den Käufer, daß er es hier zwar mit einer „wunderbaren", aber „wahrhaftigen" Reisebeschreibung zu tun habe, läßt den Eindruck erahnen, den die Berichtinhalte wohl auf den Zeitgenossen auszuüben vermochten. Und tatsächlich wagt auch keiner der drei – insbesondere von Berufs wegen im Umgang mit Americana erfahrenen – Herausgeber im jeweiligen Ausgaben-Vorwort an der Glaubwürdigkeit beider Augenzeugen herumzudeuteln, schienen ihre Angaben doch hinlänglich bestätigt durch berühmte Vorgänger wie Vespucci oder akademisch geschulte Autoritäten wie Fries und Münster.[78] Ferner sollte auch Schmidl als offensichtlicher Rezipient Stadens zumindest keine Zweifel an der zuverlässigen Wirkung von dessen Aussagen auf das zeitgenössische Publikum gehegt haben. Und Ulrich Schmidl selbst durfte als späterer Gewährsmann in seiner möglichen eigenen Vorlage (!) sein Debüt feiern; in Münsters Kosmographie aus dem Jahr 1628 'informiert' er als „Huldricus Schmides" im Kapitel ›Von den Voelkern Rio de Plata‹ die Öffentlichkeit – über die kannibalischen „Carij", versteht sich.[79]

Bei der Americana-Forschung im allgemeinen stießen Stadens und Schmidls Berichte bisher unter der Fragestellung nach Bild und Bewertung des Bewohners der Neuen Welt meist zusammen mit anderen Americana auf Interesse; eben der von ihr noch nicht berücksichtigte rezeptionsgeschichtliche Untersuchungsansatz mag der Grund dafür sein, weshalb sie eine Autor und Werk beurteilende Stellungnahme bis dato nicht vorgelegt hat. Die Staden- und Schmidl-Forschung im besonderen fühlte sich dagegen zu einer solchen berufen. Ihre Ergebnisse – verdienstvoll darunter die Erhellung des sozialen Umfeldes und die Eruierung der Lebensdaten beider Autoren sowie die Darstellung der Wirkungsgeschichte ihrer Americana – legte sie seit der Jahrhundertwende in den Vor- und Nachworten zu den Bericht-Ausgaben vor bzw. wiederholte sie in einigen Aufsätzen. Ihr einstimmiges Urteil fällt bis heute diskussionslos zugunsten beider Berichterstatter und ihrer Reisebeschreibungen aus. Staden und Schmidl genießen als Augenzeugen einerseits und mit ihrer Bildungs- und Berufsdurchschnittlichkeit andererseits einen Bonus der Glaubwürdigkeit schlechthin. Da ihnen durch diese Konstellation jegliche Voraussetzung zu fehlen schien, mit ihren Berichten andere Interessen zu verfolgen, als 'naiv' beobachtete Informationen ebenso weitergeben zu wollen, und obendrein ja der eine Augenzeuge die Aussagen des anderen über die Kannibalen Brasiliens bestätigen könne (!),[80] resultierte aus einer unkritischen Auseinandersetzung mit beiden Autoren und Texten ihre offensichtliche Unter- und Fehleinschätzung: Die im übrigen von deutschen Wissenschaftlern beherrschte einschlägige Forschung sieht Verfasser und Werke bisher genauso, wie sie es wohl auch von ihren Lesern erwarteten – und dafür augenfällig fleißig konstruierten. Bezeichnenderweise würdigt man – und ein spürbarer Nationalstolz auf die einstigen Landsleute mag dieses Urteil begünstigt haben – begeistert Stadens und Schmidls Tugenden gerade anhand jener Textpassagen, bei denen mit großer Wahrscheinlichkeit Rezeption im Spiel ist. Repräsentativ für die bestehende

Forschungsmeinung sollen hierzu der engagierteste Staden- bzw. Schmidl-Forscher zu Wort kommen[81]: Fouquet schreibt: Stadens Americanum sei eine der „verläßlichsten Quellen aus der Zeit der Landnahme [Brasiliens] durch die Portugiesen [...] und gehört als Reisebericht zu dem Ergreifendsten, das die deutsche Literatur bietet“; „ohne es zu wollen“, habe sich der Verfasser „in seinem Buche selbst dargestellt“ und sei „als aufrecht, tapfer, kameradschaftlich, selbstlos, [...] scharf beobachtend und wahrheitsliebend, als glaubensstarker Christ und auch in seiner Bescheidenheit achtenswerter Mann“ zu charakterisieren.[82] Und Mondschein urteilt: Schmidls „Reisebeschreibung trägt den Stempel der Wahrheit“, und eine „verwegene Kühnheit“ habe der Autor mit seinem Marsch von Asunción nach São Vicente unter Beweis gestellt „durch dichte Urwälder und zahlreiche Sümpfe mitten durch Indianerstämme hindurch, die zwei seiner Gefährten auffraßen, ein Schicksal[,] das auch ihm drohte“.[83] Freilich sollte es denn auch unter diesem Eindruck nicht schwerfallen, den beiden sympathischen Landsleuten in ihren Heimatstädten postume Ehrungen zuteil werden zu lassen: In Homberg an der Efze und in Straubing erinnern eine Hans-Staden-Allee bzw. Gedenktafeln an die Amerika-Reisenden[84] – Ehrungen, die sie sich wohl letztlich doch, möchte man augenzwinkernd hinzufügen, verdient haben dürften.

Welche schwerwiegenden Folgen aber für Bewertungs- und Entwicklungsgeschichte des Indiobildes im Abendland sollten Stadens und Schmidls belegbare Orientierung am bzw. Rezeption vom Americana-Markt sowie die Konstruktion vorteilhafter Charaktereigenschaften der Berichterstatter zeitigen? Ihre publizistischen Interessen, nämlich eine kommerzielle Vermarktung des ‘Menschenfressers’ und eine prestigegierige Selbstdarstellung, gehen – und das wohl um so mehr im Zusammenspiel beider Motive – auf Kosten des der Öffentlichkeit präsentierten Bewohners der Neuen Welt: Ihrer Orientierung an vorab erschienenen Americana zufolge verwundert es nicht mehr, daß sich weder Stadens und Schmidls Bezeichnung für die Vertreter der eigenen und anderen Kultur noch ihre ablehnenden Urteile über die von ihnen beobachteten Merkmale der letzteren mühelos einfügen lassen in den im Abendland des 16. Jahrhunderts gebräuchlichen Begriff- und Bewertungskanon, wie bereits gezeigt wurde: Beide Augenzeugen dürften als Leser aus ihren Vorlagen Vokabular und ethnozentrisches Beurteilungsmuster übernommen und diese als Autoren wiederum an ihr Publikum weitergereicht haben.[85] Durch ihre Orientierung am Americana-Markt bzw. ihre Übernahmen aus den mutmaßlichen Vorlagen partizipieren beide Augenzeugen nicht nur an einer Verbreitung bekannter Informationen über die 'Menschenfresser' der Neuen Welt; Staden weiß qualitativ wie quantitativ die bisherigen Darstellungen über die Anthropophagie unter den Küstenstämmen Brasiliens zu überbieten, und Schmidl erweitert mit seinen Ausführungen über die Kannibalen Zentralsüdamerikas das bisher gedachte Lokalisationsgebiet dieser Sitte beträchtlich: Damit trifft die in beiden Berichten markanteste Betonung stets jenes Merkmal, auf das das Abendland des 16. Jahrhunderts mit den augenfällig vehementesten Ressentiments zu reagieren pflegte. Und schließlich ist damit zu rechnen, daß die vorbildliche Stilisierung der Person der Berichterstatter eine Sympathie des unkritischen Lesers für diese erleichtert und dadurch die diffamierende Kluft zwischen der eigenen und der anderen Kultur verschärft haben dürfte; namentlich in Stadens Fall kann die romanhafte Schwarzweißmalerei (der Indio steht als 'böser Gegenspieler' einem Protagonisten gegenüber, der edelmütiger kaum sein kann) und der Rollentausch (nicht der Europäer befindet sich in der überlegenen Position, sondern ist Gefangener) ein zusätzliches Aggressionspotential gegen die 'Fremden' provoziert haben: Erdreisten sich doch die in den Augen des Abendländers a priori inferioren 'Menschenfresser', einen Mann aus seiner Mitte gefangenzunehmen, zu demütigen und beinahe auf dem Grill enden zu lassen bzw. einen weiteren anzugreifen und auch diesem aus demselben Grund nach dem Leben zu trachten.

Direkte und in diesem Sinn ausgefallene zeitgenössische Bewertungsreaktionen auf das Indiobild beider Augenzeugen lassen sich in den Verleger-Vorworten ihrer Bericht-Ausgaben des 16. Jahrhunderts finden. Levinus Hulsius wurde mit seinem Urteil über die von Schmidl beschriebene Kultur bereits an anderer Stelle zitiert.[86] Hier sei als weiteres Beispiel Theodor de Brys Stellungnahme zu Stadens Indiobild angeführt; unter dem offensichtlichen Eindruck angeblicher Versuche Stadens, den Indios ihre anthropophage Sitte abzugewöhnen, schreibt jener Herausgeber: „Diese Brasilianer [...] verheissen wol daß sie [den Europäern] folgen woellen / aber es ist so bald vergessen / kommen widerumb auff jhre alte weiß / werden so Wild / daß einer den andern frisset / wie in dieser Historien zusehen".[87] Selbstverständlich tangierte mit dieser, die ethnozentrische Haltung beider Augenzeugen bestätigenden Meinung jener namhaften Verleger in nun doppelter Ausführung ein für den Bewohner der Neuen Welt ungünstiger Bewertungsmaßstab die Öffentlichkeit. Allerdings sollten diese Herausgeber nicht nur für eine Fortsetzung jener Tradition verantwortlich zeichnen: Wie eine rezeptionsgeschichtliche Untersuchung der deutschen Staden- und Schmidl-Ausgaben des 16. Jahrhunderts gezeigt hat, war es allem Anschein nach ihren Verlegern als Repäsentanten jener für die Verbreitung des Indiobildes gewichtigen Zunft ebenfalls um eine geschäftstüchtige, aber für sein Image im Abendland folgenschwere Vermarktung des Bewohners der Neuen Welt zu tun. Wohl zur Kalkulation von Markterfolg und Geschäftsrisiko beobachteten sie die entsprechende Konkurrenz und setzten, je mehr Staden- bzw. Schmidl-Ausgaben auf dem Buchmarkt kursierten und zu überbieten waren, auf die Kombination mit anderen Americana und auf die Macht des Bildes; dabei sollte sich insbesondere die Sitte des Kannibalismus als ausbau- und steigerungsfähige Publikumsattraktion bewähren – ein erneuter Beleg also für jenes bemerkenswerte janusköpfige Phänomen, von dem sich der Leser abgestoßen und gleichzeitig sensationshungrig angezogen zu fühlen scheint.[88]

Mit vorurteilsbeladener und kulturüberheblicher Befangenheit begegnet Stadens und Schmidls Publikum auch im 20. Jahrhundert der von ihnen dargestellten Kultur – die Staden- und Schmidl-Forscher können in diesem Zusammenhang nahezu beliebig als Beispiele zitiert werden. Damit geben sie als Fachleute ihren Lesern in ihren Vor- bzw. Nachworten zu den Bericht-Ausgaben einen bedenklichen Katalog von Vorurteilen an die Hand, für den namentlich der unkritische Laie besonders empfänglich sein mag, was wohl im Wesen des Ethnozentrismus begründet liegt; denn bekanntlich beruht eine solche Haltung in der Regel auf einer – durchaus in ethologischem Sinn gemeint – unbewußten und damit unreflektierten Prägung auf die individuellen Normen eines Gruppengefüges in Abgrenzung zu anderen. Folgendes Beispiel zeigt, in welchem Ausmaß die Meinungsbildung des Lesers unter dieser Voraussetzung beeinflußt werden kann: Faber, schon auf dem Klappentext zu seiner 1982 erschienenen Staden-Ausgabe als promovierter Sachbuchautor und TV-Journalist, „Kulturpreisträger der Stadt Karlsruhe" und „Experte für Brasilien" ausgewiesen, stellt in seinem Vorwort angesichts der „Grausamkeit und Mordlust" der Indios zu Stadens Zeiten erleichtert fest: Während „die frühesten Europäer im 'Land des heiligen Kreuzes'" den „andauernden Greueln [...] der kannibalischen Wilden" „ausgeliefert" gewesen seien, habe man dort „in unserm Jahrhundert [...] ein Stadium weitgehender Pazifizierung und Domestizierung des roten Mannes" erreicht.[89] Überhaupt läßt man sich augenfällig am bereitwilligsten dazu hinreißen, entrüstet die anthropophage Sitte jener „Wilden" aufs Korn zu nehmen, und das bezeichnenderweise besonders vor dem Hintergrund von Stadens Americanum, wie dieses Zitat aus der Feder des Ethnologen Maack von 1964 demonstrieren kann[90]:

Wenn man später noch durch Hans Staden im Kapitel 42 seines ersten Buches [gemeint ist der Erlebnisteil] erfährt, daß verwundete Gefangene sofort getötet und aufgefressen wurden, dann kann man das Verzehren von Menschenfleisch nicht allein durch rituelle Tötung und rituelles Brauchtum erklären, sondern muß es auf grausame Veranlagung und Gier nach Menschenfleisch zurückführen.

Bedenkliche Parallelen zwischen der Beurteilung der fremden Kultur im Abendland des 16. und 20. Jahrhunderts beginnen sich da abzuzeichnen: Der Begriff „Wilde", hinter dem sich die Einschätzung der von Staden und Schmidl vorgestellten Kultur als 'inferiore Unkultur' schlechthin zu verbergen scheint, ist im 16. Jahrhundert und bleibt im 20. Jahrhundert – den Vor- und Nachworten nahezu aller hier publizierten deutschen Staden- und Schmidl-Ausgaben zu entnehmen – in Verwendung.[91] Das Vokabular, mit dem der Abendländer gerade die Sitte des Kannibalismus zu verurteilen bereit ist, kehrt in beiden Jahrhunderten stereotyp wieder: „leüth fresser" – „auffraßen", „schrecklich" – „Greuel", „cruauté" – „Grausamkeit" oder „grusamlich" – „grausame Veranlagung".[92] Und im Urteil Hulsius' (1599) wie Fabers (1982) spiegelt sich gleichermaßen eine selbstverständliche Überzeugung von der Überlegenheit der eigenen Kultur, die ganz offensichtlich den Blick für die Problematik der europäischen Expansion mit ihren Folgen für die fremde Kultur von vorneherein verstellt.[93] – Eine durch hartnäckige Tradition noch nicht überwundene Kontinuität ethnozentrischer Kulturbegegnung also? Immerhin scheint die Dimension 'Geschichte' zugunsten dieser Vorstellung schwinden zu können angesichts folgenden Zahlenbeispiels: Wenn 1992 die 500-Jahrfeier der Entdeckung Amerikas begangen wird, trennen Kolumbus von diesem Datum ein halbes Jahrtausend oder – 20 Menschengenerationen.

Anmerkungen

1 Hans Staden, Wahrhaftige Historia vnd beschreibung eyner Landtschafft der Wilden/Nacketen/Grimmigen Menschfresser Leuthen / in der Newenwelt America gelegen / vor vnd nach Christi im Land zuo Hessen vnbekant / biß vff dise ij. nechst vergangene jar / Da sie Hans Staden von Homberg auß Hessen durch sein eygne erfarung erkant / vnd yetzo durch den truck an tag gibt. Dedicirt dem Durchleuchtigen Hochgebornen herrn / H. Philipsen Landtgraff zuo Hessen / Graff zuo Catzenelnbogen / Dietz / Ziegenhain vnd Nidda / seinem G. H. Mit eyner vorrede D. Joh. Dryandri / genannt Eychman / Ordinarij Professoris Medici zuo Marpurgk. Marburg [1]vff Fast-

nacht 1557. Als Faksimile hrsg. v. Günter E.Th. Bezzenberger. Kassel-Wilhelmshöhe 1978 (89 unpag. Bll.), Bl. 15 r.

2 Ibid., Bl. 25r.

3 Karl Fouquet, Hans Staden und sein Reisewerk. In: Staden-Jahrbuch. Bd. 5 (1957), S. 7–21. D. Grimmell, Die Familie Hans Stadens. In: Hessische Heimat 5/6 (1956/57), S. 34–36. Reinhard Maack u. Karl Fouquet (Hrsg.), Hans Stadens Wahrhaftige Historia. Marburg a.d. Lahn 1964, S. 5–25. Hilmar Milbradt, Zu einem bisher unbekannten Brief des Hans Staden von Homberg in Hessen an den Grafen Wolrad von Waldeck. In: Hessische Heimat 5/6 (1956/57), S. 27–28. Auf einen zweiten, erst in jüngerer Zeit entdeckten Brief Stadens machte kürzlich Menk aufmerksam. Sein Vergleich zwischen diesem und dem von Milbradt vorgestellten Brief relativiert das bisherige Urteil der Forschung, mit Milbradts Fund liege das bis dato einzige bekannte handschriftliche Zeugnis des Amerikareisenden vor. Menk kommt schon aufgrund deutlicher Differenzen im Ductus beider Handschriften zu dem Schluß, daß man Staden zwar nach wie vor als Briefinitiatoren ansehen dürfe, der lediglich durchschnittlich gebildete Mann jedoch gerade im Hinblick auf die Stellung der Adressaten in der Amtskorrespondenz routinierte Kanzleischreiber mit der Briefniederschrift beauftragt haben mag, die ihm auch bei der Formulierung behilflich gewesen sein könnten; in der Tat lassen sich beim Lesen beider Schreiben ein formelhafter Wortlaut in den Anreden und stilistische Ähnlichkeiten in den Texten feststellen. Gerhard Menk, Die beiden Widmungsschreiben Hans Stadens an die Grafen von Waldeck und Hanau. In: Zeitschrift des Vereins für hessische Geschichte und Landeskunde. Bd. 94 (1989), S. 63–70.

4 H. Staden (wie Anm. 1), Bl. 79 r–85 r.

5 Ibid., Bl. 12 r–12 v, 23 v–24 r, 37r–38 r (vgl. dazu auch den Holzschnitt auf Bl. 37v), 65 r–66 r.

6 Ibid., Titelblatt (vgl. Text unter Anm. 1).

7 John Alden u. Dennis C. Landis (ed.), European Americana. A Chronological Guide to Works Printed in Europe Relating to the Americas, 1493–1776. 2 vols. New York 1980–82, Vol. 1, S. 451. R. Maack u. K. Fouquet (wie Anm. 3), S. 211–231.

8 Ulrich Schmidl, Zuuernem den Zug vnnd Raiß so ich vlrich schmidl von straubing Jm 1534 Jar Adj 2 Augsto von Annttorff auß per mare nach hispania / vnd nach malß auff Jndiea mit gotteß willen an khumen pin Auch waß mier vnd anndern meinen mit verwanden Zu gestannden vnd begegnet ist wie hernach volgt. (Straubing 1557–1562) = Stuttgarter Handschrift. Faksimile in: Marion L. Huffines, A Sixteenth Century German Diary: Linguistic Analysis and Comparison of the Original and the First Printed Edition. Diss. Indiana University 1971. Ann Arbor-London 1981, Appendix, Bl. 63 r, 64 r, 80 r. Eine gedruckte Übertragung des Manuskripts besorgte: Johannes E. Mondschein (Hrsg.), Ulrich Schmidls Reise nach Südamerika in den Jahren 1534 bis 1554. Nach der Stuttgarter Handschrift. Straubing 1893.

9 Roberto Lehmann-Nitsche, Los manuscritos del diario de Schmidel. In:

De la Revista de la Universidad de Buenos Aires. Publicaciones de la Sección de Historia IV (1918), S. 3–10 (im Anschluß einige unpag. Faksimile-Bll. aus den Hss.).

[10] Helmut Andrä, Neue Ergebnisse der Ulrich Schmidl-Forschung. In: Staden-Jahrbuch. Bd. 33 (1985), S. 91–100. Fritz Buhl, Ulrich Schmidl. Bürger von Regensburg. In: Alt-Bayrische Heimat 3/6 (1953), zwei unpag. Ss. Johannes E. Mondschein, Ulrich Schmidel von Straubing und seine Reisebeschreibung. Straubing 1881, S. 6–14.

[11] U. Schmidl (wie Anm. 8), z. B. Bl. 7r, 24 r, 55 v; 15 v, 26 r, 57v; 9 r–9 v, 28 v, 73 r.

[12] Ibid., Bl. 71r–72 v.

[13] Ibid., Bl. 26 v–27r.

[14] Ibid., Bl. 99 r–99 v.

[15] J. Alden u. D. C. Landis (wie Anm. 7), Vol. 1, S. 446. Levinus Hulsius (Hrsg.), Vierte Schiffart. Warhafftige Historien. Einer Wunderbaren Schiffart / welche Ulrich Schmidel von Straubing / von Anno 1534. biß Anno 1554, in Americam oder Nuewewelt / bey Brasilia vnd Rio della Plata gethan. Nürnberg [1]1599, [2]1602. Als Faksimile erschienen: Ulrich Schmidel, Wahrhafftige Historien einer wunderbaren Schiffart. Graz 1962 (Frühe Reisen und Seefahrten in Originalberichten. Bd. 1), Einleitung v. Hans Plischke, S. VII–XIX, S. XVIII. Karl Schottenloher, Die Bayern in der Fremde. München 1950, S. 113.

[16] [Cristóbal Colón,] Eyn schoen hübsch lesen von etlichen inßlen die do in kurtzen zyten funden synd durch dē künig von hispania. vnd sagt vō großen wunderlichen dingen die in dē selbē inßlen synd. Hrsg. v. Bartholomäus Kistler. Straßburg 1497. Als Faksimile hrsg. v. Konrad Häbler, Der deutsche Kolumbusbrief. Straßburg 1900 (7 unpag. Bll.), Bl. 5 v–6 r.

[17] J. Alden u. D. C. Landis (wie Anm. 7), Vol. 1, S. 462.

[18] [Amerigo Vespucci,] Das sind die new gefundē menschē oder volcker Jn form vñ gestalt Als sie hie stend durch dē Cristlichen Kuenig von Portugall gar wunnderbarlich erfunden. (Nürnberg?) 1505 (Wolfenbüttel, Herzog August Bibliothek).

[19] [Amerigo Vespucci,] Dise figur anzaigt vns das volck vnd insel die gefunden ist durch den christenlichen Künig zuo Portigal oder von seinen vnderthonen. [Augsburg oder Nürnberg [1]1505, [2]1505?] Beide Exemplare als Faksimile in: Rudolf Schuller, The Oldest Known Illustration of South American Indians. In: Indian Notes. Vol. VII (1930), S. 484–497, zw. S. 486/487 u. S. 490/491.

[20] [Amerigo Vespucci,] Diß büchlin saget wie die zwē durchleüchtigstē herrē her Fernandus. K. zuo Castilien vnd herr Emanuel. K. zuo Portugal haben das weyte moer ersuochet vnnd funden vil Jnsulen / vnnd ein Nüwe welt von wilden nackenden Leüten / vormals vnbekant. Hrsg. v. Johannes Grüninger. Straßburg 1509. Als Faksimile erschienen: The First Four Voyages of Americus Vespucius. New York 1902 (32 unpag. Bll.), Bl. 6 r–9 v, 24 r–25 v.

[21] Friedrich W. Sixel, Die deutsche Vorstellung vom Indianer in der ersten Hälfte des 16. Jahrhunderts. Città del Vaticano 1966, S. 181–216.

[22] Lorenz Fries, Carta Marina. Hrsg. v. Johannes Grüninger. Straßburg [1]1525, [2]1527, [3]1530 (12 Kartenteile, pag. a-aaa, b-bbb, c-ccc, d-ddd) sowie ders., Uslegung der Mercarthen oder Cartha Marina Darin man sehen mag / wo einer in der wellt sey / vnd wo ein yetlich Landt / Wasser vnd Stadt gelegen ist. Das alles in dem büchlin zuo finden. Hrsg. v. Johannes Grüninger. Straßburg [1]1525, [2]1527, [3]1530 (München, Bayrische Staatsbibliothek: Carta Marina, 1530; Uslegung, 1527).

[23] Sebastian Münster, Cosmographei oder beschreibung aller laender / herschafften / fürnemsten stetten / geschichten / gebreüchē / hantierungen / etc. ietz zum dritten mal trefflich sere durch Sebastianum Munsterū gemeret vnd gebessert. Basel [1]1544, [2]1545, [3]1546, [4]1548, [5]1550. S. Mclxxxiij-Mcliiij, Holzschnitt auf S. Mclxxxvi (Bamberg, Staatsbibliothek); vgl. dazu die unter Anm. 20 angeg. Textstellen aus ›Diß büchlin saget‹ sowie den Holzschnitt auf Bl. 5 v.

[24] Aufgrund eines interdisziplinären Interesses ist die Literatur zu dieser Thematik umfangreich. Darunter gefällt etwa Koch-Hillebrands Untersuchung mit einer Fülle von alltäglichen Beispielen als Einführung in die Problematik des Vorurteils, während Gewecke und Loiskandl unter historisch-anthropologischem Ansatz vor dem Hintergrund der europäischen Expansion dazu Stellung nehmen: Frauke Gewecke, Wie die neue Welt in die alte kam. Stuttgart 1986, insb. S. 273–296. Manfred Koch-Hillebrand, Der Stoff, aus dem die Dummheit ist. Eine Sozialpsychologie der Vorurteile. München 1978. Helmut Loiskandl, Edle Wilde, Heiden und Barbaren. Fremdheit als Bewertungskriterium zwischen Kulturen. Diss. Mödlingen b. Wien 1966.

[25] Diß büchlin saget (wie Anm. 20), Bl. 6 r/9 v, H. Staden (wie Anm. 1), Bl. 19 v/56 v, U. Schmidl (wie Anm. 8), Bl. 51 r; André Thevet, Les singvlaritez de la France Antarctiqve, avtrement nommée Amerique: & de plusieurs terres & isles decouuertes de nostre temps. Paris 1558. Ndr. 1982, Bl. 76 r/75 r; Jean de Léry: Histoire d'vn voyage faict en la Terre dv Bresil, avtrement dite Amerique. La Rochelle [1]1578, Genf [2]1580. Ndr. 1975, S. 228/228; Theodor de Bry (Hrsg.), Das vierdte Buch Von der neuwen Welt. oder Neuwe vnd gruendtliche Historien / von dem Nidergaengischen Jndien / so von Christophoro Columbo im Jar 1492. erstlich erfunden. Durch Hieronymum Bentzo von Meyland / welcher 14. Jar dasselbig Land durchwandert / auffs fleissigst beschrieben. Frankfurt a. M. 1594 (Bamberg, Staatsbibliothek), Vorrede d. Hrsg., Bl. 4 r/3 r.

[26] L. Hulsius (wie Anm. 15), Vorrede d. Hrsg., Bl. 2 v.

[27] Diß büchlin saget (wie Anm. 20), Bl. 7v/15 v; S. Münster (wie Anm. 23), S.-/Mcxc; H. Staden (wie Anm. 1), Bl. 69 r/27 v; U. Schmidl (wie Anm. 8), Bl. 24 v/-.

[28] Das sind die new gefundē menschē (wie Anm. 18), Z. 4–5, 15–19 (!), 31–32 (!); Diß büchlin saget (wie Anm. 20), Bl. 6 r, 7v–8 r; U. Schmidl (wie Anm. 8), Bl. 59 r.

[29] Diß büchlin saget (wie Anm. 20), Bl. 8 r; H. Staden (wie Anm. 1), Bl. 30 r, 68 r, 88 r; Th. de Bry (wie Anm. 25), Vorrede d. Hrsg., Bl. 4 r.

[30] Das sind die new gefundē menschē (wie Anm. 18), Z. 20–21; Diß büchlin saget (wie Anm. 20), Bl. 6r, 8r, 8v; H. Staden (wie Anm. 1), Bl. 69r–69v, 71r–71v; U. Schmidl (wie Anm. 8), Bl. 9r–9v, 16r, 26r–26v.

[31] Diß büchlin saget (wie Anm. 20), Bl. 18v, 23v.

[32] S. Münster (wie Anm. 23), S. Mclxxxvi.

[33] H. Staden (wie Anm. 1), Bl. 54r, 44v.

[34] A. Thevet (wie Anm. 25), Bl. 77v.

[35] J. de Léry (wie Anm. 25), S. 221, 224.

[36] Vgl. z. B. Arthur Schurig (Hrsg.), Die Eroberung von Mexiko durch Ferdinand Cortes. Mit den eigenhändigen Berichten des Feldherrn an Kaiser Karl V. von 1520 und 1522. Leipzig 1923, S. 100, 137–149. Petrus Martyr de Angleria, De Orbe Novo Decades Octo. Alcalá 1530. Ndr. Graz 1966, S. 174f.

[37] Vgl. dazu: F. Gewecke (wie Anm. 24), S. 192f. Lewis Hanke, The Spanish Struggle for Justice in the Conquest of America. Philadelphia [1]1949, [2]1965. Benjamin Keen, The Aztec Image in Western Thought. New Brunswick/New Jersey 1971, S. 138f.

[38] H. Staden (wie Anm. 1), z. B. Bl. 2r–2v, 48v, 60r, 62v, 63v, 89v; U. Schmidl (wie Anm. 8), z. B. Titelbl., Bl. 9v, 21v–22r, 82v, 98r, 113r.

[39] Diß büchlin saget (wie Anm. 20), (Bl. 6r–9v), Bl. 8v–9r; H. Staden (wie Anm. 1), (Bl. 64r–85r), Bl. 67v, 70v–71r, 71v–72v, 74v.

[40] Diß büchlin saget (wie Anm. 20), Bl. 13v–14r; H. Staden (wie Anm. 1), Bl. 65r–65v, 85r–87v.

[41] Diesen vier Merkmalen gilt nach Sixels Untersuchung in den deutschen Americana dieses Zeitraums das größte Interesse. F. W. Sixel (wie Anm. 21), S. 141–181.

[42] Diß büchlin saget (wie Anm. 20), Bl. 7r; H. Staden (wie Anm. 1), Bl. 65r.

[43] Diß büchlin saget (wie Anm. 20), Bl. 7v; H. Staden (wie Anm. 1), Bl. 72v.

[44] Diß büchlin saget (wie Anm. 20), Bl. 7v; H. Staden (wie Anm. 1), Bl. 74v.

[45] Diß büchlin saget (wie Anm. 20), Bl. 7v; H. Staden (wie Anm. 1), Bl. 75r.

[46] Diß büchlin saget (wie Anm. 20), Bl. 9r; H. Staden (wie Anm. 1), Bl. 69v.

[47] Diß büchlin saget (wie Anm. 20), Bl. 13v, 8r, 7r, 6v/ 8r/ 5v, 6v, 9v; H. Staden (wie Anm. 1), Bl. 85r–87r, 72v–74r, 71v, 80v/ 75v–77r/ 77v–78r, 79r–85r.

[48] Diß büchlin saget (wie Anm. 20), Bl. 28v–29v, 31r; H. Staden (wie Anm. 1), Bl. 34r–35r, 49r–50r, 58r–58v, 61v–62v.

[49] Diß büchlin saget (wie Anm. 20), Bl. 14r, 20r; H. Staden (wie Anm. 1), Bl. 43r–44r, 3v.

[50] Diß büchlin saget (wie Anm. 20), Bl. 11r; H. Staden (wie Anm. 1), Bl. 52r–52v, 54r, 57v.

[51] Diß büchlin saget (wie Anm. 20), Bl. 16r–16v; H. Staden (wie Anm. 1), Bl. 60r–61r.

[52] Diß büchlin saget (wie Anm. 20), Bl. 15r, 18v, 24r–25v.

[53] H. Staden (wie Anm. 1), Bl. 43r–44r, 44r–44v, 54r, 52v, 55v, 57v.

[54] Ibid., Bl. 47r–48v.

[55] L. Fries, Uslegung (wie Anm. 22), Bl. 16r.

[56] Vgl. zit. Titel unter Anm. 1 sowie H. Staden (wie Anm. 1), Bl. 3 r; 3 r–7 v.

[57] Gustav Könnecke (Hrsg.), Hessisches Buchdruckerbuch. Marburg a. d. Lahn 1894, S. 226–227. H. Staden (wie Anm. 1), Bl. 89 v.

[58] A. von Dommer, Die aeltesten Drucke aus Marburg in Hessen. 1527–1566. Marburg a. d. Lahn 1892. Ndr. Nieuwkoop 1961, S. 173–174, 175. Franz Gundlach, Catalogus Professorum Academiae Marburgensis. Marburg a. d. Lahn 1927, S. 174–175.

[59] Johannes Dryander (Hrsg.), Cosmographiae Introdvctio: cvm quibvsdam Geometriae ac Astronomiae principijs, ad eam rem necessarijs. Marburg 1543, Bl. 28 v (Marburg a. d. Lahn, Universitätsbibliothek).

[60] H. Staden (wie Anm. 1), Bl. 47v.

[61] Annerose Menniger, Der gemachte Bestseller? Ein Rekonstruktionsversuch der Genese von Hans Stadens ›Warhaftiger Historia‹. In Vorbereitung.

[62] H. Staden (wie Anm. 1), Bl. 7v, vgl. zit. Titel unter Anm. 1. Im Buchgeschäft verdienen konnte man im 16. Jahrhundert nur auf diesem Weg, da ein Autorenhonorar vom Verleger lediglich mäßig und häufig nur in Naturalien vergolten wurde. Vgl. Walter Krieg, Materialien zu einer Entwicklungsgeschichte der Bücher-Preise und des Autoren-Honorars vom 15. bis zum 20. Jahrhundert. Wien–Bad Bocklet–Zürich 1953, S. 55 f.

[63] H. Staden (wie Anm. 1), Bl. 3 v, 63 v.

[64] Ibid., Bl. 7v.

[65] U. Schmidl (wie Anm. 8), Bl. 99 r.

[66] Ibid., Bl. 98 r–104 v.

[67] Ibid., Bl. 99 r–99 v.

[68] Ibid., Bl. 46 v–47r; 43 r–44 r, 46 v, 79 v.

[69] H. Staden (wie Anm. 1), Bl. 79 r–80 v, 83 r.

[70] Ibid., Bl. 27 r.

[71] U. Schmidl (wie Anm. 8), Bl. 26 v–27 r.

[72] Ibid., Bl. 31v.

[73] S. Münster (wie Anm. 23), S. Mclxxxvj.

[74] Vgl. die Legendentafel auf dem Kartenteil aa links neben der Randleiste von L. Fries' ›Carta Marina‹, das den karibischen Raum und den nördlichen Teil Südamerikas, illustriert mit einem Beuteltier und Kannibalen, zeigt (wie Anm. 22).

[75] H. Andrä (wie Anm. 10), S. 98.

[76] U. Schmidl (wie Anm. 8), z. B. Bl. 18 r, 26 v, 38 v, 62 r, 70 r, 102 r.

[77] Annerose Menninger, Ein Vergleich der drei Manuskriptfassungen von Ulrich Schmidls Reisebeschreibung und der Editio princeps von 1567. In Vorbereitung.

[78] Stadens Americanum druckten Feyerabend und de Bry nach, Schmidls Americanum veröffentlichten nach der Erstausgabe Feyerabends auch de Bry und Hulsius. Die Vorreden d. Hrsgg. folgen jeweils nach den Titelbll. Sigmund Feyerabend (Hrsg.), Ander theil dieses Weltbuchs von Schiffahrten. Warhafftige Beschreibunge aller vnd mancherley sorgfeltigen Schiffahrten / auch viler vnbekanten erfundenen Landtschafften / Jnsulen / Koenigreichen / vnd Stedten.

Frankfurt a.M. 1567. Die Americana Schmidls und Stadens (Bl. 1–59) erscheinen am Ende der Bericht-Kompilation (Bamberg, Staatsbibliothek). Theodor de Bry (Hrsg.), Dritte Buch Americae, Darinn Brasilia durch Johann Staden von Homberg auß Hessen / auß eigener erfahrung in Teutsch beschrieben. Frankfurt a.M. 1593 (Bamberg, Staatsbibliothek). Ders., Das VII. Theil America. Warhafftige vnnd liebliche Beschreibung etlicher fuernemmen Jndianischen Landschafften vnd Jnsulen [...] erstlich in der Schiffart Vlrici Schmidts von Straubingen mit grosser gefahr erkuendigt. Frankfurt a.M. 1597 (Bamberg, Staatsbibliothek). L. Hulsius (wie Anm. 15).

79 Sebastian Münster, Cosmographia. Oder Beschreibung der gantzen Weltt. Durch Sebastian Munsterum. Jetzo widerumb auffs neüwe vbersehen. Basel 1628. Ndr. Lindau 1978, S. 1732–33.

80 So z.B. ausdrücklich bei: Julius Pistor, Hans Staden von Homberg und sein Reisebuch. In: Zeitschrift des deutschen Wissenschaftlichen Vereins zur Kultur und Landeskunde Argentiniens 4–6/VI (1920), S. 170–187, S. 186.

81 Hinweise auf die weitere Forschungsliteratur finden sich in den unter Anmm. 7, 8, 9, 10 und 15 zitierten Titeln.

82 Karl Fouquet, Hans Staden: Zwei Reisen nach Brasilien 1548–1555. In d. Spr. d. Gegenw. übertr. 4., unv. Auflage. São Paulo ^{1}1941, ^{2}1963, ^{3}1970, ^{4}1981, Nachwort, S. 157—170, S. 168.

83 J.E. Mondschein (wie Anm. 10), S. 35, 8.

84 Heinrich Ruppel, Lebens- und Charakterbild Hans Stadens. In: Hessische Heimat 5/6 (1956/57), S. 2–7, S. 2. Josef Keim, Ulrich Schmidls Erlebnisse in Südamerika. Nach dem Frankfurter Druck (1567). Straubing 1962, Vorwort v. Willibald Schmidt, zwei unpag. Ss. v. S. 5.

85 Vgl. S. 72–73 sowie Anm. 25–35.

86 Vgl. S. 72–73.

87 Th. de Bry (wie Anm. 78), Vorrede d. Hrsg., Bl. 3 v.

88 Annerose Menninger, Die Vermarktung des Indio. Eine rezeptionsgeschichtliche Untersuchung zu den Interessen der Autoren Staden und Schmidl und der Verleger an der Publikation ihrer Americana im deutschen Sprach- und Kulturraum des 16. Jahrhunderts. In: Ulrich Knefelkamp u. Hans-Joachim König, Die Neuen Welten in alten Büchern. Ausstellungskatalog. Bamberg 1988, S. 92–117, S. 105–116.

89 Gustav Faber (Hrsg.), Hans Staden: Brasilien. Die wahrhaftige Historie der wilden, nacketen, grimmigen Menschenfresser-Leute. Tübingen ^{1}1982, ^{2}1984, rechte Hälfte d. Klappentexts sowie Vorwort, S. 19–49, S. 25, 32.

90 R. Maack u. K. Fouquet (wie Anm. 3), Einleitung v. R. Maack, S. 5–25, S. 7.

91 Für einen Überblick der im 20. Jahrhundert erschienen Staden- bzw. Schmidl-Ausgaben vgl. R. Maack u. K. Fouquet (wie Anm. 3), S. 224 f. sowie U. Schmidl (wie Anm. 15), Vorwort v. H. Plischke, S. XVIII und K. Schottenloher (wie Anm. 15), S. 113.

92 Die Worte wurden Zitaten in vorliegendem Beitrag auf den Ss.73, 89, 91, 92 entnommen; Belegnachweise finden sich in den entsprechenden Anmm.

93 Vgl. S. 72–73, 91.

Europäisches Überlegenheitsgefühl und die Entdeckung Chinas

Ein Beitrag zur Frage der Rückwirkungen der europäischen Expansion auf Europa

Von

Walter Demel

Abb. 4: William Alexander, Chinesische Dame mit Dienerin.
Bleistift und Wasserfarbe. 34,3 × 23,5 cm. Undatiert (England, um 1795?).

Tee und Porzellan aus China sollten sich ab der Mitte des 17. Jahrhunderts zu Kassenschlagern auf dem europäischen Markt entwickeln. Allein das Reich der Mitte öffnete sich dem von den europäischen Ostindiengesellschaften natürlich aus diesem Grund ersehnten freien Handel nicht und gestattete ihnen lediglich einen jährlich befristeten Handel zu einseitig diktierten Bedingungen am Perlfluß in Kanton. Auch im Interesse der europäischen Handelskompanien nach Peking geschickte Gesandtschaften vermochten die Herrscher auf dem Drachenthron nicht umzustimmen. So mußte sich die 1655 von der Vereinigten Ostindischen Compagnie (VOC) in die Verbotene Stadt abgeordnete Delegation mit der höchst bescheidenen Zusage Kaiser Shunzis begnügen, daß ihm nämlich die niederländische Gesellschaft im Turnus von einigen Jahren Geschenke überbringen und bei dieser Gelegenheit über die sonst gültigen Bestimmungen hinaus etwas Handel treiben dürfe! Einem literarischen Derivat dieser Mission war allerdings ein enormer Erfolg beschieden: 1665 erschien in Amsterdam als erstes reich illustriertes Werk über China der Bericht des 1618 in Uelzen geborenen VOC-Bediensteten Johan Neuhof, der als Hofmeister für diese zweijährige Gesandtschaftsreise bestellt worden war. Sein Augenzeugenbericht mit über 150 Kupferstichen avancierte schnell zu einem in mehrere Sprachen übersetzten Bestseller und sollte das Chinabild im zeitgenössischen Europa nachhaltig prägen.

Unter ganz ähnlichen Umständen wie ihr fast 150 Jahre älteres Pendant machte eine 1792 vom britischen König Georg III. nach China geschickte Gesandtschaft unter der Leitung Lord George Viscount Macartneys und seines Stellvertreters, Sir George Stauntons, von sich reden. Auch sie mußte 1794 mit für die wirtschaftlichen Interessen der East India Company (EIC) enttäuschendem Ergebnis zurückkehren, denn Kaiser Qianlong wich vom handelspolitischen Kurs seiner Vorgänger nicht ab, obwohl England für die Geschenke an den Kaiser tief in die Tasche gegriffen hatte: Macartney überreichte bei der 1793 gewährten Audienz Präsente im Wert von 14000 engl. Pfund, darunter riesige astronomische Instrumente. Dafür kam wiederum der geistigen Ausbeute beträchtliche Bedeutung zu dank den populären Veröffentlichungen Stauntons und William Alexanders (1767–1816), der als Künstler für diese Gesandtschaftsreise verpflichtet worden war und nun Europa erstmals – als Augenzeuge und Maler – professionell beobachtete Ansichten über China vermitteln sollte. Freilich läßt sich der aus heutiger Sicht bemerkenswerte quellenkundliche Wert der Arbeit des in der Grafschaft Kent geborenen Alexander am besten anhand seiner faszinierenden Aquarell-Studien über Landschaft, Bevölkerung und Alltag im China des ausgehenden 18. Jahrhunderts ermessen. Das hier gewählte Aquarell zeigt eine vornehme Chinesin mit ihrer Dienerin. Die Gesellschaftsschichten in China unterschieden sich weniger durch den Kleidungsstil als die Stoffqualität – Seide statt Baumwolle. Auch Schmuck wurde von Reichen nur sparsam verwendet – die chinesische Dame beschränkte sich auf Nadeln und künstliche Blumen im Haar. Ein untrügliches und häufig auf fernöstlichen Porträts zu beobachtendes Zeichen für gehobenen Stand stellte jedoch, wie der Fächer, der Sonnenschirm dar.

A. Menninger

„Überall keimt es auf Erden, aber es ist wie im Gleichnis vom Saatkorn, die meisten bleiben früher stehen, wenige kommen zu hoher Entwicklung und weiter Verbreitung, ganz wenige, und wir dürfen sagen, nur die arisch-europäischen Völker sind selbständig zur höchsten heute bekannten Entwicklung des Geistes gelangt und ihre Geschichte ist bisher und wohl auch fernerhin recht eigentlich die Weltgeschichte" – so lesen wir in einem Beitrag zum ›Archiv für Kulturgeschichte‹, der in seiner „völkischen" Tonart die Zeit seiner Abfassung – geschrieben wurde er nämlich 1939 – nicht verleugnen kann.[1] Aber vergessen wir den Geist und die Arier. Tatsache ist, daß auch nach dem Zweiten Weltkrieg unter verschiedensten Vorzeichen – ob im Rahmen einer gewissen „Abendland"-Panegyrik oder im Zusammenhang mit nüchternen Daten über Pro-Kopf-Einkommen oder Alphabetisierungsgrad der Bevölkerung – immer wieder die Überlegenheit Europas gegenüber der übrigen Welt festgestellt und herausgekehrt wurde.

Andererseits ist sich Europa seiner Führungsrolle längst nicht mehr so sicher. Von der einstigen Weltgeltung der europäischen Kolonialmächte sind nur noch Relikte übriggeblieben, den Weltmarkt müssen sich die Europäer mit Amerikanern und Japanern teilen, und die Auffassung von der kulturellen Überlegenheit weicht wenigstens unter dem sich verbreitenden Eindruck des „exotischen Zaubers" anderer Kulturen in zunehmendem Maße der Vorstellung einer „multikulturellen Welt".

Von der Breitenwirkung her gesehen, scheint diese Entwicklung neu zu sein.[2] Einzelne Kritiker des europäischen Überlegenheitsgefühls gab es freilich selbst in jener Epoche, in der Europa wohl nicht bloß rein äußerlich auf dem Gipfelpunkt seiner Weltgeltung stand, also im Zeitalter des Imperialismus. Aber hatte es davor, speziell etwa im Zeitalter der Entdeckungen, nicht genügend Gelegenheiten gegeben, daß Europäer sich angesichts der Leistungen anderer Kulturen auf vielen Gebieten nicht nur als nicht überlegen, sondern vielleicht sogar als unterlegen empfinden mußten? Freilich, in Amerika hatte das Auftreten der Europäer – gewollt oder ungewollt – zur Folge, daß die dortigen Hochkulturen in kürzester Zeit von der Bildfläche verschwanden. Die Überreste von deren kulturellen Traditionen konnten zwar immer noch eine gewisse Wirkung auf die eingesessene Bevölkerung, ja selbst auf die Neuankömmlinge ausüben, doch existierte sozusagen kein funktionierendes kulturelles „System" mehr, das mit dem europäischen hätte konkurrieren können. Anders war jedoch die Situation in Asien – zumindest dort, wo die Europäer nicht in der Lage waren, ihre Herrschaft, Religion, Lebens- und Wirtschaftsweise den Einheimischen aufzuzwingen. Dies war etwa der Fall in China, dem kulturellen Zentrum Ostasiens.

"But all, or almost all, came to China with a conviction which must nowadays seem singular to the point of extravagance: that Western culture and all that it entailed was a way of life infinitely superior to that of China. That this opinion was, at least until the sixteenth century, in almost every particular totally untrue, and later only true in certain respects, escaped almost all of those men and women", behauptete 1970 Nigel Camron.[3] Waren die Europäer aber tatsächlich so voreingenommen und so verblendet, daß sie sich von eventuell vorhandenen Vorurteilen auch durch augenscheinliche Tatsachen, die das Gegenteil bewiesen, nicht abbringen ließen? Gehörte es denn nicht gerade zu den Antriebsmomenten der europäischen Expansion, daß die Europäer in „Indien" eben keine Wilden, sondern zivilisatorisch und kulturell hochstehende Völker zu finden hofften? Gingen nicht Kolumbus und Vasco da Gama gerade „aus von einer Tradition, in der Asien als reiches, mächtiges, Europa in ziemlich jeder Hinsicht überlegenes Wunderland erschien"?[4]

Tatsächlich läßt sich das lange Fortwirken dieser Tradition an vielen Stellen nachweisen, etwa bei Johannes Althusius, wenn dieser pauschal behauptete, die Völker des Ostens wären „humaner und urbaner" als jene des Westens.[5] Er bezog sich dabei u. a. auf Jean Bodin, der festgestellt hatte, nach der Beobachtung der Spanier wären die Chinesen «les plus ingenieux hommes & les plus courtios du monde» – weil sie nämlich das am weitesten im Osten lebende aller Völker wären![6] Schon um die Mitte des 16. Jahrhunderts hatte der – über seinen chinesischen Sklaven – erste über China wohlinformierte europäische Autor der Frühneuzeit, der portugiesische Chronist Joào de Barros, bemerkt, daß die Chinesen – wie einst die Griechen – alle übrigen Nationen als Barbaren betrachteten. Diese für die Europäer doch ziemlich frappierende Entdeckung, an der sich ungezählte spätere Chinaautoren reiben sollten, kommentierte Barros jedoch mit den Worten: „Und tatsächlich, derjenige, der die Art ihrer Religion sieht, [...] ihre Mönche, die in Konventen wohnen, die Art, Tag und Nacht zu beten, ihre Fasten, ihre Opfer, ihre allgemeinen Studien, wo man die gesamte Naturwissenschaft und Ethik lernt, die Art und Weise, in jeder dieser Wissenschaften (akademische) Grade zu erteilen, und die Vorsichtsmaßnahmen die sie treffen um Korruption zu vermeiden, (der sieht, daß sie) den Buchdruck viel länger kennen als wir und darüber hinaus die Regierungsform ihres Staates (kennenlernt), die Verarbeitung jedes Werks aus Metall, Ton, Holz, Tuch oder Seide, der wird feststellen, daß es in diesem Heidenvolk alles gibt, wofür Griechen und Römer gerühmt werden."[7] Ein wahrlich großes Lob für einen Humanisten[8] – und ein bemerkenswertes dazu, hat man doch behauptet, die Humanisten wären geneigt gewesen, alles, was nicht europäisch bzw. klassisch gewesen wäre, ihrerseits als barbarisch anzusehen![9]

Sicher ist jedenfalls, daß ein eventuell vorhandener Superioritätsanspruch der Europäer von den Chinesen keineswegs widerstandslos hingenommen wurde, ja daß diese diesbezüglich eigene, „sinozentrische" Ansprüche anmeldeten. Eine Fülle europäischer Berichte über das „Reich der Mitte" kolportierte seit dem 16. Jahrhundert die chinesische Auffassung, nur Chinesen besäßen – kulturell gesehen – zwei Augen, die Europäer allenfalls eines, die übrigen Nationen wären blind. Dieses Diktum konnte man als einen Beleg übler chinesischer Selbstüberschätzung verdammen,[10] man konnte ihm mit Ironie begegnen,[11] aber das änderte wenig daran, daß man nun gezwungen war, entweder die eigene Überlegenheit zu begründen oder aber die Relativität derartiger Ansprüche einzugestehen. Zu einem solchen Eingeständnis war etwa Samuel Pufendorf bereit, wenn er unter Hinweis auf das chinesische Augengleichnis schrieb: „[...] heute nehmen einige wenige Völker Europas für uns in Anspruch, daß wir den übrigen Völkern hinsichtlich unserer sittlichen Kultur überlegen wären. Aber umgekehrt lassen sich Völker finden, die von sich selbst viel mehr halten als von uns." Daher – so folgerte Pufendorf – sei es unsinnig, das Naturrecht auf den Konsens aller Völker gründen zu wollen – es könne nur aus dem Diktat der reinen Vernunft abgeleitet werden![12]

Kriterien, um zu messen, wer wem überlegen sei, hatte dagegen andeutungsweise schon Barros in seinen oben zitierten Ausführungen entwickelt. Der Engländer Peter Heylyn begründete seine Entscheidung, seine Kosmographie mit der Behandlung des kleinsten Erdteils, Europas, zu beginnen, dieser sei "of most renown amongst us. First, because of the temperatur of the Air, and fertility of the soyl; Secondly, from the study of *Arts*, both ingenious and mechanical; Thirdly, because of the *Roman* and *Greek* Monarchies; Fourthly, from the purity and sincerity of the *Christian* Faith; Fifthly, we dwell in it, and so first place it".[13] Mit dem zuletzt genannten Argument ließ sich ein europäischer Anspruch auf Überlegenheit freilich schwerlich rechtfertigen.

Wieder etwas andere Vergleichskriterien entwickelte Heylyns Zeitgenosse Athanasius Kircher, ein berühmter jesuitischer Kompilator und Polyhistor des 17. Jahrhunderts. Die Chinesen, so meinte er, hätten nicht die gleiche Kenntnis der spekulativen Wissenschaften wie die Europäer, obwohl sie auf diesem Gebiet höchst befähigt wären. Ihre mathematischen Kenntnisse seien begrenzt, von Geometrie, Optik, Musik usw. hätten sie ebensowenig Ahnung wie von den Gründen der Natur. Hingegen widmeten sie der Ethik und der Politik höchste Aufmerksamkeit, so daß sie niemand für höhere Reichswürden für geeignet hielten, der auf diesen Gebieten keine vertieften Kenntnisse aufweisen könnte. Daraus resultierten die bewunderungswürdige Ordnung und Stabilität ihres Reiches, aber indirekt auch die außerordentliche Höhe ihres Ackerbaus sowie – über die erstaunlichen staatlichen Aufwendungen zum Ausbau der Infrastruktur – auch die enorme Größe ihres Binnenhandels.[14]

Kirchers Bewunderung für die Stabilität des chinesischen Reiches könnte etwas überraschen, schrieb der gelehrte Jesuit sein Werk ›China [...] Monumentis illustrata‹ (1661) doch in voller Kenntnis der Tatsache, daß China gerade eben von den Mandschus erobert worden war. Darauf wird noch zurückzukommen sein. Jedenfalls gab diese Eroberung schon älteren Spekulationen über die militärische Schlagkraft der Chinesen neuen Auftrieb. Wie konnte es geschehen, daß ein so großes und bevölkerungsreiches Land der Invasion einer Horde Barbaren zum Opfer fiel? Was würde erst geschehen, wenn ein europäisches Land seine Kräfte mit denen Chinas messen würde?

All diese Vergleichsmöglichkeiten weckten das Interesse der Europäer. Als Ergebnis einer solchen Gegenüberstellung konnte ein neues europäisches Superioritätsgefühl entstehen, ein vielleicht vorhandenes Bestätigung finden, aber unter Umständen auch erschüttert werden. Betrachten wir also – wenn dies auch nur im Rahmen eines vorläufigen Überblicks geschehen kann –, folgende Gebiete, auf denen die europäischen mit den chinesischen Errungenschaften in Vergleich gesetzt wurden: 1. Religion, Moral und Volkscharakter, 2. Regierung und staatliche Ordnung, 3. Lebensstandard, 4. militärische Schlagkraft sowie 5. Wissenschaft, Kunst und Kunstfertigkeit.

Verbreitung der christlichen Heilslehre oder tolerante Anerkennung hochstehender Moral?

Bei der Entstehung des modernen Europabegriffes hatte die christliche Gemeinschaftsidee noch eine wichtige Rolle gespielt, wenngleich „Christenheit" und „Europa" keine Synonyme waren.[15]

Das Selbstverständnis Europas als „christlich" – über alle Konfessionsgrenzen hinweg – bildete also einen wesentlichen Ursprung des europäischen Selbstbewußtseins im doppelten Sinn – und damit auch eine Wurzel des europäischen Überlegenheitsgefühls. Bei aller Bewunderung, die der erste bekannte Chinareisende der europäischen Geschichte, der Venezianer Marco Polo, für das Reich des Kublai Khan nicht verhehlen konnte, war er dennoch von der Überlegenheit des Christentums überzeugt. Die Auffassung, die christliche Lehre sei die einzig wahre, bewirkte, daß er die im Imperium der Yüan herrschende religiöse Toleranz eher mit Verwunderung und Unverständnis denn mit Anerkennung registrierte und daß seine Leser sie wohl sogar überwiegend als beunruhigend, ja anstößig empfanden.[16] Daran änderte sich auch im Zeitalter der Gegenreformation wenig: Toleranz wurde hier leicht mit religiöser Indifferenz, sündhafter Laxheit identifiziert. Im Besitz des wahren Glaubens zu sein, verlieh Europa das stolze Bewußtsein eigener Auserwähltheit und wirkte – jedenfalls im katholischen Bereich – darüber hinaus noch als Antriebsmoment, diese Heilslehre in der ganzen Welt zu verbreiten.

Doch leitete sich aus diesem Gefühl – wie schon das Beispiel Marco Polos zeigt –, keineswegs das Empfinden ab, daß Europa der übrigen Welt in jeder Hinsicht überlegen wäre. Das verbot schon die christliche Demut – von der augenscheinlichen Überlegenheit außereuropäischer Völker in vielen Bereichen ganz abgesehen. Gottfried Wilhelm Leibniz, der sich selbst mit dem Gedanken einer protestantischen Weltmission trug, befand sogar, daß es „angesichts des ins unermeßliche wachsenden moralischen Verfalls [...] beinahe notwendig erscheint, daß man Missionare der Chinesen zu uns schickt, die uns Anwendung und Praxis einer natürlichen Theologie lehren könnten, in gleicher Weise, wie wir ihnen Leute senden, die sie die geoffenbarte Theologie lehren sollen". Und in diesem Sinne betonte er das Unverdiente des europäischen Vorsprungs: „Ich glaube daher", so fuhr er nämlich fort, „wäre ein weiser Mann zum Schiedsrichter nicht über die Schönheit von Göttinnen, sondern über die Vortrefflichkeit von Völkern gewählt worden, würde er den goldenen Apfel den Chinesen geben, wenn wir sie nicht gerade in einer Hinsicht, die aber freilich außerhalb menschlicher Möglichkeiten liegt, überträfen, nämlich durch das göttliche Geschenk der christlichen Religion".[17] Die Gegenüberstellung: chinesische Überlegenheit in den Dingen dieser Welt – europäische Überlegenheit in den Dingen der andern Welt – entwikkelte sich geradezu zu einer Art frühen Topos des Vergleichs beider Kulturen. Als Beispiel sei hier nur auf die Ausführungen von Geronymo Gracián, eines engen Mitarbeiters der Hl. Therese von Avila, verwiesen, der über die Chinesen schrieb: „Und sie sind keine Barbaren: wie sie sich auf manchen Gebieten durch höchsten Scharfsinn auszeichnen, ebenso sehr, wie es Bewunderung abnötigt, die Regierung und den Fleiß der Chinesen zu sehen, die alle übrigen Völker der Erde für barbarisch und ignorant halten, wo sie doch selbst, was die Aufgabe der Rettung ihrer Seelen und der Gotteserkenntnis angeht, die Ignorantesten von allen sind, auch wenn sie in der weltlichen Verwaltung und Regierung noch so geistreich sind."[18]

Doch selbst das religiöse Moment europäischer Überlegenheit wurde schon vor der Aufklärung vereinzelt in Zweifel gezogen – nicht im Hinblick auf die Unvergleichlichkeit der christlichen Lehre, aber doch in Hinsicht auf die christliche Lebenspraxis. Fernao Mendes Pinto, dessen autobiographisches Werk ›Peregrinaçao‹ (Reise, Wallfahrt) trotz seiner schon unter den Zeitgenossen umstrittenen Authentizität zum weitverbreitetsten Buch der portugiesischen Literatur – abgesehen von Camões' ›Lusíadas‹ – geworden ist, zeigt seinen Helden oder besser Antihelden mehrfach in Situationen, in denen von einer überlegenen christlichen Haltung nicht die Rede sein kann. Beispielsweise konfrontiert Pinto eine Meute goldgieriger, skrupelloser portugiesischer Grabräuber mit einem frommen, ehrwürdigen chinesischen Mönch, der sich um das Seelenheil dieser Christen nicht unberechtigte Sorgen macht. Der Kontrast zwischen dem Heiden, der ohne besondere Gebete und Zeremonien, lediglich durch die Erinnerung an ihre moralischen Verpflichtungen den Christen echte Gottesverehrung nahezubringen sucht, und deren brutalem Verhalten legt unausgesprochen die revolutionäre Vorstellung nahe, diese Völker ohne Offenbarung könnten den wahren Gott erkannt haben – nicht aufgrund ihrer eigenen falschen Religion, sondern infolge vernünftiger Reflexion![19]

Eben diese Idee machte für zahlreiche Libertinisten und Aufklärer die Figur des Konfuzius zu einem Idealbild menschlicher Tugend – angefangen von La Mothe le Vayer, von dem das Wort stammen soll: „Sancte Confuci, ora pro nobis",[20] bis hin zu Voltaire, der einen Satz aus einer Übersetzung der konfuzianischen Klassiker herausgriff, um einen fiktiven Chinesen die provozierende Frage stellen zu lassen:

«Quelle maxime, quelle loi les peuples de l'Occident pourraient-ils opposer à une morale si pure?»[21] Die Entwicklung eines deistischen Gottesbildes, zu der China einen gewissen Beitrag leistete,[22] ermöglichte es, seinen Mangel an einer christlichen Doktrin, an einem politisch einflußreichen Klerus geradewegs zu seinem besonderen Vorteil zu erklären. Voltaire, der China am Beginn seines ›Essai sur les mœurs‹ abhandelte, also gewissermaßen an die Spitze der Kulturgeschichte der Menschheit stellte, glaubte nämlich an die Universalität der Moral, gleichzeitig jedoch auch daran, daß diese Moral sich in China in der reinsten nur denkbaren Form Jahrtausende hindurch erhalten hätte: «Jamais la religion des lettrés ne fut déshonorée par des fables, ni souillée par des querelles et des guerres civiles.»[23]

Gerade im Verlauf des 18. Jahrhunderts regten sich allerdings in zunehmendem Maße Bedenken, ob dieser schönen Morallehre in China tatsächlich auch eine entsprechende Praxis gegenüberstünde. Schon frühzeitig hatten Missionare, Kaufleute und andere Reisende von der Geldgier und der unvergleichlichen betrügerischen Raffinesse namentlich der chinesischen Händler berichtet[24] – eine Feststellung, die Montesquieu zu dem unfreundlichen Urteil bewog, die Chinesen seien das größte Betrügervolk der Erde. Doch relativierte er die Härte seiner Aussage sofort insofern, als er diesen angeblichen Charakterzug des chinesischen Volkes auf dessen äußere Lebensumstände zurückführte: «C'est la nécessité, et peut-être la nature du climat, qui ont donné à tous les Chinois une avidité inconcevable pour le gain.» Deshalb warnte Montesquieu an dieser Stelle die Europäer ausdrücklich davor, an die chinesischen Verhältnisse den Maßstab ihrer eigenen Moral anzulegen, und unterstützte diese Warnung mit einem Hinweis auf ein als durchaus tugendreich geltendes Volk der Antike: «Ne comparons donc pas la morale des Chinois avec celle de l'Europe [...] A Lacédémone, il était permis de voler; à la Chine, il est permis de tromper.»[25]

So viel relativierendes Verständnis für eine fremde Moral brachten allerdings nur sehr wenige Europäer auf – und erst recht keine Geistlichen. Wenn nichtsdestoweniger – trotz der gerade von den Missionaren geschilderten negativen Züge des chinesischen „Volkscharakters" – selbst bei einem von der Überlegenheit der europäischen Moral so überzeugten Autor wie dem calvinistischen Pfarrer François Valentyn das Urteil über die Chinesen überwiegend positiv ausfiel, so geschah dies freilich nicht zuletzt deshalb, weil es eben bis ins 18. Jahrhundert hinein eine besondere europäische Tradition ausnehmend positiver Urteile über Chinesen gab.[26] Diese Tradition zu erschüttern, gelang wohl erstmals dem protestantischen Schiffsgeistlichen Richard

Walter in seinem nicht allein in England ungemein beliebten Bericht über die Reise Admiral Ansons. ›Captain Anson explodes the China Legend‹ lautete noch 1941 eine Kapitelüberschrift in dem trotz seiner einseitigen Quellenauswahl noch heute von anglo-amerikanischen Autoren zitierten Werk ›The Great Within‹ von Maurice Collis.[27] Walter stellte nämlich die Chinesen pauschal als "of a mean and comtemptible disposition" dar, und zwar aufgrund seiner eigenen, freilich höchst begrenzten Erfahrungen mit einigen chinesischen Fischern und den Behörden in Kanton.[28] Das insgesamt eindeutig positivere Bild der wesentlich besser unterrichteten Jesuitenmissionare geriet dagegen zunehmend in den Strudel der immer harscher und undifferenzierter werdenden Kritik an diesem Orden.

Was nützte es, wenn zur selben Zeit Walters berühmter Landsmann David Hume warnte: "The vulgar are apt to carry all *national characters* to extremes; and having once established it as a principle, that any people are knavish, or cowardly, or ignorant, they will admit of no exception, but comprehend every individual under the same censure?"[29] Unter der Förderung auch bedeutender Geister gewann die Vorstellung von der Existenz fixierter nationaler Charaktere immer mehr an Einfluß und prägte das Bild „der" Chinesen um so mehr, als etwa der angesehene „Chinaspezialist" Abbé Grosier behauptete: «Parcourez les différentes Provinces de France; vous trouverez dans chacune, des nuances, des traits de caractere qui distinguent leurs divers habitans [...] Parcourez l'Empire de la Chine; tout vous semblera fondu dans le même creuset, et faconné par le même moule.»[30] Vergessen schien, daß frühere europäische Chinabesucher hinsichtlich der vorgefundenen charakterlichen Eigenschaften durchaus zwischen den Bewohnern verschiedener chinesischer Provinzen zu differenzieren gewußt hatten.[31] Nunmehr dominierte – nicht zuletzt infolge der Tatsache, daß der rapide wachsende chinesisch-europäische Warenaustausch in der zweiten Hälfte des 18. Jahrhunderts ganz auf Kanton beschränkt wurde –, der Eindruck korrupter Mandarine, betrügerischer chinesischer Kaufleute, diebischer Kompanieangestellter und einer fremdenfeindlichen Bevölkerung.[32] Dabei war (und ist) die große südchinesische Hafenstadt in Wirklichkeit alles andere als typisch für China.

Gerade die Erfahrungen des Kantonhandels bewirkten aber eben auch, daß nicht zuletzt die Integrität der chinesischen Führungsschicht in Zweifel gezogen wurde – jener von Voltaire als deistische Gelehrte so hochgerühmten konfuzianischen Literatenbeamten. Spielte es am Ende des 18. Jahrhunderts im Zeichen aufklärerischer Toleranz keine so entscheidende Rolle mehr, ob die Chinesen Christen waren oder nicht, so begann sich Europa nun weniger religiös als vielmehr moralisch überlegen zu fühlen. Diese Tatsache spiegelt sich insbesondere in der sich wandelnden Beurteilung der politischen Ordnung Chinas wider.

Chinas politische Ordnung – patriarchalische, „aufgeklärte" Monarchie oder unmenschliche Despotie?

„Alles, was eine Nation verehrungswürdig machen kann, scheinet sich hier zu vereinigen, um die Chineser über alle Völker der Welt zu erheben", schrieb ein später Chinabewunderer des 18. Jahrhunderts und zählte der Reihe nach folgende Punkte auf: das majestätische Alter, die unvergleichliche Größe des chinesischen Reiches, dessen inneren Frieden seit einem Jahrhundert, die beinahe völlig fehlende Bedrohung von außen, die klimatisch und geographisch günstige Lage, die immense Bevölkerung, die altehrwürdigen Gesetze, die sich auf alle Stände erstreckten sowie das patriarchalische Regime, unter dem das Volk glücklich wäre.[33]

Die Bewunderung für die politische Ordnung Chinas reicht weit zurück. Beispielsweise schon für den seinerzeit international berühmten italienischen Staatstheoretiker Giovanni Botero (1533–1617) war China „ein Reich, wie es nie ‚ein größeres, bevölkerteres, reicher und im Überfluß lebendes' gegeben habe; ein Reich, das ‚besser geordnet' weder die Antike noch die Moderne aufwies".[34] Wenn am Ende des 17. Jahrhunderts Jesuiten aus Peking vermeldeten, das chinesische Reich könnte – wäre es nur christlich – «estre regardé comme quelque chose de plus parfait que la Republique de Platon, & que toutes ces belles idées de Gouvernement que nos plus sages politiques aient jamais imaginées»,[35] jedenfalls aber könne kein europäischer Fürst die Berichte über China gänzlich ignorieren, «sans negliger l'une des connoissances les plus propres de sa dignité & de son estat»,[36] so blieb dies natürlich nicht ohne Eindruck. Kein Geringerer als Leibniz stellte fest: „wir" – d.h. die Europäer – seien „sicherlich unterlegen – was zu bekennen ich mich beinahe schäme – auf dem Gebiet der praktischen Philosophie, ich meine: in den Lehren der Ethik und Politik, die auf das Leben und die täglichen Gewohnheiten der Menschen selbst ausgerichtet sind. Es ist nämlich mit Worten nicht zu beschreiben, wie sinnreich bei den Chinesen – über die Gesetze anderer Völker hinaus – alles angelegt ist auf den öffentlichen Frieden hin und auf Ordnung des Zusammenlebens der Menschen, damit sie sich selbst so wenig Unannehmlichkeiten wie möglich verursachen".[37]

Was Leibniz an den Schilderungen etwa Bouvets – mit dem er übrigens in Briefkontakt stand – faszinierte, war in diesem Zusammenhang vor allem die Vorstellung, der gerade regierende chinesische Kaiser sei ein Mann, der sich mit unvergleichlichem Eifer für die Wissenschaften – und zwar die europäischen ebenso wie die chinesischen – interessierte.[38] Damit kam er dem Bild nahe, das schon der ehemalige Erzieher Ludwigs XIV., La Mothe le Vayer, vom chinesischen Kaiser gezeichnet hatte, wenn er schrieb, es sei kein geringes Verdienst des Konfuzius gewesen, «D'avoir mis le Sceptre entre les mains de la Philosophie, & d'avoir fait que la force obeïsse paisiblement à la raison. Quel plus grand heur a-t-on jamais souhaitté, que de voir les Rois philosopher, ou bien les Philosophes regner»?[39]

Zumindest in der Vergangenheit Chinas sah auch der vielleicht einflußreichste europäische Philosoph der ersten Hälfte des 18. Jahrhunderts, der Leibniz-„Schüler" Christian Wolff, das Platonische Ideal des „Philosophenkönigs" bzw. des von Philosophen umgebenen und beratenen Königs verwirklicht.[40] Diese Schlußfolgerung gründete sich u. a. auf folgende Prämissen[41]: Der chinesische Kaiser galt als ein Monarch, der mit Hilfe einer wohlgeordneten, streng hierarchisierten Beamtenschaft sein Reich regierte. Die von ihm eingesetzten Beamten rekrutierten sich aus den Siegern landesweiter Prüfungen, in denen die Kandidaten ihre Kenntnisse im Bereich der praktischen Philosophie – vor allem in der als Einheit verstandenen Lehre von Politik und Moral – unter Beweis stellen mußten. Nur diese nach Leistungskriterien ausgewählten Staatsdiener, nicht etwa „private" Herrschaftsträger wie ein erblicher Feudaladel, übten in China Herrschaftsrechte aus, und auch dies nur unter strenger Kontrolle seitens der Zentralregierung. Aber auch der Kaiser selbst war im Geiste der menschenfreundlichen konfuzianischen Lehre erzogen worden und wirkte deshalb in aller Regel wie ein fürsorglicher Vater für seine Untertanen – durch die Bürokratie als Garant der Grundgesetze des Reiches an diese gebunden, aber sonst als unbeschränkter Herrscher, der jedoch seine Macht nicht mißbrauchte, sondern ganz in den Dienst seines Volkes stellte.

Das war nun freilich ein Idealbild, dem in der zweiten Hälfte des 18. Jahrhunderts etwa der von Friedrich II. hochgeschätzte Cornelis de Pauw vieles entgegenzuhalten wußte – z. B. den Hinweis auf die bedeutende Macht, welche die Eunuchen am Pekinger Kaiserhof ausübten.[42] Herder hatte unrecht, wenn er 1787 schrieb: „Jedermann kennet die vorteilhaften Gemälde der sinesischen Staatsverfassung, die insonderheit von den Mißionarien nach Europa geschickt und daselbst nicht nur von speculativen Philosophen sondern von Staatsmännern sogar, beinahe als politische Ideale bewundert wurden; bis endlich, da der Strom menschlicher Meinungen sich in entgegengesetzten Winkeln fortbricht, der Unglaube erwachte und ihnen weder hohe Cultur, noch selbst ihre sonderbare Eigenthümlichkeit zugestehen wollte."[43] Doch woher kam dieser plötzliche „Unglaube"?

China war der Idealstaat jener Staatstheoretiker, die an die Wohltätigkeit aufgeklärt-absolutistischer Herrschaftsformen glaubten: Voltaire, Quesnay, Justi u. a. Der deutsche Kameralist Justi ließ sich durch die „Kaufmannsnachrichten von dem Betragen der Sinesischen Mandarinen" nicht irre machen, denn er traute der Ehrlichkeit der europäischen Händler nur wenig. In seinen 1762 erschienenen ›Vergleichungen der Europäischen mit den Asiatischen und andern vermeintlich Barbarischen Regierungen‹, in denen er sich vor allem den Verhältnissen in China widmete, zeichnete er demgegenüber ein überaus günstiges Bild vom Reich der Mitte, dessen Alter allein ihm schon ein „überaus günstiges Vorurtheil von der Sinesischen Staatsverfassung" vermittelte. In fast allen Punkten seines Vergleichs – ob auf dem Gebiet der Hofhaltung, speziell der „Pracht und Verschwendung der Monarchen", der Justizpflege, der Prinzenerziehung usw. – kam Justi zu dem Ergebnis, daß die chinesischen Einrichtungen den europäischen überlegen seien.[44] Wie Justi meinte auch der Physiokrat Quesnay, daß der chinesische Kaiser seine Macht so gut wie nie mißbrauchen könnte. Glaubte der deutsche Kameralist in diesem Zusammenhang, die Kaiser hätten die patriarchalisch geprägten Tugendlehren des Konfuzius durch ihre Erziehung zu weitgehend verinnerlicht, um auf Abwege zu geraten, so setzte der Franzose auf die von der Bürokratie repräsentierten und im eigenen Interesse des Herrschers liegenden „Fundamentalgesetze", gegen die selbst ein absoluter Monarch machtlos wäre.[45]

Dagegen stand jedoch die etwa von Montesquieu oder Mably vertretene Auffassung, daß es eine unbeschränkte Macht überhaupt nicht geben dürfe, weil diese immer zu Machtmißbrauch tendiere. Damit aber wurde China wenigstens strukturell zu einer „Despotie".[46] Denn wenn sich, wie Diderot betonte, alle staatliche Autorität entweder aus Gewalt (usurpation) oder Vertrag ableitete,[47] in China aber weder die von Montesquieu für eine „Monarchie" geforderten «pouvoirs intermédiares» noch ein wie auch immer gearteter „Staatsvertrag" zur Sicherung individueller Freiheitsrechte existierten, so konnte die Macht des chinesischen Kaisers eben letztlich nur auf Unrecht begründet, also despotisch, sein.

Damit wurde China nun sozusagen in den Orient eingegliedert. Denn nach einer u. a. auf Aristoteles zurückgehenden Tradition hatte „Asien" seit der Antike als das Reich der Tyrannei, „Europa" als jenes der Freiheit gegolten, und manche mächtigen Staatsgebilde des Ostens – vornehmlich das Osmanische Reich und Rußland – hatten in den Augen des frühneuzeitlichen Europa diese Verhältnisse sinnfällig demonstriert.[48] Dauer und Größe des chinesischen Reichs störten die Verfechter der Theorie vom orientalischen Despotismus dabei ebensowenig wie der „Anschein von Ordnung" innerhalb des chinesischen Reichs.[49] Dergleichen Gegebenheiten vermochten ihnen sogar als zusätzliche Argumente für ihre These zu dienen.[50] So konnte Schlözer in seiner Universalhistorie China bedenkenlos als „das größte, aber auch – da ihm Klima, Sitten, und unmenschliche Despotie keinen Gebrauch seiner ungeheuren Kräfte verstatten – zugleich das dümmste Reich der Welt" nennen.[51] Die Tatsache, daß sich Europa China gegenüber auf dem Gebiet der Politik im Verlauf des 18. Jahrhunderts in zunehmendem Maße überlegen fühlte, hatte also damit zu tun, daß speziell seit Erscheinen des ›Esprit des Lois‹ das Ideal des Aufgeklärten Absolutismus immer mehr Kritik auf sich zog und schließlich von der Mehrzahl der damaligen Publizisten ganz aufgegeben wurde zugunsten freiheitlicher Staatsmodelle, wie man sie speziell in England verwirklicht sah. Gleichzeitig aber konnten die Europäer auch immer weniger die segensreichen Früchte der chinesischen Herrschaftsordnung erkennen. „[...] weil Sina so vortreflich moralisiret, ist sein Staat noch kein Muster der Staaten", bemerkte Herder,[52] und genau an diesem Punkt setzten viele Zweifel an. Denn es erschien in zunehmendem Maße fraglich, inwieweit die chinesische Regierung ihren Untertanen Wohlstand oder gar Reichtum zu garantieren vermochte.

Vom Eindruck märchenhaften Reichtums zum Bild bitterer Armut

„Dort gibt es alles, was zum Leben nötig ist" – diese Vorstellung vom Reichtum Chinas, die der deutsche Polyhistor Hermann Conring seinen Lesern vermittelte, entsprach den Aussagen fast aller frühen Augenzeugen, die das Reich der Mitte kennengelernt hatten.[53] Ständig taucht in den damaligen Beschreibungen Chinas der Begriff der „Überfülle" auf.[54] Beispielsweise dem britischen Seefahrer Mundy fiel außerdem auf, wie ungemein billig man in China einkaufen konnte. "Most of the Commodities here very ritche, rare, good and Cheape", notierte er und stellte konkrete Preisvergleiche an.[55]

Danach mußte man in Europa den Eindruck gewinnen, daß China eine Art Schlaraffenland wäre. Schon das Warenangebot auf den Märkten erschien europäischen Besuchern erstaunlich. Der Leiter der spanischen Missionsgesandtschaft von 1575, Martín de Rada, wunderte sich über die Fülle des Angebots auf dem Markt einer chinesischen Provinzstadt und konnte sich nicht vorstellen, wie die Bewohner dieser Stadt all diese Lebensmittel verzehren sollten. Die Chinesen aber erklärten ihm, daß das Angebot immer so reichhaltig sei. Der Augustinermönch wollte das offenbar zunächst nicht glauben. Aber, so bekannte er, auf seiner Rückreise von der Provinzhauptstadt sei er wieder durch diese kleine Stadt gekommen und habe auf dem Markt erneut eine derartige Überfülle an Produkten vorgefunden, als hätte nie jemand etwas weggenommen.[56] In einem Europa, in dem bei den meisten Menschen Schmalhans ein steter Gast war, mußten solche Berichte beinahe unglaubwürdig klingen. Aber mehr noch: Die europäischen Leser mußten glauben, in China stünde ein geradezu märchenhafter Luxus sozusagen auf der Tagesordnung. Schon in der ersten europäischen China-Monographie, dem Werk von Gaspar da Cruz aus dem Jahr 1569, hieß es nämlich, daß zahlreiche Chinesen wenigstens an Feiertagen Seidenstoffe trügen,[57] und in der vielgelesenen Kompilation von González de Mendoza (1585) wurde sogar behauptet, Seidenkleidung wäre in China ebenso allgemein üblich wie Leinenkleider in Europa.[58] Seide aber war für Europa ein Artikel der Reichen und Privilegierten, nicht nur wegen seines hohen Preises, sondern auch weil die Kleiderordnungen der Zurschaustellung eines derartigen Luxusartikels Schranken setzten. Beispielsweise die Reichspolizeiordnung von 1530 untersagte der bäuerlichen Landbevölkerung das Tragen von „Gold, Silber, Perlin oder Seiden" – „allein mögen ihre Töchter und Jungfrauen ein Haarbändlein von Seiden tragen".[59] Ein Land, in dem jedermann in Seidenkleidern einherging, mußte dementsprechend wie ein Land erscheinen, in dem es fast nur wohlhabende und vornehme Leute gab, ein Reich, das vor Luxus geradezu strotzte.

Daß diese Überfülle Chinas mitunter selbst bei einem geistlichen europäischen Autor gewisse Neidgefühle erweckte, zeigt die Aussage eines französischen Jesuiten. Nach einer Schilderung der am Kaiserkanal gelegenen Gegenden, die er als «non-seulement le plus fertile, mais encore le plus beau païs du monde» bezeichnete, fuhr er fort: «Pour moy, surpris & comme frappé d'étonnement à la vûë d'un si grand spectacle, j'ay quelquefois porté une secrette envie à la Chine en faveur de l'Europe, qui doit avoüer de bonne foy, qu'elle n'a rien en ce genre qui luy soit comparable.»[60] Dann half eben unter Umständen nur mehr die schon oben angedeutete Flucht in das Argument, die göttliche Gnade hätte zwar aus unerfindlichen Gründen diese Heiden am Rande der Welt mit einem Überfluß an materiellen Gütern bedacht, ihnen aber nicht das ungleich wichtigere Gut des wahren Glaubens geschenkt.

Die vielleicht schon auf die Antike zurückgehende Vorstellung, daß der märchenhafte Orient dem Westen an Reichtum und Luxus überlegen sei, konnte bis ins 18. Jahrhundert hinein nicht einmal durch Berichte über Hungersnöte in einzelnen chinesischen Provinzen erschüttert werden. Dann aber wendete sich das Blatt. Die Europäer, vornehmlich die Missionare, lernten nunmehr auch die – bis heute – wesentlich ärmeren westlichen Provinzen Chinas kennen und nicht mehr nur etwa die fruchtbaren küstennahen Regionen Südchinas.[61] Schon diese Entdeckung modifizierte das Bild. Jene fruchtbaren Gebiete meinte Montesquieu, wenn er feststellte: «C'est la fertilité inexprimable de deux provinces, qui a donné à l'Europe les idées de la félicité de cette vaste contrée.» Generell aber sähe die Realität in China anders aus: «La Chine [...] est sujette à des famines frequentes».[62]

Seit Montesquieus Zeiten aber wurden in Europa Hungersnöte – soweit sie nicht kriegsbedingt waren – seltener, ohne freilich für die nächsten hundert Jahre schon ganz zu verschwinden. Dieser, wenngleich unstetig, wachsenden Prosperität stand in China eine tendenziell sich immer mehr verschärfende Nahrungsmittelknappheit gegenüber, die vornehmlich aus der Bevölkerungsexplosion zu erklären sein dürfte, die das Reich der Mitte – viel stärker als Europa – im 18. Jahrhundert erlebte.[63] Nun war es Frankreich, das sich eine Luxusindustrie leisten konnte, und China, das Montesquieu als Beispiel dafür diente, daß in bestimmten Staaten gesetzliche Luxusverbote notwendig wären: «En France, il [= le sol] croît assez de blé pour la nourriture des laboureurs, et de ceux qui sont employés aux manufactures: de plus, le commerce avec les étranges peut rendre, pour des choses frivoles, tant de choses nécessaires, qu'on n'y doit guère craindre le luxe. A la Chine, au contraire, les femmes sont si fécondes, et L'espèce humaine s'y multiplie à un tel point, que les terres, quelque cultivées qu'elles soient, suffisent à peine pour la nourriture des habitants. Le luxe y est donc pernicieux.»[64] Im Blick auf das einfache Volk behauptete Adam Smith schließlich, die Armut der chinesischen Unterschichten überträfe bei weitem jene der ärmsten Völker in Europa.[65]

China und Europa hatten also – aus der in Europa vorherrschenden

Sicht – in puncto Reichtum die Seiten gewechselt. Hatte man im 16. Jahrhundert dem orientalischen Luxus nur die christliche Bescheidenheit entgegensetzen können, so vermochte man am Ende des 18. Jahrhunderts mit Stolz den neugewonnenen europäischen Wohlstand mit der Dürftigkeit der chinesischen Lebensverhältnisse zu kontrastieren. China wandelte sich in europäischen Augen von einem wegen seines Reichtums bewunderten Imperium in das, was man schließlich mit einer Mischung aus Mitleid und Herablassung ein „Entwicklungsland" nennen sollte. Gab es nicht geradezu eine Verpflichtung des Europäers, auch diesem Land den Fortschritt zu bringen? Und wenn sich die Chinesen wehren sollten, wenn ihre Regierung halsstarrig ihre Isolationspolitik weiter verfolgen sollte, mußten dann die Europäer nicht diesem Zustand notfalls auch mit Gewalt ein Ende setzen, um ihrer zivilisatorischen und kulturellen Mission im Interesse Chinas selbst Genüge zu tun? Daß dazu die Möglichkeit bestand, davon überzeugten sich die Europäer im Verlaufe des 18. Jahrhunderts in zunehmendem Maße. Denn auf militärischem Gebiet fühlten sie sich schon lange überlegen.

Die Frage nach der militärischen Stärke Chinas

Schon die spanischen und portugiesischen „Entdecker und Eroberer" des 16. Jahrhunderts hatten schnell registriert, daß die chinesischen Soldaten ihnen sowohl in bezug auf die Waffentechnik als auch hinsichtlich ihrer kämpferischen Motivation deutlich unterlegen waren.[66] Daraus resultierten sogar Pläne, mit einer kleinen spanischen Streitmacht das ganze riesige Reich der Mitte zu erobern.[67] Wenn schließlich doch keine Versuche unternommen wurden, dieses Vorhaben in die Tat umzusetzen, wenn im folgenden Jahrhundert sogar die mächtige niederländische Seemacht ihren Stützpunkt auf Taiwan an chinesische Verbände verlor, so hatte dies freilich nicht zuletzt militärische Gründe: zum einen verfügten die Chinesen – im Unterschied etwa zu Azteken oder Inkas – immerhin über eine gewisse Artillerie, vor allem aber war ihre zahlenmäßige Überlegenheit so gewaltig, daß eine kleine europäische Streitmacht doch fürchten mußte, erdrückt zu werden. Anders als asistische, kulturell wenigstens teilweise sinisierte Nachbarvölker Chinas, denen es – wie den Mandschus im 17. Jahrhundert – tatsächlich gelang, trotz geringer zahlenmäßiger Stärke China zu erobern, hätten europäische „Seeteufel" zudem schwerlich auf chinesische Verbündete hoffen dürfen. Sogar die westlichen Imperialisten des 19. Jahrhunderts haben schließlich darauf verzichtet, China ganz unter ihre direkte politische Kontrolle zu bringen. Insofern war die machtmäßige Überlegenheit Europas vor dem Opiumkrieg zwar wohl ein Tatbestand, den man theoretisch registrieren konnte, praktisch zeigte sie sich jedoch während der Frühneuzeit nur in kleineren Konflikten.

Unleugbar aber wuchs der technische Vorsprung Europas auf militärtechnischem Gebiet gerade im Laufe des 18. Jahrhunderts. Wenngleich sich – wie Jörg Fisch kürzlich zu Recht betonte – die Machtstellung der Europäer *in* China in dieser Epoche praktisch noch nicht änderte,[68] so wirkte sich m. E. selbst hier eine gewisse Korrelation zwischen der militärischen Überlegenheit der Europäer einerseits und ihren Urteilen über die Chinesen andererseits aus. Richard Walters Behauptung, die ganze chinesische Flotte hätte gegen das einzige Flaggschiff Admiral Ansons nichts ausrichten können,[69] signalisiert das gewachsene Machtbewußtsein gerade der britischen Nation. Nach dem Sieg von Plassey (1757) und dem Ausbau der britischen Herrschaft in Indien konnte der Gedanke an eine militärische Intervention in China als nicht mehr völlig unrealistisch erscheinen. Daß diese erst 1840/41 erfolgte, spielt dabei eine eher untergeordnete Rolle: das europäische Überlegenheitsgefühl auf dem militärischen Sektor war schon vor 1800 so weit entwickelt, daß man mit Verachtung auf die „schwachen" Chinesen herabblicken konnte. War das Reich der Mitte nicht erst hundert Jahre zuvor sogar das Opfer einer Horde tartarischer Barbaren geworden? «J'ai vû la plus nombreuse et la plus illustre nation de l'Univers soumise à une poignée de brigands», heißt es in Rousseaus ›Nouvelle Héloïse‹, «j'ai vû de près ce peuple célebre, et n'ai plus été surprise de le trouver esclave. Autant de fois conquis qu'attaqué, il fut toujours en proye au premier venu, et le sera jusqu'à la fin des siecles. Je l'ai trouvé digne de son sort, n'ayant pas même le courage d'en gémir. Lettrè, lâche, hypocrite et charlatan; parlant beaucoup sans rien dire, plein d'esprit sans aucun génie, abodant en signes et stérile en idées».[70] In seinem sog. ›Discourse sur les sciences et les arts‹ hatte Rousseau schon zuvor ausgeführt, daß Chinas angeblich weise politische Ordnung gerade der Hauptgrund seiner Schwäche sei. «Si les lumières des Ministres, ni la prétendu sagesse des Loix, ni la multitude des Habitans de ce vaste Empire n'ont pu le garantir du joug du Tartare ignorant et grossier, dequoi lui ont servi tous ses Savans?»[71] Das war ein Angriff auf all jene, die wohlgefällig bemerkten, daß die Chinesen traditionell zivile Tugenden weit höher schätzten als militärische.

Vereinzelt wurde mit Blick auf das chinesische Vergleichsbeispiel nämlich sogar die Frage aufgeworfen, ob die Militärmacht der Europäer nicht bezüglich ihrer Ziele und der Wahl ihrer Mittel eine recht verwerfliche Einrichtung sei. Schon Mendoza, der sein Werk in der Epoche höchster spanischer Machtenfaltung abgefaßt hatte, hatte die Friedfertigkeit und defensive Einstellung der chinesischen Politik, die er im übrigen keineswegs als Folge militärischer Schwäche, sondern als Konsequenz politischer Weitsicht verstanden wissen wollte, auffällig gelobt.[72] Viel deutlicher als er ging in der Zeit des Siebenjährigen Krieges Justi mit der europäischen Kriegführung ins Gericht, die ihm durch Morden, Plündern und Vergewaltigen gekennzeichnet schien, wohingegen sich die chinesischen Soldaten vortrefflich diszipliniert verhalten würden: „Dieses einzige sollte uns überzeugen, daß wir in der That noch halbe Barbaren sind."[73] Die Tatsache, daß die Europäer diese Form des Krieges auch noch in andere Erdteile exportiert hatten, veranlaßte den deutschen Kameralisten gar zu einer Anklage, die an Schärfe kaum hinter der eines Las Casas zurückstand: „Nur wir Europäer haben seit drey Jahrhunderten in Ansehung der Commercien ein Betragen beobachtet, welches uns in den Augen aller Völker des Erdbodens hat verabscheuungswürdig machen müssen." Regelmäßig nämlich hätten sich die Seefahrer aller europäischen Nationen, getrieben von „Habsucht und Eroberungsbegierde", innerhalb kurzer Zeit zu Herren fremder Völker aufgeworfen, die man dann für Barbaren, Unmenschen, sogar Menschenfresser erklärt hätte, um sie anschließend ruhigen Gewissens ausrotten zu können. Aber angesichts des unaussprechlichen Unglücks, das die verbrecherischen Europäer über alle Teile der Welt gebracht hätten, müßten in Wahrheit sie „von der von Vorurtheilen befreyten Vernunft vornehmlich vor die größten Barbaren und Völkerfresser des Erdbodens erkannt werden". Europäer hätten ganz Amerika entvölkert, heißt es weiter und, unter Anspielung auf den Sklavenhandel: „wir werden bald Africa gleichfalls entvölkern, ohne daß wir America wieder bevölkern."[74] Aber die Legitimität des Einsatzes militärischer Gewalt veränderte sich aus europäischer Sicht in den folgenden Jahrzehnten gerade unter dem letzten der von Justi angesprochenen Gesichtspunkte. Während die europäischen Regierungen den Sklavenhandel, ja sogar die Sklaverei als solche – zunächst auf nationaler, 1815 auch auf internationaler Ebene – zu ächten begannen, konnte noch vor der Wende zum 19. Jahrhundert der zeitweilige französische Regierungsberater Charpentier Cossigny kritisch feststellen, daß in China – das er im übrigen aus eigener Anschauung durchaus schätzte – noch kein Kaiser daran gedacht hatte, diesen Schritt ebenfalls zu tun. Gleichzeitig erwähnte er, daß der Kaiser Kang

Xi (1661–1722) zwar die Verstümmelung von Verbrechern, nicht aber die Folter abgeschafft hätte.[75] Auch die Folter wurde aber in Europa seit 1740 mehr und mehr zurückgedrängt. Es gab also bestimmte Punkte, an denen sich mit einem Mal ein europäisches Selbstbewußtsein moralisch-humanitärer Überlegenheit konkretisieren konnte. Zu dem Anspruch, dieses hohe Maß an individueller Freiheit und Sicherheit über die ganze Welt verbreiten zu müssen, trat jedoch noch ein zweiter Gesichtspunkt: der Drang nach Verbreitung jenes Fortschritts, den Europa neuerdings auf kulturellem bzw. wissenschaftlichem Gebiet erlebt hatte.

Die Frage nach der kulturellen Kreativität bzw. dem zivilisatorischen Fortschritt der Chinesen

Was die Europäer des 16. und noch des 17. Jahrhunderts von der chinesischen Kultur kennenlernten, beeindruckte sie durchaus. Seitdem wurde – und wird – eine Reihe von Erfindungen genannt, um die Höhe des kulturellen Standards der Chinesen zu demonstrieren: Buchdruck, Papierherstellung, Kompaß, Porzellan, Kanonenguß und nicht zuletzt das Schießpulver.[76]

Nachdem schon González de Mendoza es als unzweifelhaft bezeichnet hatte, daß die Kenntnis des Buchdrucks mittels gedruckter Bücher von China zu Johannes Gutenberg gelangt sei,[77] konnte etwa ein Montaigne ausrufen: «Nous nous escriïons du miracle de l'invention de nostre artillerie, de nostre impression [= imprimerie]: d'autres hommes, un autre bout du monde à la Chine, en jouyssoit mille ans auparavant.»[78] Ein China-Enthusiast des 17. Jahrhunderts wie der niederländische Gelehrte Isaac Vossius vermochte sogar zu behaupten, nach der Zahl und Bedeutung ihrer Erfindungen wären die Chinesen unübertroffen, ja man könnte sie – zusammen mit den Griechen – als die wissenschaftlichen Lehrmeister aller übrigen Völker der Welt bezeichnen. Auch in der Medizin, der Architektur, der Malerei schienen ihm die Chinesen an der Spitze der künstlerischen bzw. wissenschaftlichen Entwicklung zu stehen.[79] Eine derartige ungeschmälerte Begeisterung für die chinesischen Leistungen war allerdings selten. Zunächst einmal gab es schon diejenigen, die – wie Trajano Boccalini – trotz ihrer Kenntnis von Mendozas Thesen daran festhielten, daß «l'incomparabil beneficio della Stampa» eine europäische Erfindung sein müsse.[80] Die Missionare selbst versuchten zu differenzieren. Matteo Ricci [bzw. Nicolas Trigault], der im übrigen die Gemeinsamkeiten zwischen Chinesen und Europäern betonte – etwa mit dem Hinweis, daß nur diese beiden, im Unterschied zu allen anderen Völkern, Tische und Stühle verwendeten –, sprach den Chinesen zwar die Priorität bei der Einführung des Buchdrucks zu, hob aber hervor, daß das Druckverfahren ganz anders geartet wäre. Immerhin rühmte der Missionar die fast unglaubliche Vielzahl und Preisgünstigkeit der chinesischen Druckerzeugnisse. Auch von der chinesischen Schauspielkunst war er offensichtlich sehr angetan. Ansonsten hatte er allerdings von den künstlerischen Ausdrucksfähigkeiten der Chinesen vielfach keine besonders hohe Meinung. „In der Architektur sind sie im allgemeinen den Unsrigen unterlegen, nicht weniger hinsichtlich der Ansehnlichkeit der Bauwerke wie auch deren Dauerhaftigkeit", bemerkte er. In der Schnitzkunst und Bildhauerei seien die in China angewandten Techniken zwar nicht ohne Eleganz, aber für feinere Materialien nicht geeignet. Bei den Bildwerken – hier dachte der Missionar Ricci wahrscheinlich insbesondere an die buddhistischen Tempelwächterfiguren – verfehle man oft die wahren Proportionen und vernachlässige die Regeln der Symmetrie. Die chinesische Musik klang in seinen Ohren scheußlich, und in der Malerei vermißte der Italiener vor allem jegliche Schattierungen – Mängel, die er bereits auf das Fehlen von Kontakten mit hochkultivierten Völkern anderer Weltteile zurückführte.[81] Wenn Vossius meinte, das Fehlen von Schattierungen sei gerade ein Vorzug der chinesischen Malerei,[82] so stand er mit dieser Ansicht wohl allein. Der jesuitische Laienbruder Ghirardini, der 1698 wohl als erster europäischer Maler an den Pekinger Hof berufen wurde, empfand nicht nur die Musik, mit der er bei seiner Ankunft als „Staatsgast" täglich geweckt wurde, als ein abscheuliches Katzengejaule, sondern hielt auch nicht das Geringste von den chinesischen Werken der Malerei und Architektur. Was er befriedigt über die chinesischen Speisen zu berichten wußte – «je trouve leurs mets tout Italiens, & par consequent à mon goût» –, galt in gleicher Weise für seine ästhetischen Empfindungen: aus gewohnter europäischer Umgebung stammende künstlerische Techniken wie Schattenwurf, Perspektive und Proportionen bestimmten für ihn offensichtlich den Wert eines Werkes. Daß umgekehrt die Chinesen an seinen eigenen Bildern und Zeichnungen Gefallen fanden, bemerkte er mit sichtlichem Stolz.[83] Und dennoch sollte wenige Jahrzehnte später die chinesische Kunst in Europa für eine gewisse Zeit zu höchsten Ehren gelangen. In Reaktion auf die Erstarrung des monumentalen, an der Klassik orientierten Barock etwa Louis XIV. brach sich eine ganz und gar unklassische Richtung Bahn: das Rokoko. Asymmetrie, Verspieltheit, Naturhaftigkeit (speziell der Gartenarchitektur) – das waren die Elemente dieses neuen Stils, und der Einfluß der chinesischen Kunst auf seine Entfaltung steht ganz außer Frage. Nicht nur, daß z.B. der jesuitische Hofmaler Kaiser Qian Longs, Jean Denis Attiret, rühmte, wie in dessen «maisons de plaisance [...] un beau désordre, une anti-symmétrie» herrschten[84] – in Europa begann man, diesem Vorbild nachzueifern: Chinesische Türme in (englisch-)chinesischen Gärten, seidentapezierte Pavillons, chinesische Zimmer, ausgestattet mit Lackarbeiten und Porzellan aus Fernost – kaum ein wichtiger europäischer Herrscher verzichtete auf diese Accessoires der neuerweckten Chinamode.[85] Doch verschwanden die Chinoiserien – von gewissen Nachklängen natürlich abgesehen – in der zweiten Hälfte des 18. Jahrhunderts fast ebenso schnell, wie sie gekommen waren.[86] Ähnliches geschah in anderen Bereichen der Kunst: Voltaire war selbst auf einem der Höhepunkte seiner sinophilen Empfindungen, im ›Essai sur les moeurs‹, noch ein an der europäischen antiken Literatur geschulter Klassiker genug, um über die chinesische Theaterkunst zu urteilen: «L'art de la tragédie, de la comédie, était commun, sans être perfectionné: car les Chinois n'ont perfectionné aucun des arts de l'esprit».[87] Da war es ausgerechnet der doch in politischer Hinsicht viel chinakritischere Mably, der in einem Artikel ›Du Beau‹ bemerkte: «Les Indiens, les Chinois, avec leurs Magots et leurs Pagodes, pensent tout autrement que nous; nous trouvons hideux, ridicule ou maussade ce qu'ils admirent de bonne fois, et depuis plusieurs siècles.»[88] Aber ein so mit Vorliebe polemisierender Literaturkritiker wie Baron Grimm machte sich deshalb noch lange keine Skrupel, wenn es darum ging, aus der Lektüre angeblicher oder echter, jedoch ihm natürlich nur in Übersetzungen zugänglicher chinesischer Werke seine Schlüsse zu ziehen. «[...] cette lecture», teilte er seinen Lesern 1766 mit, «vous confirmera dans l'idée que le peuple chinois est sans élévation et sans énergie, et sa morale pratique très-convenable à un troupeau d'esclaves vexés et craintifs».[89] Aber etwa auch Goethes Haltung zur chinesischen Kunst – oder genauer gesagt: zu dem, was man in Europa für chinesische Kunst hielt, denn namentlich die in Kanton gefertigten Chinoiserien spiegelten mehr die Vorstellung ihrer europäischen Auftraggeber als jene des einheimischen Kunstgeschmacks – war durchaus zwiespältig. Während seiner Entwicklung zum „Klassiker" erschien ihm die Chinamode als „oberflächlich", in ihren bizarren Produkten als kurzzeitig amüsant, aber ohne tieferen Wert. Das – wie er es nannte – „Chinesisch-gothische" galt ihm als naturwidrig-verschroben, verspielt-schnörkelhaft, ja unter Umständen sogar als krankhaft-wuchernd. Erst am Ende seines Lebens, nach der

Lektüre der Übersetzung einiger stark von konfuzianischen Tugendlehren geprägten Romanen bzw. Novellen entdeckte er in der chinesischen Literatur das „Allgemeinmenschliche".

Die Haltung Herders gegenüber der chinesischen Kunst scheint eine in gewisser Weise ähnliche Wandlung durchgemacht zu haben.[90] In seinen ›Ideen zur Philosophie der Geschichte der Menschheit‹ (1787) schrieb er den Chinesen noch „so wenig Geschmack an wahrem Naturverhältniß, so wenig Gefühl von innerer Ruhe, Schönheit und Würde" zu, „daß immer nur eine verwahrlosete Empfindung auf diesen Gang der politischen Cultur kommen und sich von demselben modeln lassen konnte". Weiterhin meinte er, „daß es ihnen fast in allen Künsten am geistigen Fortgange und am Triebe zur Verbesserung fehlet".[91] Im Jahre 1802 übersetzte er jedoch (aus dem Französischen) eine Reihe von chinesischen Werken ins Deutsche.[92] Von einer dauerhaften Ablösung des klassischen griechisch-römischen Ideals durch das chinesische Vorbild, wie sie sich um die Mitte des 18. Jahrhunderts in den Aussagen einzelner Autoren abzuzeichnen schien,[93] kann jedoch nicht einmal in der auf den Konfuzianismus als Sozialphilosophie beschränkten Form die Rede sein. Für das ästhetische Urteil des vom Klassizismus geprägten beginnenden 19. Jahrhunderts steht stellvertretend Hegels Diktum, den Chinesen wäre es nicht gelungen, das Schöne als Schönes darzustellen.[94] Was den Chinesen hingegen kaum abgestritten wurde, war ihr handwerkliches Geschick. «Quant aux arts Mechaniques, il sèble qu'és Chinois se veriffie l'opinion d'Aristote, qui dict, que les peuples Orientaux ont plus d'esprit d'engin, que de courage de force», meinte der Jesuitenkompilator Du Iarric 1610 und schrieb den Chinesen diesbezüglich sogar eine besondere Begabung zu.[95] Gut hundert Jahre später rühmte sein Nachfolger Du Halde ebenfalls «l'adresse & l'habileté des ouvriers Chinois». Charakteristischerweise aber fand er die Chinesen «sur-tout extrêmement habiles à imiter les ouvrages qu'on leur montre».[96] In dieser Sichtweise scheint der Ansatz zur späteren Deutung etwa eines Cornelis de Pauw zu liegen, der den Chinesen fast jegliche kulturelle Kreativität absprach[97]: Die Chinesen wüßten allenfalls gut zu imitieren, nicht aber kreativ zu sein.

Pauw bezog dies nicht nur auf die künstlerischen, sondern auch auf die wissenschaftlichen Leistungen der Chinesen. Namentlich etwa die chinesische Astronomie schien ihm besonders rückständig – nicht nur gegenüber der europäischen, sondern auch gegenüber jener der anderen asiatischen Völker, die angeblich wenigstens ohne Hilfe von Ausländern – gemeint sind hier die Jesuitenmissionare – zur Erstellung von Jahreskalendern befähigt wären.[98] In der Tat hatten die Jesuiten ja ihre Stellung am Kaiserhof wesentlich der Tatsache zu verdanken, daß sich ihre astronomischen Berechnungen wiederholt als exakter herausgestellt hatten als jene der chinesischen bzw. mohammedanischen Astronomen.[99] Insofern vergaßen sie natürlich nicht, ihre diesbezügliche Überlegenheit auch in ihren Berichten an die Heimat deutlich herauszustreichen.[100] Aber wiewohl der Beitrag der Jesuiten zur chinesischen Wissenschaft keineswegs nur einen Fortschritt bedeutete – zumal die meisten von ihnen lange Zeit nicht das kopernikanische System zu lehren wagten[101] –, entstand schon im Europa des 17. Jahrhunderts, etwa bei Leibniz, der Eindruck, daß die Chinesen im Bereich der „Naturphilosophie" den Europäern unterlegen wären, und zwar nicht zuletzt infolge ihrer mangelhaften mathematischen Kenntisse.[102]

Die angebliche Rückständigkeit Chinas im Hinblick auf die theoretischen Wissenschaften ganz allgemein fand aber noch eine weitere Erklärungsmöglichkeit: die Kompliziertheit der chinesischen Schrift. Schon der Jesuit de Rhodes, der um die Mitte des 17. Jahrhunderts mit seiner missionarischen Tätigkeit im Reich der Mitte – anders als zuvor und erneut danach im heutigen Vietnam – nicht recht glücklich geworden war, schrieb: «Ils ont bien quelques sciences, mais à dire le vray ie les trouue bien imparfaites à comparaison des nostres, & leur principale estude est à sçauoir les lettres Chinoises, qui sont quatre-vingt mille, & par ainsi c'est estre bien sçauant parmy cux que de scauoir lire, à quoy ils s'estudient iusques à la derniere vieillesse».[103] Die ideographischen Elemente der chinesischen Schrift und ihre daraus folgende relative Unabhängigkeit von der Sprache gaben freilich zu mancherlei Spekulationen Anlaß: Hatte das chinesische Volk in seiner kulturellen Isolation vielleicht die Ursprache und die Urschrift der Menschheit bewahrt? Einzelne – darunter Leibniz – fragten sogar, ob das Chinesische nicht wenigstens ursprünglich die „philosophische Sprache" gewesen sei, die es ermöglichte, Ideen durch Ideogramme direkt, d.h. eben unter Vermeidung des Umwegs über Buchstaben, auszudrücken.[104] Aber als alle Versuche, «clavis Sinica», den logischen Schlüssel zur Struktur der chinesischen Sprache zu finden, scheiterten,[105] mehrten sich die Zweifel am „philosophischen" Charakter des Chinesischen. Etwa Richard Walter sah daher sogar ein überdeutliches Zeichen chinesischer Absurdität und Halsstarrigkeit darin, daß dieses Volk, umgeben von Nachbarn, die über ein Alphabet verfügten, seine "rude and inartificial method of representing words by arbitrary marks" nicht aufgegeben hätte.[106] Auch weniger polemisierende Autoren kritisierten, daß die chinesische Schrift weder Rückschlüsse auf die Aussprache eines Zeichens zulasse noch es gestatte, ohne eine Vermehrung der ohnehin schon übermäßig zahlreichen Zeichen fremde bzw. neue Begriffe aufzunehmen.[107] So wurde die chinesische Schrift zu einem Symbol und gleichzeitig zu einem Erklärungsgrund für die Rückständigkeit Chinas gegenüber Europa.

Lediglich auf dem Gebiet der Medizin galt bis zum Beginn des 18. Jahrhunderts die Überzeugung, daß die chinesischen Ärzte ihren europäischen Kollegen noch manches beibringen könnten. Der Jesuit Joseph Stöcklein verwies in diesem Zusammenhang konkret auf die in China schon lange angewandte und in Europa erstmals durch seinen Mitbruder d'Entrecolles bekanntgemachte Pockenschutzimpfung.[108] Häufiger findet sich jedoch die Behauptung, die chinesischen Ärzte wären den europäischen Medizinern vor allem im diagnostischen Bereich überlegen, nämlich durch ihre besonders differenzierte Methode beim Pulsfühlen. Im Zeitalter Ludwigs XIV., in dem ein Satiriker wie Molière seine medizinischen Zeitgenossen unabhängig von der Krankheit nur abwechselnd Aderlaß und Abführmittel verordnen sah, überrascht es nicht, daß sich sogar ein ausgewogener Charakter wie Leibniz zu dem Urteil veranlaßt fühlte: „Wie Närrisch auch und Paradox der Chinesen reglement in re Medica scheint, so ists doch weit beßer als das unsrige."[109] Erst infolge neuerer Berichte aus der ersten Hälfte des 18. Jahrhunderts[110] wuchsen die Zweifel an den Leistungen der chinesischen Medizin. Selbst etwa der grundsätzlich so sinophile spanische Aufklärer Feijoo mußte infolgedessen sein Urteil über die Heilkunst im Reich der Mitte schließlich revidieren.[111]

Wie stark zu Beginn des 19. Jahrhunderts das Gefühl europäischer Überlegenheit auf fast allen Gebieten der Wissenschaft und Kunst geworden war, ersieht man aus dem Bericht von John Barrow, einem Teilnehmer der britischen China-Gesandtschaft von 1793/94. Für die diesbezüglichen Leistungen Chinas hatte er im allgemeinen nur Mitleid bzw. Verachtung übrig, etwa wenn er zugab, der Buchdruck sei in China zwar alt, "yet they have never proceeded beyond a wooden block". Das Pulver hätten die Chinesen zwar früher als die Europäer erfunden, aber Roger Bacon hätte dies noch vor der Rückkehr Marco Polos aus dem Osten offenbar selbständig getan. Die Chinesen hätten schließlich beispielsweise eine gewisse unvollkommene Kenntnis der Stahlherstellung, aber diese halte keinem Vergleich mit der einschlägigen Technik Europas stand, geschweige denn jener Englands, das "unrivalled in this and indeed almost every other branch of the arts" dastünde.[112] Europa – spezieller noch England: das war für Barrow der Maßstab, und die zu Beginn seines Werkes gestellte Leitfrage, welchen

Rang China unter den Nationen der Welt einnehme, bedeutete mit anderen Worten nur, daß es ihm um die Frage ging, wie groß der kulturelle bzw. zivilisatorische Rückstand Chinas gegenüber Europa sei.

Von der begrenzten Relativierung des europäischen Selbstwertgefühls zur selbstbewußten Führungsrolle in der Welt

Überwiegend, so läßt sich also feststellen, entwickelte sich das europäische Superioritätsgefühl erst im Laufe der Frühneuzeit, vornehmlich während des letzten Drittels des 18. Jahrhunderts, als der Vorsprung Europas auf dem technischen, nicht zuletzt militärtechnischen Sektor und auch bezüglich des materiellen Wohlstands seiner Bevölkerung immer deutlicher sichtbar wurde und eine Überlegenheit Europas auf politischem, moralischem bzw. humanitärem Gebiet insofern behauptet werden konnte, als die chinesischen Zustände die Europäer an bestimmte frühere Erscheinungen ihrer eigenen Geschichte (z. B. den aufgeklärten Absolutismus) erinnerten. Damit wurde aber auch die begrenzte Relativierung des europäischen Selbstwertgefühls, zu dem China in gewissen Epochen hatte beitragen können, zurückgenommen.

Wenn etwa der spanische Chronist Herrera y Tordesillas 1601 in seiner ›Weltgeschichte‹ berichtete, Chinesen in Manila hätten sich darüber mokiert, daß die Spanier nur *ein* Knie beugten, so war er offensichtlich weit von jener Einstellung entfernt, die im chinesischen Kotau unbedingt ein Zeichen tiefster persönlicher Erniedrigung vor einem Höherstehenden – und damit ein Symbol despotischer Herrschaftsverhältnisse – sehen wollte.[113] Aber weder die portugiesischen noch die niederländischen Gesandten – vielleicht mit Ausnahme von Tomé Pires – machten aus dem Kotau eine Prinzipienfrage, dies taten erst seit dem Ende des 17. Jahrhunderts die russischen und ein Jahrhundert später die britischen Gesandten – also Diplomaten, die europäische Großmächte ihrer Zeit vertraten.[114]

Indes mochten bestimmte äußere Lebensformen der Chinesen auch noch im 18. Jahrhundert einen europäischen Autor zu der Bemerkung veranlassen, «chaque Nation à [sic!] son génie & ses manieres, & il ne faut pas juger par les préventions de l'enfance, pour approuver, ou pour condamner ses mœurs & ses usages».[115] Noch tiefergehend wirkten die u. a. von der Entdeckung Chinas ausgelösten Veränderungen des europäischen Weltbildes, insbesondere die durch die Reiseberichte hervorgerufene Kritik an den Autoritäten der Antike. „Diese und andere Dinge, die sie von diesen Weltteilen behaupteten", konstatierte kritisch schon da Cruz, „erwiesen sich als fabulös, nachdem Indien von den Portugiesen entdeckt wurde" – wobei mit „Indien" natürlich der gesamte Osten gemeint war.[116] Auf dieser Linie lag auch die Bemerkung von Michel de Montaigne, die innere Verwaltung («police») und die „Künste" («arts») Chinas überträfen in mancher Hinsicht ihre europäischen Entsprechungen und die chinesische Geschichte vermittle ihm die Einsicht, «combien le monde est plus ample et plus divers que ny les anciens, ny nous ne penetrons».[117] Nicht nur die geographischen Kenntnisse der Antike, auch das klassisch-antike Menschenbild, ja selbst die Geltung gewisser religiöser bzw. philosophischer Vorstellungen wurde infolge der Entdeckungen relativiert.[118] Gerade Autoren der zweiten Hälfte des 16. Jahrhunderts fanden Gefallen daran, den Europäern einen fernen Spiegel vorzuhalten. Der Humanist Barros kommentierte seine Schilderung, daß die Chinesen den Portugiesen Kannibalismus zutrauten, mit der Bemerkung, sie hätten eben von diesen noch nie Kenntnis erhalten und schließlich seien die Portugiesen der Schrecken des ganzen Orients gewesen, „da war es nicht fernliegend, zu glauben, daß wir solche Dinge tun, da wir doch soviel anderes glauben von ihnen und von sonstigen so weit entfernten Nationen und solchen, von denen wir wenig wissen".[119] Der italienische Staatstheoretiker Botero ging schließlich sogar so weit, die Selbstüberheblichkeit seiner Landsleute unter Hinweis auf das geographisch so begünstigte und bevölkerungsmäßig so ungemein reiche chinesische Imperium frontal anzugreifen: «In uero che noi Italiani siamo troppo amici di noi steßi, e troppo interessati ammiratori delle cose nostre, quando preferiamo l'Italia, e le sue Città tutto il resto del mondo: la figura d'Italia lunga, e stretta, e con tutto ciò diuisa per mezo dall'Apennino, e la rarità de'fiumi nauigabili, non comporta, che ui possa essere Città grandißima». Dahingegen erschien ihm China «quasi tutta una Città» zu sein – und was das bei einem Autor bedeutete, der die Stadt, speziell die Großstadt, als Ausstrahlungszentrum jeglicher kultureller Entwicklung beschrieb, vermochte der Leser leicht zu erraten.[120]

In der Epoche der „Krise des europäischen Geistes" um die Wende zum 18. Jahrhundert machte sich erneut der relativierende Einfluß des chinesischen Kulturmodells auf Europa bemerkbar. „[...] in dieser Geographie der Ideen bedeutet kein Land so viel wie China", hob Paul Hazard hervor, als er die Ideenwelt dieser Epoche schilderte und skizzierte, wie der ursprünglich so statische, immer nach Gleichgewicht strebende Ideenkosmos des vom Sonnenkönig geprägten klassischen

Zeitalters langsam in Bewegung geriet.[121] Das China Kang Xis, jenes Kaisers, den der Missionar Bouvet in seinem ›Portrait‹ immer wieder mit Ludwig XIV. verglich,[122] erschien dem im Spanischen Erbfolgekrieg zerrissenen Europa als ein Reich des Friedens, der Toleranz und der blühenden Kultur. Kein Wunder, daß ein Mann wie Leibniz sich für China begeisterte und ihm eine mit Europa gleichrangige Stellung in der Welt zuwies. „Durch eine einzigartige Erscheinung des Schicksals, wie ich glaube, ist es dazu gekommen, daß die höchste Kultur und die höchste technische Zivilisation der Menschheit heute gleichsam gesammelt sind an zwei äußersten Enden unseres Kontinents, in Europa und in Tschina (so nämlich spricht man es aus), das gleichsam wie ein Europa des Ostens das entgegengesetzte Ende der Erde ziert." Mit diesen Worten begann Leibniz seine Einleitung zu der von ihm herausgegebenen Sammlung ›Novissima Sinica‹, in deren zweite Auflage er auch Bouvets ›Portrait‹ aufnahm, und er fuhr fort: „Vielleicht verfolgt die höchste Vorsehung dabei das Ziel – während die zivilisiertesten (und gleichzeitig am weitesten voneinander entfernten) Völker sich die Arme entgegenstrecken –, alles, was sich dazwischen befindet allmählich zu einem vernunftgemäßeren Leben zu führen."[123] Dabei bedeutete „vernunftgemäßeres Leben" für Leibniz keineswegs, daß es künftig nur noch eine Form des menschlichen Daseins geben sollte. Im Gegenteil glaubte Leibniz an die Existenz vornehmlich geistig-sprachlich nationaler Individualitäten und zog daraus den Schluß, daß es Regeln über Staatsformen nicht geben könne.[124] Sein Zeitgenosse Thomasius ging sogar so weit, die Einteilung der Völker in barbarische und gesittete Nationen grundsätzlich in Frage zu stellen und diese Unterscheidung auf den dümmlichen Hochmut der Griechen, Römer und ihrer Nachahmer zurückzuführen.[125]

So erwuchs aus dem Bewußtsein der enormen Varietät menschlichen Seins der Kosmopolitismus des 18. Jahrhunderts. Andererseits teilten gerade dessen Vertreter vielfach die Idee einer essentiellen Einheit aller Menschen: So sollte es beispielsweise nur eine Moral, eine wahre, von allem Aberglauben gereinigte Form der wahren Gottesverehrung geben.[126] In ironischer Form wandte sich Voltaire gegen jede auf Europa beschränkte Sichtweise, weil diese ihm viel zu sehr christlich-dogmatisch vorgeprägt erschien. In seinem ›Dictionnaire philosophique‹ ließ er deshalb einen gebildeten Chinesen in eine Buchhandlung eintreten und dort Bossuets ›Histoire universelle‹ erwerben. Die Überraschung des Fremden ist groß, als er feststellen muß, daß sich in dieser „Universalgeschichte" kein Wort über das riesige und uralte chinesische Imperium, nichts über Japan, Tunkin oder andere Reiche des

Ostens findet. Dagegen steht die Geschichte des jüdischen Volkes im Mittelpunkt, obwohl dieses, wie ein europäischer Gelehrter ihm gegenüber einräumen muß, nur einmal für einige Jahre einen kleinen eigenen Staat besessen hätte. Als die Rede dann auf die „berühmten Griechen" kommt, rechtfertigt der Europäer deren ausführliche Behandlung bei Bossuet damit, daß Griechenland jene „Provinz", «à peu près grande comme la deux-centième de la Chine, mais qui a fait tant de bruit dans tout l'univers». Daraufhin bekennt der Chinese unbefangen, er habe noch nie etwas von diesem Lande gehört, weder in der Mongolei noch in Japan noch in der Großen Tarterei. «Ah, ignorant! ah, barbare! s'écria poliment notre savant, vous ne connaissez donc point Épaminondas le Thébain [...]». Ich fürchte, antwortet ihm der Chinese freundlich, «que vous ne sachiez rien de l'aventure éternellement mémorable du célèbre Xixofou Concochigzamki [...]».[127]

Doch Voltaires Kosmopolitismus, in dem China zeitweilig die Rolle eines Idealreichs spielte, hatte zwei Schwächen. Zum einen war Voltaires Sinophilie ersichtlich weniger ein Produkt fundierter China-Kenntnis als vielmehr ein Resultat europäischer Frustration: Voltaires idealisiertes Bild vom Reich der Mitte war kaum mehr als die Kehrseite seiner Kritik an den europäischen Zuständen, speziell auf politischem und religiösem Gebiet. Zum andern aber konnte man sich in Europa tatsächlich für berechtigt halten, im gleichen Maße, wie das Gewicht Europas in der Welt auf politischem, militärischem, wirtschaftlichem und wissenschaftlichem Gebiet zunahm, der Vorgeschichte der europäischen Gegenwart gegenüber der historischen Vergangenheit anderer Völker einen besonderen Rang einzuräumen.

Voltaire hatte in seinem ›Abrégé sur l'histoire universelle‹ über China geschrieben: «Le corps de cet Etat subsiste avec splendeur depuis plus de 4000 ans sans que les loix, les mœurs, le langage, la maniére [sic] même de s'habiller ayent souffert d'altération sensible.»[128] Diese erstaunliche – angebliche – Kontinuität konnte man aber auch als Stagnation deuten. Genau dies tat, ebenfalls um die Mitte des 18. Jahrhunderts, Turgot in seinem ›Plan de deux Discours sur l'histoire universelle‹ (ca. 1751). Dort heißt es nämlich: «Borné [...] dans ses idées, incapable des progrès en tout genre d'esprit, de sciences, d'arts, de police, qui naissent de la réunion des génies rassemblées de differentes provinces, le genre humain serait resté à jamais dans la médiocrité. La raison et la justice, mieux écoutées, auraient tout fixé, *comme cela est à peu près arrivé à la Chine*. Mais ce qui n'est jamais parfait ne doit jamais être entièrement fixé.»[129]

Damit war der Ton angeschlagen, der in Zukunft die Melodie bestimmen sollte: Die Selbstisolation Chinas hat keine bewunderungswürdige Stabilität, sondern nur Verkrustung und arrogante Selbstzufriedenheit hervorgerufen. Baron Grimm nahm dieses Motiv auf, als er 1783 bemerkte: «Ce qui nous explique la longue durée du gouvernement chinois sert à nous prouver en même temps tout ce que ce gouvernement laisse à désirer pour le bonheur des peuples qui lui sont soumis. La langue, les usages et les coutumes les plus propres à borner l'essor et les progrès de l'esprit ont fait vieillir cette Nation dans une longue enfance, et c'est pour ainsi dire l'impossibilité d'étendre les limites de sa puissance et de sa prospérité qui l'a fait triompher ainsi de la révolution des temps et de l'inconstance des choses humaines.»[130] Condorcet schließlich führte in seinem ›Esquisse d'un tableau historique des progrès de l'esprit humain‹ das Thema des – wie es später Ranke nennen sollte – „ewigen Stillstands" in China[131] noch weiter aus. Die Chinesen, «ce peuple, qui semble n'avoir précédé les autres dans les sciences et les arts, que pour se voir successivement effacé par eux tous», hätten weder die Erfindung der Artillerie noch jene des Buchdrucks zum Fortschritt des menschlichen Geistes zu nutzen gewußt. Bald angewidert von der Suche nach der Wahrheit hätten sie selbst einen Teil jener Weisheiten vergessen, die in ihren alten Allegorien verborgen lagen. «[...] l'esprit humain, livré à l'ignorance et aux préjugés, fut condamné à une honteuse immobilité dans ces vastes empires, dont l'existence non interrompue a déshonoré depuis si longtemps l'Asie. Les peuples qui les habitent sont les seuls où l'on ait pu observer à la fois ce degré de civilisation et cette décadence».[132] Den gleichen Sachverhalt meinte Herder, wenn er die Chinesen niemals dem Zustand der Kindheit entwachsen sah. In den Wissenschaften hätten sie sich „Jahrtausende hindurch auf derselben Stelle erhalten", konstatierte er und behauptete gegen Ende des China-Kapitels seiner ›Ideen‹: „Das Werk der Gesetzgebung und Moral, das als einen Kinderversuch der menschliche Verstand in China gebauet hat, findet sich in solcher Vestigkeit nirgend sonst auf der Erde."[133]

Wie kam es, daß die Kenntnis Chinas das europäische Weltbild und Selbstbewußtsein des 16. Jahrhunderts hatte erschüttern können, wogegen China als Gegenbild Europas dem ausgehenden 18. Jahrhundert geradezu als Beweis der eigenen Überlegenheit diente? Einzelne Antworten auf diese Frage sind gegeben worden. Generell wird man jedoch auf die veränderte Stellung Europas in der Welt hinweisen müssen. Denn überspitzt könnte man sagen: Im ersten Entdeckungszeitalter entdeckte Europa eine Welt, im zweiten füllte es nur mehr die weißen Flecken auf seinen Landkarten. Daß es dies mit überlegenen technischen Hilfsmitteln tat, mußte sein Selbstbewußtsein natürlich erhöhen. Da half es nicht viel, wenn der bedeutende französische Orientalist Le Roux des Hautesrayes im Jahre 1783 dem entgegenhielt, Chinas Kultur hätte – wie jene Europas – verschiedene Phasen des Fortschritts und der Dekadenz durchlaufen, und es wäre daher ungerecht, sozusagen in einer Art Momentaufnahme die chinesische Kultur vornehmlich nach dem gegenwärtigen Stand der europäischen zu beurteilen.[134] Ebensowenig nützte es, daß Charpentier Cossigny in seinem 1799 erschienenen Reisebericht sich immer wieder bemühte, durch für China positiv ausfallende Vergleiche die Überheblichkeit der Europäer gegenüber den Chinesen in Frage zu stellen.[135] China hatte – und dies war vielleicht sein entscheidender „Fehler" – allen Wandlungen in seiner eigenen Geschichte zum Trotz nie eine Fortschrittsideologie hervorgebracht, wie sie sich gegen Ende des 18. Jahrhunderts in Europa entwickelte. Gerade das von den Missionaren überlieferte „statische" Bild der Chinesen von ihrer eigenen Geschichte. Speziell etwa Maillas ›Histoire générale de la Chine‹ (1777/85) betitelte Übersetzung eines erst unter den Qing kompilierten chinesischen Geschichtswerks lieferte dieser Deutung vom „unhistorischen" Charakter Chinas ihre scheinbare Rechtfertigung. Schließlich wurden sich die Europäer ihrer Sache immer sicherer. Der Göttinger Universalhistoriker Christoph Meiners, der in seine Betrachtungen erstmals das Moment der „Rasse" miteinbezog und dabei den Chinesen wenigstens zugestand, daß bei ihnen die „Genielosigkeit des Mongolischen Stamms" nicht so ausgeprägt wäre wie etwa bei den Burjäten, war sich zwar darüber im klaren, daß verschiedene Völker unterschiedliche Begriffe etwa von Ehre und Scham bzw. Schande haben könnten. Nichtsdestoweniger meinte er jedoch, man könnte diese Begriffe ein für allemal definieren.[136] Und wenn John Barrow darauf abzielte, "to shew this extraordinary people in their proper colours, not as their own moral maxims would represent them, but as they really are", so machte er sich offensichtlich keinerlei Gedanken darüber, ob nicht diese angeblich „realistische" Darstellung nur das Ergebnis einer Messung der Chinesen an einem fremden – europäischen – Maßstab wäre.[137] Dabei sollte Barrow selbst 1807 Teile der Aufzeichnungen seines Vorgesetzten Macartney herausgeben, in denen es hieß: "Nothing could be more fallacious than to judge China by any European standard."[138]

Hatten die Europäer ihre expansionistischen Bestrebungen des 15./16. Jahrhunderts – oft erst nachträglich – mit Hilfe des Missionsarguments zu legitimieren gesucht, so taten dies ihre Nachfolger im 18./19. Jahrhundert nicht zuletzt mit der Begründung, Europa müßte der

Welt die Freiheit und den Fortschritt bringen. Erst unter diesen Vorzeichen, d. h. im Anschluß an das Vordringen des europäischen Imperialismus in China nach 1840, setzte sich im Westen zögernd der Eindruck durch, China beginne nun, sich notgedrungen dem Fortschritt zu öffnen. «La Chine cède visiblement aujourd'hui aux loix générales de cette gravitation à laquelle pendant tant de siècles elle était parvenue à se soustraire», schrieb triumphierend der französische Vizeadmiral Jurien de la Gravière über seine 1847/50 stattgehabte Chinafahrt, «elle aussi, elle se meut, elle se modifie, elle se transforme: si muove!»[139] Hatte Ranke einst festgestellt, „nur China" verschließe sich dem Genius des Okzidents, so änderte er dies schließlich am Ende seines Lebens um in „kaum China verschließt sich ihm noch".[140]

In seinen „universal"-historischen Arbeiten glaubte er jedoch, auf die Betrachtung einer so fernen Weltgegend verzichten zu müssen. „Rankes grundlegender Begriff der sichtbaren weltgeschichtlichen Bewegung ebenso wie die fehlenden historischen Quellen schlossen China und Indien aus."[141] In gleicher Weise sah Hegel „China und Indien [...] gleichsam noch außer der Weltgeschichte" liegen.[142]

Über diese im vorigen Jahrhundert – freilich von führenden Historikern und Philosophen – geäußerte Auffassung war die nationalsozialistisch geprägte Geschichtsschreibung eines Karl Grossmann, wie das eingangs angeführte Zitat beweist, nicht hinausgelangt. Sie hatte lediglich die rassentheoretische Begründung in den Vordergrund gerückt. Aber selbst damit wirkte sie nicht originell. Viele von Grossmanns Gedanken lassen sich nämlich sogar schon in der Göttinger universalgeschichtlichen Schule des ausgehenden 18. Jahrhunderts nachweisen. Christoph Meiners hatte das Moment der Rasse in seine Betrachtung der Menschheitsgeschichte miteinbezogen, Johann Christoph Gatterer hatte geschrieben, die Chinesen hätten trotz jahrtausendelanger Beschäftigung mit Künsten und Wissenschaften „keine derselben zu einiger Vollkommenheit gebracht", es fehle ihnen nämlich „in allen Dingen an Geschmacke und Critik, weil sie die vollkommenern Känntnisse der Ausländer verachten, die ihnen doch wenigstens bey der Beurtheilung der ihrigen zur Richtschnur und zum Vergleichspuncte dienen könnten".[143] Meiners' und Gatterers Professorenkollege August Ludwig Schlözer glaubte schließlich, die römische Geschichte könnte „die Grundlage der ganzen Weltgeschichte sein". Dementsprechend handelte er die gesamte chinesische Geschichte bis hin zu seinem Zeitgenossen Kaiser Qian Long (1735–1796) im Kapitel ›Alte Welt‹ ab, womit er eigentlich die Epoche der „klassischen", griechisch-römischen Antike meinte. Die „Neuzeit", d. h. die Zeit seit Kolumbus, war für ihn hingegen wesentlich dadurch definiert, daß hier die europäischen Völker ihre hohe Kultur entwickelten, „worin sie alle Staaten – nicht bloß der übrigen heutigen, sondern auch der ganzen Welt übertreffen“ – als Ergebnis nämlich jener „erstaunlichen Progressen, die seit dem der menschliche Verstand in ihnen gemacht hat“.[144] Mit anderen Worten: Für Schlözer war die „Neuzeit“ im Grunde nichts anderes als das Zeitalter Europas. Genauso aber dachte noch Grossmann, wenn er schrieb, (nur) für Europa könne man von einer „Neuzeit“ sprechen, China hingegen lebe seit dem 14. Jahrhundert bis zur Gegenwart in der Epoche des „Nachmittelalters“.[145]

Wenn ein neueres universalgeschichtlich angelegtes Werk wie die ›Fischer-Weltgeschichte‹ sich in ihrem Werbetext rühmt, sie gebe „der Geschichte der asiatischen und afrikanischen Länder und Völker ihr volles Gewicht“, um dann der rund dreitausendjährigen chinesischen Geschichte vor 1911 ebenso nur einen einzigen Band zu widmen wie allein dem Jahrhundert der ›Entstehung des frühneuzeitlichen Europa, 1550–1648‹, so wird daraus ersichtlich, wie weit wir von einer echten „Universalgeschichte“ immer noch entfernt sind. Die weitgehende Identifizierung der europäischen mit der Weltgeschichte ist offensichtlich nicht zuletzt auch eine Folge des im ausgehenden 18. Jahrhundert verfestigten europäischen Überlegenheitsgefühls selbst gegenüber einem Reich wie China, in dem ein Viertel oder ein Fünftel der Weltbevölkerung lebt. Es gehört zu den bedauerlichsten Aspekten der jüngsten Vorgänge in China, daß sie geeignet sein könnten, einen in letzter Zeit schon in Frage gestellten europäischen Superioritätsdünkel erneut zu befestigen.

Anmerkungen

[1] Karl Grossmann, Kulturzeitalter und Zeitalter der Weltgeschichte. In: Archiv für Kulturgeschichte. Bd. 29 (1939), S. 257–275, S. 275.

[2] Die Tatsache, daß die Angst vor einem fortschreitenden Verlust europäischer Weltgeltung gerade auch mit der Entwicklung in China in Verbindung gebracht wird, betont Donald F. Lach, China in Western Thought and Culture. In: Philip P. Wiener (Ed.), Dictionary of the History of Ideas. Vol. I. New York 1973, S. 353–373, wenn er S. 354 schreibt: “The modernizing, nationalizing, and communizing of China produced the contemporary fear of China as nemesis of Western culture.”

[3] Nigel Cameron, Barbarians and Mandarins. Thirteen Centurys of Western Travellers in China. New York – Tokio 1970, S. 148.

[4] Jörg Fisch, Der märchenhafte Orient. Die Umwertung einer Tradition von Marco Polo bis Macaulay. In: Saeculum. Bd. 35 (1984), S. 246–266, S. 246.

[5] Johannes Althusius, Politica. Methodicé digesta atque exemplis sacris &

profanis illustrata, Herborn [3]1614. Ndr. Aalen 1961, S. 447: „Populi orientales, caeteris naturae suae, sunt humaniores & urbaniores."

[6] Jean Bodin, Les six Livres de la République. Paris [4]1583. Ndr. Aalen 1961, liv. V, ch. 1, S. 692. Heinz Gollwitzer, Geschichte des weltpolitischen Denkens. Bd. 1. Göttingen 1972, S. 57, spricht in diesem Zusammenhang vom „alten Topos der heliotropischen Kulturbewegungen von Ost nach West".

[7] Joao de Barros, (Décades da) Asia. Dos feitos que os portugueses fizeram no descombrimento e conquista dos mares e terras do Oriente. Ed. Hernani Cidade a. Manuel Murias. 4 parts. Lisboa [6]1945–46, Vol. III, S. 93: «E verdadeiramente quem vir o modo da sua religião, [...] os religiosos que residem em conventos, o modo de rezar de dia e de noite, seu jejum, seus sacrifícios, os estudos gérais onde se aprende tôda ciência natural el moral, a maneira di dar os graus de cada ũa ciência destas, e as cautelas que tẽem pera não haver subornações e terem impressão de letra muito mais antiga que nós e sôbre isso o govêrno de sua república, a mecânica de tôda obra de metal, de barro, de pau, de pano, de sêda, hávera que neste gentio estão tôdalas cousas de que são louvados gregos e latinos.»

[8] Vgl. Charles Ralph Boxer, Joao de Barros. Portuguese Humanist and Historian of Asia. New Delhi 1980 (Xavier Centre of Historical Research Studios. Vol. 1).

[9] Donald F. Lach, Asia in the Making of Europe. 5 vols in Forts. Chicago–London 1965, Vol. II/1, S. 3 f.

[10] Vgl. z. B. schon Io Petrus (Giovanni Pietro) Maffei, Historiarvm Indicarvm libri XVI, selectarum item ex India Epistolarum eodem interprete libri IIII. Venetiis 1589, S. 102.

[11] Peter Heylyn, Cosmographie in foure Books, Contayning Chorographie & Historie of the whole World. London [5]1677, Part III, S. 182, nennt diese Geschichte "a pretty flourish of self-praising".

[12] Samuel Pufendorf, De Iure Naturae et Gentium libri octo. Oxford–London 1934 (James Brown Scott [Ed.], The Classics of International Law. Vol. 17), Vol. I, S. 130: „Holdie pauci quidam populi Europae id nobis sumsimus, ut cultura morum reliquis superiores nos feramus. Ast dantur ex adverso populi, qui sese nobis longe praeferunt."

[13] P. Heylyn (wie Anm. 11), Part I, S. 28.

[14] Athanasius Kircher, China Monumentis quà Sacris quà Profanis, Nec non variis Naturae et Artis Spectaculis Aliarumque rerum memorabilium Argumentis illustrata. Amstelodami 1667. S. 212 f.

[15] Heinz Gollwitzer, Europabild und Europagedanke. Beiträge zur deutschen Geistesgeschichte des 18. und 19. Jahrhunderts. München [2]1964. Ndr. 1972, S. 25, der S. 39 darauf hinweist, daß sich der Europabegriff nicht zuletzt antithetisch zum türkischen Osten und der neuentdeckten überseeischen Welt entwickelt habe.

[16] Leonardo Olschki, L'Asia di Marco Polo. Introduzione alla lettura e allo studio del Milione. Firenze 1957, S. 177 ff.; vgl. etwa die kritische Marco Polo-Ausgabe von Arthur Christopher Moule a. Paul Pelliot, Marco Polo. The Description of the World. 2 vols. London 1938, Vol. I, No. 81, S. 201 f.

[17] Georg Wilhelm Leibniz, Das Neueste von China (1697). Novissima Sinica. Hrsg. v. Heinz-Günther Nesselrath u. Hermann Reinbothe. Köln 1979, hier zit. S. 18 f.: „[...] gliscentibus in immensum corruptelis, ut propemodum necessarium videatur missionarios Sinensium ad nos mitti, qui Theologiae naturalis usum prxinque nos doceant, quemadmodum nos illis mittimus, qui Theologiam eos doceant relevatam. Itaque credo, si quis sapiens non formae Dearum, sed excellentiae populorum iudex lectus esset, pomum aureum Sinensibus daturum esse, nisi una maxime sed supra humanra [sic] re eos vinceremus, divino scilicet munere Christianae religionis."

[18] Geronymo Gracian de la Madre de Does, Obras del – – –. Madrid 1616, S. 286: «Y no son barbaros: que Regiones ay del muy agudos entendimientos, tanto que pone admiracion, ver el gouierno y industria de los Chinos, que tienen a toda la demas gente del mundo, por barbara è ignorante, siendo ellos en el negocio de la saluacion de sus almas, y del conocimiento de Dios, los mas ignorantes de todos, aunque en la policia, y gouierno temporal sean tan discretos.»

[19] Fernao Mendes Pinto, Peregrinaçao e outras obras. Ed. António José Saraiva. 4 vols. Lisboa 1961–84, Vol. I, S. X., XXVI ff., bes. XXXVI f., Vol. II, S. 70 ff.

[20] Basil Guy, The French Image of China before and after Voltaire. Genève 1963 (Th. Besterman [Ed.], Studies on Voltaire and Eighteenth Century. Vol. 21), S. 106 f., zit. nach S. 120. Vgl. François la Mothe le Vayer, De la Vertv des Payens. In: Ders., Œuvres. Vol. I. Paris 1662, S. 553–705, S. 667 ff.

[21] François-Marie Arouet de Voltaire, Dictionnaire philosophique. 4 vols. In: Ders., Œuvres complètes. Ed. Louis Moland. Vol. 17–20. Paris 1878–79. Ndr. Nendeln 1967, Vol. II (XVIII), S. 76.

[22] Vgl. William W. Appleton, A Cycle of Cathay. The Chinese Vogue in England during the Seventeenth and Eighteenth Centuries. New York 1951. Ndr. 1979, S. 49 ff. Arnold H. Rowbotham, The Impact of Confucianism on Seventeenth Century Europe. In: The Far Eastern Quarterly. Vol. 4 (1945), S. 224–242, S. 232, 237 f.

[23] F.-M. A. de Voltaire (wie Anm. 21), Vol. IV (XX), S. 111 f. François-Marie Arouet de Voltaire, Essai sur les mœurs. 3 vols. In: Ders., Œuvres complètes. Ed. Louis Moland. Vol. 11–13. Paris 1878. Ndr. Nendeln 1967, Vol. I (XI), S. 165 ff., zit. S. 178, vgl. S. 18.

[24] Vgl. z. B. W. W. Appleton (wie Anm. 22), S. 15. Louis Le Comte (Ed.), Noveaux mémoires sur l'etat présent de la Chine. 3 vols. (Vol. III by Charles le Gobien). Paris [3]1697/1702, Vol. I, S. 402 f.: «[...] leur qualité essentielle c'est de tromper quand ils peuvent [...] Ils falsifient presque tout ce qu'ils vendent [...].» So könnte sich beispielsweise ein frisch gekaufter Schinken nach langer Kochzeit als ein mit einer Schweinshaut überzogenes Holzstück herausstellen.

[25] Charles-Louis de Secondat Montesquieu, De l'esprit des lois. Ed. Victor Goldschmidt. 2 vols. Paris 1979, liv. XIX, ch. XX, S. 473.

[26] Jörg Fisch, Hollands Ruhm in Asien. François Valentyns Vision des niederländischen Imperiums im 18. Jahrhundert. Stuttgart 1986 (Rudolf von Alber-

tini [Hrsg.], Beiträge zur Kolonial- und Überseegeschichte. Bd. 34), S. 54, vgl. S. 56, 58 ff.

27 Maurice Collis, The Great Within. London 1941, S. 219.

28 Richard Walter, A Voyage Round the World In the Years MDCCXL, I, II, III, IV by George Anson. London [5]1749, S. 349 (zit.), 357.

29 David Hume, Of National Characters (1748). In: Ders., Essays. Moral, Political and Literary. In: Ed. T. H. Green a. T. H. Grose, The Philosophical Works of – – –. Vol. III. London 1875, S. 244.

30 Abbé Grosier, Description générale de la Chine = (Joseph-Anne-Marie de Moyriac de Mailla:) Histoire générale de la Chine, ou Annales de cet empire, traduites du Tong-Kien-Kang-Mou (bzw. du texte chinois). Ed. Abbé Grosier unter Mitwirkung von Le Roux Des Hautesrayes. Vol. XIII. Paris 1785, S. 688.

31 Vgl. z. B. Joan Nieuhof, Het Gezantschap der neêrlandtsche Oost-Indische Compagnie, aan den grooten tartarischen Cham, Den tegenwoordigen Keizer van China. T'Amsterdam 1665. Part I, S. 71, 109, 128.

32 Louis Dermigny, La Chine et l'Occident. Le commerce à Canton au XVIIIe siècle. 1719–1833. 4 vols. Paris 1964, Vol. I, S. 32 f.

33 Delaporte (Abbé) (Hrsg.), Reisen eines Franzosen, oder Beschreibung der vornehmsten Reiche der Welt. Tl. V. Leipzig 1770, S. 451 ff., zit. S. 451.

34 So der Autor einer Botero-Biographie Federico Chabod, Der Europagedanke. Von Alexander dem Großen bis Zar Alexander I. Stuttgart 1963 (ital. Orginalausg. [1]1961), S. 60. Vgl. Heinrich Lutz, Ragione di Stato und christliche Staatsethik im 16. Jahrhundert. Münster 1961, S. 43 f.

35 Joachim Bouvet, L'Estat présent de la Chine en figures. Paris 1697, S. 4.

36 L. Le Comte (wie Anm. 24), Vol. I, S. 93 (Abdruck eines Briefes an den Kardinal v. Fürstenberg).

37 G. W. Leibniz (wie Anm. 17), S. 10 f.: „certe practica philosophia (quod propemodum fateri pudet) victi sumus, id est Ethicae et Politicae praeceptis ad ipsam vitam usumque mortalium accomodatis. Dici enim non potest, quam pulchre omnia ad tranquillitatem publicam ordinemque hominum inter se, ut quam minime sibi incommodent, supraaliarum gentium leges apud Sinenses sint ordinata."

38 Vgl. ibid., S. 13 ff. Neueste Literatur zu Bouvet und seinem Kontakt mit Leibniz: Claudia von Collani, P. Joachim Bouvet S. J. Sein Leben und sein Werk, Nettetal 1985 (Monumenta Serica Monograph Serien. Bd. XVII), bes. S. 31 ff.

39 F. la Mothe le Vayer (wie Anm. 20), Vol. I, S. 669.

40 Christian Wolff, Von den Regenten, die sich der Weltweisheit befleißigen, und von den Weltweisen, die das Regiment führen (1730). In: Gesammelte kleine philosophische Schriften. Bd. 6 (Halle 1740) = J. École u. a. (Hrsg.), Christian Wolff. Gesammelte Werke. 1. Abt. Bd. 21/6. Hildesheim-New York 1981, S. 529–662. Vgl. Donald F. Lach, The Sinophilism of Christian Wolff. In: Journal of the History of Ideas 14 (1953), S. 561–574.

41 Ausführlich zu den hier angeschnittenen Fragen: Walter Demel, Chinas

Fremdenpolitik und Herrschaftsordnung im Spiegel der europäischen Literatur (ca. 1550–1800). Ungedr. Habilitationsschrift. München 1988, Kap. III.

[42] (Cornelis de Pauw,) Recherches philosophiques sur les Egyptiens et les Chinois. 2 vols. Berlin 1773, z. B. Vol. I, S. 40, 70; Vol. II, S. 331.

[43] Johann Gottfried Herder, Ideen zur Philosophie der Geschichte der Menschheit (1787). Tl. III = Herders Sämtliche Werke. Hrsg. v. Bernhard Suphan. Bd. XIV. Berlin 1909, S. 6.

[44] Johann Heinrich Gottlob Justi, Vergleichungen der Europäischen mit den Asiatischen und andern vermeintlich Barbarischen Regierungen. Berlin u. a. 1762, zit. S. 445. Vgl. Johanna M. Menzel, The Sinophilism of J. H. G. Justi. In: Journal of the History of Ideas 17 (1956), S. 300–310.

[45] François Quesnay, Despotisme de la Chine. Œuvres économiques et philosophiques de – – –. Ed. August(e) Oncken. Frankfurt a. M. – Paris 1888, S. 563–660, bes. S. 598, 613 ff.

[46] Vgl. C.-L. de Secondat Montesquieu (wie Anm. 25), bes. Vol. 1. VIII, ch. XXI. Gabriel Bonnet de Mably, Doutes proposés aux philosophes économistes ur l'ordre naturel et essentiel des sociétés politiques. In: Ders., Collection complète des œuvres de l'Abbé de – – –. 15 vols. Paris an III (1794/95), Vol. XI, S. 1–256, z. B. S. 251 f.

[47] Eberhard Weis, Geschichtsschreibung und Staatsverfassung in der französischen Enzyklopädie. Wiesbaden 1956, S. 179.

[48] F. Chabod (wie Anm. 34), bes. S. 11f., 35, 69, passim. Vgl. Peter J. Marshall a. Glyndwr Williams, The Great Map of Mankind. Perceptions of New Worlds in the Age of Enlightenment. Cambridge/Mass. 1982, S. 3: "For eighteenth-century Englishmen, Asia was the continent of 'slavery', that is of civilizations once of considerable achievement but now atropied under despotic systems of government. These features extended from the Hellespont to the China Sea."

[49] C.-L. de Secondat Montesquieu (wie Anm. 25), Vol. 1. VIII, ch. XXI, S. 259, behauptete, die Missionare hätten sich durch diese «apparence d'ordre» bei ihren Schilderungen der chinesischen Staatsverfassung in die Irre führen lassen.

[50] Vgl. z. B. Claude Adrien Helvétius, De l'Esprit, discours III, ch. XXIX. In: Ders., Œuvres complètes. Vol. V. Paris 1795. Ndr. Hildesheim 1967, bes. S. 48, 51 f. Schon Bodin hatte der «Monarchie seigneuriale» ja ein hohes Maß an Beständigkeit zugeschrieben. Vgl. J. Bodin (wie Anm. 6), liv. II, ch. II, S. 278 f.

[51] August Ludwig Schlözer, Vorstellung der Universal-Historie. Göttingen [2]1775, S. 122.

[52] J. G. Herder (wie Anm. 43), Bd. XIV, S. 229.

[53] Herrmann Conring, Opera. Hrsg. v. Johann Wilhelm Göbel. 7 vols. Brvnsvigae 1730. Ndr. Aalen 1970, Vol. IV, S. 491: „ibi adesse omnia, quibus opus est ad vitam."

[54] Walter Demel, Abundantia, Sapientia, Decadencia – Zum Wandel des Chinabildes vom 16. bis 18. Jahrhundert. In: Urs Bitterli u. Eberhard Schmitt

(Hrsg.), Die Kenntnis beider 'Indien' im frühneuzeitlichen Europa. Akten der Zweiten Sektion des 37. deutschen Historikertages in Bamberg 1988. München 1991, S. 129–153.

[55] Richard C. Temple (Ed.), The Travels of Peter Mundy. In: Europe and Asia. 1608–1667. Vol. III. London 1919 (Works Issued by the Hakluyt Society. 2. ser. No. XLV), S. 304.

[56] Charles Ralph Boxer, South China in the Sixteenth Century. Being the Narratives of Galeote Pereira, O. P. Fr. Gaspar da Cruz, O. E. S. A. Fr. Martin de Rada (1550–1575). London 1953 (Works Issued by the Hakluyt Society. 2. ser. No. CVI), S. 250, vgl. S. 292 ff.; vgl. Joan (Juan) González de Mendoza, Historia de las cosas más notables. ritos y costumbres del gran reino de la China (1585). Ed. Felix Garcia. Madrid 1944 (España misionera. Vol. 2), S. 186 f.

[57] Gaspar da Cruz, Tractando em que se cotam muito por esteso as cousas da China. Evora 1569, S. 76; C. R. Boxer (wie Anm. 56), S. 137.

[58] J. González de Mendoza (wie Anm. 56), S. 357: «Está usado entre la gente de este Reino vestir seda como en Europa lienzo.»

[59] Günther Franz (Hrsg.), Quellen zur Geschichte des deutschen Bauernstandes in der Neuzeit. Darmstadt 1963, Nr. 10, S. 25 f.

[60] L. Le Comte (wie Anm. 24), Vol. I, S. 182.

[61] Jean Baptiste Du Halde, Description géographique, historique, chronologique, politique, et physique de l'empire de la Chine et de la Tartarie chinoise. 4 vols. Paris 1735, Vol. I, S. 15. Zur heutigen Situation vgl. den Bericht von Hans Ulrich Kempski, Söhne und Sklaven der Guten Erde. In: Süddeutsche Zeitung. Nr. 107 v. 11. 5. 1989, S. 3, der im Hochland des westlichen China beobachtet, daß die dort meist noch verwendeten Holzpflüge „nicht selten von Menschen gezogen werden".

[62] C.-L. de Secondat Montesquieu (wie Anm. 25), liv. XVIII/6 bzw. VIII/21.

[63] Vgl. Eberhard Wolfram, Geschichte Chinas. Von den Anfängen bis zur Gegenwart. Stuttgart 1971, S. 335.

[64] C.-L. de Secondat Montesquieu (wie Anm. 25), liv. VII/6 (zit.), vgl. VII/7. Die Kapitelüberschriften lauten: ›Du luxe à la Chine‹ bzw. ›Fatale consequence du luxe à la Chine‹.

[65] Adam Smith, The Walth of Nations. Ed. E. R. A. Seligman. 2 vols. London–New York 1970–72, Vol. I, S. 64.

[66] Vgl. den Abdruck eines Briefes des portugiesischen Soldaten Christovao Vieira (bzw. Vieyra), abgedruckt bei Donald Ferguson, Lettres from Portuguese Captives in Canton, written in 1534 and 1536. In: The Indian Antiquary. Vol. 30 (1901), S. 421–451 u. 467–491; Vol. 31 (1902), S. 10–32 u. 53–65, hier Vol. 30 (1901), S. 477 ff.

[67] Vgl. z. B. C. R. Boxer (wie Anm. 56), S. LXXVII f., Anm. 4.

[68] J. Fisch (wie Anm. 26), S. 7, 67, 279–334.

[69] R. Walter (wie Anm. 28), S. 414.

[70] Jean Jacques Rousseau, La Nouvelle Héloïse, Part IV, Brief 3. In: Œuvres complètes. 4 vols. Paris 1959/69 (Bibliothèque de la Pléiade), Vol. II, S. 413 f.

[71] Ibid., Vol. III, S. 11.

[72] J. González de Mendoza (wie Anm. 56), S. 114, passim; vgl. D. F. Lach (wie Anm. 9), Vol. I/1, S. 790, 793 f.

[73] J. H. G. Justi (wie Anm. 44), S. 230 ff., zit. S. 236.

[74] Zitate aus ibid., S. 319–323.

[75] Joseph-François Charpentier Cossigny, Voyage à Canton. Paris an VII (1799), S. 103 f., der im übrigen betonte, daß die Sklaverei in China weder hart noch häufig sei.

[76] In diesem Sinne schon der italienische Abenteurer Gemelli Careri, der infolgedessen den Chinesen ein höheres Maß an Erfindungsgeist zusprach als den Europäern. Giovanni Francesco Gemelli Careri, Giro del Mondo. Part 4. Napoli 1700, S. 287, 300.

[77] J. González de Mendoza (wie Anm. 56), S. 115.

[78] Michel de Montaigne, Essais. 2 vols. Paris 1962, liv. III, ch. VI, Vol. II, S. 340.

[79] Isaac Vossius, Variarum Observatorium liber. Londini 1685, S. 59, 69 f., 76 ff., 85.

[80] Traiano Boccalini, De' raggvagli di Parnaso. 2 parts. Milano 1615, Vorwort, vgl. Part II, S. 78 f. Ähnlich in bezug auf den Kompaß etwa der Abbé Prévost, der argumentierte, die Behauptung der Chinesen, schon dreitausend Jahre vor Christus den Kompaß erfunden zu haben, müsse falsch sein, sonst hätten sie diese so nützliche Erfindung nicht wieder vergessen. Der Kompaß sei folglich eine europäische Entdeckung, wenngleich er den Chinesen vielleicht schon bei der Ankunft der Europäer bekannt gewesen wäre. (Antoine François Prévost,) Histoire générale des voyages ou nouvelle collection de toutes les relations de voyages. Vol. I. Paris 1746, Introduction, S. V. Im Hintergrund dieser Zweifel standen Berichte, wonach chinesische Seeleute gar keinen Kompaß zu benutzen pflegten.

[81] Nicolaus Trigautius, De Christiana Expeditione apud Sinas Svscepta ab Societate Iesu, Ex P. Matthaei Riccy eiusdem Societatis Commentarys libri V, Ad. S. D. N. Paulum V., Augustae Vind. 1615, S. 18 ff., zit. S. 19: „In architectura sunt omninò nostris inferiores, non minus in aedificiorum splendore, quàm annorum perpetuitate [...].“ Vgl. die ähnlichen Darlegungen von Riccis Nachfolger Alvaro Semmedo (bzw. Alvarez Semedo), Imperio de la China i cvltvra evangelica en èl, por los Religios de la Compañia de IESVS. Ed. Manuel de Faria i Sousa. Madrid 1642, S. 79 ff.

[82] I. Vossius (wie Anm. 79), S. 79.

[83] Giovanni Ghirardini, Relation du voyage Fait à la Chine sur le Vaisseau l'Amphitrite, en l'année 1698, par le sieur – – –, Peintre Italien. Paris 1700, S. 74 ff., zit. S. 76.

[84] Attiret an d'Assaut, 1. 11. 1743. In: Lettres édifiantes et curieuses, ecrites des missions étrangères, nouvelle édition. Vol. 22. Paris 1781, S. 511.

[85] Aus der reichhaltigen Literatur zu diesem Themenbereich sei nur verwiesen auf: Madeleine Jarry, China und Europa. Der Einfluß Chinas auf die angewandten Künste Europas. Dt. Ausg. Stuttgart 1981. China und Europa. Chinaverständnis und Chinamode im 17. und 18. Jahrhundert. Ausstellungs-

katalog. Berlin 1973. Geoffrey Hudson, Europe & China. A Survey of their Relations from the Earliest Times to 1800. London [1]1931. Boston[2]1961, S. 270 ff. Beverly Sparque Allen, Tides in English Taste. 1619–1800, 2 vols. Cambridge/Mass. 1937. Ndr. New York 1958, Vol. I, bes. S. 192 ff. Adolf Reichwein, China und Europa. Geistige und künstlerische Beziehungen im 18. Jahrhundert. Berlin 1923, S. 29 ff.

86 Vgl. Fréderic-Melchior Baron de Grimm: Correspondance littéraire, philosophique et critique, adressé à un souverain d'Allemagne [...] par – – – et par Diderot, Reihe I. 6 vols. Reihe II. 5 vols. Reihe III. 5 vols. Paris 1812–13, Reihe III, S. 395 (Sept. 1785): «on se souvient encore pu'il y eut un moment où toutes nos cheminées furent couvertes de magots de la Chine, et la plupart de nos meubles dans le goût chinois.»

87 F.-M. A. de Voltaire (wie Anm. 23), Vol. III (XIII), S. 163.

88 G. B. de Mably (wie Anm. 46), Vol. XIV, S. 189.

89 F. M. Baron de Grimm (wie Anm. 86), S. 296 (Sept. 1766).

90 Eduard Horst von Tscharner, China in der deutschen Literatur des klassischen Zeitalters. In: Sinica. Bd. 9, 1934, S. 185–198, 269–280, hier bes. S. 190 ff., 274 ff. Ursula Aurich, China im Spiegel der deutschen Literatur des 18. Jahrhunderts. Berlin 1935 (Germanische Studien. Hrsg. v. E. Ebering. H. 169), bes. S. 48 f., 93 ff.

91 J. G. Herder (wie Anm. 43), Bd. XIV, S. 9, 16.

92 U. Aurich (wie Anm. 90), S. 93.

93 Man vergleiche die bei W. W. Appleton (wie Anm. 22), S. 86 f., zitierte Passage aus dem Prolog von Arthur Murphys ›The Orphan of China‹:

> "Enough of Greece and Rome. Th'exhausted store
> Of either nation now can charm no more [...]
> On eagle wings the poet of tonight
> Soars for fresh virtues to the source of light,
> To China's eastern realms: and boldly bears
> Confucius' morale to Britannia's ears."

94 Georg Wilhelm Friedrich Hegel, Vorlesungen über die Philosophie der Geschichte. In: Ders., Sämtliche Werke. Hrsg. v. Hermann Glockner. 20 Bde. Stuttgart 1927–39, Bd. XI, S. 190. Vgl. Raymond Dawson, The Chinese Chameleon. An Analysis of European Conceptions of Chinese Civilization. London u. a. 1967, S. 114, der feststellt: "It was not until the late nineteenth century that Chinese painting began to be appreciated by Western amateurs."

95 Pierre du Iarric, Histoire des choses plvs memorables advenves tant ez Indes Orientales, que autres païs de la découuerte des Portugais. 2 vols. Bordeaux 1610, S. 518 ff., zit. S. 518.

96 J. B. Du Halde (wie Anm. 61), Vol. II, S. 72, Vol. I, S. 223.

97 C. de Pauw (wie Anm. 42), Vol. I, S. 4: «enchaînement de toutes les causes physiques & morales, qui ont tenu les sciences les beaux-arts dans une éternelle enface parmi les Chinois.»

98 C. de Pauw (wie Anm. 42), Vol. I, S. 5.

[99] Jonathan Spence, The China Helpers. Western Advisers in China 1620–1960. London u. a. 1969, S. 3 ff., 24 ff.

[100] Vgl. den Bericht von A. Semmedo (wie Anm. 81), S. 78: „Astronomie. In bezug auf alle mathematischen Wissenschaften zeigen sie große Wißbegier, aber, allgemein gesprochen, wissen sie wenig [...]" („Astronomis. De todas las Matematicas son muy curiosos: pero hablando universalmente saben poco [...]").

[101] Joseph Needham, Science and Civilization in China. 6 vols. in 14 Teilvols. (in Forts.). Cambridge 1954 f. Ndr. 1965 f., Vol. III, S. 437 ff., bes. S. 437.

[102] G. W. Leibniz (wie Anm. 17), S. 16 f. Vgl. dazu David E. Mungello, On the Significance of the Question: Did China Have Science? In: Philosophy East and West. Vol. 22 (1972), S. 467–478, der seinen Beitrag mit den Worten beginnt: "For the past twenty years, one of the most intriguing and highly debated questions posed by Western scholars of China has been to what extent Chinese civilization contained an equivalent of natural science, as known in the West. In the midst of the debate and documentation, few have considered *why* we have asked this question."

[103] Alexandre de Rhodes, Sommaire des divres voyages, et missions apostoliques du R. P. – – – [...] à la Chine et autres Royaumes de l'Orient [...]. Paris 1653, S. 25.

[104] David E. Mungello, Leibniz and Confucianism. The Search for Accord. Honolulu 1977. S. 60 f. Ders., Jesuit Accomodation and the Origins of Sinology. Stuttgart 1985. S. 174 ff. Olivier Roy, Leibnitz et la Chine. Paris 1972, S. 120 ff. Madeleine V. David: Le débat sur les écritures et l'hiéroglyphe aux XVIIe et XVIIIe siècles. Paris 1965, bes. S. 31 ff., 57 ff.

[105] Vgl. auch Donald F. Lach, The Chinese Studies of Andreas Müller. In: Journal of the American Oriental Society. Vol. 60 (1940), S. 564–575.

[106] R. Walter (wie Anm. 28), S. 412.

[107] Eusèbe Renaudot, Anciennes relations des Indes et de la Chine. De deux Voyageurs Mahometans, qui y allerent dans le neuviéme siecle [sic]. Paris 1718, S. 386 f.

[108] Joseph Stöcklein (Hrsg.), [Neuer Welt=Bott ...] Allerhand So Lehr= als Geist=reiche Brief/Schriften und Reis=Beschreibungen/ Welche von denen Missionariis der Gesellschaft JEsu Aus Beyden Indien [...] angelangt seynd Bd. I/1. Augsburg-Grätz [Graz] ^{2}1728, Vorrede zum Gesamtwerk.

[109] Gottfried Wilhelm Leibniz, Bedenken von Aufrichtung einer Akademie oder Societät (1671)?. In: Ders., Sämtliche Schriften und Briefe. Hrsg. v. der preussischen Akademie der Wissenschaften. IV. Reihe: Politische Schriften. Darmstadt 1931, Bd. 1, S. 552. Vgl. I. Vossius (wie Anm. 79), S. 70: „In Medicina quidem quantum superent Christianos, vel sola pulsuum possit indicare doctrina."

[110] Vgl. etwa G. F. Gemelli Careri (wie Anm. 76), S. 289 ff.

[111] Gaspar Delpy, L'Espagne et l'esprit européen. L'œuvre de Feijoo (1725–1760). Paris 1936, S. 136 ff.

[112] John Barrow, Travels in China. London 1804, S. 281 ff., zit. S. 310, 299.

[113] Antonio de Herrera [y Tordesillas], Secvnda parte de la Historia general del Mundo [...] desde del año de MDLXXI hasta el de MDLXXXV. Valladolid 1606, S. 217.

[114] Näheres bei W. Demel (wie Anm. 41), S. 291 ff.

[115] J. B. Du Halde (wie Anm. 61), Vol. II, S. 98 f., zit. S. 98. In ähnlichem Sinne: Nicolas Gabriel Clerc (bzw. Le Clerc), Yu le Grand et Confucius, histoire chinoise. Soissons 1769, S. VIII f.; vgl. B. Guy (wie Anm. 20), S. 212.

[116] G. da Gruz (wie Anm. 57), S. 32 v: «Estas & outras cousas q̃ daq̃llas partes afirmauã, ficaram fabulosas depois q̃ ha india se descobrio polos Portugueses.» Vgl. Walter Demel, Antike Quellen und die Theorien des 16. Jahrhunderts zur Frage der Abstammung der Chinesen. Überlegungen zu einem frühneuzeitlichen Diskussionsthema. In: Saeculum. Bd. 37 (1986), S. 199–211.

[117] M. de Montaigne (wie Anm. 78), liv. III, ch. XIII, Vol. II, S. 524.

[118] Hernani Cidade, Liçoes de cultura e literatura portuguesas. 2 vols. Coimbra. Vol. I ²1942. Vol. II ⁴1959, Vol. I, S. 107 ff. Geoffrey Atkinson, Les nouveaux horizons de la Renaissance française. Genève 1935. Ndr. 1969 bes. S. 359 ff. Ders., Les relations de voyages du XVIIe siècle et l'évolution des idées. Paris 1924, zur Wirkung der Berichte über China S. 82 ff.

[119] J. de Barroa (wie Anm. 7), Vol. III, S. 306: «[...] nao era muito crer-se que fazíamos estas cousas, porque outro tanto cremos nós deles, e de outras nações tam remotas, e de que temos pouca notícia.»

[120] Giovanni Botero, Delle Cavse della Grandezza e Magnificenza della Città. In: Ders., Della Ragion di Stato Libri Dieci, Con Tre Libri delle Cause della Grandezza, e Magnificenca delle Città. Venetia 1589, S. 352 f.

[121] Paul Hazard, Die Krise des europäischen Geistes. La Crise de la Conscience Européenne 1680–1715. Dt. Ausg. Hamburg 1939, S. 29 ff., zit. S. 47.

[122] Joachim Bouvet, Portrait historique de l'empereuer de la Chine. Paris 1697.

[123] G. W. Leibniz (wie Anm. 27), S. 8 f.: „Singulari quodam fatorum consilio factum arbitror, ut maximus generis humani cultus ornatusque hodie velut collectus sit in duobus extremis nostri continentis, Europa et Tschina (sic enim efferunt), quae velut orientalis quaedam Europa oppositum terrae marginem ornat. Forte id agitat Suprema Providentia, ut, dum politissimae gentes eaedemque remotissimae sibi brachia porrigunt, paulatim quicquid intermedium est, ad meliorem vitae rationem traducatur."

[124] Werner Fritzemeyer, Christenheit und Europa. Zur Geschichte des europäischen Gemeinschaftsgefühls von Dante bis Leibniz. München–Berlin 1931, S. 139.

[125] Christian Thomasius, Fundamentia juris naturae et gentium. Halle ⁴1718. Ndr. Aalen 1963, lib. I, cap. V., § LXXII: „Quis enim determinabit, utrum gens aliqua morata sit, utrum barbara? cum gentes inter se sint aequales, & denominatio haec originem suam sumserit a fastu Graecorum, Romanum aliorumque populorum, hos imitantium, & alias gentes stulte contemnentium."

[126] Vgl. Arnold H. Rowbotham, The Jesuit Figurists and Eighteenth Century

Religions Thought. In: Journal of the History of Ideas 17 (1956), S. 471–485, S. 471.

127 F.-M. A. de Voltaire (wie Anm. 21), Vol. III (XIX), S. 268 f., zit. S. 269.

128 (François-Marie Arouet de) Voltaire, Abregé [sic] de l'histoire universelle depuis Charlemagne jusques à Charlequint. 3 vols. La Haye 1753–55, Vol. I, S. 2. Eine wichtige Quelle dieser Anschauung könnte der aus Kanton gebürtige Dionysius Kao gewesen sein, der in Siam und Indien als Chirurg tätig gewesen war. Seine ›Kurze Beschreibung des mächtigen Kaiserreichs China‹ war zunächst in niederländischer Sprache erschienen. Dort hieß es, obwohl China als Reich über 4000 Jahre alt wäre, hätten die Chinesen doch „bis auf den heutigen Tag, oder besser bis ungefähr zur Mitte des 17. Jahrhunderts nichts von ihren Sitten, Lehren, Kleidung, Charakter, Regierungsart, Sprache oder etwas dergleichen verändert" („tot op dezen dag, of liever tot ontrent het midden van de eeuwe van zestien hondert toe, niets van hunne zeden, leere, kleeding, aart, wyze van regeering, spraak, of iet diergelyks verandert"). Der Vergleich der beiden Zitate legt nahe, daß Voltaire bei der Abfassung seines Abrégé, der eine der beiden Grundlagen des späteren ›Essai sur les mœurs‹ bildete – diese Passage (bzw. deren französische Übersetzung) im Gedächtnis hatte. Auffällig ist jedoch, daß sich bei Voltaire die Einschränkung der chinesischen Kontinuität auf die Zeit bis ca. 1650 – d. h. den Beginn der Quing-Dynastie – nicht findet. Quellenkritisch hätte überdies eigentlich auch schon Voltaire bemerken müssen, daß Kao als – getaufter – Auslandschinese vielleicht kein so ganz zuverlässiger Zeuge war. Dionyzius Kao; Korte Beschryving Van't Magtig Keizerryk China. In: Everard Ysbrants Ides, Drie-jarige Reize naar China, te Lande gedaan, door den Moskovischen Afgezant – – –. Amsterdam 1704, S. 139–243, S. 141, Anm., zit. S. 230.

129 (Anne Robert) Trugot, Œuvres de – – –. Ed. Gustave Schelle. 5 vols. Paris 1913–23. Ndr. Glashütten/Ts. 1972, Vol. I, S. 283. Hervorhebung vom Verf.

130 F. M. Baron de Grimm (wie Anm. 86), Reihe III, Bd. II, S. 155 f.

131 R. Dawson (wie Anm. 94), S. 65. Zu Rankes China-Bild: Ernst Schulin, Die weltgeschichtliche Erfassung des Orients bei Hegel und Ranke. Göttingen 1958, S. 245 f., 268 f., 283 f., zu Hegels gleichfalls vom Eindruck der Statik beherrschter Auffassung: S. 67 ff.

132 (Marie Jean Antoine Caritat, Marquis de) Condorcet, Esquisse d'un tableau historique des progrès de l'esprit humain. Ed. O. H. Prior. Neuauflage. v. Y. Belaval. Paris 1970, S. 43 f. Vgl. z. B. Alexandre Koyré, Condorcet. In: Journal of the History of Ideas 9 (1948), S. 131–152, bes. S. 134 ff.

133 J. G. Herder (wie Anm. 43), Bd. XIV, S. 12, 15.

134 Apperçu des Mœurs, des Sciences & des Arts des Chinois [...], Schlußsatz. In: J. A. M. de Mailla (wie Anm. 30), Vol. XII.

135 J. F. Charpentier Cossigny (wie Anm. 75), S. 104, passim.

136 Christoph Meiners, Grundriß der Geschichte der Menschheit. Lemgo 1785, S. 67 (zit.), S. 231–235.

137 J. Barrow (wie Anm. 112), S. 3.

138 Chung-shu Ch'ien, China in the English Literature of the Eighteenth

Century. In: Quarterly Bulletin of Chinese Bibliography 2/2 (1941), S. 7–48 u. 113–152, hier zit. nach S. 151.

139 Jurien de la Gravière, Jean Baptiste Edmond. Voyage de la corvetta La Bayonnaise dans les mers de Chine. 2 vols. Paris [4]1885, Vol. I, S. 1.

140 Zit. nach E. Schulin (wie Anm. 131), S. 268 f.

141 Ibid., S. 283.

142 G. W. F. Hegel (wie Anm. 94), Bd. XI, S. 163.

143 Johann Christoph Gatterer: Handbuch der Universalhistorie nach ihrem gesamten Umfange. 2 Bde. Göttingen 1761–64, Bd. II, Tl. 2, S. 340.

144 A. L. Schlözer (wie Anm. 51), S. 285, 280.

145 K. Grossmann (wie Anm. 1), S. 274.

Von der freien Lohnarbeit zur Sklaverei: Die Ausbildung der karibischen Plantagengesellschaft

Von

Andrea Wirsching

Abb. 5: Der Kontinent Amerika. Tapisserie aus der Werkstatt der Brüder Jan Frans und Peter van der Borght. 342 × 500 cm. Brüssel, um 1750.

Bildteppiche mit exotisch wirkenden Darstellungen aus dem Leben fremder Kulturen scheinen sich im Europa des 18. Jahrhunderts großer Beliebtheit erfreut zu haben. Die hier gezeigte Wirkarbeit gehört zu einer fünfteiligen allegorischen Serie über die Erdteile. Vor dem Hintergrund einer tropischen Küstengegend stehen in der Bildmitte ein Europäer und ein farbiger Herrscher in geschäftlicher Unterredung. Wie sich unschwer aus der Tätigkeit der übrigen Personen erkennen läßt – von europäischen und eingeborenen Bediensteten sowie schwarzen Sklaven werden Kolonialwaren geschäftig zusammengetragen, verpackt und auf das im Hafen vor Anker liegende Schiff verladen –, handelt es sich um einen kaufmännischen Kontrakt: Links im Bild wird wohl Zuckerrohrschnaps in Fässer abgefüllt, in der Mitte hebt ein Matrose einen Korb voller Zuckerrohrstücke vom Boden auf, und rechts beugt sich ein schwarzer Sklave wahrscheinlich über Kautschukrollen. Wenn auch die phantastische Bildsprache den Betrachter vielleicht nicht auf den ersten Blick den gemeinten Kontinent erraten läßt, kennzeichnen gleichwohl unverwechselbare Details den dargestellten Erdteil: so Schildkröte bzw. Gürteltier, Papagei und Affe als typische Tiere der Karibik bzw. Südamerikas; die Tabakpflanze links im Vordergrund und der daneben sitzende rauchende Indianer als Symbole des von Europa übernommenen indianischen Genußmittels; der Federschmuck einiger Indianer als eines der in der europäischen Vorstellung vom Bewohner der Neuen Welt traditionellsten Markenzeichen; und die zur Zeit der Entstehung des Wandteppichs wichtigen Exportprodukte Amerikas, nämlich der karibische Zucker und der ab 1750 an wirtschaftlicher Bedeutung gewinnende Kautschuk. *A. Menninger*

Als sich die ersten weißen Pflanzer auf den Karibischen Inseln niederließen, reichte die Palette der angebauten Nutzpflanzen von Kaffee über verschiedenes Obst und Gemüse bis hin zu Indigo, Zucker und Baumwolle. In dieser frühen Phase experimentierten sie auf kleinen Flächen, die sich erst allmählich durch weitere Rodungen vergrößerten. Bezüglich ihrer Arbeitskräftestruktur waren diese Farmen Mischformen, d. h. europäische Kleinbauern und weiße Vertragsarbeiter, sogenannte Indentured Servants oder Engagés, arbeiteten zusammen mit afrikanischen und zunächst auch noch mit indianischen Sklaven. Die wachsende Zuckerproduktion ab der Mitte des 17. Jahrhunderts erforderte nicht nur enorme Kapitalsummen und eine ausgereifte Technologie, sondern auch eine große Zahl an Arbeitskräften aus verschiedenen Sparten, vom einfachen Feldarbeiter bis hin zum spezialisierten Handwerker. Die Zuckerherstellung selbst war ein sehr komplizierter Prozeß, bei dem es auf größte Disziplin und Genauigkeit ankam. Man brauchte einerseits eine große Menge an einfachen Arbeitern, die ohne spezielle Ausbildung möglichst einheitlich, effektiv und gut lenkbar auf den Feldern eingesetzt wurden, und andererseits ausgebildete Spezialisten, die die komplizierten Produktionsabläufe beherrschten und die verschiedenen handwerklichen Aufgaben bewältigen konnten. Für diese Tätigkeiten bevorzugten die Plantagenbesitzer weiße Arbeitskräfte, weil sie ihrer Meinung nach vertrauter mit dieser gleichsam industriellen Herstellung waren. Die Ausbildung von Sklaven war im Vergleich dazu zeit- und kapitalintensiv. Auch wenn es von Anfang an schwarze Sklaven in der Karibik gab, wurden in den Anfangsjahren des Zuckers, die von einem ständigen Arbeitskräftemangel geprägt waren, auch auf dem Feld vor allem weiße Indentured Servants und Lohnarbeiter eingesetzt. Wenn man davon ausgeht, daß nach damaliger Schätzung der Experten der optimale Arbeitsbedarf bei 1 Mann pro 2 Acres lag, waren die Plantagen mit 1 Mann pro 11,3 Acres bei weitem unterbesetzt. In großer Zahl kamen die weißen Vertragsarbeiter aus den Mutterländern in der Hoffnung auf ein Stück Land und eine eigene freie Existenz, nachdem sie ihre Überfahrt und Ausrüstung abgearbeitet hatten. Bis dahin mußten sie allerdings mehrere Jahre lang als Indentured Servants ein Leben fristen, das dem der Sklaven an Härte, Entbehrungen und Unterdrückungen kaum nachstand.

Während der gesamten kolonialen Epoche stellte sich für die Siedler in der Karibik als größtes Problem neben Krankheit und widrigen Klimaumständen die Beschaffung der notwendigen billigen Arbeitskräfte für die landwirtschaftliche Produktion. Die Chancen, auf den Karibischen Inseln gute Profite zu erwirtschaften, waren gut, denn Land stand in genügendem Maße zur Verfügung und die Nachfrage nach Kolonialwaren stieg stetig an. Andererseits gab es in den Mutterländern durch politische und gesellschaftliche Veränderungen ein hohes Potential an arbeitswilligen Männern und Frauen. Den meisten von ihnen fehlten die finanziellen Mittel für die Überfahrt, einige konnten auf eigene Kosten in Übersee eine Arbeit suchen. Spekulanten arbeiteten auf verstärkte Einwanderung hin, denn nur durch Besiedlung wurden die ihnen bereits gewährten Landzuweisungen gültig. Auch zur Verteidigung gegen mögliche Angriffe von außen, also durch feindliche Truppen oder Piraten, und innen, im Falle eines Sklavenaufstandes, waren die Landeigner an einem starken Bevölkerungsanteil von Europäern interessiert. Sie verfolgten dabei dieselben Ziele wie ihre Regierungen, die darin eine Grundlage für die Sicherung ihrer Kolonien sahen. Der entscheidende Motor für die folgende Entwicklung waren jedoch sicherlich die Händler und Schiffseigner, für die durch den Transport von Emigranten hohe Profitraten in Aussicht standen. Durch das Zusammenwirken dieser Interessen entstand ein neuer Typ von Arbeitskraft, dem hier besondere Aufmerksamkeit geschenkt werden soll: der Indentured Servant im englischen Raum, der im 17. Jahrhundert die wichtigste Arbeitskraft in den Kolonien darstellte.[1]

Bei den Indentured Servants handelte es sich sowohl um einfache als auch um ausgebildete Arbeiter beiderlei Geschlechts, die für einen befristeten Zeitraum ihre Freiheit aufgaben und eine Art Zwangsarbeit verrichteten. Es waren Emigranten, denen zunächst einmal die finanziellen Mittel fehlten, um die Schiffspassage in die Neue Welt zu finanzieren. Ihr Bedürfnis, in den Kolonien eine bessere Zukunft zu suchen, entsprach andererseits dem Ziel von Schiffseignern und Händlern, im Gegenzug zu Kolonialwaren weiße Emigranten in die Kolonien zu transportieren und damit auch den anderen Teil ihrer Fahrt profitabel zu gestalten. Außerdem war man, wie bereits angesprochen wurde, in den Kolonien auf neue Arbeitskräfte angewiesen, so daß die Farmer auch bereit waren, Geld für Arbeitswillige auszugeben. Gefördert wurde dies weiterhin durch die an der Kolonisation interessierten Politiker, die den Zuzug europäischer Siedler begrüßten.

Die Emigranten schlossen im Mutterland einen Vertrag mit einem Agenten, meist dem Kapitän selbst, in dem sie ihm ihre Arbeitskraft für eine bestimmte Anzahl an Jahren zur Verfügung stellten. Die Vertragsdauer lag zwischen drei und zehn Jahren.[2] Die Länge dieser Indenture hing vom Alter, vom Geschlecht, den Fähigkeiten und der Ausbildung des Emigranten ab, sowie von den Gepflogenheiten auf den verschiedenen Inseln.[3] Während dieser Zeit verzichteten sie auf einen Großteil der Rechte, die den anderen Europäern auf den Inseln zustanden, und unterwarfen sich der Willkür ihrer Herren, die danach strebten, so viel Arbeitsleistung als möglich in der befristeten Zeit aus ihnen herauszupressen. Dazu kam es, weil der Anspruch auf ihre Arbeitsleistung übertragen werden konnte. Nach ihrer Ankunft auf den Inseln wurden sie im Hafen, meist noch auf dem Schiff, einzeln an die Interessenten verkauft, die sich aus Händlern und Plantagenbesitzern zusammensetzten. Die Kapitäne erhielten als Erlös zum größten Teil Naturalien, also Tabak, Zucker oder ähnliche Kolonialwaren.[4]

Welche Gegenleistungen erhielten die Servants im allgemeinen? Sie wurden zu Beginn ihrer Fahrt eingekleidet und ab Vertragsabschluß untergebracht und verpflegt. Neben der Überfahrt wurde ihnen als eine Art Bezahlung ihrer Arbeit nach Ablauf ihrer Vertragszeit auch noch eine bestimmte Wertsumme in Naturalien sowie ein Stück Land zugesagt. Des weiteren erhielten sie dann auch ihre Freiheit wieder zurück.

Was veranlaßte die Indentured Servants, ihre Heimat zugunsten einer ungewissen Zukunft zu verlassen? Abbot E. Smith, der zu diesem Thema ein Standardwerk verfaßte, führt die außerordentliche Mobilität und Emigrationsbereitschaft in England auf die besondere Situation am Anfang des 17. Jahrhunderts zurück, dem Übergang von der feudalen zur kommerziellen Epoche mit einer hohen Instabilität der Gesellschaft.[5] Die Umstände, die dazu führten, reichten in England von der Auflösung der Klöster und damit deren Hilfeleistungen über die Einhegung von Ackerland für Schafweiden oder kultivierte Großflächen und deren wirtschaftlichen Folgen bis hin zur Auflösung der feudalen Privatarmeen u. v. m. In Schottland, das einen hohen Anteil der Indentured Servants stellte, trugen hauptsächlich landwirtschaftliche Veränderungen und dabei vor allem starke Pachterhöhungen auf das Doppelte bis Dreifache zum Abwandern der Menschen bei. Mißernten und die hohe Last an Steuern und Abgaben verschlechterten noch das Los in der Heimat. Zahlreiche Menschen aus den niederen und armen

Schichten, besitzlose Bauern, entlassene Soldaten, aber auch arbeitslose Handwerker zogen entwurzelt durch das Land und vermehrten die Gruppe der Vagabunden und Bettler. Ihre Ansammlung in den großen Städten schien vielen Zeitgenossen als Symptom für eine Überbevölkerung. Die politischen und wirtschaftlichen Probleme Englands und Schottlands wurden in dieser Zeit in demographischen Kategorien gesehen. Überbevölkerung galt als zentrale Ursache für soziales Elend und wirtschaftliche Probleme.[6] Die Obrigkeit sah in einer Förderung der Auswanderung das geeignete Mittel, um dem wachsenden Elend zu begegnen. Nicht zu vergessen ist die neue, übergreifende Mobilität in Europa,[7] die zur Auswanderung nach Übersee führte. Bezüglich der englischen Servants war die Fahrt nach Amerika dabei oft der zweite Schritt, nachdem die Wanderung in England selbst zu keinen besseren Zukunftschancen geführt hatte.[8] Doch auch deutsche Emigranten sahen in einer Auswanderung die Chance, eine bessere Zukunft zu finden.[9] Eine Kombination dieser Motivation mit dem Zwangstransport aus England stellt das später angeführte Beispiel von Heinrich von Uchteritz dar. Wie verlief nun der Transport nach Übersee?

Nachdem die Virginia Company verschiedene Modelle entwickelt hatte, finden wir 1620 das erste typische Beispiel für den Handel mit Indentured Servants, bei dem die Siedler – in diesem Fall aus Virginia – eine bestimmte Summe an den Importeur zahlen und ihm damit seine Rechte an den Leistungen des Emigranten abkaufen.[10] In diesem Zeitraum wanderten vor allem Angehörige der niederen Mittelschicht aus England in die Kolonien aus.[11] Richard Dunn teilt sie in zwei Gruppen ein: zunächst einmal junge Arbeiter aus der Mittelklasse, die vor ihrer Heirat eine Ausbildung erhalten wollten und sich zu diesem Zweck bei ganz bestimmten Arbeitgebern verpflichteten. Dazu zählen auch Kinder, die von ihren Eltern zum Zweck der Sozialisation für bis zu 10 Jahre in die Kolonien geschickt werden. In der anderen Kategorie finden sich diejenigen, die ihr Leben lang als einfache Arbeiter tätig sind, oft Angehörige aus niederen Schichten und deren Kinder.

In den 20er und 30er Jahren wanderten viele junge Servants nach Barbados aus.[12] In der Hoffnung auf ein eigenes Stück Land sahen sie in diesem Schritt die Möglichkeit, ihre Chancen zu verbessern. Mit dem Ausbruch des Bürgerkrieges 1642 stieg die Zahl der Indentured Servants langsam an. In dieser Phase, die bis zur Restauration 1660 andauerte, kamen zu den freiwilligen Servants weitere Gruppen hinzu, die unter dem Druck der Regierung das Land verlassen mußten. Dazu gehörten die Kriegsgefangenen ebenso wie die politischen Gefangenen und die Menschen, die aus religiösen Gründen unbeliebt waren. Durch die forcierte Abschiebung dieser Gruppen entwickelte sich auf den Inseln innerhalb der weißen Bevölkerung ein buntes Gemisch von Engländern, Schotten und Iren. Gerade die letzteren wurden aus politischen und religiösen Gründen im Rahmen der englischen Umsiedlungspolitik verschickt. So beschloß der Council of State 1655, je 1000 junge Männer und 1000 Mädchen aus Irland nach Jamaica zu verschiffen und damit die europäische Population aufzustocken. In demselben Jahr veranlaßte Cromwell, daß Soldaten aus der puritanischen Armee in Irland nach Abschluß der Kämpfe zur Kolonisierung abtransportiert wurden. Unter seiner Regierung wurden auch die Armenviertel, Gefängnisse und Arbeitshäuser geleert. Auf diese Weise gelangten zum Beispiel im Jahre 1656 über 400 Prostituierte nach Barbados, um dort den weiblichen Bevölkerungsanteil zu verstärken.

Die Bedeutung der Nachfrage nach Indentured Servants blieb während des gesamten Beobachtungszeitraumes sehr hoch. Als ab den 70er Jahren in den Kolonien der Bedarf an Milizsoldaten stieg, legten die einzelnen Inseln gesetzlich einen Mindestanteil der weißen Bevölkerung fest, um verteidigungsfähig zu bleiben. 1682, zu einem Zeitpunkt, als schon längst überwiegend schwarze Sklaven auf den Plantagen arbeiteten, wurde auf Barbados eine Bestimmung erlassen, nach der Servants, die nach 10 Tagen noch keinen Abnehmer gefunden hatten, vom Schatzmeister gekauft und dann kostenpflichtig an einzelne Pflanzer verteilt werden sollten. Damit wollte man verhindern, daß der Händler mit ihnen die Insel wieder verließ. In diesem Fall spielten also nicht mehr so sehr wirtschaftliche Gründe eine Rolle, sondern viel mehr die Angst, im Kriegsfall nicht genug wehrfähige Männer aufzubringen.

Politische und gesellschaftliche Faktoren förderten das System der vertraglich verpflichteten Arbeitskraft. Die eigentliche Initiative lag jedoch bei den Händlern, die den direkten Kontakt knüpften und die Verträge abschlossen. Sie wurden von gesetzlicher Seite nicht eingeschränkt. Jeder, der ein Schiff besaß oder charterte, konnte soviele Passagiere transportieren, wie er wollte.[13] Seine zusätzlichen Anfangskosten fielen im Vergleich zu den zu erwartenden Gewinnen gering aus, wenn er bereits im kolonialen Handel tätig war.[14] Diese Situation änderte sich mit den Navigation Acts von 1660/61. Sie verboten es schottischen Händlern, von Schottland aus direkt in die Kolonien zu fahren, ohne vorher zur Registrierung einen englischen Hafen anzusteuern. Auf diese Weise wurden schottische Kapitäne aus dem Servanthandel gedrängt, was zu einer veränderten Marktlage führte, die

Preise, die die Pflanzer für Servants zahlten, erhöhte und dadurch den Übergang zum Sklaveneinkauf beschleunigte.[15]

In den Anfangsjahren brachten die Siedler die Arbeiter aus ihrer Heimat mit, oder sie beauftragten Freunde und Verwandte, ihnen die geeigneten Arbeitskräfte zu besorgen. Später übernahmen Händler und Kapitäne diese Funktion. Sie stellten dafür Agenten ein, die ihnen die bestellten Arbeitskräfte gegen einen bestimmten Betrag pro Kopf zuführten. Diese Agenten arbeiteten zum Teil auf eigene Verantwortung und genossen einen schlechten Ruf, standen sie doch im Verdacht, mit unlauteren Mitteln die Unterschriften zu sammeln und sogar Menschen zu entführen. In Zeiten großer Nachfrage zahlten Kapitäne hohe Preise, ohne dabei genauer nach den neuen Passagieren zu fragen. Auf diese Weise wurden streunende Kinder, einzelne Jugendliche oder betrunkene Landstreicher Opfer eines Kidnappers. Auch die Methoden, Kandidaten betrunken zu machen oder einfache Menschen durch falsche Versprechungen zu ködern, waren üblich und vermehrten das allgemeine Mißtrauen. Bis zur Überfahrt wurden solche Opfer auf Schiffen oder in den Unterkünften der Händler festgehalten. In der Mitte des 17. Jahrhunderts gab es in London regelrechte Depots, in denen diese Menschen als Gefangene ihre Abreise erwarteten. Um gegen diese Mißstände einzuschreiten, forderten Händler, die verhindern wollten, daß die Servants nach ihrer Ankunft Klage wegen unfreiwilliger Unterschrift gegen sie erhoben, die Abreisenden offiziell zu registrieren und damit den ordnungsgemäßen Vertragsabschluß zu dokumentieren. Sie hatten damit nur teilweise Erfolg, da das Parlament, das in den siebziger Jahren des 17. Jahrhunderts den Servanthandel aus merkantilistischen Gründen ablehnte, keine durchgreifenden Bestimmungen erließ. Gegner des Systems fürchteten, durch diesen Handel könnten dem Mutterland wertvolle Arbeitskräfte entzogen werden. Doch mit Hilfe der Krone, die an einer kolonialen Expansion interessiert war, wurden ab 1664 offizielle Registrierbüros eingerichtet, und diese übernahmen die Aufgaben, die vorher nur durch lokale Initiative, wie in Bristol 1654, ausgeführt worden waren.

Die Dauer der Verträge richtete sich nach den Preisen für Indentured Servants in den Kolonien, nach den Kosten der Agenten und nach den erwünschten Profiten des Händlers.[16] Da unter den freiwilligen Emigranten, die sich informiert hatten, bekannt war, daß die Lebensbedingungen auf den Zuckerinseln härter waren als auf dem amerikanischen Festland, konnten sie in diesem Fall kürzere Vertragszeiten aushandeln.[17]

In der Mitte des 17. Jahrhunderts wurde in England häufig der Typ des Ausbildungsvertrages abgeschlossen, in dem sich ein Lehrling fest an seinen Meister band, von ihm vollständig versorgt wurde, aber meist kein Gehalt bezog. Im Gegenteil: Ein Angehöriger entrichtete einen bestimmten Betrag, um ihm die Ausbildung zum Kaufmann, Arzt und Facharbeiter zu ermöglichen oder ihn auf seinen Beruf als Pflanzer vorzubereiten. Gute Vertragsbedingungen erhielten Facharbeiter für die Zuckerplantage. Dazu gehörten auch Berufsgruppen wie Ärzte, Büttner und Schmiede. Diese Angestellten standen gegenüber anderen weißen Arbeitskräften meist etwas höher auf der sozialen Stufenleiter und genossen Privilegien, etwa in Einzelfällen auch für die eigene Tasche arbeiten zu dürfen. Zur selben Kategorie zählten Verträge, mit denen Teams von Spezialisten angeheuert wurden. Sie arbeiteten nicht nur für die eigene Überfahrt, sondern empfingen auch ein Gehalt und nutzten nach Ablauf ihrer Dienstzeit die Möglichkeit, auf dem freien Arbeitsmarkt nach guten Stellungen zu suchen oder ein eigenes Geschäft zu eröffnen.

Einen Sonderfall stellten die Redemptioners dar. Diese Personen verpflichteten sich, dem Kapitän innerhalb zweier Wochen nach der Ankunft in den Kolonien den fälligen Betrag für die Überfahrt zu zahlen. Sollte ihnen dies nicht gelingen, so konnte der Händler sie oder ein Familienmitglied gemäß ihrer Schulden für eine bestimmte Zeit als Indentured Servants verkaufen. Die große Chance der Emigranten bestand in diesem Fall darin, ab Vertragsabschluß im Mutterland mit Kleidung und Nahrung versorgt in die Kolonien zu gelangen und dort selbst einen Bürgen oder Dienstherren zu finden, der sie aus dem bisherigen Vertrag auslöste. Vor allem Familien nutzten diese Chance. Sie brachten ihr gesamtes Hab und Gut mit und suchten gemeinsam eine neue Heimat. Seine Blüte erfuhr dieses System im 18. Jahrhundert, als sich die Situation in den Kolonien bereits stabilisiert hatte.[18]

Die bisherigen Beispiele tragen einen individuellen Charakter. In Zeiten starker Emigration wurden jedoch hauptsächlich Standardverträge verwendet. Sie gewährten dem Emigranten die Sicherheit, sich zu allgemein üblichen Bedingungen zu verpflichten und nicht durch eigene Unerfahrenheit Sonderbedingungen zu unterschreiben. Im allgemeinen befanden sich Servants, die ihre Verträge vor der Abreise abgeschlossen hatten, weit im Vorteil gegenüber denjenigen, die ohne Vertrag in die Kolonien transportiert wurden oder ihn verloren hatten und nun der Willkür von Händlern und Siedlern ausgeliefert waren. Dazu zählten auch die oben erwähnten Straftransporte, bei denen der Beamte die betroffenen Personen gegen ein Entgelt an den Händler weitergab, der sie dann in Übersee als Indentured Servants verkaufte.[19]

Für die Händler ergaben sich auf diese Weise hohe Gewinnchancen. Die Transportkosten lagen während des gesamten Beobachtungszeitraumes bei etwa 5 bis 6 Pfund Sterling. Sie umfaßten dabei die Ausrüstung, die Kleidung und weitere Ausgaben, die vor der Abfahrt anfielen. Der Verkaufspreis in den Kolonien bewegte sich innerhalb einer Spanne von 10 bis 30 Pfund. Handwerker und ausgebildete Kräfte kosteten mehr, Angehörige bestimmter Nationalitäten, z. B. die Iren, lagen niedriger im Kurs. Der Profit des Händlers hing jedoch nicht nur von der Nachfrage in den Kolonien und dem Wert der Servants ab, sondern auch von den Verpflegungskosten während der Überfahrt. Allerdings mußte der Kapitän mit großen Risiken im Falle von Krankheit und Tod rechnen. Nach der Ankunft wurden die Servants, soweit in ihrem Vertrag kein bestimmter Dienstherr genannt war, an Interessierte verkauft, d. h. die Rechte an ihrer Arbeitsleistung gingen vom Händler an einen Siedler über – das Leben auf der Plantage begann.

Über die Lebensqualität auf den Inseln gibt es widersprüchliche Aussagen. Dalby Thomas hält das Leben dort allgemein für leicht im Vergleich zu dem in England,[20] während Richard Ligon speziell die Lage der Servants schlimmer als die von Sklaven beurteilt: „Die Insel ist in drei Sorten von Menschen aufgeteilt, Pflanzer, Servants und Sklaven. Die Sklaven und ihre Nachkommen werden, da sie für immer ihrem Herrn untergeben sind, mit größerer Sorgfalt behandelt als die Servants, die ihnen nur für fünf Jahre gehören, gemäß dem Gesetz der Insel."[21]

Die größte Schwierigkeit bestand zunächst darin, sich den Klimaverhältnissen anzupassen. Ein großer Teil der Neuankömmlinge starb kurz nach der Landung, geschwächt durch die Strapazen der Überfahrt, an einer der tropischen Krankheiten, wie Malaria, Gelbfieber, Ruhr, Wassersucht oder Lepra.

Von den Überlebenden, oft nur ein Fünftel aller Passagiere,[22] arbeitete der größte Teil auf den Feldern. Sie rodeten das Land, hackten den Boden mit einfachen Werkzeugen, da der Pflug dort nicht eingesetzt wurde, und bereiteten die bestellten Flächen auf die Pflanzung vor. In der Erntezeit wurden zusätzliche Arbeiter von anderen Siedlern gemietet, wenn die eigenen Arbeitskräfte nicht ausreichten. Gerade Servants, die nicht an die harte Feldarbeit gewöhnt waren, fiel die Anpassung schwer. Mit diesem Problem kämpften auch die Menschen, die unfreiwillig in die Kolonien gekommen waren. Etwa 64% aller Arbeitskräfte arbeiteten auf den Feldern, 14% waren Hausangestellte und 12% Aufseher, Handwerker, Fuhrleute, Schäfer und Fischer.[23] Frauen wurden in den meisten Fällen nicht auf dem Feld eingesetzt, sondern übernahmen das Kochen und Waschen.[24]

Ligon schildert den Arbeitstag eines Landarbeiters folgendermaßen: „Um sechs Uhr früh werden sie mit einer Glocke zum Arbeiten gerufen, wobei sie ein strenger Aufseher kommandiert, bis die Glocke etwa um 11 Uhr wieder läutet. Dann kommen sie zurück und setzen sich zu Tisch, wo es entweder Lob-Lolly, Bonavist oder Kartoffeln gibt.[25] Um eins werden sie wieder auf's Feld gerufen und arbeiten dort bis um 6 Uhr, um dann heimzukehren und dasselbe zu Abend zu essen."[26]

Die Ernährung bestand hauptsächlich aus Maniok, Kartoffeln, Erbsen und Bananen mit wenig Fleisch, kaum frischem Gemüse und keinem Brot. Oft waren Mangelkrankheiten die Folge. Die weißen Arbeitskräfte wohnten in selbstgebauten Hütten, getrennt von den Negersklaven. Die Kleidung, meist schon in den Mutterländern an die Indentured Servants verteilt, war aus grobem Leinen gefertigt.[27] Auf der Plantage herrschten rauhe Sitten – auch daran mußten sich die Neuankömmlinge gewöhnen. Von ihren Dienstherren wurden sie nicht selten mit großer Härte behandelt, vor allem die Servants, die zwangsdeportiert worden waren. Ligon berichtet über den Umgang mit Indentured Servants folgendes: „[...] er ist so wie der Master, mild oder grausam; die, die barmherzig sind, behandeln ihre Servants gut, sowohl bezüglich Essen und Trinken, als auch mit der Wohnung, und sie geben ihnen die Arbeit, wie sie für Christen passend ist. Aber wenn die Herren grausam sind, haben die Servants ein äußerst ermüdendes und erbärmliches Leben."[28]

Es gibt nur wenige veröffentlichte Quellen, in denen Indentured Servants über ihr Leben berichten. Eine davon ist der Bericht des Heinrich von Uchteritz. Auch wenn seine Zahlenangaben nicht glaubhaft sind, so vermitteln seine Beschreibungen doch einen Eindruck von den Lebensbedingungen eines Indentured Servants auf Barbados.

In der Mitte des 17. Jahrhunderts wurden unter Cromwell eine ansehnliche Zahl an Kriegsgefangenen nach Barbados verschifft.[29] Einer davon, Heinrich von Uchteritz, ein deutscher Söldner, war nach dem Dreißigjährigen Krieg nach Schottland gegangen und dort nach der Schlacht von Worcester 1651 gefangengenommen worden. Er berichtet,[30] wie er 1652 zusammen mit 1300 Mitgefangenen nach Barbados verschifft und dort für 800 Pfund Zucker an den Grafen Whittaker verkauft wurde.[31] Dieser Count habe 100 Christen, 100 Neger und 100 Indianer als Sklaven gehalten.[32]

Uchteritz beschreibt im ersten Teil seines Berichtes die Bauart der Häuser und Hütten, die angebauten Pflanzen und Nahrungsmittel und geht auch kurz auf die unterschiedlichen Religionen der Weißen und Schwarzen ein. Interessant ist dabei, daß er unter dem Begriff „Sklaven" sowohl Indentured Servants als auch die Schwarzen zusammenfaßt. Am ersten Tag mußte er den Hof der Plantage fegen, am nächsten die Schweine füttern und ab dann Arbeiten erledigen, die gewöhnlich von Sklaven verrichtet wurden. Seine Ernährung bestand wie die aller anderen Sklaven hauptsächlich aus Kartoffeln und Cassava. Den einzigen Unterschied, auf den er hinweist, abgesehen von der Religion, ist die Kleidung. Während die Christen, in diesem Fall jedoch die bessergestellten, feine Leinenkleidung trügen, wären die Neger und Eingeborenen lediglich mit einem Lendenschurz bekleidet. Er selbst sei armselig bekleidet gewesen, wie er im zweiten Teil seines Berichtes erwähnt.

Die kurze Reisebeschreibung des Heinrich von Uchteritz liefert dem Historiker keine ausführlichen neuen Informationen, sie ist jedoch insofern aufschlußreich, als sie belegt, wie eng der Status eines kriegsgefangenen Indentured Servants in den 50er Jahren des 17. Jahrhunderts mit dem eines Sklaven verknüpft war und wie wenig sich die Lebensbedingungen voneinander unterschieden.

Schlechte Behandlung führte zu Unzufriedenheit unter den Servants, die verstärkt wurde, wenn sie neben den Sklaven auf dem Feld arbeiten mußten.[33] Vor allem die Arbeiter, die unfreiwillig auf den Plantagen lebten, Kriminelle, schottische und irische Kriegsgefangene, wehrten sich dagegen, wie Sklaven gehalten zu werden. Daher kam es gerade in der Mitte des 17. Jahrhunderts zu mehreren Aufständen und Rebellionen. Ligon berichtet davon, daß kurz vor seiner Landung in Barbados 1647 ein Aufstand niedergeschlagen worden war: „Kurz bevor ich von dort kam, gab es eine solche Verschwörung unter ihnen, wie man sie wahrscheinlich noch nie gesehen hatte, nachdem ihre Leiden auf ein großes Maß angewachsen waren und ihre täglichen Klagen untereinander [über die unerträglichen Lasten, unter denen sie arbeiteten] sich auf der ganzen Insel ausgebreitet hatten; schließlich entschieden sich einige unter ihnen, die von ihrer Gesinnung her eine solche Sklaverei nicht aushalten konnten, auszubrechen oder im Kampf zu sterben."[34] In einem solchen Fall wurden sie den strengen Landessitten unterworfen und mit großer Härte bestraft.

Der rechtliche Status eines Servants bildete sich aus den etablierten Gewohnheiten, die sich dann in Gesetzen niederschlugen. Vorreiter war auch in diesem Fall Barbados, eine der am frühesten besiedelten

Zuckerinsel in der Karibik. 1661 entstand dort ein ›Code for the good governing of Servants, and ordaining the Rights between Masters and Servants‹, der bald zum Vorbild ähnlicher Gesetze auf den anderen englischen Inseln wurde. Er regelte, daß der Dienstherr über den Servant weniger Macht besaß als über einen Sklaven und garantierte dem weißen Arbeiter ein Minimum an Kleidung und Nahrung. Besonders wichtig war seine Möglichkeit, sich im Falle von Mißhandlungen bei den örtlichen Ratsgremien zu beschweren. Weiterhin wurde niedergelegt, daß ein Herr für seinen kranken Servant sorgen mußte und ihn nicht zügellos mißhandeln durfte. Zur Kontrolle wurden die Körper der Servants routinemäßig nach Peitschen- und Hungerspuren untersucht. Wurde ein Arbeiter durch seinen Herrn getötet, so mußte sich dieser wegen Mordes verantworten. Bei schweren Vergehen des Untergebenen regelte ein Gericht seine Strafe, die meist aus einer Verlängerung der Dienstzeit bestand. Die höchste Strafzeit wurde dabei für das Beherbergen eines geflohenen Sklaven ausgesprochen (7 Jahre).

Durch dieses Gesetz wurde der Unterschied zwischen Sklaven und Servants eindeutig festgelegt, da die Strafen für Sklaven weitaus härter waren – in vielen Fällen der Tod – und Sklaven auch kein Beschwerderecht gegen ihren Herrn besaßen. Andererseits wurden hier ebenso die Einschränkungen im Status eines Servants niedergelegt: Seine Arbeitskraft konnte weitergegeben, vermietet, verkauft oder verspielt werden. Sein größtes Verbrechen bestand, neben dem der Rebellion, in der Flucht. Durch Präventivmaßnahmen, wie die Pflicht, sich nur mit einem gültigen Paß, der Erlaubnis seines Herrn, frei zu bewegen, strenge Gesetze über den Besitz von Booten und hohe Strafen für Hilfeleistungen an einen Flüchtling, wollten die Gesetzgeber die Fluchtchancen von vorneherein verringern. Ein weiteres Bündel von Verordnungen beschäftigte sich mit der Fortpflanzung von Servants. Ohne die Erlaubnis ihres Herren durften sie nicht heiraten, Frauen, die schwanger wurden, wurden oft mit einem Jahr Extradienst bestraft und mit 7 Jahren zusätzlicher Arbeit, wenn der Vater ein Negersklave war.

Der letzte Aspekt weist auf die Sonderrolle hin, die weibliche Servants spielten. Während bei Sklaven kaum ein Unterschied zwischen Männern und Frauen gemacht wurde, was den Arbeitseinsatz betraf, wurden europäische Frauen, wie bereits angesprochen, kaum auf dem Feld eingesetzt. Weiße Frauen waren auf den Zuckerinseln wertvoll, da ihre Sterblichkeitsrate bei Geburten hoch lag und bei den Pflanzern chronischer Mangel an Ehefrauen herrschte. Daher galt es als besonders verwerflich, wenn eine Europäerin von einem Negersklaven schwanger wurde.

Weiße Servants besaßen kein Bürgerrecht, sie durften nicht wählen und kein Amt besetzen. Andererseits wurden sie zur Verteidigung herangezogen, und zwar nicht nur zum Dienst in der Miliz, sondern auch durch die britische Armee, oft gegen den Willen ihrer Herren. Bis in die Mitte des 18. Jahrhunderts stritt man sich deswegen, ob sie Bürger oder Besitz waren. 1756 beschloß das Parlament, sie dürften zwar zum Dienst herangezogen werden, aber nur mit Zustimmung ihrer Herren, ansonsten hätten diese Anspruch auf eine Entschädigungssumme.[35]

Nun stellt sich aber die Frage, wie effektiv diese Gesetze tatsächlich waren. Wie sicher war der Servant vor Ausbeutung und grausamer Behandlung? Inwieweit bedeutete das Beschwerderecht Zugang zu tatsächlicher Gerechtigkeit? Schließlich stammten die Richter, bei denen er sich beklagte, aus derselben Schicht wie der Angeklagte und waren meist Verwandte oder Freunde. Abbot E. Smith stellt fest, daß der Servant in den meisten Fällen sein Recht bekam, vor allem, wenn es um seinen Lohn am Ende der Dienstzeit ging und sein Vertrag genau formuliert war.[36] Er plädiert dafür, das System nicht nur nach den harten Bedingungen zu beurteilen, sondern auch die Möglichkeiten der Servants, ihr Recht einzufordern, und die Erfolge dabei in die Überlegungen miteinzubeziehen.[37]

Hatte der Servant seine Dienstzeit abgeleistet, so trat er automatisch in den Stand eines "freeman", bzw. einer "freewoman". Nun erwartete ihn eine Vergütung in Form von Naturalien, die er dann verkaufen konnte.[38] Auf Barbados erhielt er 400 Pfund Zucker oder Tabak oder eine bestimmte Geldsumme, meist 10 Pfund. Das versprochene Stückchen Land, 10 Acres auf Barbados, war dagegen nicht so leicht erhältlich, denn die Flächen waren durch große Pflanzer und ehemalige Servants aus früheren Jahren innerhalb weniger Jahrzehnte besetzt. Obwohl weiße Arbeitskräfte auf den Inseln dringend gebraucht wurden, entwickelten sich die Lebensbedingungen zu ihrem Nachteil. Auf dem Weg zur Zuckerwirtschaft konzentrierten sich die Anbauflächen zunehmend in den Händen großer Plantagenbesitzer, so daß nicht nur mittlere und kleine Pflanzer ihrer Lebensgrundlage beraubt wurden, sondern auch die Pächter kleinerer Landstücke, zum Teil ehemalige Indentured Servants. Die Pacht stieg und wurde oft nicht erneuert, da es sich für die Landeigentümer mehr rentierte, auf den Anbauflächen einheitlich und zentral organisiert Zucker anzupflanzen. Um 1660 gab es in Barbados bereits keine verteilbaren Landstücke mehr. Selbst wenn es ihm zur Verfügung gestellt wurde, fehlten ihm in der Regel die nötigen Kapitalien und die Möglichkeit, Rücklagen zu bilden, um es bewirtschaften zu können. Wenige ehemalige Servants schafften es, auf schmalen Landstücken eine Art Subsistenzwirtschaft zu betreiben. Kleine Pflanzer versuchten, mit billigeren Anbaupflanzen eine Grundlage für den Übergang zum Zucker zu finden, doch nicht viele konnten die lange Zeit bis zum ersten Ertrag finanzieren.

Einige Servants wurden daher Lohnarbeiter oder bauten sich als Handwerker eine eigene Existenz auf, andere Arbeiter konnten bei ihren ehemaligen Herren auf großen Plantagen als Pächter oder freie Lohnarbeiter bleiben. Dieser Fall trat vor allem bei Servants ein, die eine Ausbildung erhalten hatten. Doch die Gefahr, sich dort wieder bei dem Pflanzer zu verschulden und dann einen neuen Vertrag als Indentured Servants abschließen zu müssen, war groß. In diesem Fall hatten sie wenigstens die Möglichkeit, günstigere Vertragsbedingungen auszuhandeln, etwa den Besitz einer eigenen Waffe, was ihren gesellschaftlichen Rang erheblich verbesserte.[39]

Aus der zweiten Hälfte des 17. Jahrhunderts existieren verschiedene Quellenaussagen über Servants, die ihre Bezahlung einklagen mußten.[40] Ihre Herren waren dabei an keinen bestimmten Zeitpunkt gebunden und konnten sie dadurch zwingen, weiterhin auf der Plantage zu arbeiten um zu überleben, bis die Auszahlung erfolgte. Viele Servants wanderten in die Stadt ab, wo sie als Fischer, Handwerker, Bootsbauer oder im Festungsbau eine Beschäftigung fanden.

Einfache Lohnarbeiter ohne speziellen Beruf konnten wegen der niedrigen Bezahlung kaum ihre Ernährung sicherstellen. In den 90er Jahren bemühte sich die Obrigkeit daher, sie durch die Garantie von Minimallöhnen von der Auswanderung abzuhalten. Aber auch ausgebildete "freemen" fanden in der zunehmenden Sklavengesellschaft immer weniger Arbeitschancen, da spezialisierte Sklaven oft zu weitaus niedrigeren Preisen beschäftigt werden konnten. Gleichermaßen schwierig entwickelte sich die Situation für kleine Bauern, denn die Sonntagsmärkte der Negersklaven und der Handel mit selbstangebauten Nahrungsmitteln der Schwarzen stellte für sie eine wachsende Konkurrenz dar.[41] So entstand auf den Zuckerinseln eine Schicht, die Hilary Beckles als „weißes Proletariat" bezeichnet[42] und die zahlenmäßig zunahm, je intensiver die Plantagensklaverei wurde. Auch die wenigen und oft halbherzigen Versuche der Regierung, sie einzugliedern, konnten keine Abhilfe schaffen, da die Löhne, die die Plantagenbesitzer zu zahlen bereit waren, immer niedriger wurden.

Nachdem die Chancen, auf den Zuckerinseln ein gutes Auskommen zu finden, für viele "freemen" sanken, suchte ein großer Teil der land-

und arbeitslosen Servants sein Glück in anderen Kolonien. So entstand in der zweiten Hälfte des 17. Jahrhunderts eine interkoloniale Wanderungsbewegung hin zu den neu erschlossenen Gebieten im karibischen Raum, Surinam und Jamaica, zu den Leeward Inseln, auf denen die Chancen für ein eigenes Stück Land viel besser waren als auf Barbados, und zu den nordamerikanischen Kolonien. Die Regierung von Barbados beobachtete diese Entwicklung mit Besorgnis und versuchte, sie durch administrative Regelungen zu unterbinden, indem sie beispielsweise einen Passagierschein einführte, der drei Wochen vor der tatsächlichen Abreise zur Kontrolle öffentlich aushing und der nur unter eingeschränkten Bedingungen zu erhalten war.[43] Doch auch solche Maßnahmen konnten die Abwanderung der Weißen, unter deren Papieren dann der Vermerk “time out” stand, nicht verhindern.

An den Schluß meiner Betrachtungen setze ich den Versuch einer Bilanz: Aus unserer heutigen Sicht war dieses Verfahren zur Beschaffung von Arbeitskräften grausam, denn es basierte auf der Ausbeutung billiger und unwissender Arbeiter, deren schlechte Situation im Mutterland ausgenutzt wurde, um in den Kolonien Gewinne durch ihre Leistungen zu erwirtschaften. Das galt zunächst einmal für die Händler, die in der Blütezeit jährlich einen Nachschub von mindestens 3500 Servants nach Amerika verschifften, wie im besonderen für die Siedler, die in den wenigen Dienstjahren ihrer Arbeiter möglichst viel Arbeitskraft aus ihnen herauszupressen suchten. In den Anfangsjahren starben 50 bis 75% der Servants, die diesem harten, arbeitsreichen und gefährlichen Leben nicht gewachsen waren. Doch es ist sicherlich falsch, die Schuld dafür den Siedlern und Händlern allein in die Schuhe zu schieben. Die Pflanzer lebten in den Kolonien, um dort möglichst schnell möglichst große Gewinne zu erwirtschaften. Um sich die dafür notwendigen billigen Arbeitskräfte zu beschaffen, war dieses System, das auch in den Mutterländern etabliert war, gut geeignet, denn es entsprach den damaligen Finanzierungsmöglichkeiten und sicherte außerdem die weiße Population in den Kolonien. Débien[44] räumt ein, daß die Engagés, die französische Variante der Indentured Servants, nach ihrer Ankunft ihre Träume von einer besseren Welt schnell begraben mußten, was aber nicht nur an den rauhen Sitten in den Kolonien lag, sondern vor allem an den harten, ungewohnten Klimabedingungen, unter denen ein in England oder Frankreich durchaus normaler Arbeitstag für den Neuankömmling zunächst unerträglich wurde. Die Umstellung auf neue Ernährungsformen, das Leben in einfachen Hütten und die tropischen Krankheiten taten ihr übriges, daß es zu dieser verheerenden Bilanz kam. Bei einer Beurteilung darf auch die Alternative für diese Menschen nicht aus den Augen gelassen werden. Die Bedingungen in der frühneuzeitlichen Stadt waren nicht besser, vor allem dann, wenn es sich um Menschen handelte, die sich in irgendeiner Form, sei es durch Kriminalität, Verschuldung oder beispielsweise eine ungewollte Schwangerschaft, aus dem sozialen Umfeld ausgegrenzt hatten. Abbot E. Smith[45] vertritt die Ansicht, die Chancen für einen ehrgeizigen Servant, der es schaffte, sich auf das tropische Klima einzustellen und seinen Vertrag zu überleben, seien in Übersee weitaus besser gewesen als je in seinem Mutterland. Er wurde nicht nur mit der Lebens- und Arbeitsweise der Kolonien vertraut, sondern konnte diese Zeit als Lehrzeit nutzen, um sich mit Ackerbaumethoden und Vermarktungsstrategien vertraut zu machen oder sich als Handwerker zu etablieren und Beziehungen zu knüpfen. An Arbeit gab es in den Kolonien immer Bedarf, und Land stand in Übersee auch in genügendem Maße zur Verfügung.

Anmerkungen

1 Marcus Jernegan, Laboring and Dependant Classes in Colonial America 1607–1783, Chicago 1931, S. 45.

2 Hilary Beckles a. Andrew Downes, The Economics of Transition to the Black Labor System in Barbados, 1630–1680. In: Journal of Interdisciplinary History (Autumn 1987), S. 225–237; S. 227.

3 David Galenson, Immigrants and the Colonial Labor System: An Analysis of the Length of Indenture. In: Explorations in Economic History (1977), S. 360–377; S. 361.

4 Galenson, vgl. Anm. 3, S. 362.

5 Abbot E. Smith, Colonists in Bondage. Chapel Hill 1947, S. 44 ff.

6 Beckles/Downes, vgl. Anm. 2, S. 231.

7 Bernard Bailyn, The Peopling of British North America. New York 1986, S. 20.

8 Bailyn, vgl. Anm. 7, S. 104 ff.

9 Siehe dazu beispielsweise Wolfgang Hippel, Auswanderung aus Südwestdeutschland. Stuttgart 1984.

10 Smith, vgl. Anm. 5, S. 12 f.

11 Richard S. Dunn, Sugar and Slaves. The Rise of the Planter Class in the English West Indies. Chapel Hill 1972, S. 52.

12 Aus einer Londoner Liste von 1635 geht hervor, daß von den 985 Emigranten nach Barbados 91% zwischen zehn und dreißig Jahren alt waren. Siehe John Camden Hotten (Ed.), The Original Lists of Persons of Quality [...] and Others Who Went from Great Britain to the American Plantations 1600–1700. London 1874, S. 33–145. Dazu auch Dunn, vgl. Anm. 11, S. 53.

[13] Smith, vgl. Anm. 5, S. 209.

[14] Smith, vgl. Anm. 5, S. 37.

[15] Beckles/Downes, vgl. Anm. 2, S. 241.

[16] Galenson, vgl. Anm. 3, S. 363.

[17] Smith, vgl. Anm. 5, S. 57.

[18] Smith, vgl. Anm. 5, S. 20.

[19] Smith, vgl. Anm. 5, S. 97.

[20] Dalby Thomas, An Historical Account of the Rise and Growth of the West-India Collonies. London 1690, S. 27.

[21] Richard Ligon, A True and Exact History of the Island of Barbados. London 1657, [2]1673, S. 43 (Übersetzung von der Verfasserin).

[22] Smith, vgl. Anm. 5, S. 254, stützt sich bei dieser Zahl auf die Aussage des Gouverneurs Berkeley aus dem Jahr 1671.

[23] Dunn, vgl. Anm. 11, S. 198, errechnet diese Arbeitsverteilung mangels geeigneterer Quellen aus den Kompensationsforderungen der Siedler von St. Christopher, die sie 1706 nach dem französischen Überfall aufstellten. Sie bezieht sich allerdings nicht allein auf Servants, sondern umfaßt sämtliche geraubten Arbeitskräfte.

[24] Smith, vgl. Anm. 5, S. 259.

[25] Lob-Lolly: nach dem Kochen erkaltetes Mus aus gemahlenem Mais, Wasser und Salz; Bonavist ist vermutlich ein anderer Ausdruck für die Fladen, die aus Cassava, d. h. aus den Wurzeln der Maniokpflanze hergestellt wurden; dazu wurde der giftige Saft aus dieser Wurzel gepreßt, die Cassava zermahlen und das daraus gewonnene Mehl zu einem Teig verarbeitet.

[26] Ligon, vgl. Anm. 21, S. 44 (Übersetzung von der Verfasserin).

[27] Dunn, vgl. Anm. 11, S. 283; eine Aufstellung der einzelnen Kleidungsstücke findet sich bei Ligon, vgl. Anm. 21, S. 109 f.

[28] Ligon, vgl. Anm. 21, S. 44 (Übersetzung von der Verfasserin).

[29] Vincent T. Harlow, A History of Barbados: 1625–1685. New York 1926, S. 117 ff., 294–295; Sir Robert Schomburgk, The History of Barbados. London 1848, S. 144.

[30] Der Originaltitel seiner Reisebeschreibung lautet: Kurtze Reise-Beschreibung Hern. Heinrich von Uchteritz, Lieutnants, Erbsassen auf Modelwitz in Meissen und Worinnen Vermeldet was er auf derselben fur Ungluck und Gluck gehabt sonderlich weiser gefangen nach West-Indien gefuhret zur sclaverey verkufft and der insul Barbados. Schleswig 1666. Von dieser Edition existieren 2 Exemplare: eines in der Preussischen Nationalbibliothek, Berlin, und das andere in der John Carter Brown Library, Providence (Rhode Island). In dem vorliegenden Aufsatz stütze ich mich auf eine englische Übersetzung von Alexander Gunkel und Jerome S. Handler, A German Indentured Servant in Barbados in 1652: The Account of Heinrich von Uchteritz. In: Journal of the Barbados Museum and Historical Society (1970), S. 91–100.

[31] Diesen Namen halten Gunkel und Handler für den wahrscheinlichsten, nachdem ein Besitz namens Whittak auch auf der Karte von Ligon: True and Exact History, verzeichnet ist. Gunkel/Handler, vgl. Anm. 30, S. 99, Fußn. 10.

[32] Gunkel und Handler gehen davon aus, daß die Zahl der Indianer zu hoch angesetzt sei. Gunkel/Handler, vgl. Anm. 30, S. 99, Fußnote 11.

[33] Dunn, vgl. Anm. 11, S. 69.

[34] Ligon, vgl. Anm. 21, S. 45 (Übersetzung von der Verfasserin).

[35] Smith, vgl. Anm. 5, S. 282.

[36] Smith, vgl. Anm. 5, S. 242.

[37] Smith, vgl. Anm. 5, S. 251.

[38] Gabriel Débien, La société coloniale aux XVIIe et XVIIIe siècles. Les engagés pour les Antilles (1634–1715). In: Revue d'histoire des colonies françaises (1951), S. 1–280; S. 62.

[39] Débien, vgl. Anm. 38, S. 223.

[40] Hilary Beckles, Class Formation in Slave Society: The Rise of a Black Labour Elite and the Development of a White Lumpenproletariat in Seventeenth Century Barbados. In: Journal of the Barbados Museum and Historical Society (1983), S. 20–34; S. 21.

[41] Beckles, vgl. Anm. 40, S. 28.

[42] Beckles, vgl. Anm. 40, S. 30.

[43] Eberhard Schmitt (Hrsg.), Der Aufbau der Kolonialreiche. München 1986 (Dokumente zur Geschichte der europäischen Expansion. Bd. 3), S. 387 ff.

[44] Débien, vgl. Anm. 38, S. 219.

[45] Smith, vgl. Anm. 5, S. 289.

Der Ruf nach Mitbestimmung: Bürgerproteste in Neu-Niederland

Von

Anneli Partenheimer-Bein

Abb. 6: Als Miliztruppe in den niederländisch-portugiesischen Auseinandersetzungen eingesetzte indianische Plantagenarbeiter. Zeichnung von Frans Post. Detail einer Karte in dem Werk von Frans Plante, Res Brasiliae. Leiden 1647, Tafel 4. [Ganze Karte:] 42,5 × 54,5 cm.

Im Gegensatz zu den Plantagen in der Karibik, die nach einem anfänglichen Einsatz von weißen Lohnarbeitern später ausschließlich mit schwarzen Sklaven bewirtschaftet wurden, arbeiteten brasilianische Pflanzer zumindest bis in die Mitte des 17. Jahrhunderts vorwiegend mit Indios, die entweder durch herumziehende Sklavenfänger (Paulistas) versklavt und verkauft wurden oder die von nahe gelegenen Missionsstationen auf Zeit als Arbeitskräfte angemietet wurden. Aufgrund der hohen Sklavenpreise, die der Ende des 17. Jahrhunderts in Brasilien einsetzende Goldrausch nach sich zog, hielten sich vor allem in Nordbrasilien sowohl das System freier Lohnarbeit als auch der Einsatz von indianischen Arbeitskräften, um die es zwischen Jesuiten-Missionaren und Pflanzern zu militanten Auseinandersetzungen kam. Die Zeichnung von Post dokumentiert den sonst aus schriftlichen Quellen kaum bekannten Einsatz von Indianern als Auxiliartruppe in den guerilliaartigen Kämpfen zwischen Niederländern und Portugiesen in Brasilien zwischen 1644 und 1654. *Th. Schleich*

Während New York gerade seine niederländische Vorgeschichte entdeckt, weiß bei uns kaum noch jemand, daß dieser „Schmelztiegel Amerikas" ursprünglich Neu-Amsterdam hieß und als Hauptstadt der Kolonie Nieuw Nederland gegründet wurde. Die lange Zeit fast vergessenen Akten aus den vier Jahrzehnten der Herrschaft der niederländischen Westindischen Kompanie (WIC) überstanden den Brand der New York State Library 1911 und werden nun Stück für Stück in englischer Übersetzung herausgegeben. Mit der Zugänglichkeit des historischen Materials in Amerika wächst das Interesse an den entsprechenden Dokumenten in niederländischen Archiven und die Beschäftigung der Wissenschaftler und der Öffentlichkeit beiderseits des Atlantiks mit diesem Abschnitt der niederländischen Kolonialgeschichte.[1]

Auf der Suche nach einer Nord-West-Passage zu den Reichtümern Ostasiens erkundete der Engländer Henry Hudson auf seiner dritten Expedition im Jahr 1609 einen Teil der Ostküste Nordamerikas, entdeckte (als zweiter nach Giovanni da Verrazzano) die Mündung des heute nach ihm benannten Flusses und folgte ihm aufwärts bis zum Zufluß des Mohawk,[2] bis er sicher war, keine westliche Durchfahrt nach Asien gefunden zu haben. Für Hudsons Auftraggeber, die Direktoren der niederländischen „Vereinigten Ostindischen Kompanie" (VOC), war das Ergebnis der Reise zwar wertlos, die Generalstaaten der Vereinigten Niederlande beanspruchten jedoch fortan das Gebiet von der Delaware Bay bis zum Connecticut River als ihren Herrschaftsbereich. Er umfaßte damit die heutigen Staaten New York, New Jersey, Pennsylvania, Delaware und die westliche Hälfte von Connecticut.[3] Die Lage der Kolonie zwischen Neu-England im Norden sowie Maryland und Virginia im Süden brachte sie in direkten Konflikt mit den englischen Interessen in Nordamerika. Gegründet auf die Entdeckungsfahrt von John und Sebastian Cabot im Jahr 1497, reklamierte das Inselkönigreich die gesamte Ostküste des Kontinents für sich und erkannte die niederländischen Ansprüche nie an. So erstreckte sich das englische

Landschenkungspaket für Sir Ferdinando Georges vom November 1620 auf das Gebiet zwischen dem 40. und 48. Grad n. Br. und überging die Tatsache, daß im Hudson-Tal seit elf Jahren Niederländer lebten. Charles I. vergab Teile des Delaware-Gebietes an ihn unterstützende katholische Adlige und erklärte 1632 großzügig sein Einverständnis mit der Anwesenheit niederländischer Siedler am Hudson, solange diese sich seiner Herrschaft unterwarfen.[4] Die Schenkung des umstrittenen Gebietes durch Charles II. an seinen Bruder James, Duke of York, vom 12. März 1664 führte zur Eroberung Neu-Niederlands durch vier englische Kriegsschiffe am 27. August desselben Jahres.[5] Mitschuldig an dieser Entwicklung war sicher die wenig tatkräftige Politik, die die Generalstaaten gegenüber englischen Protesten verfolgten. Ihre Unterstützung der Kolonie auf außenpolitischem Feld beschränkte sich auf einige vorsichtige diplomatische Interventionen und die Beschwichtigung englischer Ängste und Klagen.[6] Die herausragende strategische Bedeutung dieses Besitzes jenseits des Nordatlantiks wurde von den Regierenden im Mutterland viel zu spät oder überhaupt nicht erkannt.

In den Niederlanden interessierten sich zunächst nur Pelzhändler und ihre Auftraggeber, meist wohlhabende Amsterdamer und Hoorner Kaufleute, für das „Neu-Niederland" getaufte Gebiet, das die reichste Biber- und Otterpopulation des gesamten Küstenstreifens beherbergte. 1613 errichteten Pelzhändler den ersten niederländischen Stützpunkt in Nordamerika: Fort Nassau in der Nähe des heutigen Albany.[7] Ihre lukrativen Tauschgeschäfte mit den Indianern fanden ein Ende, als 1621 die WIC gegründet wurde. Ähnlich wie bei ihrer älteren und größeren Schwester, der VOC (Vereinigte Ostindische Compagnie), die 1602 ins Leben gerufen wurde und zwischen dem Kap der Guten Hoffnung und dem japanischen Deshima operierte, stellte sie eine Handelsgesellschaft mit souveränen Rechten in Übersee dar. Unter Aufsicht bzw. mit Zustimmung der Generalstaaten durfte sie in ihrem Einflußgebiet Regierungsgewalt und Justiz ausüben, Krieg erklären und Frieden schließen, Verträge und Allianzen aushandeln. Ihr Monopol-Patent (Oktroi) umfaßte Schiffahrt und Handel mit ganz Amerika, mit Westafrika und allen atlantischen Inseln südlich des Wendekreises des Krebses und schloß alle anderen niederländischen Konkurrenten aus diesen Gebieten aus. Gegründet unmittelbar nach Ablauf des zwölfjährigen Waffenstillstandes mit Spanien, hatte sie zudem eine wichtige militärische Aufgabe: Sie sollte ein gegen den „Erbfeind" gerichtetes Kaper- und Eroberungsunternehmen sein.[8] Neu-Niederland lag von Beginn an in geographischer und strategischer Hinsicht an der Peripherie ihres eigentlichen Interessen- und Operationsgebietes, wichtig lediglich unter der Fragestellung, was es zur Finanzierung des überseeischen Kampfes gegen die seit Philipp II. vereinte spanisch-portugiesische Monarchie beitragen konnte. Die Erlöse aus dem Pelzhandel sollten zur Beschaffung von Kriegsmaterial, das reichlich vorhandene Holz zum Bau von Schiffen und die landwirtschaftlichen Produkte zur Ausfuhr in günstiger gelegene Kolonien dienen. Die Direktoren der für Neu-Niederland zuständigen Kammer Amsterdam[9] waren der Überzeugung, innerhalb weniger Jahre am Delaware, Hudson und Connecticut sich selbst unterhaltende Siedlergruppen absetzen zu können, die nach einigen Anfangsinvestitionen Profite für die Kompanie erwirtschaften sollten. Dabei sollten Handel (vor allem mit Pelzen) und Schiffahrt fest in der Hand der WIC bleiben. 1624 und 1625 erreichten wallonische Flüchtlinge aus den südlichen Niederlanden mit landwirtschaftlichen Geräten, Waffen, Munition, Lebensmitteln und einer ganzen Ladung Nutzvieh die Mündung des Hudson. Der erste Generaldirektor Neu-Niederlands, Peter Minuit, kaufte den Canarsie-Indianern im Mai 1626 für Waren im Wert von 60 Gulden (ungefähr der Preis von 10 Biberfellen) die Insel Manhattan in der Flußmündung ab; an ihrer Südostspitze hatte der Amsterdamer Ingenieur Crijn Fredrickszoon bereits im Vorjahr Fort Amsterdam abgesteckt, das der rundum entstehenden Siedlung ihren Namen gab: Neu-Amsterdam. 1628 hielt die Kompanie auf Manhattan in sechs eigenen Farmen 60 Morgen Land unter dem Pflug; die Siedler lernten allmählich, mit dem Leben in der Wildnis fertig zu werden. Das völlig verfallene Fort Nassau wurde neu errichtet und in Fort Orange umbenannt; der Pelzhandel mit den Mohawks konnte beträchtlich ausgeweitet werden.[10] Trotz dieser recht positiven Anfänge waren die Direktoren (Bewindhebbers) in Amsterdam enttäuscht. Sie hatten die Anfangsschwierigkeiten einer Siedlungskolonie unterschätzt. Den mehr als 100000 Gulden, die die Expedition von 1624 und 1625 gekostet hatte, standen Kolonialwaren, zum größten Teil Felle und Holz, im Wert von nur 30000 Gulden gegenüber.[11] Außerdem waren die Siedler keineswegs autark und riefen nach weiterer Unterstützung. Für viele war der Pelzhandel eine zu große Versuchung: In der Hoffnung auf schnelle Gewinne vernachlässigten sie die Landarbeit, tauschten mangels geeigneter Handelswaren sogar die knappen Lebensmittel gegen Felle und wurden zu illegalen Konkurrenten der Kompanie, die die Preise in die Höhe trieben.[12] Die auf Gewinne bedachten Handelsherren im Mutterland entschieden, daß das „Verlustgeschäft" Neu-Niederland über das Nötigste hinaus keine weiteren Investitionen lohne, und blieben bei dieser Haltung, obwohl die Erlöse aus dem Pelzhandel bis 1632 einen Gesamtwert von 454000 Gulden erreichten.[13]

Über den Unwillen der Bewindhebbers hinaus hatte die Kolonie mit einem weiteren schwerwiegenden Problem zu kämpfen – dem Mangel an Kolonisten: "[...] the failure of New Netherland is a testimony to the successful organization of life in the old Netherlands."[14] In der Atmosphäre der wirtschaftlichen Prosperität und der weitgehenden religiösen Toleranz, die das 17., das „Goldene Jahrhundert" der niederländischen Geschichte prägte, sahen sich nur wenige veranlaßt, der Heimat den Rücken zu kehren, wenn sie dafür eine zwei- bis dreimonatige, höchst unbequeme und gefährliche Überfahrt in eine Kolonie auf sich nehmen mußten, in der es keinerlei politische Privilegien gab und in der sich jeder der Herrschaft der WIC zu beugen hatte.[15] So blieb das von den Niederlanden beanspruchte Gebiet chronisch unterbevölkert, während die Neu-England-Staaten ein rapides Bevölkerungswachstum erlebten und beim Zusammenschluß zur Konföderation der United Colonies of New England (am 19. Mai 1643 in Boston) ca. 25000 Weiße zählten, deren Zahl sich in den folgenden zwanzig Jahren verdoppelte; in Virginia lebten bei Ausbruch des zweiten englisch-holländischen Seekrieges rund 40000 Siedler.[16] Schätzungen für Neu-Niederland hingegen nennen für 1628 nur ca. 500, für 1645 ca. 2500 und für 1664 rund 9000 Kolonisten.[17] Der Pelzreichtum und die gute Bodenqualität zogen daher immer mehr englische Siedler an. Auf Long Island, das Generaldirektor Kieft 1640 Häuptling Penhawitz von den Carnasies abgekauft hatte, ließen sich vor allem diejenigen nieder, die dem strengen puritanischen Regiment Neu-Englands entfliehen wollten. Sie brachten ihre geschlossene Siedlungsform, ihren strengen Gemeinschaftsgeist und ihre Vorstellung und Form von Selbstverwaltung mit, der die Niederländer nichts Vergleichbares entgegenzusetzen hatten. Die WIC ließ die Engländer zunächst gewähren und erkaufte sich damit ihre Loyalität.[18] Demgegenüber zogen es die holländischen Kolonisten vor, unabhängig und weit von einander entfernt inmitten der Indianer zu leben, und waren nur unter Schwierigkeiten dazu zu bringen, sich aus Sicherheitsgründen in geschlossenen Dörfern niederzulassen. Erst 1646 wurde die erste Siedlung zur Stadt erhoben: Breukelen (Brooklyn); insgesamt gab es 1664 nur neun holländische „Städte". Ihre Rechte waren, verglichen mit denen der englischen Townships, minimal.[19] Das Vordringen puritanischer Siedler aus New Plymouth und Massachusetts seit 1633/34 zum Connecticut führte zu ständigen Reibereien mit den wenigen Kompanieangestellten vor Ort, zum Verlust des lokalen Pelzhandels an die

Eindringlinge und schließlich zur Einkreisung des niederländischen Forts of Good Hope durch die englische Gemeinde Hartford.[20] Versuche englischer Kolonisten aus Virginia 1635 und aus New Haven in den vierziger Jahren, sich am Delaware niederzulassen, wurden zwar vereitelt,[21] doch drohte deutlich die Gefahr, daß Neu-Niederland auf Dauer dem Druck der Nachbarkolonien nicht würde widerstehen können, gelänge es nicht, das Gebiet besser zu bevölkern.

Um diesem Dilemma zu entgehen und gleichzeitig ihre Kosten zu senken, setzten die Amsterdamer Direktoren schon seit 1629 auf die Privatinitiative der wohlhabenden Kompaniemitglieder: Jeder Anteilseigner, der bereit war, auf eigene Kosten für mindestens ein Jahr fünfzig Siedler mit den nötigen Geräten, Lebensmitteln, Baumaterialien etc. nach Neu-Niederland zu senden, konnte ein Gebiet beanspruchen, das sich entweder 16 Meilen entlang der Küste oder eines Flusses oder 8 Meilen entlang beider Flußufer erstreckte („Freiheiten und Exemptionen für Patrone, Herren oder Privatpersonen, die in Neu-Niederland eine Kolonie errichten wollen"). Manhattan und der Pelzhandel blieben dabei der WIC vorbehalten, ansonsten genossen die „Patrone" dieser quasi unabhängigen Territorien innerhalb der Kolonie alle Jagd- und Fischereirechte, alle Mühlenrechte, den Zehnten der Ernte, Jurisdiktion in Zivil- und Kriminalsachen und das Recht, ihre eigenen Magistrate zu ernennen. Dafür mußten die Patrone der Kompanie eine Abgabe zahlen, die Siedler in der Domäne erhielten für zehn Jahre Steuerfreiheit. Von den daraufhin errichteten Patronatskolonien überlebte nur Rensselaerswijk nahe Fort Orange; es überstand sogar den Übergang unter englische Herrschaft und wurde zum Vorbild für die feudalen Landgüter (manors) New Yorks.[22] Gedrängt von den durch das wachsende englische Interesse alarmierten Generalstaaten, sah sich die Kompanie 1639 gezwungen, liberalere Einwanderungsbestimmungen zu erlassen, die jedem – Niederländer oder Fremden –, der genügend Arbeiter, Vieh und Geräte mitbrachte, gegen eine geringe Abgabe auf sechs Jahre eine Farm übertrugen; die Handelsbeschränkungen der Kolonisten wurden gelockert, das Pelzmonopol aufgehoben. Dies führte innerhalb weniger Jahre zur Neugründung von mehr als 100 Farmen,[23] aber auch zu wachsenden Spannungen mit den Eingeborenen: Die Algonkin-Stämme am unteren Hudson, am Delaware und auf Long Island, einst wichtige Fellieferanten, wurden durch die mit der zunehmenden Verbreitung von Feuerwaffen fortschreitende Ausrottung der Pelztiere zum lästigen Hindernis für die Siedlungsexpansion. Die unterschiedlichen Auffassungen der Weißen und der Indianer über den Charakter von Landbesitz und die mit ihm verbundenen Pflichten prallten unvereinbar aufeinander. Der Versuch von Generaldirektor Willem Kieft, die Indianer 1639 zu besteuern, führte zu einer Reihe blutiger Zwischenfälle und mündete 1643 aufgrund einer menschenverachtenden Initiative Kiefts, seines Kanzleichefs Cornelis van Tienhoven und einiger Kolonisten[24] in einem Aufstand von elf Stämmen, der erst 1645 durch einen allgemeinen Friedensschluß beendet werden konnte. „Kiefts Krieg" kostete ca. 1600 Indianern und zahlreichen Siedlern das Leben, viele der über das Land verstreuten Farmen gingen in Flammen auf, die Felder lagen verwüstet, und ihre Besitzer mußten sich nach Manhattan in den Schutz des Forts zurückziehen oder kehrten entmutigt nach Europa zurück.[25]

Die Kolonisten nahmen diese Entwicklung nicht widerspruchslos hin. Schließlich mußten sie die Lasten des Indianerkrieges tragen, während Kieft im sicheren Fort saß. Sie verdächtigten den Generaldirektor, mit seinem militanten Vorgehen die Mißerfolge seiner Verwaltung überdecken zu wollen. Ihr Murren veranlaßte ihn, im August ein zwölfköpfiges Gremium aus Bürgerabgeordneten ins Leben zu rufen (die „Zwölf Männer"), um sich seine Feldzüge genehmigen zu lassen. Die Delegierten konnten ihn zwar nur bis Januar 1642 von einer Strafexpedition gegen einen in seinen Augen unbotmäßigen Stamm abhalten, aber sie nutzten ihre Posten darüber hinaus, um ihm am 21. Januar 1642 die erste Bürgerpetition Neu-Niederlands zu überreichen. In ihr forderten sie eine Verwaltungsreform, das Recht, eigene lokale Repräsentanten zu wählen, und die Erweiterung des ständigen Rates der Kolonie von zwei (Kieft und ein ihm ergebener hugenottischer Arzt und Jurist, La Montagne) auf fünf Mitglieder, um den Despotismus des autokratisch regierenden Generaldirektors einzudämmen. Daraufhin löste Kieft das Gremium am 8. Februar 1642 wieder auf.[26] Schon im folgenden Jahr sah er sich gezwungen, die Bürger erneut an den für die Bekämpfung der Indianergefahr nötigen Entscheidungen zu beteiligen. Die „Acht Männer" versammelten sich erstmals am 15. September 1643 und formulierten am 24. Oktober eine dringende Bitte um Hilfe an die Herren XIX.[27] Als sie sich im Juli 1644 weigerten, zur Finanzierung des Krieges die gerade erst bewilligte Bier- und Branntweinsteuer anzuheben, entließ sie der Generaldirektor und verordnete die Steuererhöhung ohne ihren Konsens. Die Bürgerschaft auf Manhattan und in der näheren Umgebung spaltete sich in der Folgezeit in Gegner und Anhänger Kiefts, wobei letztere freilich eine schwindende Minderheit waren. Im August 1644 gelang es den heimlich weiterarbeitenden „Acht Männern", ein von ihrem Vorsitzenden Cornelis Melyn unterzeichnetes Hilfsgesuch an die Generalstaaten aus der

Kolonie zu schmuggeln. Im Oktober folgte eine regelrechte Anklageschrift gegen den Generaldirektor und seine tyrannische Amtsführung an die Bewindhebbers, die in der Bitte um seine Entlassung gipfelte.[28] Sie rannte bei den Direktoren offene Türen ein. Entsetzt über den blutigen und teuren Krieg, den Kieft völlig unnötigerweise angezettelt und der die Kolonie um Jahre in ihrer Entwicklung zurückgeworfen hatte, beschlossen sie 1645, den selbstherrlichen Generaldirektor abzuberufen. Sein Nachfolger hieß Peter Stuyvesant, der von den Generalstaaten in seinem Amt bestätigt wurde.[29]

Bei seiner Ankunft in Neu-Amsterdam am 11. Mai 1647 traf er auf eine Siedlergemeinschaft, die begann, sich von den Kriegsfolgen zu erholen, die im Kampf gegen Kieft ein neues Selbstbewußtsein erworben hatte und die durch Neuankömmlinge verstärkt wurde, die z. T. aus bekannten und wohlhabenden Familien des Mutterlandes mit guten Beziehungen zur Regentenklasse stammten; die Einwanderungsbestimmungen von 1639/40, die u. a. private Händler und Kaufleute zuließen, begannen nun Früchte zu tragen.[30] Dem Ruf nach Mitbestimmung der Kolonisten, orientiert auch am Vorbild der sich selbst verwaltenden englischen Gemeinwesen auf Long Island,[31] mußte in Zukunft Rechnung getragen werden in einer Kolonie, in der es nach zwei Jahren ohne Leitung an allem fehlte und in der die Unzufriedenheit mit den Kolonialherren, den Direktoren der Kammer Amsterdam der WIC, allgemein verbreitet war.

In Stuyvesant hatte die Kompanie zweifellos den fähigsten ihrer Vertreter am Hudson gefunden. Mit siebzehn Jahren erreichte er zudem die längste Amtszeit aller Generaldirektoren. Er regierte mit einer Autorität, die er angesichts der bunt zusammengewürfelten Siedlergemeinschaft wohl für nötig erachtete und auf deren Wahrung er bedacht war. Sein Jähzorn und sein Mangel an Takt und diplomatischem Geschick führten ihn bei der Durchsetzung der von seinen Auftraggebern vorgegebenen Ziele inner- und außerhalb Neu-Niederlands in zahlreiche Konflikte; sein Realitätssinn bewahrte ihn immer wieder vor dem Scheitern. So gelang es ihm im September 1650, mit der Konföderation der Neu-England-Staaten eine Regelung der Grenzfrage zu treffen (›Articels of Agreement‹ von Hartford), bei der er zwar den größten Teil Long Islands und das gesamte Connecticut-Gebiet bis zehn Meilen östlich des Hudson endgültig verloren gab, deren eigentlicher Verdienst jedoch darin bestand, daß Neu-England die Existenz Neu-Niederlands erstmals offiziell anerkannte.[32] Die WIC schätzte an ihm seine Tatkraft und seine militärischen Fähigkeiten, die sich u. a. bei der Eroberung Neu-Schwedens 1655 erwiesen.[33] Seine Loyalität gegenüber der Kompanie schloß nicht aus, daß er Befehle und Anweisungen der Bewindhebbers mißachtete, wenn sie von deutlicher Fehleinschätzung der Situation vor Ort geprägt waren.[34]

Stuyvesants erste Amtshandlungen richteten sich gegen Alkoholmißbrauch, das Tragen von Waffen und den illegalen Handel, der der Kompanie viel Schaden zugefügt hatte. Als nächstes erließ er neue Steuern, um die nötigen Reparaturen am halb verfallenen Fort und öffentliche Bauten in Neu-Amsterdam durchführen zu können. Diese Maßnahmen machten ihn bei den Kolonisten ebenso unbeliebt wie die Tatsache, daß er Sekretär Van Tienhoven im Amt beließ, dem man ein gerütteltes Maß Schuld am Ausbruch des Indianerkrieges anlastete.[35] Der allgemeine Unmut zeitigte Folgen: Auf Vorschlag seines Rates[36] rief der Generaldirektor im September 1647 ein neunköpfiges Gremium aus Bürgervertretern ins Leben. Im Gegensatz zu seinen Vorläufern unter Kieft war es auf Dauer angelegt. Die „Neun gewählten Männer" sollten jede der drei großen gesellschaftlichen Gruppen (Kaufleute, Bürger, Farmer) mit je drei Mitgliedern repräsentieren, die der Generaldirektor aus achtzehn Kandidaten auswählte. Jedes Jahr sollten sechs Mitglieder durch Neulinge ersetzt werden. Die dazu vorzulegende Vorschlagsliste war nicht wie die der ersten achtzehn Kandidaten von der Bevölkerung Neu-Amsterdams und der umliegenden Ortschaften zu wählen, sondern von den „Neun" selbst aufzustellen. Der Generaldirektor ernannte den Vorsitzenden des Gremiums und untersagte es den Mitgliedern, sich ohne seine, Stuyvesants, Zustimmung zu „privaten Zusammenkünften" zu treffen. Drei Bürgervertreter durften den Gerichtssitzungen beiwohnen, allerdings nur in Zivilsachen oder als Schiedsrichter wirken. Alles in allem war dies ein zwar sehr vorsichtiger, aber doch erster Schritt in Richtung auf eine Beteiligung der Kolonisten an der Regierung.[37] Schon während der ersten Sitzung erwiesen sie sich als selbstbewußte Verfechter ihrer Interessen: Sie bewilligten zwar Gelder zur Reparatur der Kirche, zum Bau einer Schule und zur Befestigung des Flußufers, verweigerten aber Abgaben für die Wiederherstellung des Forts; dies sei ausschließlich Sache der WIC.[38]

Zu dieser Zeit war die anfängliche Unzufriedenheit mit dem neuen Generaldirektor bei vielen Siedlern bereits tiefem Groll gewichen. Ursache war Stuyvesants Prozeß gegen Cornelis Melyn und Jochem Kuyter, den beiden führenden Köpfen hinter jener Petition der „Acht Männer", die 1644 hinter Kiefts Rücken ins Mutterland geschmuggelt worden war. Obwohl mit Kiefts Mißwirtschaft vertraut, sah ein Mann wie Stuyvesant darin ein Majestätsverbrechen, eine Beleidigung der

Generalstaaten, die den Generaldirektor ernannt hatten. Allein der Gedanke, daß auch seine Autorität durch einen derartigen Schritt in Frage gestellt werden könnte, machte ihn wütend. Als Melyn und Kuyter im Juni 1647 das Verlangen äußerten, Kiefts verbrecherische Amtsführung noch vor dessen Abreise aus der Kolonie für ein regelrechtes Gerichtsverfahren zu protokollieren, ließ er sich von wüsten Anschuldigungen seines Amtsvorgängers hinreißen, den beiden „Flegeln" den Prozeß zu machen. Am 25. Juli verurteilte er, Ankläger und Richter in einer Person, in der Ratssitzung Melyn zum Tode und Kuyter zur ewigen Verbannung. Nur der Einspruch der übrigen Ratsmitglieder veranlaßte ihn, den Spruch auf sieben Jahre Verbannung für Melyn und drei Jahre für Kuyter sowie auf je eine Geldstrafe abzumildern. Als er erfuhr, daß die Verurteilten ihren Fall persönlich den Generalstaaten vortragen wollten, beschloß er, eine eventuelle Rehabilitation der beiden nur dann anzuerkennen, wenn die Staaten ihn selbst zurückrufen sollten. In den Augen der meisten Kolonisten erwies er sich damit als ein Kieft noch übertreffender Tyrann. Am 16. August verließen Kieft, Melyn und Kuyter Neu-Amsterdam gemeinsam auf der „Princess". Sie strandete am 27. September im Bristol-Kanal auf den Riffen bei Swansea. Melyn und Kuyter überlebten, aber Kieft gehörte zu den 81 Toten, was viele seiner Gegner als Gottesurteil ansahen.[39]

Stuyvesant hatte sich zu weit vorgewagt: Anfang 1649 kehrten Melyn und Kuyter im Triumph in die Kolonie zurück, in der Tasche die Aufhebung des Urteils und den Befehl an den Generaldirektor, sich persönlich oder durch einen Vertreter im Haag für sein Vorgehen zu rechtfertigen, beschlossen von den Generalstaaten am 28. April 1648.[40] Sie konnten es sich nicht versagen, diese Vorladung am 8. März auf einer Versammlung aller Bürger durch ein Mitglied der „Neun" öffentlich verlesen zu lassen. Der überraschte Stuyvesant war angesichts dieses Angriffs auf seine Autorität kaum in der Lage, seines Jähzorns Herr zu werden, und löste die Versammlung auf.[41]

Inzwischen war ihm im Schriftführer der „Neun", Adriaen Van der Donck, ein neuer, gefährlicher Gegner erwachsen. Der junge Jurist war nach seinem Zuzug in die Nähe Manhattans dank seiner Bildung, seiner Intelligenz und seines gewinnenden Wesens schnell zu einem führenden Kopf der Opposition geworden.[42] Trotzdem akzeptierte Stuyvesant ihn als eines von drei neuen Mitgliedern der Bürgervertretung, die ihn sogleich zum Sekretär wählte. In dieser Funktion begann er, systematisch anklagendes Material gegen die WIC zu sammeln. Die „Neun" sahen die Ursachen für den (verglichen mit Neu-England) beklagenswerten Zustand der Kolonie vor allem in den hohen Steuern und Abgaben von bis zu 30%, die Kolonisten und auswärtige Kaufleute in Neu-Amsterdam bezahlen mußten und die sich als Handelshemmnis auswirkten, sowie in der Regierungsform. Die Abhängigkeit des Generaldirektors von den Befehlen der Bewindhebbers führte zu gravierenden Zeitverzögerungen und zu Entscheidungen, die den lokalen Gegebenheiten nicht entsprachen; das Fehlen eines Mitspracherechts oder einer Kontrollfunktion der Siedler bei der Ernennung und Amtsführung des Generaldirektors bedeutete, daß dieser zum Schaden aller in der Kolonie uneingeschränkte Macht ausüben konnte.

In gewissem Grad sympathisierte Stuyvesant mit diesen Ansichten, hatte er selbst doch vor seiner Ankunft in Neu-Niederland für mehr Handelsliberalität plädiert; auch empfand er die unsachgemäßen Anweisungen der Direktoren als gleichermaßen hinderlich. Daher ermutigte er die Bürgervertreter anfänglich, ihre Klagen direkt in Amsterdam vorzubringen. Allerdings bestand er darauf, bei ihren Beratungen hinzugezogen und vollkommen informiert zu werden, wohingegen er ihnen verbot, durch die Befragung der Kolonisten belastende Aussagen zusammenzutragen. Die „Neun" mißachteten seine Anordnungen, unternahmen im Winter 1648/49 einen Feldzug von Haus zu Haus, um für moralische und finanzielle Unterstüzung zu werben und richteten Van der Donck im Februar 1649 einen Arbeitsraum im Haus des ehemaligen Mitglieds Michael Jansen ein, damit er dort ungestört eine Liste der Klagen („Journal") führen und den Entwurf einer Petition an die Generalstaaten vorbereiten konnte. Stuyvesants Wohlwollen schlug, da er bei den Bürgervertretern in dieser Angelegenheit auf eine Mauer des Schweigens stieß, in Erbitterung um. Mit Recht verdächtigte er Van der Donck, auch Material gegen seine Person zu sammeln. Ende Februar brach er persönlich in das Büro des abwesenden Anwalts ein, beschlagnahmte die belastenden Unterlagen und ließ den Autor bei dessen Rückkehr am folgenden Tag verhaften. Den Prozeß wegen Majestätsbeleidigung vor dem „Großen Rat", bestehend aus dem ständigen Rat der Kolonie und den Offizieren der Bürgermiliz, setzte er für den 4. März an. Mit diesem eigenmächtigen Vorgehen stieß er auf den Protest seines Vizedirektors Van Dincklage, der sich übergangen fühlte und Van der Doncks Freilassung auf Bürgschaft verlangte.[43] Da er Unterstützung bei den anderen Ratsmitgliedern fand, wurde der Angeklagte in Hausarrest entlassen, bis eine zweiköpfige Kommission sein „Journal" begutachtet und darüber Bericht erstattet hatte. Van der Donck konnte glaubhaft machen, daß es sich bei seiner Beschwerdeliste um einen groben Vorentwurf handelte, der überarbeitet werden müsse. Daß der am 15. März gefällte Urteilsspruch auf Freilassung unter Ausschluß aus dem Gremium der „Neun gewählten Männer" lautete, war mit Sicherheit auch der Vorlage des Revisionsurteils der Generalstaaten durch Melyn und Kuyter eine Woche zuvor zu verdanken.[44]

In keiner Weise eingeschüchtert, nahm Van der Donck im Auftrag der „Neun" seine Tätigkeit wieder auf. In seinem Arbeitszimmer in Jansens Haus sammelten sich die eidesstattlichen Erklärungen, die die „tyrannischen" Übergriffe Stuyvesants belegen sollten. Ein wichtiger Lieferant derartiger Dokumente wurde Van Dincklage, der zum einen bezeugte, im Prozeß gegen Melyn und Kuyter durch eine gezielte Auswahl belastenden Materials seitens Stuyvesants irregeführt worden zu sein, weshalb er damals für das Urteil gestimmt habe; zum anderen unterzeichnete er ein Affidavit, das eine diskriminierende Behandlung Melyns und seiner Familie durch den Generaldirektor beglaubigte.[45] Melyn selbst, der Behinderungen, Verdächtigungen und Nadelstiche müde, beschloß, sein Recht erneut im Haag zu suchen, nicht ohne Stuyvesant zuvor einen geharnischten Protest überreichen zu lassen.[46]

Inzwischen hatten auch die „Neun gewählten Männer" ihre Materialsammlung abgeschlossen und ihr Mißbehagen bzw. ihre Wünsche formuliert. Jacob van Couwenhoven und Jan Evertsen Bout wurden ausgewählt, um in Begleitung Van der Doncks in die Niederlande zu reisen und bei den Generalstaaten vorstellig zu werden. Van Dincklage unterzeichnete ihre Vollmacht. Stuyvesant sah sich genötigt, nun endlich seine Version der Vorgänge an die Hochmögenden Herren zu übermitteln. Sein Brief vom 10. August 1649 beschuldigte vor allem Melyn, Ansehen und Autorität der Kompanie und der Regierung des Mutterlandes in Amerika durch Behauptungen untergraben zu haben, die WIC sei fast bankrott, er, Stuyvesant müsse als Gefangener in die Niederlande zurückkehren, und Neu-Niederland warte auf 700 Soldaten, um gegen Neu-England einen Krieg zu beginnen. Mit der Schadensbegrenzung inner- und außerhalb der Kolonie vollauf beschäftigt, könne er, der Generaldirektor, sein Verhalten nicht persönlich im Haag verteidigen, sondern sei gezwungen, seinen Sekretär Cornelis van Tienhoven als Vertreter zu schicken.[47]

Am 15. August 1649 reisten Melyn, Tienhoven und die Bürgervertreter gemeinsam aus Neu-Amsterdam ab. Nach einer schnellen Überfahrt bestätigten die Generalstaaten bereits am 13. Oktober den Empfang der von Couwenhoven, Bout und Van der Donck überreichten ›Remonstration von Neu-Niederland‹. Sie bestand aus drei Teilen: der prägnanten, knappen Petition, die in acht Punkten die Ursachen für die miserablen Zustände in der Kolonie aufzeigte; aus den ›Näheren Anweisungen und Bemerkungen‹ zu dieser Bittschrift und aus der eigentlichen Remonstration, die mit einer Beschreibung Neu-Niederlands begann und dann in zwölf weiteren Kapiteln die historischen Rechte der Niederlande in diesem Teil Nordamerikas seit Hudson, die ungeklärten Grenzfragen, die von den Indianern drohenden Gefahren und die bisherige Mißwirtschaft und Tyrannei der Generaldirektoren Kieft und Stuyvesant ausführlich darlegte.[48]

Alle drei Dokumente waren am 26. bzw. 28. Juli 1649 auf Manhattan von den verbliebenen acht Mitgliedern der „Neun", dem entlassenen Van der Donck und zwei ehemaligen, bereits ausgewechselten Mitgliedern unterzeichnet worden. Die Petition und die Erläuterungen führten als Ursachen für den „verfallenen Zustand" der Kolonie folgende Punkte an:

1. die schlechte Regierung;
2. die geringe Zahl an Privilegien und Vergünstigungen;
3. zu schwere Belastungen durch Abgaben und Steuern;
4. den langen Krieg mit den Indianern;
5. den Untergang der „Princess", die genaue Karten, zahlreiche Dokumente und Berichte und über 100 Mineralienproben mit in die Tiefe riß, die, hätten sie das Mutterland erreicht, zweifellos das Interesse für Neu-Niederland neu erweckt hätten;
6. die viel zu große Zahl sogenannter „Schotten" und „Christen", d. h. Kleinhändler und Kaufleute, die in kurzer Zeit beträchtliche Gewinne zusammenrafften und mit diesen die Kolonie wieder verließen, ohne zur Verbesserung ihrer Bevölkerungs- und Wirtschaftsstruktur beizutragen; demgegenüber herrschte jedoch ein Mangel an Farmern und Bauernknechten;
7. die große Teuerung seit dem Friedensschluß mit den Indianern[49] und
8. den „unerträglichen Hochmut" der 'Wilden', die sich eben in diesem Krieg der Tatsache bewußt geworden waren, daß sie den 'Weißen' dank ihrer zahlenmäßigen Überlegenheit durchaus gewachsen waren.

Autor der Remonstration war Van der Donck selbst. Als vorsichtiger Jurist beschränkte er sich bezüglich der Amtsführung Kiefts und Stuyvesants auf solche Anklagen, die er mit eidesstattlichen Erklärungen oder Dokumenten untermauern konnte. Was die Rentabilität Neu-Niederlands betraf, zog er das Fazit, daß die WIC es ausschließlich ihrer eigenen Kurzsichtigkeit verdanke, daß sie bisher keine Gewinne aus ihrem von der Natur so reich gesegneten Besitz ziehen konnte. Statt sich auf schnelle Handelsgewinne zu konzentrieren, hätte sie längerfristig denken und erheblich mehr in den Agrarsektor investieren müssen.

Die Bürgervertreter sahen aus all diesen Gründen, wie sie in den ›Näheren Anweisungen‹ darlegten, unausweichlich die Einverleibung durch die Nachbarkolonien auf Neu-Niederland zukommen, wenn es nicht gelänge, die „Provinz" in Nordamerika endlich ausreichend zu bevölkern. Da die WIC dazu ganz offensichtlich nicht in der Lage war, erschien ihnen die Ausschaltung der Kompanie und die Übernahme der Kolonie unter die direkte Herrschaft der Generalstaaten als einzige Rettung. Dies allein würde bereits Immigranten anlocken, die sich bisher von der Unfähigkeit und vom harten Regiment der Handelsgesellschaft hatten abschrecken lassen. Die Bittsteller erhofften sich von den neuen Herren zudem konkrete Maßnahmen zur Förderung der Einwanderung, z. B. kostenlosen Transport von armen Landarbeitern und allen zum Unterhalt nötigen Dingen. Zum zweiten forderten sie bessere Privilegien und Freiheiten, darunter an erster Stelle eine bürgerfreundliche Regierungsform, die der des Mutterlandes ähneln sollte; des weiteren die Befreiung von allen Steuern und Lasten, bis die Kolonie ausreichend bevölkert und zur Blüte gekommen sei. Drittens beantragten sie für alle Siedler die Freiheit, ihre Produkte inner- und außerhalb der Kolonie zu verfrachten und zu verkaufen, und viertens hofften sie auf eine Förderung des Fischfangs. Grundlage aller Verbesserungen mußte in ihren Augen jedoch ein wirksamer Schutz Neu-Niederlands gegen innere und äußere Feinde sein. Die „Neun" baten die Hochmögenden daher um die Beilegung des Grenzkonfliktes mit den angrenzenden englischen Kolonien im Süden und Norden, um die Erhaltung des allgemeinen Friedens in Europa und Übersee und um ein bis zwei Kompanien Soldaten, die man gegen Indianer und andere Angreifer einsetzen konnte.[50]

Die ›Remonstration‹ wurde an ein Komitee für „Angelegenheiten der WIC" (bzw. „zur Rettung Neu-Niederlands") überwiesen und geriet damit in die Mühle des im Haag üblichen Geschäftsganges. Die Bewindhebbers, mit den Vorgängen bestens vertraut, griffen zur altbewährten Taktik. Um eine Erklärung gebeten, ließen sie erst geraume Zeit verstreichen, ehe Sekretär Tienhoven am 24. Dezember 1650 eine Antwort auf die inzwischen veröffentlichte Bittschrift verfaßte. Sie beinhaltete eine kühle Analyse der Ereignisse aus der Sicht der Kompanie, eine kompromißlose Rechtfertigung der Handelsgesellschaft und ihrer Generaldirektoren und sprach den Bürgern in vielen der von Van der Donck aufgeführten Details schlicht das Recht auf eine eigene Meinung ab, da diese Dinge sie nichts angingen. In Tienhovens Augen handelte es sich bei den „Neun" einfach um Rebellen.[51]

Doch zu diesem Zeitpunkt schien die WIC die Schlacht schon lange verloren zu haben. Seit dem Frieden mit Spanien 1648 stand sie unter innenpolitischem Druck, der sich mit dem Beginn der statthalterlosen Periode 1650 noch verstärkte: Als militärisches Instrument gegen den „Erbfeind" überflüssig geworden und in ökonomischer Hinsicht glücklos, erschien sie den nun tonangebenden Amsterdamer Handelsherren als lästiges Hindernis bei der freien Ausdehnung ihrer Geschäfte. In dieser politischen Konstellation bekam sie die nicht zu unterschätzende Hartnäckigkeit der drei amerikanischen Bürgerabgeordneten zu spüren. Nicht nur, daß diese sich durch wiederholte Anfragen und ergänzende Erläuterungen zu einzelnen Punkten ihrer Petition bei den Generalstaaten immer wieder in Erinnerung brachten, sie fanden auch bald eine breite Unterstützung in der Öffentlichkeit. Dabei erhielten sie unerwartete Schützenhilfe von drei Seiten: von Dominee Johannes Cornelis Backerus, der sich auch im Mutterland auf die Seite der Kolonisten stellte, von Wouter van Twiller, der seine unehrenhafte Entlassung aus dem Amt des Generaldirektors nicht vergessen hatte,[52] und – wenn auch indirekt – von Portugal: 1630 hatten Truppen der WIC Nordbrasilien erobert, doch die Kompanie hatte es nicht verstanden, die portugiesischen Kolonisten dauerhaft zu befrieden. Nur Johann Moritz von Nassau-Siegen, von 1634–1644 Gouverneur von Neu-Holland, bescherte der Kolonie dank militärischem Können, diplomatischem Geschick sowie ethnischer und religiöser Toleranz eine kurze Blütezeit; nach seiner Abberufung gerieten die nordbrasilianischen Provinzen nacheinander in Aufstand. Dem portugiesischen Guerillakrieg war die WIC nicht gewachsen, Anfang 1654 mußten ihre Truppen kapitulieren.[53] 1649/50 war diese Auseinandersetzung in vollem Gange. Sie wurde von der portugiesischen Regierung u. a. dadurch unterstützt, daß sie Pamphlete finanzierte, die den Gegner im eigenen Land in Mißkredit bringen sollten. Anscheinend in Antwerpen oder anderen ausländischen Städten herausgegeben, wurden sie heimlich in Holland gedruckt. Kurz nach der Ankunft der Bürgervertreter aus Neu-Niederland erschien eine solche Schmähschrift unter dem Titel ›Breeden Raedt‹ (Ausführlicher Bericht, Beratung). Neun Personen verschiedener Nationalität, allen voran ein portugiesischer Soldat namens Alfonso und ein gewisser Kapitän Bouwen Krynsen, unterhielten sich darin über die Herrschaft der WIC in Brasilien und Neu-Niederland. Der Kapitän äußerte sich angewidert und in herabsetzender Weise über die von Kieft und seinen Anhängern im Indianerkrieg verübten Greueltaten und über die Tyrannei, die Habgier und den Hochmut Stuyvesants. Aus einigen Details läßt sich vermuten, daß Cornelis Melyn ein wichtiger Informant des anonymen Verfassers war. Die Flugschrift wurde schnell populär und brachte das Thema „Neu-Niederland" in aller Munde, sehr zum Ärger der Bewindhebbers, die sich in einem Brief an Stuyvesant vom 16. Februar 1650 bitter über die erfolgreiche Mobilisierung der Öffentlichkeit beklagten.[54] Offiziell ignorierten sie diese Angriffe und konzentrierten sich auf die Sachfragen, die von den Abgeordneten der Generalstaaten als die entscheidenden beraten wurden: die Grenze zu den englischen Kolonien, die Vermehrung der Bevölkerung und die Ausweitung der landwirtschaftlichen Nutzung, um Neu-Niederland profitabler zu machen.[55]

Die Unterhandlungen des Komitees „für Angelegenheiten der WIC" mit den Bürgervertretern und den Bevollmächtigten der Kammer Amsterdam führten am 11. April 1650 zu einer ›Vorläufigen Anordnung über die Regierung, Erhaltung und Bevölkerung Neu-Niederlands‹, in der die Generalstaaten in 21 Punkten ihr Konzept zur Wiederherstellung von Ruhe, Ordnung und Wohlstand in der Kolonie niederlegten. Dabei wurden zahlreiche Anregungen und Klagen der Kolonisten berücksichtigt, doch standen sie keineswegs als strahlende Sieger da. So etwa bestimmte Punkt 9, daß die Kammer Amsterdam in Zukunft jährlich 50000 (statt 20000) Gulden aus ihrer Besitzung erhalten sollte, und diese Gelder waren von der Gemeinschaft der Siedler zu bewilligen und zu bezahlen. Von einer Übernahme der Kolonie unter direkte Herrschaft und Verwaltung der Generalstaaten war nicht die Rede. Das Dokument erhielt Bestimmungen zur Verbesserung des Schutzes, z. B. ein Verkaufsverbot von Gewehren und Munition an die Indianer, und die Erlaubnis zur Bewaffnung der Siedler (Punkte 3 und 4), Anordnungen zur Reparatur und Erhaltung des Forts, die Zusammenführung der Siedler in Dörfern, die besser verteidigt werden konnten als einzelne Farmen (Punkte 5 und 7). Andere Anweisungen sollten die Handelsschiffahrt aus Neu-Niederland in andere Kolonien, z. B. nach Brasilien, anregen (Nr. 8). Die Paragraphen 20 und 21 enthielten Bestimmungen, die die Auswanderung in die Kolonie verbessern sollten, z. B. den kostenlosen Transport mittelloser Siedler, die die Überfahrt erst nach vier Jahren bezahlen mußten. Entscheidend für Van der Donck und seine Gefährten waren jedoch die Punkte, die sich mit der zukünftigen Regierungsform in Neu-Niederland beschäftigten. So sollten der ständige Rat der Kolonie in Zukunft aus einem Präsidenten (dem Generaldirektor), einem Vizepräsidenten und drei Räten bestehen; von diesen sollte einer gemeinsam von den Generalstaaten und der WIC ernannt, die beiden anderen aus den Reihen der Siedler gewählt werden (Nr. 11; Nr. 12 enthielt den Wahlmodus). Zum Ausgleich erhielt der von der WIC bestellte Schout-Fiscaal (Staatsanwalt, öffentlicher Ankläger) Sitz und Stimme im Rat (Punkt 13). Neu-Amsterdam bekam einen eigenen Magistrat aus einem Schultheiß (Schout), zwei Bürgermeistern und fünf Schöffen zugesprochen (Nr. 17). Bei wachsender Bevölkerungszahl sollte ein Justizrat ins Leben gerufen werden; für die nächsten vier Jahre sollten die „Neun gewählten Männer" jedoch noch im Amt bleiben, um die Rechtsprechung in Appellsachen und bei kleineren Streitigkeiten im Streitwert bis zu 50 Gulden auszuüben (Nr. 16 und 18). Dies alles bedeutete zwar einen gewissen Fortschritt in Richtung auf eine Mitbestimmung der Kolonisten, keineswegs aber eine Befreiung vom „Joch" der Kompanieherrschaft. Nur in einer Frage konnten die Bürgervertreter einen Triumph verbuchen: Punkt 14 verfügte zum zweiten Mal nach 1648 die Zurückstufung Stuyvesants, der in Den Haag über die Vorfälle unter seiner Regierung Bericht erstatten sollte; eine Vertretung wurde ihm diesmal nicht zugestanden.[56]

Ermüdet vom langwierigen Weg durch die Instanzen und besorgt über die Kosten ihrer Mission einerseits und den Zustand ihrer Familien, Farmen und Geschäfte andererseits, gaben sich die Abgesandten mit dem Erreichten zufrieden. Ohne die Ratifikation der ›Vorläufigen Anordnung‹ abzuwarten, kehrten Van Couwenhoven und Bout nach Neu-Niederland zurück, während Van der Donck im Haag blieb, um Details zu regeln und die Angelegenheit zum Abschluß zu bringen. Unmittelbar nach ihrer Ankunft in Neu-Amsterdam am 28. Juni 1650 übergaben die Heimkehrer die Dokumente der Generalstaaten an Stuyvesant und seinen Rat. In ihrer Begleitung erreichte ein im Namen der Generalstaaten entsandter öffentlicher Notar, Dirck van Schelluyne, die Kolonie. Er hatte den Auftrag, vor allem die Amtsführung des verhaßten Sekretärs Tienhoven zu überwachen, sobald dieser aus den Niederlanden zurückgekehrt war, und sollte den Bürgern für die Protokollierung weiterer Beschwerden zur Verfügung stehen.

Die Kompanie gab sich jedoch keineswegs geschlagen. Bereits im April hatte sie ihren Generaldirektor von der zu erwartenden Entscheidung in Kenntnis gesetzt und ihn angewiesen, sie zu ignorieren, bevor sie nicht ratifiziert sei. Demgemäß mißachtete Stuyvesant die Reformvorschriften und die Anordnung, ins Mutterland zurückzukehren. In der Tat forderten die Probleme vor Ort seine ganze Aufmerksamkeit, z. B. die Folgen einer Getreideknappheit im Winter 1649/50 oder die Grenzverhandlungen in Hartford im Frühherbst 1650. Während die Kammer Amsterdam im Haag schrittweise verlorenes Terrain zurückzuerobern suchte, erhielt Van der Donck eine Hiobsbotschaft nach der anderen aus der Kolonie. Da Stuyvesant das Ergebnis seiner Grenzverhandlungen nicht bekannt gegeben hatte – in seinen Augen handelte es sich dabei um eine Angelegenheit, die allein die Kompanie etwas anging –, entstanden wilde Gerüchte über die Größe der Landmasse, die er abgetreten hatte. Die zur Bewaffnung der Bürger vorgesehenen Gewehre verkaufte er entgegen der ›Vorläufigen Anordnung‹ an die Indianer,[57] und vor allem mißachtete und schikanierte er die „Neun", die nur in der Hoffnung auf eine baldige Verabschiedung der Reformbestimmungen im Amt blieben. Als sie im Januar 1651 mit dem Gesuch vor dem Generaldirektor erschienen, er möge wie üblich sechs von ihnen auswechseln, drohte er ihnen mit Strafverfolgung wegen ihrer Beteiligung an der Remonstration. Eingeschüchtert und von der Bevölkerung verspottet, die keinerlei Effekt der teuren Mission ins Mutterland wahrnehmen konnte, sahen sie sich außerstande, ihrer Aufgabe weiterhin nachzukommen. Die Tatsache, daß Stuyvesant auf Anweisung der Bewindhebbers auch den Mitgliedern seines Rates wichtige Schreiben der Generalstaaten und der Kompanie vorenthielt, veranlaßte Vizedirektor Van Dincklage und Schout Van Dijck, vor Notar Schelluyne zu protestieren.[58] Im Februar 1651 weigerte sich der Generaldirektor, weiter mit Van Dincklage an einem Tisch zu sitzen, ließ ihn gewaltsam aus der Ratssitzung abführen, für mehrere Tage festsetzen und auch danach nicht unbehelligt seiner Wege gehen. Entmutigt zog sich der Vizedirektor aus dem öffentlichen Leben der Kolonie zurück und fand Unterschlupf im Haus Cornelis Melyns, der im Dezember 1650 nach Staten Island zurückgekehrt war.[59]

Auch Tienhoven kehrte im Sommer 1651 in die Kolonie zurück, wo er einen weiteren Aufstieg erlebte. Anstelle des unfähigen Van Dijck, der es gewagt hatte, Van Dincklages Protest zu unterzeichnen, wurde er neuer Staatsanwalt (Schout-Fiscaal). Mit seiner Abreise aus den Niederlanden hatte er sich über den aufgrund einer Eingabe Van der Doncks an ihn ergangenen Befehl hinweggesetzt, demzufolge er sich im Haag für eine Untersuchung seiner Rolle im Indianerkrieg hätte zur Verfügung halten müssen.[60]

Van der Donck ließ sich von diesen Mißerfolgen nicht abschrecken. Unermüdlich focht er für die Sache der Kolonisten. Am 10. Februar 1652 faßte er alle Beschwerden, die ihn in den letzten anderthalb Jahren erreicht hatten, in einer ausführlichen Bittschrift zusammen, die mit dem Ansinnen endete, die Generalstaaten möchten die ›Vorläufige Anordnung‹ vom April 1650 in eine Resolution umwandeln. Die daraufhin neu in Gang kommenden Beratungen mündeten am 27. April 1652 in eine Entscheidung der Hochmögenden, die zwar einige der zwei Jahre zuvor entlassenen Bestimmungen zurücknahm (die hartnäckige Unnachgiebigkeit der Direktoren hatte sich ausgezahlt), jedoch nach wie vor manche Zugeständnisse an die Siedler enthielt: Der Zustrom von Einwanderern sollte durch geeignete Maßnahmen angeregt, die Steuerlast vermindert werden, Neu-Amsterdam eine eigene Stadtverwaltung erhalten. Die Kammer Amsterdam der WIC behielt die Verwaltungshoheit über die Kolonie, aber die Abberufung Stuyvesants wurde bestätigt.[61]

Erleichtert und mit dem Gefühl, wenigstens einen Teilsieg errungen zu haben, nahm Van der Donck das Schreiben der Generalstaaten an den Generaldirektor entgegen, in dem dieser von der Resolution in Kenntnis gesetzt und zur Reise in den Haag aufgefordert wurde. Der Bürgervertreter bereitete seine Rückfahrt nach Neu-Niederland vor. Die Zustände auf seinem Anwesen ließen es dringend geraten erscheinen, dort nach dem Rechten zu sehen, außerdem wollte er einige Familienangehörige auf seinem Besitz ansiedeln. Am 13. Mai bat er bei den Generalstaaten um die Erlaubnis, mit den vor Texel, der Reede von Amsterdam, segelfertig liegenden Schiffen abreisen zu dürfen, sowie um die Gewährung freien Geleits und eine Anweisung an Stuyvesant, ihn, Van der Donck, in Neu-Niederland wieder an führender Stelle der Gemeinde dienen zu lassen.[62] Die Antwort fiel nicht seinen Erwartungen entsprechend aus: Am 16. Mai kassierten die Hochmögenden den Rückrufungsbefehl an Stuyvesant, Van der Donck mußte das Schreiben an den Generaldirektor wieder aushändigen.[63] Der heraufziehende Krieg mit England ließ Stuyvesants militärische Qualitäten in neuem Licht erscheinen, seine Anwesenheit war bitter nötig, wollte man die seit Jahren vernachlässigte Kolonie auch nur ansatzweise in Verteidigungsbereitschaft versetzen.[64] Sein Widersacher erfuhr die Rache der WIC am eigenen Leib. Die Kompanie, immer noch im Besitz des Schiffahrtsmonopols nach Neu-Niederland, verbot allen Kapitänen, Van der Donck als Passagier an Bord zu nehmen. Auch wiederholte Eingaben an die Generalstaaten konnten daran nichts ändern. Erst nachdem er das erniedrigende Versprechen abgegeben hatte, in Zukunft zurückgezogen als gewöhnlicher Bürger zu leben und seinen privaten Angelegenheiten nachzugehen, sich den Befehlen und Anordnungen der Kompanie und ihres Generaldirektors zu beugen, auf jedes öffentliche Amt und auf die Ausübung seines Berufs als Jurist zu verzichten, durfte er im Herbst 1653 in die Kolonie zurückkehren. Zwei Jahre später starb er 35jährig auf seinem Landsitz.[65]

Stuyvesant erlebte die Genugtuung, alle seine Gegner ausgeschaltet zu wissen.[66] Das einzige Ergebnis, das die Kolonisten nach allen Anstrengungen erreichten, war die Einrichtung eines Magistrats von Neu-Amsterdam, und auch diese erfolgte nicht so, wie sie es sich vorgestellt hatten. Die zwei Bürgermeister und fünf Schöffen, die am 2. Februar 1653 vor dem Generaldirektor ihren Eid ablegten, waren nicht wie im Mutterland von den Einwohnern der Stadt gewählt, sondern von Stuyvesant persönlich ernannt worden. Drei von ihnen hatten ihre Karriere im Dienst der WIC begonnen. Dahinter stand der Versuch des Generaldirektors, eine erneute Herausforderung seiner Autorität wie durch die „Neun gewählten Männer" zu vermeiden. Doch schon Ende desselben Jahres wandten sich die Delegierten des ersten „Landtages" von Neu-Niederland, darunter zwei Abgeordnete aus Neu-Amsterdem, in einer neuen Remonstration an die Herren XIX gegen die Unterdrükkung ihrer Selbstbestimmungsrechte und die Ernennung der Beamten und Stadträte ohne Mitwirkung der Bevölkerung.[67] Es dauerte aber noch vier Jahre, bis Stuyvesant das Verfahren aufgab, nach Ablauf der einjährigen Amtszeit oder bei Vakanzen die Magistratsposten mit handverlesenen Kandidaten zu besetzen. Ab Lichtmeß 1657 durften die Stadträte eine doppelte Anzahl von Bewerbern nominieren, aus denen der Generaldirektor unter Hinzuziehung seines Rates die Amtsinhaber für das folgende Jahr auswählte. Kooptation bedeutete noch keine Beteiligung der Bürger an den Wahlen. Die ersten Jahre unter englischer Herrschaft brachten sogar einen Rückschritt, nämlich wieder die Ernennung der Stadträte durch den Gouverneur. Bis in die achtziger Jahre blieb den New Yorkern eine direkte Mitbestimmung verwehrt.[68]

Daß der Ruf nach Beteiligung an der kolonialen Regierung gerade Ende der vierziger Jahre laut wurde, läßt sich nur zum geringeren Teil aus den früheren Lebensumständen der Siedler erklären. Die Hälfte von ihnen kam aus Ländern ohne demokratische Traditionen. Die aus den Niederlanden stammenden Einwanderer hatten, von Ausnahmen abgesehen, keine Verbindung zur regierenden Klasse des Mutterlandes, sondern waren Bauern, Handwerker und Arbeiter. Neben dem neidvoll betrachteten Beispiel der sich selbst verwaltenden englischen Townships auf Long Island waren vielmehr lokale Ereignisse die Ursache für das Aufbegehren der Kolonisten. Der Indianerkrieg, dessen Ausbruch dem fahrlässigen und mutwilligen Verhalten der Kompaniebeamten, allen voran Kieft und Tienhoven, angelastet wurde, und die in ihm erlittenen Verluste lösten Erbitterung aus. Hinzu kam die Enttäuschung über das Ausbleiben von Hilfe seitens der WIC. Zugleich mag erstmals in der Geschichte Neu-Niederlands unter den während der Kämpfe auf Manhattan zusammengedrängten Siedlern ein Gemeinschaftsgefühl entstanden sein, das die allgemeine Unzufriedenheit mit der Herrschaft der Bewindhebbers aufwallen ließ, bis sie sich in der Remonstration von 1649 ein Ventil suchte.

Trotz der Bedeutung der lokalen Ereignisse stellte Neu-Niederland in dieser Hinsicht keinen Einzelfall dar; ähnlich gelagerte Konflikte gab es auch in anderen holländischen Überseebesitzungen. Die niederländischen Kolonien des 17. und 18. Jahrhunderts unterstanden keinen staatlichen, metropolitanen Einrichtungen, sondern wurden alle entweder von den Direktoren einer Handelskompanie oder von einer privaten, aus Kaufleuten zusammengesetzten Kolonialgesellschaft verwaltet. Die Handelsherren dachten bei der wirtschaftlichen Nutzbarmachung der überseeischen Siedlungsgebiete meist in kurz-, allenfalls in mittelfristigen Zeiträumen. Förderten ihre Investitionen innerhalb der angesetzten Frist nicht die erhofften materiellen Gewinne, zeigten sie meist wenig Neigung, ihre Initiativen fortzusetzen. So hatten niederländische Kolonisten häufig nicht nur mit den strukturellen und ökonomischen Schwierigkeiten zu kämpfen, die das Schicksal jeder überseeischen Siedlung bestimmten, sondern auch mit der hohen Erwartungshaltung der Kolonialherren. Diese reagierten je nach Einschätzung der Situation mit einem dauernden Wechsel zwischen lebhaftem, sich in ständigen Anordnungen äußerndem Interesse und Vernachlässigung sowie – davon abhängig – mit einer zwischen Monopol- und Freihandel schwankenden Wirtschaftspolitik. Rechnet man die allgemeine Auswanderungsunwilligkeit der Niederländer hinzu, die sich aus ausreichenden Beschäftigungsmöglichkeiten und relativer religiöser Toleranz im Mutterland ergab, erhält man ein Bild von der tendenziellen Gefährdung niederländischer Siedlungsprojekte. Traten erhebliche finanzielle Schwierigkeiten des Trägers hinzu, ging die Kolonie nach einigen Jahrzehnten einer bedrohten Existenz wieder verloren, wie die Beispiele Neu-Holland (1654 durch die Portugiesen zurückerobert) und Neu-Niederland (1664 von den Engländern genommen) zeigen. Nur eine ausreichende wirtschaftliche Potenz wie in Surinam, in besonders günstigen Fällen gepaart mit der Abwesenheit europäischer Konkurrenten wie am Kap der Guten Hoffnung (1652 als Nachschubbasis für die Ostindienflotten gegründet), sicherten der Kolonie eine gute Überlebenschance.

Insgesamt waren die Handelsdirektoren in Europa schlecht gerüstet, um agrarische Siedlungskolonien zu regieren. Die Siedler fühlten sich in jedem Fall durch die kurzsichtige und intolerante Haltung der Bewindhebbers unterdrückt, die ihnen häufig Handelsbeschränkungen auferlegte und ihnen jegliches politisches Mitspracherecht verweigerte. Ihre Kritik richtete sich naturgemäß zunächst gegen die jeweiligen Kolonialbeamten vor Ort, auf deren Ernennung sie keinen Einfluß hatten. Im Falle Stuyvesants führte dies über Jahre hinweg zu einer weit verbreiteten Voreingenommenheit, die den Generaldirektor zum Tyrannen stempelte und ihm den Spitznamen „Herzog von Moskau" eintrug.[69]

Anmerkungen

[1] Vgl. The Portfolio of the New Netherland Project. A Translation Programm of the New York State Library. Albany/N.Y. 1984; Peter Christoph, Story of the New Netherland Project. In: De Halve Maen 61/3 (1988), S. 5–8; Paul Brill, Bevers, hutspot en een schip in aanbouw. In: De Volksrant (11. März 1989), S. 5.

[2] Alice P. Kenney, Stubborn for Liberty. The Dutch in New York. Syracuse/N.Y. 1975, S. 14; Henri and Barbara van der Zee, A Sweet and Alien Land: The Story of Dutch New York. New York–London 1978, S. 3–4.

[3] Portfolio (wie Anm. 1), S. 1.

[4] Oliver A. Rink, Holland on the Hudson: An Economic and Social History of Dutch New York. Ithaca/N.Y. 1986, S. 243 f.; H. a. B. van der Zee (wie Anm. 2), S. 30 f., 33–36, 45–46. Matthias Meyn, Manfred Mimler, Anneli Partenheimer-Bein u. Eberhard Schmitt (Hrsg.), Die großen Entdeckungen. München 1984 (Dokumente zur Geschichte der europäischen Expansion. Bd. 2), S. 249–253.

[5] H. a. B. van der Zee (wie Anm. 2), S. 260–263.

[6] Ibid., S. 46, 93–96.

[7] Ibid., S. 5 f.; A. P. Kenney (wie Anm. 2), S. 17–19.

[8] Ruud Spruit, Zout en slaven. De geschiedenis van de Westindische Compagnie. Houten 1988, S. 25; P. J. van Winter, De Westindische Compagnie ter kamer Stad en Lande. 's-Gravenhage 1978, Kap. 1, S. 1–14; Charles Ralph Boxer, The Dutch Seaborne Empire 1600–1800. London [1]1965, 1977, S. 24 f.; Horst Lademacher, Geschichte der Niederlande: Politik – Verfassung – Wirtschaft. Darmstadt 1983, S. 146 f.

[9] Die Organisation der WIC umfaßte fünf Kammern, die sich die Aufgaben, Investitionen und Gewinne nach einem festen Schlüssel teilten: Amsterdam trug 4/9, Seeland 2/9, und die Kammern Maas, Nordholland und Groningen mit Friesland trugen jeweils 1/9. Oberstes Verwaltungsorgan der Kompanie waren die Herren XIX, ein Gremium, in das Amsterdam 8, Seeland 4, die übrigen Kammern je einen Direktor entsandten; den 19. Sitz beanspruchten die Generalstaaten. R. Spruit (wie Anm. 8), S. 26 f.

[10] Michael Kammen, Colonial New York. A History. New York 1975, S. 28 f.; Oliver A. Rink, The People of New Netherland: Notes on Non-English Immigration to New York in the Seventeenth Century. In: New York History 62/1 (1981), S. 5–42, S. 9–16: Bei den wallonischen Flüchtlingen handelte es

sich 1624 um 30 Familien, 1625 um ca. 100 Personen. Siehe ferner R. Spruit (wie Anm. 8), S. 76; H. a. B. van der Zee (wie Anm. 2), S. 10–16.

11 O. A. Rink (wie Anm. 10), S. 16, Anm. 25.

12 Ibid., S. 15, 21.

13 Ibid., S. 16; H. a. B. van der Zee (wie Anm. 2), S. 17f.

14 Dixon Ryan Fox, Yankees and Yorkers. New York 1940, S. 40 (zitiert nach H. a. B. van der Zee [wie Anm. 2], S. 23).

15 O. A. Rink (wie Anm. 4), S. 155f.; ders. (wie Anm. 10), S. 28. Zwar genossen die Kolonisten seit 1625 offiziell dieselben Rechte wie die Bürger im Mutterland, doch war allgemein bekannt, daß die WIC in Neu-Niederland ein diktatorisches Regiment führte und den Siedlern weniger Beteiligung gewährte als in den niederländischen Provinzen üblich. M. Kammen (wie Anm. 10), S. 38.

16 H. a. B. van der Zee (wie Anm. 2), S. 138; M. Kammen (wie Anm. 10), S. 38.

17 Über die sozial-gesellschaftliche Herkunft der Auswanderer nach Neu-Niederland s. O. A. Rink (wie Anm. 10), S. 29f.; ders. (wie Anm. 4), S. 156f.

18 Das änderte sich erst, als die Herren XIX 1648 Anweisung gaben, den engl. Kolonisten diese Freiheiten zu beschneiden, da sie einen gefährlichen Präzedenzfall darstellten. H. a. B. van der Zee (wie Anm. 2), S. 212f., S. 86–87; M. Kammen (wie Anm. 10), S. 52f.

19 M. Kammen (wie Anm. 10), S. 40; H. a. B. van der Zee (wie Anm. 2), S. 92–93; David Steven Cohen, How Dutch Were the Dutch of New Netherland? In: New York History 62/1 (1981), S. 43–60, S. 45. Zum täglichen Leben der Kolonisten, insbes. in Neu-Amsterdam, s. Esther Singleton, Dutch New York. New York [1]1909. Ndr. 1968.

20 H. a. B. van der Zee (wie Anm. 2), S. 63–67, 70–71, 88–90, 146f.

21 Ibid., S. 83–86; O. A. Rink (wie Anm. 4), S. 241f.

22 Auf seinem Boden wurde 1652 Beverwijck, das heutige Albany gegründet: H. a. B. van der Zee (wie Anm. 2), S. 49f., 208–211; M. Kammen (wie Anm. 10), S. 30f.; O. A. Rink (wie Anm. 10), S. 16f.; R. Spruit (wie Anm. 8), S. 77.

23 H. a. B. van der Zee (wie Anm. 2), S. 78–79; A. P. Kenney (wie Anm. 2), S. 26.

24 Sie hatten im Februar Algonkins aus der Umgebung von Fort Orange, die vor einem Angriff der Mohawks nach Manhattan und Pavonia (Patronatskolonie am Westufer der Hudson-Mündung) geflohen waren, im Schlaf überrascht und ca. 120 Menschen abgeschlachtet: H. a. B. van der Zee (wie Anm. 2), S. 117–119; J. W. Schulte-Nordholt, Nederlanders in Nieuw Nederland: De oorlog van Kieft. In: Bijdragen en Mededelingen van het Historisch Genootschap 80 (1966), S. 38–95. Siehe auch Algemeen Rijksarchief (ARA) Den Haag, Staten Generaal (St. Gen.) 12564-25 Nr. E: Gesuch von Marijs Adriaensz., Jan Jansz. Dame und Abraham Planck an Generaldirektor Kieft und seinen Rat, gegen die räuberischen und mordenden Indianer vorgehen zu dürfen. Unterzeichnet von Sekretär Cornelis van Tienhoven. Undatiert

(Kopie); Nr. F: Erlaubnis für Marijs Adriaensz., mit seiner Gruppe gegen die Wilden vorzugehen, die hinter Curle(r)s Plantage hausen, gezeichnet Kieft, 25. Feb. 1643 (Kopie).

25 H. a. B. van der Zee (wie Anm. 2), S. 116–136; O. A. Rink (wie Anm. 4), S. 215–222; Morton Wagman, The Origin of New York City's Government: From Proprietary Control to Representative Democracy. In: De Halve Maen 62/2 (1983), S. 6–11, S. 6f.

26 H. a. B. van der Zee (wie Anm. 2), S. 115; A. P. Kenney (wie Anm. 2), S. 38f.; M. Wagman (wie Anm. 25), S. 6.

27 H. a. B. van der Zee (wie Anm. 2), S. 121–130; ARA Den Haag, St. Gen. (wie Anm. 24) 12564-25 Nr. B. Die Direktoren, die in ihrer wichtigsten Besitzung Neu-Holland in Nordbrasilien in einen blutigen und teuren Guerillakrieg mit den Portugiesen verwickelt waren, sahen sich allerdings außerstande, den Bitten aus Neu-Niederland nachzukommen.

28 ARA Den Haag, St. Gen. (wie Anm. 24) 12564-25 Nr. Q: Brief der „Acht Männer" an die Bewindhebbers der Kammer Amsterdam, Manahatas, 28. Okt. 1644 (Kopie); H. a. B. van der Zee (wie Anm. 2), S. 131–134. Cornelis Melyn war Gerber in Amsterdam und übersiedelte 1641 (oder 1638) nach Neu-Niederland, wo er auf der Manhattan vorgelagerten Insel Staten Island ein Gut erwarb. H. a. B. van der Zee (wie Anm. 2), S. 125; D. S. Cohen (wie Anm. 19), S. 55.

29 H. a. B. van der Zee (wie Anm. 2), S. 155f. Stuyvesant, seit ca. 1633 im Dienst der WIC und 1643 zum Generaldirektor auf Curaçao aufgestiegen, kehrte aufgrund einer schweren Verletzung, die er sich 1644 beim mißlungenen Eroberungsversuch St. Martins zugezogen hatte, in die Niederlande zurück. Seiner hier dem Kompanievorstand 1645 vorgebrachten Bewerbung für das Generaldirektorenamt Neu-Niederlands folgte erst ein Jahr später die Vereidigung, da die Generalstaaten ihre Zustimmung zu seiner Ernennung nur bei Vorlage eines konkreten Entwicklungsplans für die Kolonie geben wollten. Mit seinem den Bewindhebbers schließlich selbst unterbreiteten Vorschlag, den Handel von und nach Neu-Amsterdam weitgehend zu liberalisieren – was den Wegfall des von der WIC noch 1639 beanspruchten Transportmonopols bedeutet hätte –, konnte sich Stuyvesant jedoch nicht durchsetzen: H. a. B. van der Zee (wie Anm. 2), S. 150–160; O. A. Rink (wie Anm. 4), S. 223–226; Nieuw Nederlandsch Biografisch Woordenboek, Vol. VII, Leiden 1927, Sp. 1191–1194.

30 Die Einwanderer – übrigens knapp zur Hälfte nicht aus den Niederlanden, sondern aus anderen europäischen Staaten, hauptsächlich aus Deutschland und Skandinavien kommend – rekrutierten sich zumeist aus Bauern, Soldaten und Handwerkern; Mitglieder gebildeter oder regierender Gesellschaftsschichten blieben die Ausnahme. Dem Versuch in den zwanziger Jahren, Familien anzusiedeln, folgte in der Zeit des Patronatssystems nach 1629 ein Zustrom lediger junger Männer. Das dabei entstandene geschlechtliche Ungleichgewicht in der Kolonie begann sich nach 1645 zu relativieren, als Familien in größerer Anzahl Neu-Niederland erreichten, deren Söhne gemäß den Anforderungen harter Landarbeit jedoch noch zahlreicher als die

Töchter waren. Ab etwa 1657 folgten ihnen dann kinderreiche Ehepaare jungen und mittleren Alters in so beträchtlicher Anzahl, daß man der Kolonie erstmals in ihrer Geschichte eine Blütezeit nachsagen konnte. Siehe dazu M. Wagman (wie Anm. 25), S. 7; D. S. Cohen (wie Anm. 19) und O. A. Rink (wie Anm. 10) sowie ders. (wie Anm. 4), Kap. 6.

31 O. A. Rink (wie Anm. 4), S. 228.

32 Keines der beiden Mutterländer ratifizierte das Übereinkommen, aber beide Kolonien hielten sich bis 1664 an die Vertragsbestimmungen: H. a. B. van der Zee (wie Anm. 2), S. 218–224; O. A. Rink (wie Anm. 4), S. 245–249; Henry H. Kessler a. Eugene Rachlis, Peter Stuyvesant and His New York. New York 1959, S. 120 f.

33 Der Kolonie Neu-Schweden, 1638 am Westufer des Delaware rund um das Fort Christina (in der Nähe des heutigen Wilmington) gegründet auf Betreiben der von Niederländern finanzierten schwedischen Westindienkompanie, war es in den 40er Jahren gelungen, ihr Einflußgebiet immer mehr auszudehnen. Als das unbequeme Konkurrenzunternehmen 1654 das niederländische Fort Casimir erobert hatte, reagierte Stuyvesant mit einem Angriff im folgenden Jahr, der mit der Annexion Neu-Schwedens endete: H. a. B. van der Zee (wie Anm. 2), S. 79–82; O. A. Rink, (wie Anm. 4), S. 243 f.

34 Zur Person Stuyvesants s. O. A. Rink (wie Anm. 4), S. 225 f.; Portfolio (wie Anm. 1), S. 12; H. a. B. van der Zee (wie Anm. 2), S. 161–167.

35 Der seit 1638 unter Kieft als Kanzleichef tätige Tienhoven, ohnehin unter den Kolonisten als Lügner und Schürzenjäger verrufen, hatte einige Kolonisten veranlaßt, 1643 jenes Gesuch an Kieft zu richten, das zum Gemetzel unter den Algonkins führte. Vgl. Anm. 24; H. a. B. van der Zee (wie Anm. 2), S. 173; H. H. Kessler a. E. Rachlis (wie Anm. 32), S. 80.

36 Während der diktatorische Kieft neben sich nur ein Ratsmitglied geduldet hatte, saß Stuyvesant sechs Räten vor. H. a. B. van der Zee (wie Anm. 2), S. 173; H. H. Kessler a. E. Rachlis (wie Anm. 32), S. 79 f.

37 H. a. B. van der Zee (wie Anm. 2), S. 173 f.; H. H. Kessler a. E. Rachlis (wie Anm. 32), S. 121 f.

38 H. a. B. van der Zee (wie Anm. 2), S. 175.

39 Ibid., S. 161–167; O. A. Rink (wie Anm. 4), S. 226 f.; A. P. Kenney (wie Anm. 2), S. 41. ARA Den Haag, St. Gen. (wie Anm. 24) 12564-25, No. O, P, R (Urteilsspruch gegen Kuyter); das Urteil gegen Melyn in einem einliegenden separaten Konvolut: Akten betreffend Cornelis Melyn, Nr. 3 (alles Kopien).

40 Melyn und Kuyter hatten beim Untergang der "Princess" eine Kiste des von ihnen gegen Kieft gesammelten Materials retten können und waren damit in den Haag weitergereist. Das Revisionsurteil der Staaten wurde von einem Brief an den Generaldirektor begleitet, in dem sie ihm befahlen, die beiden wieder in ihre Besitztümer einzusetzen und in Zukunft unbehelligt zu lassen; in dieselbe Richtung wies ein persönliches Schreiben Willems II., des Prinzen von Oranien, datiert 19. Mai 1648. Siehe ARA Den Haag, St. Gen. (wie Anm. 24) 12564-25: Akten betreffend Cornelis Melyn No. 4, 5 und 6; vgl. auch St. Gen. 4845, fol. 401 v: Resolution vom 28. April 1648.

[41] H. a. B. van der Zee (wie Anm. 2), S. 177–181; H. H. Kessler a. E. Rachlis (wie Anm. 32), S. 100 f.; A. P. Kenney (wie Anm. 2), S. 47.

[42] Van der Donck, seit 1641 als Schout (Schultheiß) in Rensselaerswijk, hatte Kieft in dieser Funktion Geld geliehen, damit er die bei Friedensverhandlungen mit den Indianern üblichen Geschenke bezahlen konnte. Dafür übereignete ihm Kieft ein Stück Land, 15 Meilen von Neu-Amsterdam entfernt, wo sich Van der Donck nach Ablauf seiner Amtszeit auch niederließ. H. a. B. van der Zee (wie Anm. 2), S. 181 f.; H. H. Kessler a. E. Rachlis (wie Anm. 32), S. 97.

[43] Der Jurist Van Dincklage kam 1634 als Schout-Fiscaal (Staatsanwalt) nach Neu-Niederland. 1637 erreichte er die Abberufung von Kiefts Vorgänger, dem korrupten und unfähigen Generaldirektor Van Twiller. Im Rennen um das Generaldirektorenamt 1645 zog Van Dincklage Stuyvesant gegenüber den kürzeren und wurde unter diesem nur Vizedirektor der Kolonie. H. a. B. van der Zee (wie Anm. 2), S. 59, 72 f., 131, 155 f., 184; H. H. Kessler a. E. Rachlis (wie Anm. 32), S. 79.

[44] Zum Prozeß gegen Van der Donck s. H. a. B. van der Zee (wie Anm. 2), S. 182–184; H. H. Kessler a. E. Rachlis (wie Anm. 32), S. 98–102. Van Dincklage stimmte gegen den Ausschluß aus den „Neun".

[45] Stuyvesant verweigerte Melyns Schwiegersohn eine Handelserlaubnis für den Delaware, begründet mit dem Verdacht, diese Familie kooperiere mit den Schweden zum Schaden Neu-Niederlands. H. H. Kessler a. E. Rachlis (wie Anm. 32), S. 102 f.; H. a. B. van der Zee (wie Anm. 2), S. 185; ARA Den Haag, St. Gen. (wie Anm. 24) 12564-25: Akten betreffend Cornelis Melyn No. 8–16.

[46] Ibid., No. 9: Protest Melyns gegen Stuyvesant, datiert Manhattan, 29. Juli 1649, übergeben an Stuyvesants Frau Judith durch Van der Donck und Arnoldus van Hardenbergh (Mitglied der „Neun") am 1. August.

[47] H. H. Kessler a. E. Rachlis (wie Anm. 32), S. 105 f.; H. a. B. van der Zee (wie Anm. 2), S. 179, 185 f.

[48] Naerdere Aenwysinghe ende Observatien op het Request aende Doorluchtige Hooge en Mogende Heeren Staten Generael der Vereenigde Nederlanden, onse Hochloffelijcke Souverainen und Remonstrantie van Nieu-Nederland Ende der gelegentheden aldaer Aende Hooch Mogende Heeren Staten Generael der verenichde Nederlanden vande Gemeente in N. Nederlandt, ARA Den Haag, St. Gen. (wie Anm. 24) 12564-30 A (Kopien).

[49] Die Punkte 6 und 7 sprachen ein für Neu-Niederland wichtiges Problem an: Aufgrund der restriktiven Handelspolitik der WIC gegenüber den Kolonisten entwickelten diese keine bodenständige Kaufmannsschicht wie die Siedler in den Neu-England-Staaten. Statt dessen wurde die Kolonie von Kaufleuten des Mutterlandes ausgebeutet, unter denen vier große Amsterdamer Handelshäuser die Schlüsselpositionen einnahmen. Sie machten vor allem beim Wiederaufbau nach „Kiefts Krieg" Gewinne, die die Siedler teuer zu stehen kamen. O. A. Rink (wie Anm. 4), Kap. 7, S. 172–213, bes. 206–213.

[50] H. a. B. van der Zee (wie Anm. 2), S. 187–190; H. H. Kessler a. E. Rachlis (wie Anm. 32), S. 105–108. Engl. Übersetzungen in: E. B. O'Callaghan

(ed.), Documents Relative to the Colonial History of the State of New York. Vol. 1. Albany 1856.

51 H. a. B. van der Zee (wie Anm. 2), S. 193; ARA Den Haag, St. Gen. (wie Anm. 24) 12564-30 A (Kopie).

52 Der ab 1647 als Pastor in Neu-Amsterdam tätige Backerus, entschiedener Gegner des Regierungsstils Stuyvesants, machte seine Kirche so offensichtlich zum Zentrum der Opposition, daß ihn der Generaldirektor zur Ordnung rufen mußte. 1649 kehrte er freiwillig in die Niederlande zurück. Seine hier im Mutterland fortgesetzte Unterstützung der „Rebellen" sollte ihn seine Anstellung bei der WIC kosten. H. a. B. van der Zee (wie Anm. 2), S. 186f., 190, 284f. Van Twiller war 1637 wegen Mißwirtschaft und persönlicher Bereicherung abgesetzt worden. Als Neffe des verstorbenen Patrons von Rensselaerswijk wurde er 1643 vormundschaftlicher Verwalter des Patronats für die unmündigen Söhne. Vgl. Anm. 43; H. a. B. van der Zee (wie Anm. 2), S. 52f., 56f., 72–73, 190, 205, 209.

53 Hermann Wätjen, Das holländische Kolonialreich in Brasilien. Ein Kapitel aus der Kolonialgeschichte des 17. Jahrhunderts. Gotha 1921; Charles Ralph Boxer, The Dutch in Brazil 1624–1654. Oxford 1957; E. van den Boogaart (ed.), Johan Mauritz van Nassau-Siegen 1604–1679. A Humanist Prince in Europe and Brazil. Essay on the Occasion of the Tercentenary of his Death. The Hague 1979.

54 H. a. B. van der Zee (wie Anm. 2), S. 190–192; H. H. Kessler a. E. Rachlis (wie Anm. 32), S. 111–115.

55 Dabei waren Tienhovens Kenntnisse unentbehrlich. Er lieferte zu diesen Punkten am 22. Feb. und 4. März 1650 zwei Denkschriften, s. ARA Den Haag, St. Gen. (wie Anm. 24) 12564-30 A (Kopien).

56 Provisionele Ordre over de Regieringe, conservatie ende populatie van Nieu-Nederland, ARA Den Haag, St. Gen. (wie Anm. 24) 12564-30 A (Kopie); H. a. B. van der Zee (wie Anm. 2), S. 194; H. H. Kessler a. E. Rachlis (wie Anm. 32), S. 115–117. Anmerkungen der Kammer Amsterdam vom 6. Mai (?) 1650 in ARA Den Haag, St. Gen. 12564-30 A No. 16 (Kopie): Realistischerweise bezweifelten die Direktoren, daß die Kolonisten bereit sein würden, höhere Abgaben an die WIC zu zahlen; Veränderungen der Regierungsform lehnten sie meist ab und gestanden lediglich zu, den bestehenden ständigen Rat um zwei Bürgervertreter zu erweitern, die von den Bewindhebbers selbst aus einer Dreierliste ausgewählt werden sollten. Natürlich wehrten sie sich gegen eine Abberufung Stuyvesants; an seiner Stelle sollte allerdings Vizedirektor Van Dincklage in den Haag kommen.

57 Dies geschah auf Anweisung der WIC, die so den Frieden mit den vernehmlich unzufriedenen Stämmen zu erhalten hoffte, die sich vom Waffennachschub abgeschnitten sahen. H. a. B. van der Zee (wie Anm. 2), S. 175–177.

58 ARA Den Haag, St. Gen. (wie Anm. 24) 12564-36: Schreiben der Bürgervertreter an die Generalstaaten, Neu-Amsterdam, 22. Dez. 1650, mit belieg. notariel. Erklärung vom 19. Dez. 1650. Engl. Übersetzung in E. B. O'Callaghan (wie Anm. 50), S. 440–442.

59 Melyn hatte bereits um 1640 ein Anwesen auf Staten Island erworben. Nach seiner Rückkehr vom Prozeß gegen Stuyvesant im Mutterland befestigte er 1650 seine Farm, bewaffnete zu seinem Schutz eine Streitmacht von 118 Indianern und errichtete mit Van Dincklage seine eigene Regierung. Vgl. Anm. 28; H. a. B. van der Zee (wie Anm. 2), S. 196–198.

60 H. a. B. van der Zee (wie Anm. 2), S. 198–201; ARA Den Haag St. Gen. (wie Anm. 24) 12564-25: Auszug aus dem Register der Resolutionen der Generalstaaten, 9. Aug. 1650; auch in St. Gen. 4845 fol. 579 rv.

61 H. a. B. van der Zee (wie Anm. 2), S. 201; H. H. Kessler a. E. Rachlis (wie Anm. 32), S. 123. Zum Verlauf der Beratungen von Feb. bis April 1652 s. ARA Den Haag, St. Gen. (wie Anm. 24) 12564-36 No. 1: Petition Van der Doncks vom 10. 2. 52 mit Beilagen (darunter das in Anm. 58 gen. Dok.); No. 2: Auszug aus dem Register der Resolutionen der Generalstaaten, 16. 2. 52 = Beschlüsse zu den in No. 1 aufgef. Punkten; No. 3: Auszüge aus den Briefen, die Van der Donck 1650 und 1651 aus Neu-Niederland erhalten hatte und die zur Untermauerung der Bittschrift vom 10. 2. dienten; No. 4: Deduktion über die alten Grenzen Neu-Niederlands und die Landabtretungen Stuyvesants an Neu-England; No. 5–8: eingeholte Meinungen der Kammern der WIC über die ›Vorläufige Anordnung‹ von 1650. Die Nummern 3–8 dienten zur Erfüllung der Resolution vom 16. 2. Vgl. auch ibid., St. Gen. 12564-30 A: Vorschlag der Bevollmächtigten der Generalstaaten „für Angelegenheiten der WIC" zur endgültigen Verabschiedung der ›Vorläufigen Anordnung‹, nach monatelangen Beratungen mit den Bewindhebbers und Begutachtung aller Bittschriften und Gegendarstellungen der Bürger Neu-Niederlands abgegeben am 16. 2. 52; St. Gen. 4846 fol. 19 rv: Resolution der Generalstaaten vom 27. 4. 52.

62 ARA Den Haag, St. Gen. (wie Anm. 24) 12564 – 36 No. 9.

63 ARA Den Haag, St. Gen. (wie Anm. 24) 4846 fol. 21 rv: Resolution vom 16. Mai 1652.

64 H. a. B. van der Zee (wie Anm. 2), S. 201; H. H. Kessler a. E. Rachlis (wie Anm. 32), S. 123; ARA Den Haag, St. Gen. (wie Anm. 24) 4846 fol. 35 r: Resolution der Generalstaaten vom 3. Sept. 1652 über militär. Vorbereitungen gegen England an den Generaldirektor, Rat und die Gemeindevorsteher der Kolonie. Zu engl. Angriffsplänen vgl. O. A. Rink (wie Anm. 4), S. 250–257.

65 H. a. B. van der Zee (wie Anm. 2), S. 201 f.; H.H. Kessler a. E. Rachlis (wie Anm. 32), S. 123 f.; A. P. Kenney (wie Anm. 2), S. 47 f. Eingaben Van der Doncks mit der Bitte, sich für seine Rückkehr einzusetzen, vom 24. Mai und 5. Aug. 1652 in ARA Den Haag, St. Gen. (wie Anm. 24) 12564-36 No. 11 u. 13.

66 Schon 1651 hatte er Notar Dirck van Schelluyne die Ausübung seines Amtes untersagt. H. a. B. van der Zee (wie Anm. 2), S. 210 f.

67 M. Wagman (wie Anm. 25), S. 8; H. a. B. van der Zee (wie Anm. 2), S. 231 f., 240 f. In diesem ersten „Landtag" waren die acht wichtigsten Gemeinden Neu-Niederlands, nämlich Breukelen, Amersfoort, Midwout, Gravesend, Flushing, Newtown und Hempstead, durch insgesamt 10 niederländ. und 9. engl. Abgeordnete vertreten. Der Grund ihres Treffens waren Plünde-

rungen küstennaher Dörfer und Farmen durch Piraten. Stuyvesant erklärte die Versammlung für illegal, nachdem er die Remonstration gelesen hatte.

[68] M. Wagman (wie Anm. 25), S. 8–11, 24. Am 16. Dez. 1654 erhielt der Magistrat aus der Hand Stuyvesants das von der WIC verliehene Stadtsiegel und Stadtwappen. H. a. B. van der Zee (wie Anm. 2), S. 251 f.; M. Kammen (wie Anm. 10), S. 54 f.

[69] Diese Bezeichnung stammte von Van Dincklage nach seiner gewaltsamen Entfernung aus dem Rat. H. a. B. van der Zee (wie Anm. 2), S. 196; H. H. Kessler a. E. Rachlis (wie Anm. 32), S. 122.

Welche Bedeutung das Thema „Neu-Niederland" in der Historiographie der letzten Jahre gewonnen hat (vgl. S. 168), belegen die zahlreichen Literaturtitel, die zwischen Abfassung und Drucklegung dieses Artikels erschienen sind und von denen ich hier einige anfüge, die unmittelbar zu Teilaspekten des vorliegenden Textes beitragen: Mit der Geschichtsschreibung Neu-Niederlands in Vergangenheit und Zukunft sowie der Nutzung des vorhandenen Archivmaterials befassen sich Eric Nooter and Patricia U. Bonomi (eds.), Colonial Dutch Studies. An Interdisciplinary Approach. New York 1988; Jan Folkerts, De Nederlandse archieven in de staat New York en hun bewerkingsgeschiedenis. In: Nederlands Archievenblad 93 (1989), S. 140–153; David M. Riker, Searching for Colonial Dutch Ancestors. In: De Halve Maen 63, 3 (1990), S. 1–4. Licht auf das Alltagsleben in der Kolonie (vgl. Anm. 19) wirft der Aufsatz- und Ausstellungsband von Roderick Blackburn and Ruth Piwonka (eds.), Remembrance of Patria: Dutch Arts and Culture in Colonial America 1609–1776. Albany 1988. Zur Lage der ortsansässigen Kaufleute, ihren Verbindungen zu Amsterdamer Handelshäusern und ihrer Abhängigkeit von der WIC-Verwaltung (vgl. Anm. 49) erschienen: David M. Riker, Govert Loockermans, Free Merchant of New Amsterdam. In: De Halve Maen 62, 3 (1989), S. 4–10; Dennis J. Maika, The Credit System of the Manhattan Merchants in the Seventeenth Century, Part I and II. In: De Halve Maen 63, 2 (1990), S. 1–3 und 63, 3 (1990), S. 5–7.

Lohnarbeit im Wigwam: Ein Blick hinter den Schleier der Indianergrenze in Neu-England während King Philipp's War 1675/1676

Von

Thomas Beck

Abb. 7: Ninigret, Ratsmitglied der Ost-Niantics.
Ölgemälde eines unbekannten Künstlers. $33^1/_8 \times 30^1/_8$ inches. Datiert 1647.

Das Gemälde zeigt Ninigret, eines der führenden Ratsmitglieder (Sachems) der Ost-Niantics, einer Indianer-Nation im Südwesten des heutigen US-Bundesstaates Rhode Island, die das Gebiet etwa zwischen Pawcatuck River und der Küste kontrollierte. Es ist eines der höchst seltenen Indianer-Porträts des 17. Jahrhunderts. Die Ost-Niantics waren für die Neu-England-Kolonien insgesamt von einiger Bedeutung. Zum einen, weil sie als Anrainer der Narragansett Bay zusammen mit den Narragansetts im Osten die Hauptgewinner von Wampun-Perlen in Neu-England waren, zum anderen, weil sie sich im Pequot-Krieg (1637) auf der Seite der Neu-England-Kolonien als Verbündete bewährt hatten.

Das Wampun hatte schon im Pequot-Krieg das Interesse der Ost-Niantics nicht unerheblich mitbestimmt. Die Perlen ließen sich vorzüglich als Zahlungsmittel im Biberpelzhandel einsetzen und dienten auch in Massachusetts und in anderen Kolonien in Ermangelung von Edelmetallen als Zahlungsmittel in der Frühphase der Kolonisierung. Aus dieser Tatsache erklärt sich das rege Interesse, das sowohl die englischen Kolonien als auch die Niederländer in Neu-Amsterdam – dem späteren New York – für die Region Süd-Neu-Englands zeigten. Da die Europäer bis zum letzten Viertel des 17. Jahrhunderts von der engen Zusammenarbeit und Allianz mit Indianern in Neu-England abhängig waren, bildeten sich Interessengemeinschaften aus Europäern und Indianern, die gegen konkurrierende Interessengemeinschaften gleicher Art gerichtet waren. Als alternativer Verbündeter für die mit den Neu-England-Kolonien kooperierenden Indianer Süd-Neu-Englands boten sich immer wieder die Niederländer an, die versuchten, den Wampun-Handel in ihre Hand zu bekommen. Als die Indianer-Nation der Pequots, von Neu-Amsterdam unterstützt mit dem Ziel, die Kontrolle über die Wampungewinnung auszuüben, in der vierten Dekade des 17. Jahrhunderts expandierte, lag es im ureigensten Interesse der Niantics und der Narragansetts, im gemeinsamen Kampf mit den Neu-England-Kolonien diesen Bestrebungen Einhalt zu gebieten.

Dennoch scheint es zweifelhaft, daß das Gemälde Ninigret als treuen Verbündeten der Neu-England-Kolonien zeigt, wie in der Forschung angenommen wird. Er galt zwar bei den Europäern als „Häuptling" der Ost-Niantics, weil er deren Hauptverhandlungsführer gegenüber den Europäern war, aber Ninigret verfolgte eine eigenständige Politik, die sich am Interesse der Ost-Niantics ausrichtete und bald in Konflikt mit den Interessen der Vereinigten Kolonien von Neu-England geriet. Insbesondere widersetzte er sich den Zwangs-Puritanisierungsbestrebungen der Vereinigten Neu-England-Kolonien, die mittels Missionierung und Gewinnung der Rechtshoheit schon bald nach dem Pequot-Krieg versuchten, die ehemaligen Verbündeten als Untertanen zu inkorporieren.

Ninigret knüpfte geschickt Kontakte zu Rhode Island an, das unter Führung von Roger Williams in kritischer Distanz zu den Vereinigten Kolonien blieb. Roger Williams' gute Beziehungen in London nutzend, konnte Ninigret den drohenden Verlust der Eigenständigkeit der Ost-Niantics zunächst abwehren. Als die Vereinigten Kolonien jedoch – vermutlich zu Recht – fürchteten, Ninigret erhielte Rüstungshilfe aus Neu-Amsterdam, marschierten sie 1654 bei den Niantics ein. Die Expedition verlief ergebnislos, da Ninigret mit seiner Streitmacht nicht zu stellen war. In den folgenden zwei Jahrzehnten galt Ninigret als stete Bedrohung in den puritanischen Kolonien. Doch vermied er durch seine geschickte

Diplomatie jede weitere direkte Konfrontation mit den Puritanern. Dank seiner klugen Politik und seiner Rückendeckung aus Rhode Island und London gelang es ihm, die Ost-Niantics vor der Vernichtung im schwersten Krieg Neu-Englands im 17. Jahrhundert, im sogenannten King Philipp's War (1675/76), in dem die meisten indianischen Nationen Neu-Englands untergingen, zu bewahren. Ninigret starb wahrscheinlich 1676. *Th. Beck*

Am 20. Februar 1676 fiel Lancaster, Massachusetts, in die Hände einer Kriegsabteilung von Metacomet, dem Führer der gegen die Neu-England-Kolonien verbündeten Indianer. Trotz aller Grausamkeiten, die von beiden Seiten in der unter der Bezeichnung King Philipp's War in die Historiographie eingegangenen kriegerischen Auseinandersetzung verübt wurden, ließ das indianische Kriegsrecht die Ermordung der gesamten Einwohnerschaft nicht zu.[1] Die Tochter eines der Gründer der Siedlung und Frau des Pfarrers der etwa 50 Familien zählenden Gemeinde von Lancaster schildert den Angriff auf ihr befestigtes Haus, in dem Verwandte und Nachbarn Zuflucht gesucht hatten:

> Von 37 Personen, die im Haus waren, entkam keiner dem augenblicklichen Tod oder der bitteren Gefangenschaft, außer einem [...]. Es ist ein trauriger Anblick, so viele Christen in ihrem Blut liegen zu sehen, einige hier, andere da, wie eine von Wölfen gerissene Schafherde, alle nackt ausgezogen von einem Rudel Höllenhunde, brüllend, singend, flunkernd und höhnend, als wollten sie uns nichts geringeres als das Herz herausreißen. Doch der Herr in seiner Allmacht bewahrte eine Anzahl von uns vor dem Tod, denn 24 von uns wurden lebend gefangen und weggeführt.
>
> Oftmals hatte ich davon gesprochen, daß ich mich, sollten die Indianer kommen, lieber töten lassen würde, als lebend in ihre Hände zu fallen. Aber als es zur Prüfung kam, änderte sich meine Meinung. Ihre blinkenden Waffen entmutigten meinen Geist derart, daß ich es eher vorzog, mit diesen – wie ich sagen darf – reißenden Bestien zu gehen, als meine Tage zu beenden. Und um das, was mir während meiner Gefangenschaft widerfuhr, besser mitteilen zu können, werde ich besonders von den verschiedenen Fußmärschen sprechen, die wir die Wildnis auf und ab unternahmen [...].[2]

Der Tenor der Einleitung zu Mary Rowlandsons Gefangenenbericht deutet ebenso, wie zahlreiche ähnliche, über den gesamten Text verstreute Einlassungen über das Wesen der Barbaren auf einen Rassenkrieg hin, der sich aus grundlegenden Kulturgegensätzen nährte. In der Tat hat die Historiographie diese Deutung seit dem 17. Jahrhundert nahegelegt,[3] die besonders durch den wissenschaftlich sanktionierten Rassismus im 19. Jahrhundert bis in unsere Tage Plausibilität verliehen bekam. Doch sind die Hintergründe des Krieges, der Neu-England verwüstete, dem Ursprung nach nur sekundär ethnozentrischer Natur. Unmittelbar entsprang die Auseinandersetzung einem schwelenden Problem von New Plymouth, der Kolonie der Pilgerväter.

In der Stuart Restauration war die Kolonie gegenüber ihren Nachbarn – besonders der ungeliebten Dissidenten-Kolonie Rhode Island – gefährlich ins Hintertreffen geraten, da sie keine gültige Charta besaß. Als Juniorpartner der notorisch selbstherrlichen Vereinigung der Neu-England-Kolonien (United Colonies of New England), die, 1643 gegründet, selbst das explizite Mißfallen des radikalpuritanischen Lord Protectors Oliver Cromwell erregt hatte, lief New Plymouth Gefahr, stellvertretend für die juristisch schwerer angreifbaren Senior-Partner Massachusetts und Connecticut einer Machtdemonstration der Metropole England zum Opfer zu fallen. Die Neu-England-Kolonien hatten sich nach außen und nach innen seit ihrer Gründung äußerst aggressiv gezeigt und insbesondere gegenüber Dissidenten vom puritanischen Gesellschaftsideal, die erstaunlich oft gleichzeitig den Interessen der puritanischen Oligarchie im Wege standen, Gesetze angewandt, die im offenen Widerspruch zum auch für die Kolonien gültigen englischen Recht standen. Aufgrund der Vertreibungs- und Exulierungspraxis in Neu-England war es nicht verwunderlich, daß die Kronkommission, die sich ab 1660 daran machen sollte, die englische Rechtshoheit in Neu-England wieder herzustellen, zum Teil aus Opfern der Puritanerjustiz bestand. Dies nährte Befürchtungen, doch war die tatsächliche Politik der Kommission darauf ausgerichtet, englischen Untertanen ihr Recht zu verschaffen.

Im Mittelpunkt stand der Fall von Samuel Gorton, der mit seinen Anhängern, pejorativ "Gortonoges" genannt, in der Narragansett Bay Land von den Narragansett-Indianern gekauft hatte und seine Unabhängigkeit von der puritanischen Zwangskonformität bewahren wollte. Im Rahmen einer Militäraktion hatte Massachusetts 1643 die Unabhängigkeit von Gortons Township of Warwick beendet und gemäß den Usancen in der Puritanerjustiz deren Einwohner unter Androhung der unverzüglichen Hinrichtung bei Rückkehr verbannt. Das in London anhängige juristische Verfahren, das die Gortonoges angestrengt hatte, trat mit dem Machtwechsel in der Stuart Restauration eine Lawine los. Die Krone erfuhr von Untertanen, deren Unterwerfung ihr vorenthalten werden sollte, nämlich den Narragansett-Indianern, die auf den juristischen Rat von Samuel Gorton und Roger Williams, dem Gründer von Rhode Island, hin 1642 versucht hatten, drohenden militärischen Auseinandersetzungen mit den Puritanern durch eine Unterwerfung unter die englische Krone zu entgehen. Das Schicksal Charles' I. ließ diesen ersten Versuch nicht weit gedeihen, und die Narragansetts mußten sich dem puritanischen Willen beugen. Doch war der Fall nach dem politischen Umschwung in England für die Neu-England-Kolonien delikat geworden. Daß die Kronkommission einen Land-Spekulantenring um John Winthrop den Jüngeren, Gouverneur von Connecticut, und andere einflußreiche Puritaner, darunter die Winslows von New Plymouth, die ihre Hand auf das Narragansett-Territorium gelegt hatten, enttarnte, war der neu-englischen Sache auch nicht sehr hilfreich. Die Enthüllungen stärkten die Position von Rhode Island, das stets peinlich auf die Anwendung englischen Rechts geachtet hatte und eine juristisch einwandfreie Charta mit Anspruch auf Gebiete, die von den vereinigten Neu-England-Kolonien kontrolliert wurden, vorweisen konnte.

Die Kommission folgte schließlich dem von Roger Williams und Samuel Gorton vorgezeichneten Weg und erklärte das Land der Narragansetts zum Kronland.[4] Das kleine New Plymouth, das aufgrund einer fehlenden Charta weitgehend darauf angewiesen war, sein Territorium durch die Abhängigkeit der darauf wohnenden Indianer zu behaupten, geriet durch diese juristische Wendung in Gefahr, denn die Sachems der auf dem New-Plymouth-Territorium wohnenden Wampanoags hatten sich lediglich der englischen Krone, nicht jedoch der Kolonie New Plymouth unterstellt. Geradezu existenzbedrohend für die weitere Expansion der Neu-England-Kolonien insgesamt wurde jedoch der von Kronkommissar Cartwright 1665 aufgestellte Grundsatz, daß den Indianern als Kindern Gottes das gleiche Recht auf Land zustehe wie Christen. Dabei zitierte er keine geringere Autorität als die Bibel.[5]

Damit gewann die Praxis der Wampanoags, die seit 1662 begonnen hatten, an Siedler aus Rhode Island Land zu verkaufen, eine neue Qualität für New Plymouth, ganz besonders weil der Hauptort der Wampanoags nach der Charta von 1663 auf dem Territorium von Rhode Island lag. Die vereinigten Neu-England-Kolonien und insbesondere New Plymouth wurden auf verschiedenen Ebenen tätig. Die Sachems der Wampanoags gerieten unter massiven Druck und wurden mehrmals vor den Magistrat von New Plymouth zitiert, z.T. unter offener Gewaltandrohung. Als Charles II. 1666 als Antwort auf die gegensätzlichen Verstöße der Lobbies von Rhode Island und den vereinigten

Neu-England-Kolonien ein salomonisches Urteil zu Papier brachte, in dem er feststellte, daß die Grenzziehung der Kronkommission zwischen Rhode Island und New Plymouth solange in Kraft bleiben solle, bis es Anlaß zu Änderungen gäbe, ebnete er bewußt oder unbewußt juristisch den Weg für die „zweite puritanische Konquista". New Plymouth machte sich daran, den von der Krone offengelassenen Anlaß zu geben, und für das übrige Neu-England wurde New Plymouth zum Präzedenzfall.[6]

Metacomet, der seinem unter mysteriösen Umständen auf dem Rückweg von einem Verhör vor dem Magistrat von New Plymouth verstorbenen Bruder Wamsutta im Amt des führenden Sachems der Wampanoags 1664 folgte, mußte nach einer bewaffneten, wenn auch unblutigen Machtdemonstration der Wampanoags in Swansea 1671 auch unter dem Druck der Kronkommission die Oberhoheit von New Plymouth anerkennen. Swansea war vom Magistrat von New Plymouth 1667 als doppelter Brückenkopf im Gebiet der Wampanoags und Rhode Islands mit dem erklärten Ziel, die Wampanoags zu inkorporieren, gegründet worden. New Plymouth schien am Ziel seiner Anstrengungen angelangt, doch hatte es Metacomet, der noch in jungen Jahren auf eigenen Antrag vom Magistrat in New Plymouth den europäischen Namen Philipp erhalten hatte, unterschätzt. Er erwies sich im Verfolgen seiner Interessen ebenso zäh wie New Plymouth, suchte Verbündete und rüstete auf. Den Anlaß für den unvermeidbaren Krieg lieferte die mysteriöse Ermordung von Philipps ehemaligem Privatsekretär, dem getauften, des Lesens und Schreibens kundigen Indianer John Sassamon, im Winter 1775.[7]

Daß der folgende Krieg nicht mit dem Verbrennen von Philipps Fort Mount Hope endete, lag zu einem guten Teil daran, daß die Wampanoags ihren Gegner kannten und, wie Mary Rowlandson beobachtete, Meister in weiträumigen Ausweichmanövern waren:

> Und an dieser Stelle kann ich nur die merkwürdige Vorsehung Gottes beobachten, die die Heiden beschützt. Sie [die Indianer] waren viele Hunderte, alt und jung, einige krank, einige lahm, viele trugen Säuglinge auf dem Rücken. Die Mehrzahl von uns war zu diesem Zeitpunkt Frauen, und diese reisten mit ihrem gesamten Hab und Gut, mit Taschen und Gepäck, und doch gelangten sie über den oben erwähnten Fluß.[8] Und am Montag zündeten sie ihre Wigwams an und flohen. Am selben Tag setzte ihnen die englische Armee[9] nach bis zu diesem Fluß und sah den Rauch ihrer [brennenden] Wigwams, jedoch der Fluß hielt sie auf. Gott gab ihnen nicht Mut und Tatkraft, überzusetzen und uns zu verfolgen. Wir waren noch nicht reif für eine solche große Gnade wie Sieg und Befreiung [...].[10]

Dennoch lag es nicht allein am überragenden diplomatischen und militärischen Geschick Philipps, daß Neu-England in den schwersten Indianerkrieg seiner Geschichte geriet. Gouverneur Winthrop von Connecticut meinte, die Gunst der Stunde nutzen zu können, und deutete die erste Nachricht von den Kampfhandlungen zwischen Philipp und New Plymouth wohl eher bewußt falsch als panindianischen „Aufstand" – für ihn willkommener Anlaß, gegen die „Untertanen des Königs", die Narragansetts, zu marschieren, um die zunächst verhinderte Inkorporierung ihres Kronlandes in der vom König selbst offengelassenen Form zum aufgrund des Kriegsrechts legalen Abschluß zu bringen. Dies nicht zuletzt auch deshalb, weil Connecticut durch die territorial weitreichende Charta des Dukes of York in seiner Existenz bedroht war. Nach der zweiten Eroberung von Neu-Niederland 1674 war in Gouverneur Andros ein fähiger und zielstrebiger Verfechter der Interessen New Yorks erstanden, dessen mächtigen Arm man in Connecticut fürchten mußte. Das Expansionskarussell begann sich in Neu-England erneut zu drehen, und was Philipps Diplomatie nicht erreicht hatte, verschuf ihm die Militärdiplomatie der um territorialen Einfluß wettstreitenden Kolonien: Philipp erhielt in den Narragansetts mächtige Bundesgenossen, was ihm Zulauf von allen Seiten – auch von den Praying Indians John Eliots – einbrachte. Die bereits überexpandierten Neu-England-Kolonien konnten ihre weitverstreuten Siedlungen gegen den indianischen Blitzkrieg nicht effizient schützen.[11]

Weitaus handfestere Gründe als theoretische Hoheitsrechte über Indianerland bildeten den Motivzusammenhang für den Expansionsdrang der Neu-England-Kolonien und New Yorks. Landhungrige Siedler spielten hierbei keine prominente Rolle, zumal das aus europäischer Sicht als Wildnis empfundene Indianerland überwiegend noch vor den Toren der meisten Siedlungen Neu-Englands anfing. Einer der Gründe für englische Investoren, die Kolonialprojekte der Puritaner in der Neuen Welt wirtschaftlich zu stützen, war unter anderem Gewinnerwartung aus dem Pelzhandel,[12] der im Zeitalter der Biberfilzhüte höchst profitabel war.[13]

Tatsächlich erzielten die Investoren, die den Pilgervätern das zur Gründung von New Plymouth notwendige Kapital vorgeschossen hatten, durch den Biberpelzhandel der jungen Kolonie bis etwa 1640 eine gute Rendite.[14] Dennoch war eines der Hauptprobleme für die Neu-England-Kolonien, daß sie weder an einem tief ins Land reichenden Flußsystem, das den „See der Irokesen"[15] erschloß, gelegen waren noch indianische Nachbarn hatten, die wie die Irokesen den Zwischenhandel bis weit ins Binnenland vortreiben konnten. Zwar gelang es im Connecticut-Tal einigen Familien, bis etwa 1660 einen lukrativen Pelzhandel zu unterhalten, aber die einzigen von Neu-England aus erreichbaren, tief ins Land reichenden Flußsysteme waren der Delaware und der Hudson, und beide waren von der WIC, der niederländischen Westindischen Compagnie, effizient kontrolliert.[16] Obendrein unterhielten die Niederländer auch noch Handelsbeziehungen zu den indianischen Nachbarn der Neu-England-Kolonien, insbesondere zu den Narragansetts und Pequots.[17] Denn die der Algonkin-Sprachgruppe angehörenden Indianer Neu-Englands waren keineswegs Habenichtse – insbesondere diejenigen an der Narragansett Bay nicht. Genau genommen verdankten sie die Entdeckung ihres Reichtums einem zwielichtigen WIC-Kapitän, der gegen alle Geschäftspolitik der Gesellschaft in Nordamerika kurzerhand zum Mittel des Menschenraubs und der räuberischen Erpressung gegriffen hatte und einen Sachem der Pequots gefangennahm und gegen Wampum-Perlen tauschte. Sehr schnell erwies sich Wampum als ausgezeichnetes Zahlungsmittel für Biberfelle und wirkte auf die europäische wie indianische Wirtschaft um die Narragansett Bay als Stimulanz. Salisbury spricht geradezu von einer „Wampum-Revolution".[18]

Die Konjunktur, die der Handel in der ersten Hälfte des 17. Jahrhunderts erlebte, brachte einerseits Wohlstand in die Wigwams wie in manches Blockhaus, ganz besonders bei den geschickten und geschäftstüchtigen Narragansetts, andererseits ging mit ihr zum Teil scharfer Wettbewerb einher, der bei Europäern wie Indianern häufig in den Kriegspfad mündete. Gerade die kriegerischen Aktivitäten waren weder ein kulturelles Monopol irgendeiner Seite, noch verlief die Front zwischen zwei Kulturen. Vielmehr entspann sich ein meist kompliziertes Geflecht von Interessengemeinschaften, die wechselweise von europäischen und indianischen Initiativen getragen wurden. Die Gründung von Connecticut etwa ist auf die Initiative der Mohikaner zurückzuführen, die sich in Pequots und Mohikaner aufgespalten hatten und nach einem europäischen Verbündeten gegen das Wirtschaftsimperium von Niederländern und Narragansetts suchten, das sie zunehmend vom lukrativen Markt verdrängte.[19]

Zu den staatsrechtlichen Problemen, die sich aus der Stuart Restauration für Neu-England ergaben, gesellten sich in King Philipp's War auch strategische Erwägungen, die aus der wirtschaftlichen Konkurrenzsituation zum Wirtschaftsraum am Hudson erwuchsen. War das ehemalige Neu-Niederland inzwischen auch unter englischer Hoheit, so mußte doch der neue Kolonie-Eigner die gleichen wirtschaftlichen

Interessen verfolgen wie seine Vorgänger.[20] Was schon aus dem Mund zeitgenössischer Meinungsführer wie etwa Cotton Mather in einen Frontier-Krieg zwischen europäischer Zivilisation und indianischer Barbarei umgedeutet wurde, war in Wirklichkeit eine komplexe Auseinandersetzung um Wirtschaftsinteressen und die Hegemonie über Neu-England, in der die Indianer, wie zu zeigen sein wird, auch materiell viel mehr zu verlieren hatten als Land und ein paar armselige Wigwams.[21] Interessant ist in diesem Zusammenhang Philipps Bericht über nicht erfüllte Hoffnungen seines Vaters, der als Verfechter friedlicher Koexistenz mit New Plymouth zunehmend auf die scharfe Kritik von Vertretern einer schärferen Gangart gegenüber dem europäischen Nachbarn stieß. Nach dem Bericht von John Borden, einem Siedler aus Rhode Island, sah Philipp am Vorabend des nach ihm benannten Kriegs den Kern der internen politischen Auseinandersetzung bei den Wampanoags darin begründet, daß der von seinem Vater erhoffte Wissenstransfer über handwerkliche Künste der Engländer, aber auch z. B. Viehzucht und Landwirtschaft nicht in einem befriedigenden Maße stattfand und so aus der Sicht der „Falken" New Plymouth weit mehr Vorteile aus der guten Nachbarschaft zog – insbesondere Landgewinn.[22]

Mag auch die Authentizität der Philipp zugesprochenen Aussage im dunkeln bleiben, so ist doch ganz sicher, daß die Indianer nicht nur die Rolle des Konsumenten europäischer Güter suchten, vielmehr ein äußerst reges Interesse am Erwerb von Künsten und Wissenschaften ihrer neuen Nachbarn zeigten. Zweifelsohne war die Militärtechnologie ein Schlüssel für den sich entspinnenden Technologietransfer. Nach kurzer Zeit gossen die Indianer in Neu-England, die Feuerwaffen erwerben konnten, ihre Geschosse selbst, weil Kugeln teurer waren als Bleibarren. Um die Jahrhundertmitte stellten besorgte Europäer – allen voran William Bradford – fest, daß insbesondere die Narragansetts in der Lage waren, Feuerwaffen zumindest zu reparieren.[23] Besonders niederländische Händler umgingen das weitgehende Waffenhandelsverbot mit Indianern auch gerne dadurch, daß sie Einzelteile wie Rohre und Schlösser in Warenverpackungen unverdächtigen Inhalts versteckten.[24]

Auch die indianische Architektur wurde über die Militärtechnologie verändert. Die Narragansetts etwa ergänzten ihren traditionellen indianischen Palisaden-Fort-Bau durch Blockbastionen und Vorwerke, wie sie die europäische Festungsbaukunst der Zeit für Holzbefestigungen lehrte. Selbst ein heute noch auffindbarer Steinbau wurde von Teilen der Narragansetts in King Philipp's War als Festung errichtet.[25]

Ein wichtiger Kanal für die Übernahme europäischer Technologie waren die 14 Missionsstationen von John Eliot. In der Hoffnung, mit europäischen Arbeitstechniken würden die „Wilden“ auch das Christentum übernehmen, richtete Eliot Lehrwerkstätten ein. Die Bekehrung zum puritanischen Gott war für die meisten “Praying Indians” nur Episode, das erlernte Handwerk jedoch nahmen sie gerne als wertvolles Wissen in ihre heimatlichen Wigwams mit zurück.[26] So kannten die Neu-England-Indianer bald Schmiede,[27] Baumeister und sogar Buchdrucker. Dies spiegelte sich auch in der indianischen Namensgebung wider. So sind uns die Namen des Baumeisters der Narragansetts als “Stonewall John”[28] und des Buchdruckers, der John Eliot geholfen hatte, die Bibel in einem Algonkin-Dialekt zu drucken, als “James the Printer”[29] überliefert.

Es mag nicht in das Bild des Indianers als Aristokraten der Wildnis[30] passen, das vor allem seit dem 19. Jahrhundert die europäische Phantasie bis in unsere Tage fesselt, daß Indianer in Neu-England als geschickte und fleißige Lohnarbeiter oder “indentured servants” hoch willkommen waren. Nicht wenige Indianer verdienten ihr Brot als Landarbeiter oder gingen in eine Handwerkerlehre.[31] Meist weniger beachtet wird in diesem Zusammenhang auch die Tatsache, daß um 1708 etwa die Hälfte der Sklaven von South Carolina Indianer waren.[32]

War die indianische Arbeitskraft bei den Europäern auch höchst willkommen, so erfüllte die Geschicklichkeit vor allem der indianischen Lohnarbeiter bei der Übernahme von Techniken und Fertigkeiten ihre europäischen Nachbarn mit Neid und Furcht,[33] so daß von offizieller Seite in Neu-England trotz Arbeitskräftemangels die Beschäftigung von Indianern wieder reglementiert wurde.[34]

Das Leben der Indianer in Neu-England wurde jedoch nicht nur dadurch verändert, daß sie Brücken, europäische Häuser[35] und Forts bauten, Metall schmiedeten, zum Teil schreiben und lesen lernten oder sich in europäische Tuche kleideten, viel tiefergreifende Veränderungen in der Sozialstruktur waren mit dem Handel und dem Technologieaustausch mit den Europäern verbunden. Wampum etwa schmückte ursprünglich nur Personen, die eine entsprechende soziale Stellung innehatten, nämlich die Sachems. Nach anfänglichen Widerständen gelang es den Europäern, die Perlen als allgemeines Zahlungsmittel zu etablieren. Der Besitz von Wampum gewann dadurch eine neue Qualität. Nicht mehr das Amt und die Würde des Trägers wurden nach außen sichtbar gemacht, sondern lediglich seine Geschäftstüchtigkeit. Dies hatte gravierende Rückwirkungen auf Grundfesten der indianischen Sozialethik. Die Tradition der Rückverteilung von akkumulierten Gütern in ritualisierten Feierlichkeiten und das freie Teilen von Nahrung und Kleidung wurde in Frage gestellt. Die Europäer importierten über Handel und Produktionsweisen auch das Prinzip des Individualeigentums. Die kostbaren europäischen Produkte wie Textilien, Waffen, Werkzeuge und Haushaltswaren, die nur mittels großer persönlicher Anstrengung zu erlangen waren, wurden nach und nach aus dem redistributiven System ausgenommen.[36]

Mary Rowlandson mußte während ihrer Gefangenschaft bei den Wampanoags sogar die Erfahrung machen, daß sie selbst Nahrungsmittel oft nur erhielt, wenn sie dafür bezahlen konnte,[37] was in krassem Gegensatz zu der üblicherweise berichteten Bereitschaft der Indianer zum Teilen der Nahrung auch mit Fremden und Gefangenen steht.[38]

Auch in anderer Hinsicht erging es den Gefangenen der Wampanoags ganz anders als der Mehrzahl der in Forschung und Literatur bekanntgewordenen Europäer unter anderen Indianervölkern im 17. Jahrhundert. Mary Rowlandson wußte wie andere Gefangene der Wampanoags und Narragansetts weder von Fällen ritueller Marterhinrichtungen noch von solchen sonst üblicher Adoptionen zu berichten.[39] Die Gefangenen blieben im Status von Entführten und wurden gegen Lösegeld wieder freigegeben. Während ihrer Gefangenschaft jedoch wurden sie zum Tragen von Gepäck und anderen Dienstverrichtungen eingesetzt. Doch die Wampanoags nutzten die Gegenwart von Europäern auch, um sich derer Fertigkeiten auf anderen Gebieten zu bedienen:

> Während meines Aufenthaltes an jenem Ort[40] sprach mich Philipp an, ein Hemd für seinen Sohn zu machen, was ich tat. Er gab mir einen Schilling dafür. Ich bot das Geld meinem Herrn an, aber er hieß mich, es zu behalten, und ich kaufte ein Stück Pferdefleisch damit. Später bat er [Rowlandsons indianischer Herr] mich, eine Mütze für seinen Sohn zu machen, wofür er mich zum Essen einlud. Ich ging hin, und er gab mir einen Pfannenkuchen, etwa zwei Finger dick. Er war aus geröstetem Weizen gemacht, der zerstoßen und in Bärenfett gebacken war. Aber ich vermeinte, nie in meinem Leben köstlicheres Fleisch genossen zu haben. Da war eine Frau, die mich ansprach, ein Hemd für ihren Sannup [Ehemann] zu machen, wofür sie mir ein Stück Bärenfleisch gab. Eine andere bat mich, ein Paar Strümpfe zu stricken, wofür sie mir ein Quart[41] Erbsen gab. Ich kochte meine Erbsen und das Bärenfleisch zusammen und lud meinen Herrn und meine Herrin zum Essen ein. Aber weil ich beides [Bär und Erbsen] als Eintopf servierte, wollte diese stolze Zeitgenossin[42] nichts essen, außer einem Bissen, den er [mein Herr] ihr auf der Spitze seines Messer gab [...].
>
> Aber anstatt entweder nach Albany oder heimwärts zu gehen, mußten wir

fünf Meilen flußaufwärts ziehen und ihn dann überqueren.[43] Hier verweilten wir etwas. Es lebte da ein erbärmlicher Indianer, der mich bat, ihm ein Hemd zu machen. Als ich es fertig hatte, wollte er mir nichts bezahlen. Aber da er am Flußufer wohnte, wohin ich oft zum Wasserholen ging, erinnerte ich ihn öfter und verlangte meine Entlohnung. Schließlich sagte er mir, wenn ich ein weiteres Hemd für ein noch ungeborenes Kind machen würde, würde er mir ein Messer geben, was er auch tat, als das Hemd fertig war. Ich brachte das Messer heim, umd mein Herr forderte mich auf, es ihm zu geben. Und ich war nicht wenig froh, daß ich etwas hatte, das sie annehmen wollten und das sie erfreute [...].[44]

Mary Rowlandsons Erfahrung als bezahlte Näherin und Strickerin bei den Indianern war kein Einzelfall.[45] Das Rohmaterial war zum Teil Beutegut,[46] zum Teil Handelsware[47] und wurde ihr vom Auftraggeber zur Bearbeitung überlassen. Auch bezüglich ihres Status gegenüber ihrem indianischen Herrn und ihrer indianischen Herrin deutet alles auf die Übernahme der Institution des europäischen "indentured servant" oder des Hausbediensteten hin. Vaughan meint zwar, diese Rolle sei den Indianern von ihren puritanischen Gefangenen durch ihr tief verhaftetes Denken im puritanischen Gesellschaftsideal angetragen worden,[48] aber aus dem Bericht der Mary Rowlandson scheint mir deutlich hervorzugehen, daß die Rolle der europäischen Gefangenen als Dienstmagd, Knecht und Lohnarbeiter mit gleichem Anteil von indianischen Forderungen ausging.

Immer wieder vermeinten frühe europäische Beobachter in den von ihnen besuchten und geschilderten Indianervölkern die Institution der Sklaverei entdeckt zu haben. Wie Theda Perdue in ihrer eindrucksvollen Arbeit nachgewiesen hat, lag hier jedoch ein Grundmißverständnis vor. Die indianischen Gesellschaften Nordamerikas kannten vor dem Kontakt mit den Europäern lediglich die Arbeitsteilung nach Geschlecht. Da Nahrungsmittel und Gebrauchsgegenstände über ein kompliziertes, ritualisiertes System umverteilt wurden, war die Notwendigkeit, Arbeitskraft zur Akkumulation von persönlichem Eigentum und Ansehen einzusetzen, nicht gegeben, insbesondere auch deshalb nicht, weil offizielle Ämter und Würden völlig unabhängig von wirtschaftlichem Erfolg oder Vermögen vergeben wurden. Was die Europäer tatsächlich beobachtet hatten, war die Institution des weitgehend rechtlosen Fremden in einer Indianernation. Der Rechtsstatus eines Indianers leitete sich aus einer Zugehörigkeit zu Familie und Familien-Clan ab, in die er geboren oder adoptiert wurde. Fremde Flüchtlinge, Kriegsgefangene oder Ausgestoßene, die nicht das Glück hatten, durch Adoption wieder zu rechtsfähigen Indianern zu werden, wurden zwar als Mitbewohner geduldet, genossen jedoch keinen Schutz gegen Übergriffe jeglicher Art. Erst durch die rege Nachfrage der Europäer nach Arbeitssklaven wurde die europäische Form der Sklaverei in einigen indianischen Gesellschaften, vor allem im Hinterland der südlichen Kolonien, eingeführt. Der Status der Rechtlosen wurde europäisiert – sie wurden Arbeitssklaven.[49]

Soweit wir heute wissen, gab es keine ursprünglich indianische Institution für abhängige Arbeitskräfte mit aus diesem Grunde eingeschränktem Rechtsstatus.

Die Wampanoags und Narragansetts, die bis zu ihrer Vernichtung in King Philipp's War weitgehend eigenständige indianische Nationen geblieben waren, übernahmen mit europäischen Produkten auch deren Produktionsweisen mit weitgehenden Auswirkungen auf ihre Sozialstruktur. Selbst das europäische Geld löste teilweise indianische Zahlungsmittel ab.[50] Wer darüber verfügte wie Philipp, bezahlte auch damit, und es wurde als Zahlungsmittel akzeptiert.[51]

Aber einige Grundfesten der geistigen Kultur der Wampanoags waren wie die der Narragansetts und anderer Indianer immun gegen eine Europäisierung.[52] Trotz – oder vielleicht gerade wegen ihrer Nähe zu den puritanischen Kolonien übten Religion und Ethik der Europäer wenig Faszination auf die Mehrzahl der Wampanoags aus.[53] Die Anpassung an die wirtschaftlichen Notwendigkeiten und von den Indianern richtig verstandenen Chancen vollzog sich im Kontext ihrer traditionellen Kultur, die, wo es nötig war, verändert, ergänzt und entwikkelt wurde. Aber genau diese selektive, eigenständige Entwicklung der Indianer wurde zum Kondensationspunkt für das Denken verängstigter europäischer Zeitgenossen in Kategorien der Ausgrenzung des Barbarischen. Die Indianergrenze – bis in unsere Tage Forschungsgegenstand der historischen Wissenschaft – ist zumindest für das 17. Jahrhundert eine Grenze, die nur durch das Denken und durch die Feder weltanschaulich in dieser Weise Vorgeprägter existiert. Als Erklärungsmodell der indianisch-europäischen Beziehungen stellt sie sich jedenfalls für King Philipp's War eher als verstaubter, ideologiebeladener Schleier dar denn als historisches Phänomen.

Anmerkungen

1 Ganz im Gegensatz zu der europäischen Praxis: Als 1637 die Hauptfestung der Pequots durch eine europäisch-indianische Streitmacht angegriffen worden war, umstellte Kolonialmiliz den Ort und zündete ihn an. Alle Ein-

wohner, die zu entfliehen suchten, wurden niedergehauen, die übrigen verbrannten in dem entfachten Holocaust – zusammen mehrere Hundert. Ihre Gratulation zum errungenen Sieg verbanden die alliierten Narragansetts und Mohikaner mit einer Verurteilung der grausamen und verlustreichen Kriegsführung der Europäer. Vgl. Patrick M. Malone, Changing Military Technology Among the Indians of Southern New England. In: American Quarterly 15 (1973), S. 61. Auch in King Philipp's War begingen die Miliz und aus der Karibik angeheuerte Piraten ähnliche Greueltaten. Kriegsgefangene Indianer wurden meist als Sklaven in die Karibik verkauft. Vgl. Francis Jennings, The Invasion of America. Indians, Colonialism, and the Cant of Conquest. Chapel Hill (N. C.) 1975, S. 319–321.

[2] Aus: Mary Rowlandson, The Sovereignty and Goodness of God. In: Puritans among the Indians. Accounts of Captivity and Redemption, 1676–1724. Ed. Alden T. Vaughan a. Edward W. Clark. Cambridge (Mass.) – London 1981, S. 35. Die Erstausgabe von Mary Rowlandsons Bericht, die in einer Buchbinderausgabe zusammen mit der letzten Predigt ihres Mannes 1678 in Boston erschienen war, ist nur fragmentarisch erhalten. Die von mir benutzte Edition basiert auf der zweiten, überarbeiteten und ergänzten Ausgabe, die unter dem Titel ›The Soveraignty and Goodness of God, Together, with the Faithfulness of His Promises Displayed; Being a Narrative of the Captivity and Restoration of Mrs. Mary Rowlandson. Commended by her, to all that desires to know the Lords doings to, and dealings with Her‹ 1682 in Cambridge (Mass.) von Samuel Green herausgegeben wurde. Die erste europäische Ausgabe erschien im gleichen Jahr in London. Seither ist dieser „Klassiker" unter den neu-englischen Berichten in zahllosen Editionen und Anthologien herausgegeben worden. Die folgenden Zitatnachweise beziehen sich auf die Edition von Vaughan und Clark.

[3] Den ersten Höhepunkt erlebte der literarisch stilisierte Indianerhaß in Cotton Mathers ›Decennium Luctuosum‹, erschienen 1699, und in seinem ›Magnalia Christi Americana‹ (1702). In Umkehrung der Tatsachen wurden die Indianer als besonders grausam gegenüber ihren Gefangenen dargestellt. Die Art der Darstellung legte insgesamt die Interpretation der Geschehnisse als Rassenkrieg nahe, letztendlich war sie jedoch nur eine Rückprojektion des sich in der geistigen Elite Neu-Englands verfestigenden Indianerhasses, der sich aus den schweren und für Neu-England glücklos verlaufenden Grenzauseinandersetzungen mit französisch Kanada und seinen indianischen Verbündeten nährte. Zu Cotton Mather vgl. A. T. Vaughan a. E. W. Clark (wie Anm. 2), S. 20f. Eine Analyse der letztendlich gescheiterten „zweiten puritanischen Konquista" findet sich bei F. Jennings (wie Anm. 1), S. 228–326.

[4] Ibid., S. 261–265 u. 270–285.

[5] Ibid., S. 286.

[6] Ibid., S. 291.

[7] John Sassamon wurde auf dem Rückweg von einer Unterredung mit Gouverneur Winslow in einem Teich ertränkt. Er war wohl von John Eliot als Spion in der Umgebung Philipps plaziert worden und hatte Winslow von angeblichen

Kriegsplänen Philipps in Kenntnis gesetzt. F. Jennings (wie Anm. 1), S. 294–296. David Horowitz, The First Frontier. The Indian Wars and America's Origins 1607–1776. New York 1978, S. 60–63.

[8] Millers River. Orange, Mass. Die Flußüberquerung fand im Februar auf frisch gezimmerten Flößen statt! Vgl. M. Rowlandson (wie Anm. 2), S. 43.

[9] Gemeint ist die Kolonialmiliz.

[10] M. Rowlandson (wie Anm. 2), S. 44.

[11] Die subtile diplomatische Auseinandersetzung um Gebietsansprüche hinter der Fassade einer Militärallianz gegen „aufständische Indianer" findet sich detailliert bei F. Jennings (wie Anm. 1), S. 301–312 und in Douglas Edward Leach, Flintlock and Tomahawk. New England in King Philipp's War. New York 1958, S. 57–61 u. passim.

[12] Andere Einnahmequellen waren ein Monopol auf den Seetransport von Siedlern, auf Salz und den Großhandel mit Importwaren. Siehe Bernhard Bailyn, The New England Merchants in the Seventeenth Century. Cambridge (Mass.) – London 1955. Ndr. 1979, S. 19. S. auch Anm. 14.

[13] Zum Pelzhandel als Wirtschaftszweig der europäischen Kolonialnationen s. Piet C. Emmer, Manfred Mimler, Eberhard Schmitt u. a. (Hrsg.), Wirtschaft und Handel der Kolonialreiche. München 1988 (Eberhard Schmitt [Hrsg.], Dokumente zur Geschichte der europäischen Expansion. Bd. 4), Kap. 3.

[14] Der Umsatz des Pelzhandels von New Plymouth lag zwischen 1631 und 1636 bei 10000 Pfund Sterling. Daß die Kolonie trotzdem noch mit 1200 Pfund (von ursprünglich 1800) verschuldet war, lag eher an dem unterschiedlichen Grad der Geschäftstüchtigkeit der Handelspartner in London und New Plymouth. Siehe B. Bailyn (wie Anm. 12), S. 23–25.

[15] Das von Samuel Champlain so genannte Gebiet der großen Seen war die Drehscheibe des Pelzhandels im 17. Jahrhundert. Eines der Ziele der neu-englischen Expansion war der Anschluß an dieses Pelzhandelszentrum. Siehe B. Bailyn (wie Anm. 12), S. 28–30, 51.

[16] Ibid., S. 51–60.

[17] Vgl. Neal Salisbury, Manitou and Providence. Indians, Europeans, and the Making of New England, 1500–1643. New York–Oxford 1982, S. 148–149.

[18] Natürliches Wampum waren weiße und purpurne Muschelperlen. Bei dem WIC-Kapitän handelte es sich um Jacques Elekens, der Vorfall ereignete sich 1622. Siehe N. Salisbury (wie Anm. 17), S. 147–152.

[19] Ibid., S. 207–215. Alden T. Vaughan, New England Frontier. Puritans and Indians, 1620–1675. New York 1965. Ndr. New York–London–Toronto 1979, S. 55–57.

[20] Gleichermaßen blieb es das Ziel der vereinigten Neu-England-Kolonien, das Hudson-Tal zu erobern. Vgl. Francis Jennings, The Ambiguous Iroquois Empire. The Covenant Chain Confederation of Indian Tribes with English Colonies from its Beginnings to the Lancaster Treaty of 1744. New York–London 1984, S. 129 u. 132–133.

[21] Auch in King Philipp's War standen letztendlich auf beiden Seiten europäische und indianische Interessengruppen. Dies wird an der Fortsetzung des Kampfes nach der Niederlage Philipps durch eine indianisch-französische Allianz deutlich. Hintergrund dieses Grenzkrieges zwischen zwei Einflußsphären waren wohl die Aktivitäten John Eliots, der seine Praying Indians gegen ihre von französischen Jesuiten aus Kanada beeinflußten Nachbarn in Maine bewaffnet hatte. Vgl. F. Jennings (wie Anm. 1), S. 249–253. Philipps Niederlage wurde nicht von der neu-englischen Kolonialmiliz herbeigeführt, sondern von den Mohawks, die zur Irokesenkonföderation zählten und in enger Abstimmung mit Gouverneur Andros von New York handelten. Die Irokesen und New York erlangten schließlich gemeinsam die Schlüsselposition in der Diplomatie der gesamten Region, und Neu-England mußte sich dem vom oberen Hudson aus gesteuerten System von Konventionen zwischen Indianern und Europäern unterwerfen. Vgl. F. Jennings (wie Anm. 1), S. 322–323 und ders. (wie Anm. 20), S. 148.

[22] Vgl. D. Horowitz (wie Anm. 7), S. 60, 61.

[23] Siehe P. M. Malone (wie Anm. 1), S. 48–63.

[24] Ibid., S. 57.

[25] Westlich von Wickford, Rh. I., s. ibid., S. 59.

[26] Ibid., S. 55, 56. Zu Arbeit und Zielen von John Eliot s. William Kellaway, The New England Company, 1649–1776. Missionary Society to the American Indians. London 1961. Ndr. Westport (Conn.) 1975, bes. Kap. 5 u. 6.

[27] Aus King Philipp's War sind mehrere Berichte von Soldaten der Miliz über Erbeutung von Schmiedeeisen mit allem Zubehör – darunter das nötige Werkzeug zur Herstellung von Schrauben – erhalten. Siehe ibid., S. 58.

[28] Ibid., S. 59, 60.

[29] M. Rowlandson (wie Anm. 2), S. 67.

[30] Was letztendlich nur die Kehrseite eines negativen Rassenvorurteils ist.

[31] Siehe P. M. Malone (wie Anm. 1), S. 54, 55 und N. Salisbury (wie Anm. 17), S. 185 u. 189.

[32] Vgl. Theda Perdue, Slavery and the Evolution of Cherokee Society, 1540–1866. Knoxville (Tenn.) 1979, S. 28.

[33] Besonders beunruhigend war für europäische Kolonialpolitiker die Tatsache, daß den Indianern nachgesagt wurde, sie könnten einen einmal gesehenen Arbeitsgang im Detail imitieren. Das erweckte besonders bezüglich der entstehenden indianischen Handwerksbetriebe in den Missions-Siedlungen Konkurrenzangst, im Hinblick auf die noch weitgehend unabhängigen Nationen in der unmittelbaren Nachbarschaft jedoch geradezu Entsetzen – vor allem seit bekannt war, daß diese Waffen reparieren und zusammensetzen konnten. Diese Furcht ging soweit, daß Fachleute in King Philipp's War erwarteten, die Indianer würden ihr Schießpulver selbst herstellen – eine Technologie meistern, die in keiner Neu-England-Kolonie zu diesem Zeitpunkt beherrscht wurde! Siehe P. M. Malone (wie Anm. 1), S. 55, 61, 62.

[34] Nicht nur die oben erwähnten Ängste bezüglich der militärtechnologischen Ausspionierung spielten hier eine Rolle, sondern auch recht modern an-

mutende Irrationalismen. Die Reglementierung gehört wohl in den Gesamtzusammenhang einer Politik gegen die „Verindianerung“. So war der Magistrat von Massachusetts bemüht, übernommene indianische Technologie wie etwa den Bau von Wigwams und die indianischen Nahrungsgewohnheiten mit den dazugehörigen landwirtschaftlichen Produkten auszumerzen. Neu-England betrieb eine Segregationspolitik, die unübersehbar Züge von modernem Rassismus trug. William Bradford von New Plymouth artikulierte ganz ähnlich dumpfe Kulturängste. Vgl. N. Salisbury (wie Anm. 17), S. 189.

35 P.M. Malone (wie Anm. 1), S. 55.

36 Vgl. N. Salisbury (wie Anm. 17), S. 10–11, 35–36, 138–139, 187–188, 237–238.

37 Siehe folgendes Zitat.

38 Diese Veränderung in der indianischen Sozialethik verfolgt Jaenen an zeitgenössischen Quellen. So beobachteten Missionare in Kanada das Verschwinden der Sitte, Verstorbenen wertvolle Grabbeigaben für ihr Leben im Jenseits mitzugeben. In ihrer sorgfältigen Analyse stellten die Missionare zu ihrem Unbehagen fest, daß hierfür nicht die Botschaft des Evangeliums, sondern der hohe Kaufpreis europäischer Produkte, die indianische abgelöst hatten, verantwortlich war. Vgl. Cornelius J. Jaenen, Friend and Foe. Aspects of French-Amerindian Cultural Contact in the Sixteenth and Seventeenth Centuries. New York 1976, S. 93. Zur Aufnahme von Europäern bei Indianern s. bes. ibid., S. 86, 87.

39 Die diesbezüglichen indianischen Verfahrensweisen von selektiver äußerster Grausamkeit, verbunden mit einer allgemeinen Amnestie – ja meist sogar der Integration der Mehrzahl der Gefangenen –, ist von C. J. Jaenen (wie Anm. 38) vor allem in Kap. 4 und 5 untersucht worden.

40 South Vernon, Vermont.

41 1, 13 l.

42 Die „stolze Zeitgenossin“, die Herrin von Mary Rowlandson, war keine geringere als Weetamoo, nach Philipp die einflußreichste Sachem der Wampanoags. Vgl. A. T. Vaughan a. E. W. Clark (wie Anm. 2), S. 22, 23.

43 Mary Rowlandson hatte gehofft, in Albany gegen Schießpulver getauscht oder in Boston an ihren Mann verkauft zu werden.

44 M. Rowlandson (wie Anm. 2), S. 47–48.

45 Vgl. Quentin Stockwell's Relation of his Captivity and Redemption Reported by Increase Mather. In: A. T. Vaughan a. E. W. Clark (wie Anm. 2), S. 83.

46 Vgl. M. Rowlandson (wie Anm. 2), S. 64 u. passim.

47 Die gegen die Indianer verbündeten Kolonien bedienten sich der diplomatischen Vermittlung von Indianerhändlern, insbesondere in Sachen Gefangenenaustausch. Vgl. M. Rowlandson (wie Anm. 2), S. 65–67.

48 Vgl. A. T. Vaughan a. E. W. Clark (wie Anm. 2), S. 19–20.

49 Vgl. T. Perdue (wie Anm. 32), S. 3–18.

50 Mary Rowlandson wurde für 20 Pfund an ihren Ehemann verkauft. Auch ihre Kinder und andere Gefangene wurden gegen Geld ausgelöst. Vgl. M. Row-

landson (wie Anm. 2), S. 70–75. In den langandauernden Grenzkriegen zwischen Neu-England und Kanada entwickelte sich aus der indianischen Praxis, Gefangene gegen Lösegeld zurückzugeben, wohl ein dubioser Handelszweig. Elizabeth Hanson, die 1724 in Gefangenschaft geriet, berichtet von einem französischen Geschäftsmann, der den Indianern ihre Gefangenen abkaufte und – man darf annehmen, mit Gewinn – nach Neu-England zurückbrachte. Vgl. Elizabeth Hanson, God's Mercy Surmounting Man's Cruelty. In: A. T. Vaughan a. E. W. Clark (wie Anm. 2), S. 241.

[51] Vgl. obiges Zitat.

[52] Mary Rowlandson schildert, wie die religiöse Zeremonie des Powwow ebenso noch wie der rituelle Tanz unter den Wampanoags üblich war. Vgl. M. Rowlandson (wie Anm. 2), S. 63–67.

[53] Wohl gab es individuelle Überschritte zum Christentum aufgrund der Missionstätigkeit von Eliot.

Vom Warenumschlag zum Wissenstransfer: Die Anfänge der japanischen Öffnung zum Westen in der Phase des verschlossenen Landes (1640–1853)

Von

THOMAS SCHLEICH

Abb. 8: Niederländische Angestellte beim Abendessen auf Deshima. Kolorierter, Rin Shihei zugeschriebener Holzschnitt aus dem Jahr 1783. 22 × 38,5 cm.

Dem 1782, wohl anläßlich eines Besuches in Nagasaki entstandenen Original war eine Erklärung zur holländischen Ernährungsweise und Tischsitte beigefügt und von Rin Shihei gesiegelt. Die aus dem Jahr 1783 stammende Kopie ist eine von zahlreichen Varianten dieser beliebten Zeichnung. Sie trägt die Überschrift „Holländer" und die Anmerkung „Deze print is zuiver gedrukt". Unter den fünf Europäern am Eßtisch befindet sich u. a. Isaac Titsingh, der Leiter der Faktorei der Vereinigten Ostindischen Compagnie (VOC) auf Deshima; Rin Shihei hat seinen Platz am Tisch durch einen leeren Stuhl symbolisiert, denn der offizielle Kontakt zwischen Holländern und Japanern war untersagt. *Th. Schleich*

1. *Die Anfänge des europäischen Japanhandels*

Nach der Entdeckung des Seeweges nach Indien richtete sich das Interesse der Portugiesen außer auf die indische Pfefferküste vor allem auf Japan. Seit dem der Reisebericht Marco Polos unter dem bezeichnenden Titel ›Das Buch der Wunder‹ zahlreiche Nachrichten über das angeblich goldstrotzende Zipangu verbreitet hatte – obwohl der Venezianer selbst nie dorthin vorgedrungen war –, übte dieses Land auf manche Projektmacher eine geradezu magnetische Wirkung aus, so auch auf Kolumbus. Allerdings stießen die Portugiesen nach ihrem Vorstoß in die asiatischen Gewässer dann doch eher zufällig auf Japan. Mit Hilfe von chinesischen Steuerleuten erkundeten vor allem private portugiesische Kaufleute, die abseits des offiziellen portugiesischen *Kronkolonialismus* alle Kanäle des Seehandels in Asien auf der Suche nach Profiten infiltrierten,[1] auch die Küsten Chinas. Drei schiffbrüchig gewordene portugiesische Händler erreichten dann am 23. Juni 1543 an Bord einer großen chinesischen Dschunke Tanegashima. Während sich das Reich der Mitte offiziellen Handelskontakten verschloß und sich der portugiesisch-chinesische Handel daher in Form eines – dank der Begünstigung durch die südchinesische Beamtenschaft trotz allem – florierenden Schmuggelhandels vollzog, konnten sich die Portugiesen in Japan schnell etablieren. Das Land befand sich zu dieser Zeit in einer Phase innerer Zerrissenheit, der japanische Kaiser war weitgehend machtlos, politisch maßgebend waren regionale Fürsten, die sich während des 16. Jahrhunderts in einem beständigen Machtkampf befanden. Dem *Daimyo* der im Südwesten gelegenen Territorien kamen die 1543 nach Kyushu verschlagenen China-Schmuggler wie gerufen, denn ein Ausbau des Handels – und ein Zugriff auf die staunenerregenden europäischen Feuerwaffen – versprach Gewinnmöglichkeiten und Machtsteigerung auf Kosten der Rivalen.

Portugiesische Schiffe liefen in der Folgezeit die Häfen Satsume,

Bungo, Hirado und Yokoseura an, bis Omura Sumitada 1569 den seit 1549 im Land missionierend tätigen Jesuiten die Stadt Nagasaki übertrug, die seit 1571 Zielpunkt der jährlich stattfindenden portugiesischen Japanfahrt wurde.[2] Die portugiesische Krone hatte schnell die immensen Gewinnmöglichkeiten dieser Handelssparte erkannt und bereits um 1580 ein Monopol errichtet. Die jährlich wiederkehrende Karacke verließ Goa – die Hauptstadt des portugiesischen Vizekönigreiches Indien – im April oder Mai, beladen mit Wollstoffen, scharlachroten Tuchen, Kristall- und Glaswaren, flämischen Uhren, portugiesischen Weinen, indischen Chintz-, Baumwoll- und Kalikostoffen. Normalerweise legte *Kurofun* (das schwarze Schiff, wie die portugiesische Karacke von den Japanern bezeichnet wurde) in Malakka an, wo ein Teil der Ladung in Gewürze umgetauscht wurde, aber auch gegen Sandelholz von Timor und gegen Tierfelle aus Siam. Von Malakka segelte die Karacke nach Macao, wobei die Dauer ihres Aufenthaltes in Malakka vor allem davon abhing, ob man den Monsun erreichte oder verpaßte. In Macao – dem Sitz der portugiesischen Händlerkolonie und dem einzigen Tor zum Reich der Mitte – war dann eine Liegezeit von zehn oder zwölf Monaten die Regel, weil die chinesische Rohseide und die Seidenstoffe, die den Hauptteil der Ladung für Japan bildeten, nur auf den halbjährlich, im Januar und im Juni, in Kanton stattfindenden Messen erworben werden konnten, das Schiff aber den Hafen wegen der Wind- und Strömungsverhältnisse erst spät im Juni, manchmal aber auch erst im August erreichte. Die Schiffsungetüme der Portugiesen (bis zu 400 Tonnen groß, *Berge aus Holz*, wie die zeitgenössischen Berichte sagen, mit mehr als 200 Kaufleuten und deren Bediensteten an Bord) konnten natürlich nicht den Perl-Fluß nach Kanton hinaufsegeln, und auch der später den europäischen Ostindienseglern im 18. Jahrhundert zur Zeit des einsetzenden Teebooms zugewiesene Liegeplatz in Whampoa war für sie ungeeignet, die Waren wurden daher auf Leichtern in die Stadt transportiert.

Die Karacke erreichte Japan dann erst im folgenden Jahr zwischen Ende Juni und Anfang August, wobei man für die Fahrt in den Süden von Kyushu 12 bis 30 Tage veranschlagte und auf den Südwest-Monsun wartete. In Nagasaki ankerten die Schiffe bis zum Einsetzen des Nordwest-Monsuns Ende Oktober oder Anfang November. Dort lud das portugiesische Japan-Schiff fast ausschließlich Silber, daneben allenfalls Kuriositäten wie aufwendig verzierte Sekretäre und andere Möbel, kunsthandwerkliche Erzeugnisse und dabei vor allem Wandschirme, Kimonos, Schwerter und in späteren Jahren Kupfer. Das Schiff nahm zwischen November und März dann wieder Kurs auf

Macao. Dort wurde der Großteil des Silbers entladen und für den Ankauf der nächsten Seidenladung des folgenden Jahres verwendet. Gold, Seide, Gewürze, Perlen, Elfenbein und Porzellan wurden dagegen weiter nach Goa verschifft. Den bedeutendsten Anreiz für das portugiesische China-Japan-Geschäft bildete der Umstand, daß japanisches Silber in China wesentlich mehr wert war als in Japan selbst, während gleichzeitig die japanische Oberschicht die chinesische Seide der einheimischen vorzog. Da die Ming-Dynastie direkten Handel mit den *räuberischen Zwergen* (wie man die Japaner im Reich des Himmelssohnes nannte) untersagt hatte, auf beiden Seiten aber ein – wenn auch ganz unterschiedlich motiviertes – Interesse an der Aufrechterhaltung des Güterverkehrs bestand, konnten die Portugiesen – wie an vielen anderen Punkten des europäischen Überseehandels – die Rolle des Mittelsmannes wahrnehmen, wobei sie allerdings ihr Arbeitskapital zum größten Teil von chinesischen Kaufleuten in Kanton oder von japanischen Kaufleuten in Nagasaki bezogen; außerdem waren pro Jahr wohl immer auch an die 60 chinesische Dschunken im Schmuggelhandel mit Japan eingesetzt. Porzellan und Kuriosa wurden nach Europa verschifft und mit Gewinn abgesetzt; Gold, das in China und in Japan erworben werden konnte, hatte einen gewinnträchtigen Markt in Indien, Kupfer wurde dagegen zur Herstellung von Geschützen, auch in portugiesischen Fertigungsstätten in Asien, verwendet.

Die Generalkapitäne der portugiesischen Japanfahrten konnten fabelhafte Gewinne erzielen: Unter allen Handelsfahrten, die die Krone zu vergeben hatte, war diese Route mit weitem Abstand am begehrtesten. Die Konkurrenz der portugiesischen Adligen im *Estado da India* – dem Vizekönigreich Indien – hatte allerdings fatale Konsequenzen: Korruption und Cliquenwirtschaft waren gleichsam endemisch, jedes Kommando diente vorrangig der schamlosen Bereicherung des Amtsinhabers. Da sowohl die Besatzungen der Schiffe als auch die Soldaten in Übersee faktisch im Sold der Gouverneure standen, verfügten die Angehörigen der portugiesischen *Nomenklatura* in Übersee praktisch über Privatarmeen, die für private Zwecke mobilisiert und eingesetzt werden konnten. Doch selbst in der Krisenzeit zwischen 1600 und 1640, als das Auftreten europäischer Konkurrenten und die Konsolidierungspolitik asiatischer Mächte das portugiesische Kolonialreich in Asien in Bedrängnis brachten, wurden ungeheuere Gewinne erzielt, an denen im Rahmen des China-Japan-Handels vor allem auch die Missionsorden partizipierten, denen die Krone zur Finanzierung der Missionstätigkeit einen Anteil dieses Handels überlassen hatte. Die

Missionare, vor allem aus dem Jesuitenorden, verfügten in Japan – zumindest bis 1613–14 – über großen Einfluß, der nicht selten zugunsten des portugiesischen Handels eingesetzt wurde. Sie prägten ganz wesentlich das – allerdings völlig eingeschränkte – Bild Europas in Japan, vor allem auf Kyushu, wo sich ihre Gemeinden konzentrierten. Der Jesuit Valignano – Gesandter des portugiesischen Vizekönigs – beschreibt den Eindruck, den am 27. Februar 1590 eine Delegation von Portugiesen aus Macao am Hof in Kyoto hervorrief[3]:

Am folgenden Morgen stellten sich die Portugiesen, die ihre besten Gewänder angetan hatten, in Reihen zu einem Festzug auf und bewegten sich von Toba zu der 1 Meile entfernten Hauptstadt. Die Menschentrauben, die sich von nah und fern zusammengefunden hatten, um einen Blick auf die befremdliche Prozession zu werfen, bevor sie Miyako erreichte, waren wunderschön anzusehen. Als wir uns der Stadt näherten, war jede Straße, durch die unsere Prozession führte, mit zahllosen Menschen gefüllt, und alle bestaunten den Einzug dieser geordneten Prozession von exotischen und unbekannten Personen in prächtiger Festtagskleidung in die Stadt. Alle waren im höchsten Maß verwundert und sagten zu einander, jeder in diesem Festzug müsse ein Bodhisattva sein, der direkt vom Himmel herabgestiegen sei. Für sie waren wir staunenswerte Wesen, denn sie wissen kaum etwas über die Portugiesen. Bislang hatten die Portugiesen nur durch ihre jährliche Reise nach Nagasaki Bekanntheit gewonnen; und weit davon entfernt, in den Augen der Japaner Ansehen durch Kultiviertheit zu genießen, hatten wir uns nur den Ruf erworben, ein in Handelsgeschäften kundiges Volk zu sein. Da unsere Bräuche denen der Japaner entgegengesetzt waren, hatte sich bei den Bewohnern von Miyako, denen Berichte von japanischen Kaufleuten zu Ohren gekommen waren, die sich wegen Handelsgeschäften mit dem *Großen Schiff* nach Nagasaki begeben hatten, der Eindruck verfestigt, daß die Portugiesen von minderem Wert seien und keine Achtung verdienten.

Konflikte zwischen den rivalisierenden Missionsorden unterminierten jedoch nach und nach die portugiesische Position in Japan.[4] Die spanischen Bettelmönche, die seit 1592 von den durch die Spanier besetzten Philippinen aus nach Japan kamen, verstanden sich nach Missionskonzept und nationaler Zugehörigkeit bewußt als Konkurrenz zu den portugiesischen Jesuiten. Obwohl die Franziskaner anfänglich mit Blick auf die daraus resultierenden Handelsbeziehungen mit Manila herzlich willkommen geheißen wurden und ein bereits 1587 von Fürst Hideyoschi erlassenes Edikt, das das Christentum kurzerhand verbot, nicht vollzogen wurde, wuchs das Mißtrauen gegenüber den intrigierenden Orden. Mit dem Vordringen der Engländer und der Niederländer nach Asien seit dem Jahr 1600 näherte sich das Jahrhundert des luso-iberischen Monopols im Asienhandel seinem

Ende, die Japaner waren à la longue auf die Agentenrolle der Portugiesen im China-Japan-Handel nicht mehr angewiesen.

2. Die Etablierung der Niederländer in Japan

Auch niederländische Kaufleute gelangten zuerst als Schiffsbrüchige nach Japan.[5] Auch das Interesse der Handelsherren in den Niederlanden hatte sich – neben dem hochprofitablen Einstieg in den Handel mit den Gewürzinseln in der Insulinde – auf den China-Japan-Handel gerichtet. 1598 rüsteten zwei flämische Kaufleute – Pieter van der Hagen und Johan van der Veque – fünf Schiffe aus, die Asien nicht über die von den Portugiesen okkupierte Route am Kap der Guten Hoffnung, sondern über die Magellan-Straße ansteuern sollten. Auch wenn diese Unternehmung in einem Desaster endete (von einem Expeditionskorps von 500 Mann überlebte gerade ein Fünftel, und nur ein einziges Schiff kehrte nach Holland zurück), geht der niederländische Japanhandel auf diese Expedition zurück. Denn die *Liefde* strandete am 19. April 1600 an der Küste im Süden von Kyushu. Von den 110 Besatzungsmitgliedern waren 24 am Leben, von ihnen konnten sich gerade noch fünf auf den Beinen halten. Es war das Jahr des Sieges des *Daimyo* Ieyasu Tokugawa über seine fürstlichen Rivalen, vom Kaiser erhielt er daraufhin den Titel *Shogun*. Der englische Steuermann der *Liefde*, William Adams, erwarb sich das Vertrauen dieses Herrschers und in der Folgezeit eine einflußreiche Stellung an seinem Hof. Seine ursprünglich inhaftierten Mannschaftskameraden wurden frei gelassen und ließen sich zum Teil als Kaufleute in Japan nieder. Mit ihrer Hilfe und Vermittlung reiste die erste offizielle Gesandtschaft der niederländischen Ostindienkompanie (VOC) nach Edo an den Hof des Shogun, der – wie die Niederländer irrtümlich annahmen – die Erlaubnis erteilte, überall in seinem Reich Handel zu treiben, faktisch war es eine Schutzgarantie; allerdings erteilte der Shogun 1609 in einem kurzen Brief an den niederländischen „König", den Statthalter Prinz Maurits von Nassau, Handelsprivilegien mit dem Recht, eine Faktorei zu errichten, die im gleichen Jahr in Hirado eröffnet wurde.[6]

In den ersten Jahren liefen die Geschäfte gegen alle hochgespannten Erwartungen mehr als schlecht. Die Niederländer hatten zum einen mit dem Widerstand der etablierten Portugiesen und ihrer Gefolgschaft zu leben. In Nagasaki war eine beträchtliche Gemeinschaft von Portugiesen entstanden, denn keineswegs alle Kaufleute kehrten mit dem Schiff nach Macao zurück[7]; in jedem Jahr blieb eine gewisse Zahl zurück, die mit japanischen Frauen zusammenlebte, sich naturalisierte und die Fäden des europäisch-japanischen Handels in den Händen hielt: „Sie leben wie im Paradies“,[8] so beschrieb sie im Jahr 1597 der italienische Kaufmann Francesco Carletti, dessen Dschunke unter dem Kommando des Sprosses aus einer solchen Mischehe stand. Nicht wenige in Nagasaki profitierten im übrigen vom spendablen Lebensstil der aus Macao kommenden Kaufleute, die sich mit ihren Bediensteten für die Dauer des Aufenthalts alle Häuser mieteten und mit Geld nur so um sich warfen. Zum anderen erwies sich jedoch bald, daß der Japan-Handel ohne den China-Handel völlig unergiebig blieb. Denn die Japaner waren fast ausnahmslos an chinesischen Waren interessiert, die die niederländische Ostindienkompanie – mangels einer Niederlassung in China – nicht in ausreichender Menge liefern konnte; europäische Waren hatten, bis auf Kuriosa wie mechanisches Spielzeug, keinen Markt. Die englische Ostindienkompanie, die dank der Vermittlung von William Adams durch John Saris, den Kommandeur der achten Asienflotte, im Jahr 1613 auch eine Faktorei in Hirado hatte eröffnen können, hatte mit denselben Problemen zu kämpfen.[9] Bereits im Jahr 1616 engte die Zentralregierung (Bakufu) die ursprünglich eher vagen, von den europäischen Handelskompanien jedoch auf ganz Japan ausgedehnten Privilegien auf den Handel in Hirado ein (wobei faktisch der Handel aber auch in Nagasaki weiter betrieben wurde). Die Engländer gaben dann nach 10 Jahren auf, ermüdet von den Problemen vor Ort, aber auch wegen der von dem Generalgouverneur Jan Pieterszoon Coen in Batavia geschürten niederländischen Obstruktionspolitik, wobei sich ihr unter Verkennung der Sachlage zeitweilig gedachter Rückzug aus dem Japanhandel[10] als dauerhaft erweisen sollte. Schon 1658 gab es Pläne für die Entsendung eines Schiffes nach Japan, im Rahmen einer vom neuen Selbstbewußtsein der Republik genährten Expansionseuphorie, aber die Gefahr eines neuen Krieges setzte diesen Träumen ein Ende.[11] Zwar entsandte die Kompanie im Jahr 1673 dann eine Delegation nach Nagasaki, in der Hoffnung, die alte Position wiedergewinnen zu können, aber ohne jeden Erfolg. Denn zum einen überreichten die Emissionäre den japanischen Behörden nicht das 1613 vom Shogun Ieyasu erteilte Privileg (dieses Dokument war auf dunklen Kanälen in den Bestand der Bodleian Library geraten), sondern die von der Kompanieführung angeordnete japanische Transkription der in Samuel Purchas Sammlung ›Haklyutus Posthumus‹ veröffentlichten Fassung; zum anderen informierte der Leiter der niederländischen Faktorei in Hirado die Japaner, alarmiert von der Zentralregierung der VOC in Batavia, wo die englische Delegation Station gemacht hatte, daß der englische König Charles II. mit der portugiesischen Prinzessin Catarina von Braganza verheiratet war, und diese Verbindung zu den von den Japanern gefürchteten südländischen Teufeln disqualifizierte die englische Konkurrenz dauerhaft.[12]

Für die VOC besserte sich jedoch die Situation in Japan, obwohl auch sie von der Zentralregierung mißtrauisch beobachtet wurde,[13] als sie 1624 auf Formosa Fuß fassen konnte, das sich zu einem Umschlagplatz für den Handel im Südchinesischen Meer entwickelte. Regelmäßige Lieferungen von Waren aus China und Hinterindien, die problemlos nach Japan weiterverkauft werden konnten, ließen die Gewinne steigen, obwohl auch die japanischen Kaufleute selbst einen lebhaften Seehandel trieben. Die Erwartungen der VOC erhöhten sich noch, als die japanische Regierung im Kampf gegen das sich durch die portugiesische Mission ausbreitende Christentum zunächst 1636 die Grenzen für ihre eigenen Untertanen schloß und danach 1639 die Portugiesen aus Japan verbannte, womit die letzten europäischen Konkurrenten von diesem Markt vertrieben waren. Wie die Ming-Herrscher in China wählte auch das Tokugawa-Shogunat die freiwillige Isolation von der übrigen Welt, um den nationalen Frieden unter seiner Herrschaft zu befestigen. In japanischen Regierungskreisen hatte nach und nach die Überzeugung Wurzeln geschlagen, daß das Geschäftsgebaren der rothaarigen Fremdlinge aus Holland nicht von missionarischem Eifer getrübt war. In Batavia, der Befehlszentrale der VOC in Übersee, hielt man nach Eingang dieser Nachricht ein Danksagungsfest ab, nicht ohne Grund: Bereits im Jahr 1640 warf die Faktorei in Hirado einen Gewinn von 850 000 Gulden ab. Der im Japangeschäft erfahrene Leiter dieser Faktorei François Caron sah mit dem Abzug der Portugiesen jedoch schwere Zeiten heraufziehen: „Wenn die Portugiesen naß werden, bekommen auch wir einige Tropfen ab."[14] Er sollte mit dieser Voraussage recht behalten. Die Zeit der Bewegungsfreiheit in Japan war auch für die Niederländer vorbei. Noch im Jahr 1640 mußten sie ihre Faktorei in Hirado abbrechen und wurden auf der im Hafen von Nagasaki künstlich aufgeschütteten Insel Deshima mehr oder weniger interniert. Dafür waren vor allem zwei Gründe maßgebend: Zum einen hatten die japanischen Kaufleute der Seidengilde aus den fünf privilegierten Städten Edo, Osaka, Kyoto, Sakai und Nagasaki seit 1639 darauf hin gearbeitet, die holländische Faktorei aus Hirado nach Nagasaki zu verlegen, um die Holländer – wie zuvor die Portugiesen – dort dem ito-wappu-System zu unterwerfen, das die Preise für chinesische Rohseide festsetzte. Diese Interessengruppe wäre im komplizierten Geflecht japanischer Hofpolitik dank der guten Beziehungen des Daimyo Matsuura von Hirado zum Hofrat durchaus auszuschalten gewesen, denn dieser hatte keinerlei Interesse daran, auf die wirtschaftlichen Vorteile der niederländischen Präsenz in Hirado zu verzichten. Aber die Holländer machten den Fehler, nach der Vertreibung der Portugiesen in der Hoffnung auf weitere Expansion der Geschäfte ihre Faktorei opulent auszubauen. Das machte sie in einem Moment verdächtig, als die Zentralregierung durch eine portugiesische Delegation aus Macao (die bis auf wenige Personen hingerichtet wurde) für Ausländerfragen sensibilisiert war; als man am Giebel von einem der Neubauten das Zeichen „AD 1640" entdeckte, gab das dem latent immer vorhanden gewesenen Zweifel an der Zuverlässigkeit der Holländer in der entscheidenden Religionsfrage neue Nahrung. Auch eine Demarche des Opperhoofd Jan van Elserack in Edo unter Mitnahme des in Amsterdam ausgegrabenen Privilegs von Ieyasu konnte an der Verbannung nach Nagasaki (und der entschädigungslosen Abschreibung der Bautätigkeit in Hirado) nichts mehr ändern. Es blieb nur die Wahl zwischen Verbannung aus dem Japan-Geschäft und Internierung auf Deshima.[15]

3. Deshima – eine Faktorei im holländischen Handelsnetz in Asien

Dieses Deshima ist ein sehr kleines Inselchen, das zur Stadt hin 382, zur See hin 714 Fuß lang und 216 Fuß breit ist (es wölbt sich zur See so weit nach außen, wie es sich an der Stadtseite nach innen wölbt). An der zur Bucht hin gelegenen Längsseite der Insel sind zwei große Tore, durch die alle Waren hindurchgehen müssen, und in der Mitte der zum Land hin gelegenen Längsseite ist ein weiteres, aus dem man über eine steinerne Brücke in die Stadt geht; dort halten sich auch immer die Wache des Gouverneurs von Nagasaki, ein Schreiber und ein mit der Durchsuchung aller Passierenden beauftragter Mann auf [...]. Auf diesem Inselchen befinden sich nun vom Wassertor ab bis zum anderen Ende der Insel zwei Reihen mit Wohn- und Packhäusern aus Holz [...]. Außer diesen Häusern, die den Japanern gehören, hat die edle Gesellschaft dort zwei schöne, große Lagerhäuser in ihrem Besitz [...] sowie ein Küchenhaus, einen Flaschenkeller, ein Haus für den Dolmetscher und ein Häuschen, in dem sich die Bevollmächtigten des Gouverneurs aufhalten, wenn unsere Schiffe gelöscht und beladen werden [...]. Dieses ringsum mit Planken eingezäunte Inselchen hat die Form eines Fächerblattes [...]. Zwischen diesem Inselchen und der Stadt liegt ein schmales Wasser, über das eine Brücke von 150 Schritten Länge und 50 Schritten Breite führt [...]. Man mag kaum glauben, wie sklavisch unsere Nation in vieler Hinsicht von diesen stolzen und hochmütigen Japanern behandelt wird, und das aus keinem anderen Grund, als daß man uns in einem gewissen Maß wegen des christlichen Glaubens für verdächtig hält. Dabei wissen sie sehr wohl, daß zwischen dem Glauben der Portugiesen und dem unseren ein großer Unterschied besteht, wie ihnen auch durchaus bekannt ist, daß wir keineswegs um des Gottesdienstes willen und um die Japaner dazu zu bekehren, hierher kommen.

Die hier von dem holländischen Geistlichen François Valentijn[16] zu Beginn des 18. Jahrhunderts beschriebene Insel Deshima im Hafen von Nagasaki wurde in der Folgezeit zum Warenumschlagplatz zwischen von japanischen Behörden zugelassenen einheimischen Händlern und den Angestellten der niederländischen Ostindienkompanie. Aus Japan verfrachtete die Kompanie Kampfer, Porzellan, Seidenstoffe, Seidenstrümpfe, Fässer mit Reisschnaps, eingelegte Früchte, Kisten mit Kupferstäben, Tee, Chinawurzel und bis 1669 (zu diesem Zeitpunkt wurde der Export von Goldmünzen durch die Senkung des Goldgehalts von 85 auf 56 Prozent uninteressant) auch Goldmünzen. Eine besondere Rolle im Handel zwischen Japan und Holland spielten kunsthandwerkliche Erzeugnisse (Kleinmöbel, Wandschirme, Lackarbeiten, Jade-, Leder- und Perlmuttarbeiten), die bei der um sich greifenden Mode der Kuriositätenkammern und -kabinette in Europa reißenden Absatz fanden. Ein beträchtlicher Teil dieses Handels lief aber nicht über die Geschäfts- und Auftragsbücher der Kompanie, sondern über den Privathandel der Faktoreiangestellten (der allerdings zumindest auf dem Papier seit 1689 auf ein Gesamtvolumen von 140 000 Gulden beschränkt war). Vor allem Nachlaßinventare, die beim – angesichts der europäischen Anfälligkeit für Tropenkrankheiten, der unzureichenden medizinischen Versorgung und der verbreiteten Trunksucht gerade unter den VOC-Angestellten nicht eben seltenen – plötzlichen Ableben von Angestellten auf Deshima oder auf der Rückreise nach Batavia oder Holland angelegt wurden, weisen aus, daß dieser inoffizielle Geschäftszweig in einer besonderen Blüte stand. Zwar gab es für viele in Europa besonders gefragte Gegenstände ein Ausfuhrverbot, doch Berichte von Angestellten belegen, daß durch Bestechung nahezu alles erhältlich und ausführbar war.[17] In der Regel wurden diese Dinge von leitenden Beamten einfach als private Einrichtungsgegenstände deklariert und nach Holland überführt, sprechend sind Inventarlisten für die Generalgouverneure Hoorn, Camphuis und van Goens, aber auch für den Direktor der VOC-Niederlassung in Bengalen Albert Sichterman (genannt der Nabob von Groningen), die umfängliche Sammlungen aufgebaut hatten. Mitunter führte dieses Privatgepäck zu einer derartigen Überladung der Schiffe, daß sie bei schwerer See sanken. Zwischen 1725 und 1740 erreichten diese Transaktionen einen solchen Umfang, daß sich die Kompanieführung und die japanische Regierung zum Eingreifen veranlaßt sahen: In Edo wurde eine Handelskammer eingerichtet, über die unter Umgehung der Kaufleute in Nagasaki die VOC-Geschäfte abgewickelt werden sollten.

Seit etwa 1630 lieferte die VOC[18] eine Vielzahl von Waren nach Japan, vor allem Rohseide aus China, Tonkin, Bengalen und Persien, alle Arten von Seidenstoffen, europäische Wollstoffe, Farbhölzer, Büffelhäute und Hirschfelle, Pfeffer, Gewürznelken, Muskatnuß, Zuckerbruch und Puderzucker, Sandelholz, Quecksilber, Zinnober, Saffran, Zinn, Blei, Salpeter, Borax, Alaun, Moschus, Japanerde, Korallen, Bernstein, Kobalt, Spiegel, Mikroskope, mechanisches Spielzeug und Uhren. Nachdem die japanische Regierung jedoch dazu überging, seit 1672 die Preise für alle Importgüter festzusetzen, verringerten sich im Rahmen dieses Taxierungshandels die Gewinne derart, daß die VOC den Japanhandel drosselte. Seit 1715 auch die Ausfuhr von Kupfer zur Förderung der eigenen Wirtschaft limitiert worden war, gestaltete sich der Absatz von Waren immer schwieriger, weil die Regierung verstärkt das einheimische Gewerbe zu schützen suchte. Seit 1768 war der Handel mit Japan wirtschaftlich bedeutungslos (wenn auch die VOC ihren Spielraum dadurch erweiterte, daß sie extra für den Japanhandel Dreidecker in Seeland baute, um das eine pro Jahr nur noch zugelassene Schiff optimal nutzen zu können).[19] Der Import konzentrierte sich auf die Erfüllung vorliegender Bestellungen, insbesondere für Textilien von der Koromandelküste, aber auch auf die Einführung von Büchern und technischen Neuerungen, die bei der japanischen Oberschicht außerordentlich beliebt waren. Hatte die VOC bis 1676 exotische Tiere vor allem als Präsente für den Shogun nach Japan eingeführt (z. B. Zebras, Giraffen und Elefanten), ging sie nach diesem Zeitpunkt dazu über, solche Tiere nur noch auf ausdrückliche Bestellung hin zu liefern. Zum einen gingen die Gewinne zurück, die kostspielige Geschenke in den Augen der kompromißlos auf Gewinn ausgerichteten Kompanieführung allein gerechtfertigt hatten. Zum anderen entsprachen die Geschenke nicht immer den Erwartungen und schufen Probleme: 1668 erregten die unter hohen Kosten in Persien beschafften Apfelschimmel wegen ihrer eigenwilligen Färbung den Unwillen des Herrschers in Edo; schlimmer noch 1658, als ein vom Leiter der holländischen Gesandtschaft für den Thronerben mitgebrachter Straußenvogel, der das Entzücken des ganzen Hofes ausgelöst hatte, unerwarteterweise starb. Affen, Paradiesvögel, Pfauen, Windhunde, Elefanten und Dromedare finden sich neben Rassepferden auf den japanischen Bestellisten jedoch bis weit in das 19. Jahrhundert.[20]

Deshima war bei den Angestellten der VOC herzlich unbeliebt, es galt als Gefängnis im Fernen Osten. Wie die Philippinen im Überseereich der spanischen Krone wurde dieser Außenposten in einem gewissen Maß zum zeitweiligen Exil für schwarze Schafe, wenn sich mitunter auch besonders befähigte Köpfe wie etwa Camphuis und Titsingh aus Interesse dorthin versetzen ließen. Selten hielten sich dort mehr als 10 oder 12 Europäer auf. Neben den Gebäuden der japanischen Händler gab es dort Wohnungen und Geschäftsräume der Kompanie, seit 1672 auch zwei feuersichere Lagerhäuser. Der Garten der Kompanie wurde stetig erweitert, nicht nur für die Bedürfnisse der Küche, sondern auch für medizinische Zwecke. In der Mitte des Gartens stand das sogenannte Spielhaus (mit Spiel-, Garten- und Musikzimmer), das eigentliche Kommunikationszentrum der Niederlassung. Im Jahr 1730 kamen ein Pferdestall und eine Reitwiese hinzu. Für die meiste Zeit des Jahres waren die Angestellten der VOC und ihre asiatischen und afrikanischen Sklaven auf sich selbst zurückgeworfen, Japaner durften nicht angestellt werden. Ihr Dasein auf der Insel unterlag strikten Reglementierungen, sowohl von seiten der japanischen Behörden als auch von seiten der Kompanie, die ihre profitablen Geschäfte nicht durch wie auch immer geartete Alleingänge ihrer Angestellten gestört wissen wollte. Schon im Jahr 1621 hatte der Leiter der Faktorei Leonard Camps die Hohe Regierung in Batavia wissen lassen, der Shogun von Japan sei „kein König von Makassar“, also kein Regionalfürst, mit dem man nach Belieben umspringen könne. Schon kleinste, unwichtig scheinende Abweichungen von den vorgeschriebenen Prozeduren im gegenseitigen Umgang konnten zu schwersten Verstimmungen führen. Während es einfachen Angestellten erlaubt war, über Jahre auf Deshima zu arbeiten, durfte der Leiter der Niederlassung nur jeweils ein Jahr auf Deshima bleiben; nach einjähriger Abwesenheit, während der er in anderen Niederlassungen eingesetzt wurde, durfte er zurückkehren. Mit dieser Maßnahme wollten die japanischen Behörden verhindern, daß ein Holländer zu gute Kontakte knüpfen konnte, die seinen limitierten Spielraum gegen die Regeln erweitert hätten; das war unter den Portugiesen gang und gäbe gewesen, wo Japanexperten wie Simão Vaz de Pavia, Pero Fernandez de Carvalho, Agostinho Lobo, Lopo Sarmento de Carvalho, Jeronimo de Macedo solide Beziehungsnetze aufgebaut hatten. Zwar mußten Frauen und Kinder von den holländischen Bediensteten in Batavia zurückgelassen werden (wenn sie nicht ohnehin in Holland verblieben waren), dennoch sprechen manche Hinweise dafür, daß die Eintönigkeit auf Deshima mitunter eher kurzweilig war. Bereits im Jahr 1642 hatten

Teehäuser in Nagasaki die Erlaubnis erhalten, Kurtisanen auf die Insel zu entsenden. Die holländischen Quellen schweigen sich über diese Besucherinnen hartnäckig aus (sieht man einmal von der Randbemerkung eines Faktoreileiters ab, diese Damen seien bei der Zubereitung von Tee unersetzlich gewesen), aber man weiß jedoch von der benachbarten Niederlassung der Chinesen, daß dort täglich 60 bis 70 Gespielinnen aus- und eingingen. Eigentlich waren diese Besuchszeiten auf einen Tag begrenzt, sie konnten jedoch offenbar zu einer permanenten Präsenz ausgedehnt werden. Üblicherweise war es Kurtisanen nicht erlaubt, Kinder zur Welt zu bringen, erstaunlicherweise galt diese Regelung jedoch nicht für die Beziehung mit Holländern. Allerdings wurden Kinder aus solchen Verbindungen im Alter von sieben Jahren den Großeltern zur Erziehung übergeben.

Liest man die Papiere der Angestellten, so fühlten sie sich „in melancholisch machender Isolierung“,[21] ein besonders engagierter Leiter der Niederlassung, Jan Aouwer, verfiel angesichts der Lebensverhältnisse auf Deshima dem Wahnsinn. Kommunikationsschwierigkeiten waren endemisch: Zwischen 1640 und 1690 war die vorherrschende Form der Verständigung ein verstümmeltes Portugiesisch, ein Erbe der Portugiesenhändler, denen die Dolmetscher-Gilde in Nagasaki, die als einzige Gesprächspartner der Europäer offiziell zugelassen waren, jahrzehntelang nachtrauerten. Ihr Holländisch blieb so miserabel, daß sie der Gouverneur von Nagasaki im Jahr 1695 nach einer Audienz in Edo wissen ließ, er habe wegen ihres sprachlichen Unvermögens im Laufe der Audienz, die der Shogun der holländischen Delegation gewährte, drei Kimonos durchgeschwitzt.[22] Um 1690 gingen die Holländer dann dazu über, mit den Japanern auf Chinesisch zu verkehren, denn diese Sprache wurde in Japan von vielen beherrscht, außerdem gab es in Batavia eine große Chinesenkolonie, über die auch der Dschunkenhandel mit China seit dem Jahr 1684 abgewickelt wurde.[23] Die Hohe Regierung sah im Rückgriff auf das Chinesische offenbar eine Möglichkeit, sowohl der Willkür der japanischen Übersetzer als auch der Willkür der eigenen Angestellten zu entgehen. Die Mehrzahl der Holländer auf Deshima hatte gar keine Möglichkeit, Japan kennenzulernen. Zum einen war das Erlernen des Japanischen untersagt, zum anderen waren allenfalls kurze Besuche auf dem Festland, und nur unter Bewachung, möglich. Nur der Leiter der Niederlassung und der Arzt hatten die Möglichkeit, auf der jährlichen Gesandtschaftsreise an den Hof in Edo Eindrücke vom Landesinneren zu gewinnen. Die Holländer fühlten sich von den japanischen Behörden molestiert und gedemütigt, sie reagierten darauf mit einer fast psychopathischen Ablehnung alles Japanischen. Die aus Geschäftsinteressen gebotene Teilnahme an den religiösen Festen in der Stadt – wie dem O-Bon oder dem Suwa Matsuri – empfanden sie als Zumutung.[24] Während sie „wie die Drohnen über ihren Tabakpfeifen und den Geneverflaschen hingen"[25] (wie es der schwedische Botaniker Thunberg beschrieb, der als Botaniker eine Zeit in der Niederlassung lebte), trachteten sie danach, Deshima sobald als möglich (jedoch mit wohl gefüllten Taschen) verlassen zu können.

4. Deshima – Japans Fenster zum Westen

Sieht man einmal von anfänglich auch für die japanische Seite lukrativen Handelsgeschäften ab, die erhebliche Abgabenbeträge in die Kassen der Zentralregierung (Bakufu) fließen ließ, lag die Bedeutung Deshimas für die japanische Regierung in seiner Funktion als *Fenster zum Westen*. Jedes anlandende Schiff hatte Nachrichten zu übermitteln, die umgehend ins Japanische übersetzt wurden, um dann an den Hof in Edo geschickt zu werden, und die jährliche Gesandtschaft der Holländer hatte eine Zusammenstellung wichtiger Ereignisse im Ausland zu übermitteln.[26] Bis zur Mitte des 18. Jahrhunderts lautete die wichtigste Frage an die Gesandten, ob sie etwas über Invasionspläne der Portugiesen oder der Spanier in Erfahrung hätten bringen können. Die Holländer galten als eine besondere Kuriosität: Die jährliche Audienz spielte sich in der Halle der 100 Matten ab, wobei der Shogun hinter einem Wandschirm verborgen blieb. Der Leiter der Gesandtschaft hatte die Geschenke zu überreichen und dem Herrscher seine Reverenz zu erweisen, indem er sich auf den Boden warf. Das Gespräch erstreckte sich nicht auf Handelsfragen, meist hatten die Niederländer vielmehr zum Gaudium des Hofes europäische Sitten vorzuführen (Tanzen, Singen, Küssen, Schreiben und Malen). Die rothaarigen Fremdlinge saßen auf Stühlen (die man nur als Tempelmobiliar kannte), sie hatten absonderliche Eßgewohnheiten (denn sie traktierten ihr Essen mit Waffen und Handwerkszeug), und sie waren Händler, die in der festgefügten Gesellschaft der Tokugawa-Zeit weniger galten als die Stände der Samurai, Handwerker und Bauern.

Im Laufe des 18. Jahrhunderts kam es dann jedoch zur Ausbildung einer regelrechten Hollandologie (einer Wissenschaft vom Westen), die sich bis zum Ende des 18. Jahrhunderts zu einer Hollandeuphorie steigerte, die der gleichzeitigen europäischen Mode der Chinoiserie durchaus vergleichbar war.[27] Dafür gab es eine Reihe von Gründen:

Am Beginn dieser vorsichtigen Öffnung zum Westen standen die Bemühungen des gelehrten Arai Hakuseki, eines Lehrers und Ratgebers des Shogun Ienobu (1707–1712). Er geriet durch einen merkwürdigen Vorfall in Kontakt mit der europäischen Kultur: Pater Sidotti, ein italienischer Jesuit, wollte sich mit der Abschottung Japans vom Katholizismus nicht abfinden, er traf deshalb im Jahr 1708 mit der Absicht ein, das Land zum Katholizismus zu bekehren. Zu diesem Zweck hatte er in Italien und auf den Philippinen unter Zuhilfenahme alter Schriften ein merkwürdig altertümelndes Japanisch erlernt und sich als Samurai verkleidet. Wegen seiner befremdlichen Sprache wurde er jedoch bald als Ausländer enttarnt und von den Behörden arrestiert. Er wurde dann nach Nagasaki überstellt, wo der Leiter der Dolmetscher-Gilde ihn auf Lateinisch, Portugiesisch und Japanisch einem ausführlichen Verhör unterzog. Der Fall des Vordringens eines verkleideten Ausländers in das hermetisch von der Außenwelt abgeschottete Reich schien jedoch hinreichend bedeutsam, daß Sidotti 1709 nach Edo überstellt wurde, wo er von Arai Hakuseki wochenlang über Geographie, Mathematik und Religion befragt wurde. Der hohe Würdenträger bereitete sich auf diese Gespräche mit alten, aus der Zeit jesuitischer Präsenz stammenden Materialien aus der Hofbibliothek vor und suchte später die ihm übermittelten Fakten auch durch Gespräche in Deshima zu verifizieren, deren Ergiebigkeit allerdings durch das sprachliche Unvermögen der Dolmetscher auf den ihn besonders interessierenden Wissensgebieten stark beeinträchtigt wurden. Er konstatierte – wie schon vor ihm der Arzt Mukai Gensho (1609–1677), dessen Erkenntnisse in japanischen Führungszirkeln jedoch kaum Beachtung gefunden hatten –, daß es einen Unterschied zwischen der westlichen Wissenschaft und der perhorreszierten christlichen Lehre gab, und er hielt seine Erkenntnisse in zwei Büchern (über die Geographie der Welt und über die Gespräche mit Pater Sidotti) fest, in denen er lebhaft für eine Öffnung Japans und eine Rezeption westlichen Wissens eintrat.[28]

Seine Initiative fiel auf fruchtbaren Boden, denn kurz nach dem Erscheinen dieser Bücher wurde im Jahr 1715 der *Daymio* von Kii, Yoshimune, Shogun. Er war bei Übernahme des Amtes erst 33 Jahre alt und hatte eine Regierungszeit von 31 Jahren vor sich; er war außerordentlich interessiert an wissenschaftlichen Fragen und ein engagierter Reformer. Japan war zu Beginn des 18. Jahrhunderts ein durchaus prosperierendes Land, aber in der Friedenszeit seit dem Beginn des 17. Jahrhunderts hatte sich die Bevölkerung verdoppelt. Yoshimune sah sich erheblichen wirtschaftlichen Problemen gegenüber, vor allem auf dem Lande, und er setzte auf landwirtschaftliche Reformen, die Kalenderreformen und exakte astronomische Zahlen bedingten. Da Hilfe nur aus dem Ausland zu bekommen war, ordnete er den Import und die Übersetzung holländischer Bücher an, die in der Folgezeit in großer Zahl geordert wurden.[29] Die im Laufe des 17. Jahrhunderts von den Holländern überbrachten Geschenke wurden aus den Archiven geholt, und seit 1717 sahen sich die Gesandtschaften aus Deshima peinlichen Verhören über Herkunft und Funktionsweise von Uhren und Apparaturen ausgesetzt; Berichte gingen von Deshima nach Batavia, die sich über den Sinneswandel des Hofes mokierten und sich über ihre sinnlos vergeudete Zeit bei den sich hinziehenden Empfängen bei Hofe beklagten, aber auch betonten, „daß es einer großen Kenntnis auf dem Gebiet aller Wissenschaften und einer universalen Bildung bedurfte, um den Wissensdurst des japanischen Shogun" zu stillen.[30] Es wurde üblich, daß interessierte Mitglieder der höfischen Gesellschaft die holländische Gesandtschaft während ihres Aufenthaltes in deren Quartier – dem Nagasaki-ya – aufsuchten. Das auf Deshima geführte Tagregister[31] ist eine außerordentlich wertvolle Quelle für dieses wachsende japanische Interesse an Holland und dem Westen, belegt es doch, daß sich die Kontakte zwischen Holländern und Japanern über die üblichen ritualisierten, gegenseitigen Höflichkeitsbesuche hinaus entwickelten, wobei die Mehrzahl der Angestellten auf Deshima nur geringe Kooperationsbereitschaft erkennen ließen, sie waren mit den Wünschen der japanischen Besucher oft schlicht überfordert. Auch trugen diese Besucher finanziell kaum etwas ein, sieht man einmal von Unterrichtsgeldern ab: Doktoren, Astronomen und Botaniker statteten vor allem dem Arzt der Niederlassung häufige Besuche ab, seit 1730 ließen sich etliche davon sogar regelmäßig Unterricht in Holländisch und in Medizin erteilen. Die „VOC-Dienaren" auf Deshima, die eigentlich nur an Handelsgeschäften interessiert waren, wurden gleichsam gegen ihren Willen zu wichtigen Informanten, zu kulturellen Mittlern, zu Wissensbeschaffern vor allem auf dem Gebiet der Medizin und der modernen Naturwissenschaften. Über die Bestellung von Kuriositäten hinaus begannen japanische Wissenschaftler und Funktionäre in der Verwaltung mit dem Kauf von Büchern, die über wissenschaftliche Neuerungen berichteten; nach dem Ausweis von Archivquellen, vor allem Schiffsladelisten und Orderbücher, gelangten Tausende von holländischen Büchern mit ausnahmslos wissenschaftlichen Themen nach Japan, und schon deren Auswahl setzte konkrete Kenntnisse über Standardwerke und Neuheiten voraus. Anders als in den europäischen Niederlassungen in Kanton – die nur während der

Handelssaison angemietet wurden und danach zu räumen waren – kam es auf Deshima zu einem – wenn auch auf holländischer Seite – begrenzten interkulturellem Austausch, für den auf der Seite der Kompanie Namen wie van Noort, Caron, Camphuis, Voogt, Thunberg und Titsingh stehen, der letztgenannte war lange vor von Siebold Begründer einer modernen Japanologie, der zu diesem Zweck einen regen Briefwechsel mit Angehörigen der japanischen Oberschicht unterhielt.[32]

5. Östlicher Geist – westliche Fertigkeiten

Mit der Einigung und Zentralisierung Japans kam es seit dem Beginn des 18. Jahrhunderts zu einer enormen wirtschaftlichen Expansion, die zwar de jure der Kriegerkaste der Samurai die führende Rolle in der Gesellschaft beließ, faktisch aber städtische Schichten – vor allem reiche Bürger und Händler – immer mehr an Gewicht gewinnen ließ.[33] Dieses Milieu stellte ein wachsendes Reservoir für die westlichen Studien dar, aus ihm rekrutierten sich die *Rangakusha*,[34] die Repräsentanten der Rangaku (der Hollandologie) wie etwa Aoki Bunzo, Otsuki Gentaku, Sugita Gempaku. Der Kreis von vielleicht 20 Personen, der sich um das Jahr 1730 auf Befehl des Shogun um die westliche Wissenschaft bemüht hatte, erweiterte sich mehr und mehr und zählte bereits um 1750 nach Hunderten, die Werke übersetzten, kommentierten und an holländischen Grammatiken und Wörterbüchern arbeiteten. Das war eine enorme Aufgabe, denn hier mußten völlig unbekannte Zusammenhänge, für die im Japanischen die Begrifflichkeit fehlte, erfaßt und einem Publikum beschrieben werden, dem viele Voraussetzungen für ein adäquates Verständnis fehlten; die Forscher mußten kommentieren, erläutern, eine neue Fachsprache etablieren. In diesem Milieu interessierte man sich neben der Wissenschaft nun auch für die westliche Lebensweise – für Gärten, Häuser, Kleidung, Musik, Ernährung. Einige Enthusiasten wie Shiba Kokan und Honda Toshiaki wurden zu Verehrern der europäischen Kultur. Von japanischen Künstlern verfertigte Holzstiche und Aquarelle von den Holländern auf Deshima fanden in diesen Kreisen weite Verbreitung. Die Kenntnisse japanischer Intellektueller über die europäische Lebensform waren Ende des 18. Jahrhunderts sicher zutreffender als die Kenntnisse in Europa über die japanische.

Interessierten Europäern (die entweder Zugang zu Bibliotheken oder erhebliche Finanzmittel zum Kauf der in der Regel teuren Bücher hatten) standen nur wenige qualifizierte Publikationen zur Verfügung.

Lange wurde das Feld der Japanstudien (wie im übrigen auch das Feld der Chinastudien) von den Briefen und Zeugnissen der Jesuiten bestimmt, die natürlich nicht interesselos das Lob dieses kulturell hochstehenden Landes kündeten, sondern damit um den Zufluß von Finanzmitteln und Personal warben.[35] Nach dem Abbruch des Missionsunternehmens dominierte als Informationsquelle die 1645 erschienene ›Beschrijvinghe‹ von François Caron: Diese Publikation basierte auf einem Katalog von 31 Fragen, die der Leiter der Japan-Faktorei der VOC für das Direktorium der Handelsgesellschaft in Amsterdam beantwortet hatte und deren Veröffentlichung von ihm weder intendiert noch autorisiert war. Später informierten sich die Mitglieder der «Republique de Lettres» wohl ausnahmslos anhand von Engelbert Kaempfers in Manuskriptform zirkulierenden Arbeiten,[36] deren einzige Konkurrenz das breitangelegte Geschichtswerk des in der Kanada-Mission tätigen Piere-François-Xavier Charlevoix war. Die breitere Öffentlichkeit bezog ihre Kenntnisse entweder aus Kompilationen von Schreiberlingen, die im Auftrag von Verlegern das Leserinteresse stillten, indem sie geradezu genüßlich die Schrecken der Christenverfolgungen in Japan ausmalten,[37] oder aber aus Reiseberichten, in denen jedoch nicht selten das eigene Erleben hinter der Verwertung des bereits aus den Japan-Klassikern bekannten Wissens zurücktritt.[38] Sehr viel zutreffender, hingegen der Öffentlichkeit nur selten zugänglich, waren die Berichte von Angehörigen der verschiedenen europäischen Asienkompanien.[39]

Entscheidend für die Öffnung Japans zum Westen aber war nicht nur die Arbeit dieser Künstler und Intellektuellen, sondern daß es gelang, die Samurai für die westliche Bildung zu gewinnen, der Aufnahme europäischer Ideen jedoch weder das japanische Gesellschaftsmodell noch das Normensystem zu opfern. Im Laufe des späten 18. Jahrhunderts und des frühen 19. Jahrhunderts war die Forderung nach Männern der praktischen Wissenschaft immer stärker geworden. Nicht zuletzt die ökonomischen Schwierigkeiten hatten viele Landesfürsten bewogen, sich für eine stärker praxisorientierte Ausbildung der Samurai zu verwenden, deren Funktion sich im Laufe der Sakoku-Periode (der Phase des verschlossenen Landes) vom Krieger zum Beamten gewandelt hatte. Der Samurai war zum Dienst bei seinem Herrn berufen. In dieser Friedenszeit hatte die Zentralregierung zwar einen erstklassigen adligen Beamtenapparat und eine effiziente Geheimpolizei geschaffen, der militärische Komplex war jedoch völlig vernachlässigt worden: Seit 1609 wurden keine Kriegsschiffe mehr gebaut, die Kanonen waren aus grauer Vorzeit; der innere Frieden und die fehlende Bedrohung hatten Befestigungsanlagen überflüssig werden lassen, auf der Insel Etorufu wurden Eindringlinge z. B. durch ein langes, gespanntes Tuch abzuschrecken gesucht, auf das man ein mit Kanonen bestücktes Fort gemalt hatte. Die Samurai übten sich wie im Mittelalter mit Schwert und Bogen. Da es ihnen zudem verboten war, Reisen zu unternehmen oder ihre Waffen – außer zu zeremoniellen Anlässen – zu tragen, waren sie lange auf eine von Ritual und Langeweile geprägte Lebensform verwiesen. Über die Jahre hatte sich der Dienst des Samurai dann um eine Vielzahl von Verwaltungs- und anderen Aufgaben erweitert: Eingebunden in das konfuzianische Herrscher-Untertanen-Verhältnis mit seinem auf Gegenseitigkeit angelegten System von Dienst und Verpflichtung, betrachteten die Samurai auch diese Tätigkeiten als hoheitlichen Dienst, so daß in diesem Stand kein prinzipielles Ressentiment gegen Arbeit entstand, wenn auch, wie in anderen vorindustriellen Eliten, der aktive Einstieg in Handel und Gewerbe verpönt[40] blieb. Wer seiner Pflicht nicht im direkten Dienst beim Lehensfürsten nachkommen konnte, suchte durch andere Tätigkeiten, die im Interesse des Lehenstumes lagen, seinen Beitrag zu leisten. Dazu gehörte auch das Studium der westlichen Wissenschaften, das im Zuge der Forderung nach praxisbezogener Wissenschaft offizielle Billigung erfuhr. Bei diesen Studien standen immer Nützlichkeit und Anwendbarkeit im Vordergrund. Viele verbanden ihr Studium der Neuerungen aus dem Westen mit einem starken Nationalgefühl: Angesichts der – lange allerdings nur vermeintlichen – Bedrohung durch die Präsenz der Russen und der Engländer in ostasiatischen Gewässern sollte die Freiheit Japans erhalten bleiben. Mit Blick auf den Opiumkrieg in China verbreitete sich die Auffassung, „daß der jetzt über China liegende Nebel eines Tages als Frost über Japan niedergehen wird".[41] Die Übernahme westlicher Wissenschaft und westlicher Technik konzentrierte sich bei den Samurai auf das Feld der Landesverteidigung, auf die Rezeption westlicher Waffentechnik und Strategie, auch auf den Schiffsbau.[42]

Seit dem Beginn der Abschließung des Landes waren nur noch Erkenntnisse und Wissenzusammenhänge aus China nach Japan gelangt, und ein weitgehend verkrusteter Neo-Konfuzianismus war gleichsam zur Staatsdoktrin erhoben worden. Ausgehend von den neo-konfuzianischen Vorstellungen hatte die Ausbildung der Samurai drei Ziele: Verbesserung der Moral, Erwerb nützlicher Fähigkeiten, Erweiterung des Wissens und der Erfahrung für eine gute Regierung. Die konfuzianischen Lehrer vermochten auf Grund ihrer eigenen Vorbildung jedoch kaum nützliche Fähigkeiten zu vermitteln. In diese Lücke stieß die Förderung der westlichen Wissenschaften, denn hier wurden neue Wege zum Erwerb solcher Fertigkeiten gelehrt: „Was die japanischen Gelehrten bei ihrem Studium der europäischen Schriften immer wieder erstaunte, war die Vorgehensweise, die Untersuchung, die Methode, mit der man sich bestimmten Naturerscheinungen näherte. Diesem Punkt schenkte man viel mehr Beachtung als etwa der Fülle von Ergebnissen und Erkenntnissen, die die westliche Wissenschaft akkumuliert hatte.“[43] Die Suche nach den Ordnungsprinzipien, nach den Regelmäßigkeiten, nach den Gesetzmäßigkeiten, war der Teil der westlichen Wissenschaft, mit dessen Hilfe man hoffte, das universelle, kosmische Prinzip *(ri)* besser verstehen zu können. Die Hollandologie war unter diesem Blickwinkel ganz wesentlich *kyu-ri*, die Erforschung der Naturgesetze.[44] Es wurde jedoch schnell deutlich, daß die westlichen Wissenschaften mit ihrer Analyse der Natur wie auch die Anwendung der westlichen Technik nur wenig Aussagen in ethischer Hinsicht erlaubten. Man löste dieses Dilemma, indem man nun zwei verschiedene Spielarten des Ri in den Blick nahm, das Ri der Wissenschaften und das Ri der Ethik. Da das letztere nach einhelliger Meinung der japanischen Gelehrten im westlichen Denken fehlte, mußte dieser Teil des Gedankengebäudes – den man, ohne es zu wissen, durch die sich aus der Frontstellung gegen das Christentum ergebende Ausblendung von Philosophie und Theologie aus Japan verbannt hatte – aus dem traditionellen japanischen Denken ergänzt werden. Die Verwestlichung Japans stand daher unter dem Motto: „Östlicher Geist – westliche Fertigkeiten.“

6. Japan – ein Fall selbstbestimmter, kontrollierter Verwestlichung

Der Umstand verdient Beachtung, daß die Verwestlichung Japans (über die individuelle Rezeption niederländischen Gedankenguts und die Einrichtung niederländischer Schulen seit dem Beginn des 19. Jahrhunderts) ganz wesentlich eine japanische Leistung und eine japanische Entscheidung war. Europäer, die diesen Prozeß hätten kanalisieren können, standen nicht zur Verfügung. Die Holländer waren nämlich lange Zeit nicht gewillt, Wissen weiter zu geben, das ihrer Position geschadet hätte. Das verdeutlicht sowohl ihre jahrzehntelange Hinhaltetaktik bei der Erfüllung japanischer Forderungen nach westlichen Waffen als auch ihr Verhalten bei der Lieferung bestimmter Handelswaren. So erfüllte die VOC zwar 1731 den Wunsch nach Lieferung von Setzlingen bestimmter Gewürzpflanzen, aber die Angestellten vor

Ort tränkten sie – weisungsgemäß – kurz vor der Übergabe mit Salzwasser, um das Eingehen dieser Pflanzen zu gewährleisten. Ganz ähnlich restriktiv zeigten sich übrigens die englischen Kolonisten in Amerika gegenüber indianischen Wünschen nach Technologietransfer. Die japanische Leistung wird besonders deutlich, wenn man sie mit der Nicht-Europäisierung Chinas im gleichen Zeitraum vergleicht. Dort wirkten jahrzehntelang Jesuiten-Missionare als herausragende Repräsentanten europäischer Wissenschaft und Bildung; obwohl sie sich großen Prestiges und großen Einflusses am Hofe erfreuten, gar höchste Staatsämter bekleideten, war ihr Einfluß auf die Kultur des Landes gleich null.

Sakoku – die Phase der freiwilligen Isolation Japans – ging durch den allmählichen Prozeß der Europäisierung zu Ende, der durch politische und soziale Entwicklungen im Lande verdichtet wurde. Die ursprünglich immens reiche Zentralregierung stand vor dem Bankrott. Die feudale Ordnung der Tokugawa-Zeit war durch das Städtewachstum, durch die Entstehung der Geldwirtschaft und die Herausbildung einer Schicht von kapitalkräftigen Kaufleuten und Finanziers dauerhaft unterminiert worden, und die bohrende Kritik an und die Opposition gegen die Zentralregierung in breiten Kreisen der Eliten nahm angesichts der Hilflosigkeit der Führung gegenüber den Entwicklungen in Politik, Gesellschaft und Wirtschaft zu. Es bestand keine Notwendigkeit, das Land gewaltsam dem westlichen Einfluß zu öffnen: Die Zentralregierung hatte zwar den Zugang zu westlichem Wissen – angesichts des ihr bedrohlich scheinenden Ausmaßes der Verbreitung – nach 1790 einzuschränken gesucht und entsprechendes Schrifttum in von ihr kontrollierten Bibliotheken gesammelt; doch diese Versuche waren erfolglos geblieben. Schon 1773 hatte man im Lehenstum Satsume Experimentierwerkstätten und eine medizinische Schule eingerichtet; am Ende der Tokugawa-Zeit wurden an 77 (von 240 vorhandenen) Schulen die westlichen Wissenschaften und an 68 Medizin unterrichtet.[45]

Dieser Prozeß der evolutionären, selbstbestimmten und gleichsam gesellschaftlich kontrollierten Öffnung wurde dann jedoch 1853 von den Vereinigten Staaten gewaltsam abgebrochen, einer erst seit 1784 in Asien vertretenen Kolonialmacht. Das amerikanische Vordringen hat jedoch die Öffnung Japans zum Westen nicht überhaupt erst erzwungen, wie eine amerikanische Legende besagt: Die japanische Tür mußte nicht eingetreten werden, sie stand vielmehr bereits halb offen.[46] Allerdings hat das imperialistisch motivierte Vordringen des Westens – nach dem Vertrag von Kanegawa 1855 – Japans Metamorphose zu einem modernen Nationalstaat zweifellos beschleunigt. Der Kommandant der amerikanischen Japanflotte, Matthew Perry, äußerte sich vor Beginn der Expedition im Herbst 1852 unter dem bezeichnenden Titel ›Unsere gottgewollte Bestimmung‹ zu dem Ziel dieser Expansion, und seine Aussagen machen den spezifischen Hintergrund der amerikanischen Aktion deutlich[47]:

> Ich glaube, daß die Amerikaner in der einen oder anderen Weise ihr Gebiet und ihre Macht so lange ausdehnen werden, bis sie die angelsächsische Rasse an der Ostküste Asiens angesiedelt haben. Und ich bin überzeugt, daß unser großer Rivale seine Macht gen Osten und Süden bis nach China und Siam ausdehnen wird; und so werden der Angelsachse und der Kosak sich eines Tages gegenüberstehen. Wird es in Freundschaft sein? Ich fürchte nein! Die antagonistischen Exponenten der Freiheit und des Absolutismus werden sich endlich treffen. Und dann wird die gewaltige Schlacht geschlagen werden, und die ganze Welt wird mit atemlosem Interesse zusehen, denn auf dem Ausgang wird die Freiheit oder die Versklavung der Welt beruhen [...]. In der Ferne sehe ich die Riesen für dies entscheidende und grimmige Treffen aufwachsen – in Anbetracht der heutigen Ereignisse muß dieser Kampf früher oder später ausgefochten werden.

Japans Aufstieg in das Konzert der Mächte in der Meiji-Zeit und seine Rolle in diesem russisch-amerikanischen Gefecht nach 1853 sind jedoch ein anderes Thema. Die Übernahme fremder Kulturelemente ist in der japanischen Geschichte kein einmaliger Vorgang, sie ist vielmehr – wie in der Geschichte Europas – eine Konstante. Warum Japan (in seiner Insellage und seiner Isolation) und der Westen (in seiner Expansion in immer neue Gebiete) in der Lage waren, sich im Gegensatz zu anderen Kulturen um die Rezeption von und um die Auseinandersetzung mit den „Anderen“[48] zu bemühen, ist eine Frage, deren Beantwortung sich die Geschichtswissenschaft in der Erforschung des Zusammentreffens von Kulturen stärker widmen muß.[49]

Anmerkungen

[1] Vgl. dazu vor allem Ronald Daus, Die Erfindung des Kolonialismus. Wuppertal 1983 und George Bryan Souza, The Survival of Empire. Portuguese Trade and Society in China and the South China Sea (1630–1674). Cambridge 1986.

[2] Vgl. zum portugiesischen Japan-Handel Charles R. Boxer, Fidalgos in the Far East. Fact and Fancy in the History of Macao (1550–1770). The Hague 1948. Ders., The Great Ship from Amacon. Annals of Macao and the Old Japan Trade (1555–1640). Lisbon 1959. Ders., Portuguese Merchants and Missionaries in Japan (1543–1640). London 1986.

[3] Zit. bei Y. Okamoto, The Namban Art of Japan. Heibonsha 1972, S. 70.

[4] Dieses Gebiet ist meisterlich behandelt worden von Charles R. Boxer, The Christian Century in Japan (1549–1650). Berkeley 1951; vgl. auch Gustav Voss u. Hubert Cieslik, Kirishito und Sayoyoroku. Japanische Dokumente zur Missionsgeschichte des 17. Jahrhunderts. Tokyo 1940.

[5] Das Material aus der Zeit der Hirado-Faktorei sichtet W. Z. Mulder, Hollanders in Hirado (1597–1641). Weesp 1985; vgl. zum Bestand M. P. H. Rossingh (ed.), Het Archief for the Nederlandse Factorij in Japan. 's-Gravenhage 1964; vgl. auch M. Paske-Smith, Western Barbarians in Japan and Formosa in Tokugawa Days. Ndr. New York 1968.

[6] Vgl. zur VOC in Japan den Ausstellungskatalog: In the Wake of the Liefde. Cultural Relations between the Netherlands and Japan since 1600. Museum voor Volkenkunde Rotterdam 1986; zur VOC allgemein Eberhard Schmitt, Thomas Schleich u. Thomas Beck (Hrsg.), Kaufleute als Kolonialherren. Die Handelswelt der Niederländer vom Kap der Guten Hoffnung bis Nagasaki, 1600–1800. Bamberg 1988.

[7] So etwa S. Kato: "The Portuguese did not establish any trade factories or warehouses in Nagasaki, but rather did all their trade from the ship [...] all the merchants returned on the same ship with which they arrived. As a result the Portuguese traders were not very well informed about Japanese customs or developments. They relied completely on the Jesuits that were residing in Japan. The Jesuits functioned as middlemen and were financed by the silk-trade" (Leonard Blusse a. Femme Gaastra, ed., Companies and Trade. Essays in Overseas Trading Companies during the Ancien Regime. Leiden 1981, S. 214).

[8] Francesco Carletti, Ragionamente del mio viaggio intorno al monde. Turin 1958, S. 107; vgl. zum Lebensstil der portugiesischen Kolonie auch die Aussagen des Leiters der niederländischen Faktorei in Hirado Jacob Specx bei Charles R. Boxer, The Affair of the Madre de Deus. A Chapter in the History of the Portuguese in Japan. London 1929, S. 86.

[9] Vgl. dazu Ludwig Riess, History of the English Factory at Hirado. In: TASJ 26 (1898), S. 211–215; Ernest Satow (ed.), The Voyage of Captain John Saris to Japan (1613). London 1900; Derek Massarella, James I. and Japan. In: Monumenta Nipponica 38 (1938), S. 377–386. Das den Engländern erteilte Privileg ist erst 1985 von Hayashi Nozomu in London wieder aufgefunden worden, vgl. Derek Massarella a. Izumi K. Tytler, The Japonian Charters. The English and Dutch Shuinjo. In: Monumenta Japonica 45 (1990), S. 190–205.

[10] Vgl. zur englisch-niederländischen Rivalität im Asienhandel demnächst Thomas Schleich, Der Gewürznelkenkrieg. Europäisch-asiatische Rivalität im Malaiischen Archipel 1500–1800. Vgl. zu den englischen Illusionen N. Murakami (ed.), Diary of Richard Cocks, Cape Merchant in the English Factory in Japan (1615–1622). 2 vols. Tokio 1899, Bd. 2, S. 361–370.

[11] Zu den Expansionsplänen der fünfziger Jahre jetzt Derek Massarella, A World Elsewhere. Aspects of the Overseas Expansion Mood of the 1650 s. In: Colin Jones et alii (ed.), Politics and People in Revolutionary England. Oxford 1986, S. 161–181.

[12] Vgl. zu dieser Episode Charles R. Boxer, Jan Compagnie in Japan 1672–74 or Anglo-Dutch Rivalry in Japan and Formosa. In: Transactions of the Asiatic Society of Japan 7 (1930), S. 138–203.

[13] Vgl. Algemeen Rijksarchief, Koloniale Archief 11, Nr. 817 und 819.

[14] Zit. bei Martine Wolff, The Dutch on Deshima. In: In the Wake of the Liefde (Anm. 6), S. 67; vgl. auch François Caron, Beschrijvinge van het Magtig Koninkrijk Japan. Amsterdam 1641.

[15] Vgl. dazu Tokyo Daigaku Shiryo Hensanjo (ed.), Diaries Kept by the Heads of the Dutch Factory in Japan. Vol. 4, S. 185–189, 195–201, 215–219; Vol. 6, S. 7–10, 13, 16, 42, 44, 50, 54, 60–66, 198–199.

[16] François Valentijn, Oud en Nieuw Oost-Indien. Amsterdam 1726, Vol. 5.2, S. 36–39. Vgl. zu Valentijn Jörg Fisch, Hollands Ruhm in Asien. François Valentyns Vision des niederländischen Imperiums im 18. Jahrhundert. Wiesbaden 1986. Interessant ist auch die Beschreibung von Engelbert Kaempfer, Geschichte und Beschreibung von Japan. Lemgo 1777–1779, Bd. 2, S. 97–103.

[17] Vgl. zu den Geschäftspraktiken auf Deshima den auf den Informationen von Gerrits Voogt basierenden Bericht in M. Van Goch, Hedendaegsche Historie, ofte Tegenwoordige Staet van alle Volkeren. Amsterdem 1728, Vol. 1, S. 203–441.

[18] Zum Japanhandel der VOC fehlt eine gründliche Studie, vgl. Oskar Nachod, Die Beziehungen der Niederländischen Ostindischen Kompanie zu Japan im 17. Jahrhundert. Leipzig 1897; P. W. Klein, Japanse rendementen in de achttiende eeuw – innovatie en inertie. In: Economisch en sociaal-historisch jaarboek 47 (1984), S. 195–204. Ders., De Tonkinees-Japanse zijdehandel van de Oostindische Compagnie in her interaziatische verkeer in de zeventiende eeuw. In: Bewogen en bewegen. De historicus in het spannungsveld tussen economie en cultuur. Tilburg 1986, S. 152–177. E. Kato, The Japanese-Dutch-Trade in the Years of the seclusion Policy; particularly on the raw silk trade by the Dutch Factory at Hirado (1620–1640). In: Acta Asiatica 30 (1976), S. 34–84. Robert LeRoy Innes, The Door Ajar: Japan's Foreign Trade in the Seventeenth Century. Unveröff. Ph. D. Thesis. University of Michigan 1980. Iwao Seiichi, Japanese Foreign Trade in the 16th and 17th Centuries. In: Acta Asiatica 30 (1976), S. 1–13. Kristof Glamann, Dutch Asiatic-Trade 1620–1640. 's-Gravenhage 1981, bes. S. 185–187. Om Prakash, The Dutch East India Company and the Economy of Bengal 1630–1720. Princeton 1985, S. 122–141.

[19] Der Direktor der VOC-Kammer Seeland in Middelburg, Daniel Radermacher, hatte als Direktor der Zeeuws Genootschap der Wetenschapen einen Akademiepreis zur Entwicklung eines Dreideckers gestiftet. Vgl. dazu Doeke Roos, Zeeuwen en de VOC. Middelburg 1987. Es kommt wohl nicht von ungefähr, denn bereits sein Vater hatte als Mitglied der VOC-China-Kommission besondere Interessen im Fernost-Handel gehabt.

[20] Vgl. dazu S. Iwao, Import by the Dutch of Arabian and Persian Horses and their Breeding in Japan During the Edo Period. Tokio 1980.

[21] So die Bewertung des Faktoreileiters Cornelis van Outshoorn im Jahr 1691, zit. bei Ton Vermeulen, “In this melancholy isolation.” The Journals of Dutch Merchants. In: In the Wake of the Liefde (Anm. 6), S. 75).

[22] Vgl. Algemeen Rijksarchief s'-Gravenhage (ARA), 1e Afdeling: Archief van de Nederlandse factorij te Japan (1609–1860). Nr. 111. Ein Schlaglicht auf das faszinierende Material wirft der Beitrag der leider zu früh verstorbenen Leiterin dieses Bestandes M. E. van Opstall, Dutchmen and Japanese in the Eighteenth Century. In: J. van Goor (ed.), Trading Companies in Asia (1600–1830). Utrecht 1986, S. 107–126. Vgl. auch Yoko Nagazumi, Japan's Isolationist Policy as seen through Dutch Source Materials. In: Acta Asiatica 23 (1972), S. 18–35.

[23] Vgl. dazu demnächst Thomas Schleich, Vom Mitbewohner zur „gelben Gefahr“: Zur Rolle der Chinesen in europäischen Handelsmetropolen in Asien (1570–1770) – Manila und Batavia im Vergleich. In: Ders. (Hrsg.), Ungeliebte Nachbarn. Formen der europäisch-überseeischen Akkulturation im Ersten Kolonialzeitalter. In Vorbereitung.

[24] Sprechend sind die schneidenden Kommentare des Opperhoofd Martinus Caesar über seine Teilnahme am Suwa-matsuri (Deshima Dagh-Register. 27. Oktober 1673, ARA, Japan Nr. 108).

[25] C. P. Thunberg, Voyages au Japon par le Cap de Bonne esperance. Paris 1796, S. 93.

[26] Vgl. dazu Hosei Rangaku Kenkyu-kai (ed.), Oranda Fusetsugaki Shusei. A Collection of the “World News” Presented Annually by the Dutch Factory at Deshima to the Tokugawa Shogunate (1641–1858). Tokio 1979.

[27] Vgl. zu dieser Strömung J. Feenstra Kuiper, Japan en de Buitenwereld in de achttiende eeuw. Den Haag 1921. Charles R. Boxer, Jan Compagnie in Japan 1600–1850. The Hague 1950. C. Krieger, The Infiltration of European Civilization in Japan During the Eighteenth Century. Leiden 1940. Grant K. Goodman, Japan – the Dutch Experience. London 1986. Dagegen ist wenig hilfreich James R. Bartholomew, The Formation of Science in Japan. Building a Research Tradition. New Haven 1989.

[28] Eine Übersetzung des Berichts von Arai Hakuseki gibt W. B. Wright, The Capture and Captivity of Pere Giovanni Baptista Sidotti in Japan (1709–1715). In: Transactions of the Asiatic Society of Japan 9 (1881), S. 156–172; zur Rolle dieses Gelehrten erhellend Joyce Ackroyd, Told Round a Brushwood Fire. The Autobiography of Arai Hakuseki. Tokio 1979; vgl. auch Albert Craig, Science and Confucianism in Tokugawa Japan. In: Marius B. Jansen (ed.), Changing Attitudes Towards Modernization. Princeton 1965, S. 133–160.

[29] Vgl. dazu J. MacLean, The Introduction of Books and Scientific Instruments into Japan (1712–1854). In: Japanese Studies in the History of Science 13 (1974), S. 9–68. Yabuuti Kiyosi, The Pre-History of Modern Science in Japan. The Importation of Western Science in the Tokugawa-Period. In: Cahiers d'Histoire Mondiale 9 (1965), S. 208–232.

[30] ARA, Japan Nr. 111, S. 84.

[31] Das Tagregister (ARA Japan Nr. 94–203) wird neuerdings von einer Arbeitsgruppe um den Leidener Historiker Leonard Blusse ediert.

[32] Vgl. aus den Vorarbeiten zu einer kulturgeschichtlich orientierten Biographie dieses zu Unrecht vergessenen Aufklärers jetzt Frank Lequin (ed.), The Private Correspondence of Isaac Titsingh. Vol. 1: 1785–1811. Amsterdam 1990.

[33] Vgl. zum Folgenden Erich Pauer, Japanischer Geist – westliche Technik. Zur Rezeption westlicher Technologie in Japan. In: Saeculum 38 (1987), S. 19–51.

[34] Vgl. zu diesem Kreis Charles R. Boxer, The Nagasaki Interpreters and the Study of Dutch in Japan. In: Jan Compagnie in Japan (wie Anm. 20), S. 57–66. D. Keene, The Japanese Discovery of Europe. Honda Toshiaki and other Discoverers. London 1952. K. Katagiri, The Rise and Development of Dutch Learning in Japan. In: Acta Asiatica 42 (1982), S. 57–91. Hier kann nur am Rande erwähnt werden, daß neben den Rangakusha sich auch die Wagakusha (die Japan-Gelehrten) um eine Neuorientierung über eine Wiederbelebung japanischer Traditionen bemühten, während die Jusha (die China-Gelehrten) als Verwalter des Konfuzianismus, als Ratgeber der Zentralregierung und der Territorialherren sich jedem Wandel widersetzten.

[35] Vgl. Michael Cooper (ed.), They Came to Japan. An Anthology of European Reports on Japan (1543–1640). Berkeley–Los Angeles–London 1965.

[36] Vgl. dazu Peter Kapitza, Engelbert Kaempfer und die europäische Aufklärung. Zur Wirkungsgeschichte seines Japanwerks im 18. Jahrhundert. In: Engelbert Kaempfers Geschichte und Beschreibung von Japan. Beiträge und Kommentar. Berlin–Heidelberg–New York 1980, S. 41–63 und Charles R. Boxer, Some Aspects of Western Historical Writing on the Far East (1500–1800). In: W. G. Beasley a. E. G. Pulleyblank (ed.), Historians of China and Japan. London 1961, S. 307–321.

[37] Eine weitausholende Zusammenstellung repräsentativer Texte und Bilddokumente bietet jetzt die prachtvolle Publikation von Peter Kapitza (Hrsg.), Japan in Europa. Texte und Bilddokumente zur europäischen Japankenntnis von Marco Polo bis Wilhelm von Humboldt. 3 Bde. München 1990; vgl. auch Josef Kreiner, Das Bild Japans in der europäischen Geistesgeschichte. In: Japanstudien 1 (1990), S. 13–42.

[38] Vgl. dazu P. J. Marshall a. Glyndwr Williams, The Great Map of Mankind. London 1982 (zu Asien Kap. 2) und Jürgen Osterhammel, Reisen an die Grenzen der Alten Welt. Asien im Reisebericht des 17. und 18. Jahrhunderts. In: Peter J. Brenner (Hrsg.), Der Reisebericht. Frankfurt a. M. 1989, S. 224–260.

[39] Vgl. dazu Derek Massarella, The Loudest Lies. Knowledge of Japan in Seventeenth-Century England. In: Itinerario 11 (1987), S. 32–71 und ders., A World Elsewhere: Europe's Encounter with Japan in the Sixteenth and Seventeenth Century. Princeton 1990.

[40] Vgl. zum sich wandelnden Verständnis von Arbeit Erich Pauer, Arbeit und

Unternehmen in historischer Sicht. In: Hanau, Kimonoto, Markmann u. Tezuka (Hrsg.), Die Arbeitswelt in Japan und in der Bundesrepublik Deutschland – ein Vergleich. Neuwied 1988, S. 117–133. Zu den Formen wirtschaftlicher Betätigung vorindustrieller Eliten vgl. Thomas Schleich, Überlegungen zum Problem senatorischer Handelsunternehmungen. Teil 1: Senatorische Wirtschaftsmentalität in moderner und antiker Deutung; Teil 2: Zwischen „otium" und „negotium": Gelegenheitsunternehmungen und domestizierte Wirtschaft. In: Münstersche Beiträge zur Antiken Handelsgeschichte 2 (1983), S. 65–90; 3 (1984), S. 37–75.

[41] Zit. bei Charles R. Boxer, Sakoku or the Closed Country (1640–1854). In: History Today 1957, S. 88.

[42] Dazu vor allem Erich Pauer, Japans industrielle Lehrzeit. Bonn 1983. Ders. (ed.), Silkworms, Oil and Chips. Bonn 1986. Josef Kreiner et alii, Japans Wandel von der Agrar- zur Industriegesellschaft. Opladen 1983.

[43] Pauer (wie Anm. 33), S. 26.

[44] Vgl. neben Pauer (wie Anm. 33), bes. S. 24–29, auch Thomas R. Havens, Nishi Amane. Princeton 1970.

[45] Vgl. dazu Ronald P. Dore, Education in Tokugawa Japan. London 1965; die Zahlen finden sich bei Yuasa Mitsutomo, Kagakushi. Tokio 1965, S. 35.

[46] Vgl. dazu auch Conrad Totman, From Sakoku to Kaikoku: The Transformation of Foreign Policy Attitudes (1853–1868). In: Monumenta Nipponica 35 (1980), S. 56–87; auch Tashiro Kazui, Foreign Relations During the Edo Period. Sakoku Reexamined. In: Journal of Japanese Studies 8 (1982), S. 292–300 und Richard T. Chang, From Prejudice to Tolerance. A Study of the Image of the West (1826–1864). Tokio 1970.

[47] Zit. bei Gertrude C. Schwebell (Hrsg.), Die Geburt des modernen Japan in Augenzeugenberichten. München 1981, S. 106 f.

[48] Dieser Begriff geht zurück auf Tzvetan Todorov, Die Eroberung Amerikas. Das Problem des Anderen. Frankfurt a. M. 1985.

[49] Vgl. dazu auch die Einleitung von Wolfgang Reinhard zu dem Sammelband: Der europäische Beobachter außereuropäischer Kulturen. Zur Problematik der Wirklichkeitswahrnehmung. Berlin 1989, S. 5 f.; anregend hierzu auch Urs Bitterli, Alte Welt – Neue Welt. Formen des europäisch-überseeischen Kulturkontakts vom 15. bis zum 18. Jahrhundert. München 1986.

Die europäischen Mächte und die Religionsgemeinschaften Syriens im Rahmen der Orientalischen Frage

Bemerkungen zum ‘indirekten Imperialismus’ im Osmanischen Reich

Von

Alfred Schlicht

Abb. 9: Jacques-André-Joseph-Camelot Aved, Porträt des Sa'id Pascha. Öl auf Leinwand. 238 × 161 cm. 1742.

Hatte die politische Propaganda im Abendland des 16. und 17. Jahrhunderts vor dem Hintergrund der Bedrohung des Osmanischen Reichs – 1529 und 1683 belagerten die Osmanen Wien – ein Feindbild vom 'schrecklichen und barbarischen' Türken heraufbeschworen, öffnete sich im 18. Jahrhundert ein durch seine Expansionserfolge selbstbewußt gewordenes Europa dem exotischen Reiz des Orients. Die Voraussetzung dazu schufen die sich auf die kulturellen Errungenschaften fremder Völker besinnende Aufklärung und die europäischen Ostindiengesellschaften, die den kommerziell für den Mutterkontinent höchst lukrativen asiatischen Raum erschlossen. Von der europäischen Begeisterung für exklusive asiatische Importartikel profitierte auch das heimische Luxusgewerbe. Nach orientalischem Vorbild kamen in Mode ornamentenreich bedruckte Stoffe und Tapeten, Tapisserien mit entsprechenden Motiven oder auch das Kostümporträt, wie dieses Beispiel zeigt. Darf man zwar häufig auf solchem Gemäldetyp Damen und Herren der vornehmen und vornehmsten europäischen Gesellschaft im Orient-Look erwarten, begegnet man in diesem Fall einem 'echten' Türken: Als der Diplomat Sa'id Pascha mit einer Gesandtschaft 1741–42 in Paris weilte, beauftragte er den in Frankreich bereits bekannten Kostümporträtisten Aved (1702–1766) mit diesem Gemälde. Der Künstler ist bemüht, Stellung und Bildung des Türken hervorzuheben. In prächtiger Kleidung auf einem Perserteppich stehend – über einem purpurfarbenen Gewand mit goldglänzenden Stiefeln liegt ein hermelinbesetzter Mantel –, hält der Diplomat sein Beglaubigungsschreiben in der linken Hand, während die andere auf völkerrechtliche Dokumente deutet; der Globus unter dem Tisch und das davor aufgeschlagene kartographische Werk sollen wohl auf das gelehrte Interesse des Diplomaten verweisen. Aved gelang übrigens mit diesem Gemälde, das Sa'id Pascha dem begeisterten Ludwig XV. zum Geschenk machte, der künstlerische Durchbruch. Ihm sollte er seinen Ruf an den Versailler Hof verdanken.

A. Menninger

Die Kernländer der islamischen Welt gerieten – im Gegensatz zu den meisten Regionen Amerikas, Afrikas und Asiens – erst im späten 19. oder gar 20. Jahrhundert unter direkte Kontrolle europäischer Kolonialmächte.[1] Um so intensiver waren die Konkurrenz dieser Staaten, um so häufiger ihre Interventionen, um so nachhaltiger ihr Bemühen um Einfluß etwa im Osmanischen Reich, seit diese die Machtverhältnisse im 18. Jahrhundert erlaubten. Daß solche Einmischung zwangsläufig auch auf das gesellschaftliche Gefüge der betroffenen Regionen Auswirkung haben mußte, wird deutlich, wenn man sich die Voraussetzungen vor Augen führt, die allgemein im Bereich des Islam und speziell im syrischen Raum[2] gegeben waren.

Der islamische Staat und seine Minderheiten

Der islamische Staat begreift sich als Gemeinschaft der Gläubigen, als eine in ihrem Wesen islamische Institution. Er beruht ganz und gar auf islamischen Grundlagen, ist die politisch organisierte Form einer Religionsgemeinschaft, kann andere Gemeinschaften nur tolerieren. Träger des islamischen Staates sind die Muslime. Christen etwa oder Juden führen eine Existenz als Randgruppe, werden marginalisiert, sind Bürger zweiter Klasse, können als Nicht-Muslime keinen eigentlichen Anteil am islamischen Staat haben.[3] Noch problematischer ist die Lage der häretischen Muslime: Während Nicht-Muslime als politisch irrelevant betrachtet werden können – sie existieren eben außerhalb und abseits der Gemeinschaft der Gläubigen –, bedeuten häretische Muslime für den sunnitischen Muslim eine besondere Gefahr und Herausforderung. Schiiten etwa berufen sich darauf, den Islam authentisch zu interpretieren, sie erheben ebenso Anspruch darauf, den 'wahren' Islam zu verkörpern wie die Sunniten. Hier ergibt sich also ein islam-internes Problem, stellt sich die Kernfrage nach Legitimität, stoßen unvereinbar Ansprüche aufeinander. So waren oft Auseinandersetzungen zwischen Sunniten und Schiiten weit heftiger als die zwischen Muslimen und Nicht-Muslimen. Sunniten stellen als die im Bereich des Islam zahlenmäßig dominierende Gemeinschaft auch in Syrien die Majorität der Bevölkerung dar. Anderen Gruppen boten sich zwei Möglichkeiten: Rückzug in unzugängliche Gebirgsregionen, die von der Zentralregierung kaum direkt zu kontrollieren und zu beherrschen waren, oder Unterordnung und Anpassung: Den ersten Weg wählten verschiedene schiitische Gruppen sowie die Drusen (eine geheimbundartige, intern straff organisierte und hierarchisierte pseudo-islamische Sekte, deren Ursprünge im radikalen Schiitentum des 10. Jahrhunderts unserer Zeitrechnung liegen) und einige christliche Gemeinschaften, unter denen die seit der Kreuzzugszeit mit der römischen Kirche unierten Maroniten die größte darstellen. Zu Anpassung und Unterordnung waren vor allem die Christen und Juden in den syrischen Städten gezwungen. Die Verschmelzung verschiedener Religionsgemeinschaften war dabei keineswegs die Folge. Sie alle haben bis heute ihre Identität bewahrt.

Die Tatsache, daß politisch relevant im Machtbereich des Islam die Religionsgemeinschaft war, bedeutete, daß sie den Bezugsrahmen für ihre Anhänger darstellte, die Einstellung zu dem Staat bestimmte, dem sie zugeordnet war. Nicht-Muslime z. B. konnten kaum eine Loyalität zu muslimischen Staaten entwickeln, zumal der Koran ihnen eine demütigende, verächtliche Behandlung zugedacht hatte.[4] So kam es, daß nicht-muslimische Bevölkerungsgruppen – in erster Linie Christen – seit jeher dazu tendierten, wenn sich eine Gelegenheit dazu ergab, eine Verbesserung ihrer Lage in der Zusammenarbeit mit auswärtigen Mächten, vor allem mit den christlichen Staaten Europas, zu suchen; andererseits bemühten sich christliche Staaten seit Jahrhunderten um die christliche Bevölkerung islamischer Staaten.[5]

Die Allianz zwischen Halbmond und Lilie – die Funktion der syrischen Christen

Im 16. Jahrhundert suchte Frankreich vor dem Hintergrund des Konflikts mit dem Hause Habsburg die Zusammenarbeit mit dem Osmanischen Reich als dem mächtigsten Gegner Habsburgs. Unter Franz I. erreichte Frankreich zum ersten Mal im Zuge der osmanisch-französischen Annäherung die Gewährung von Rechten und Privilegien. Diese sogenannten 'Kapitulationen' wurden später immer wieder erneuert und ausgeweitet; sie stellten ein Modell dar für die Beziehungen der anderen europäischen Staaten zur 'Hohen Pforte'.

Da die Zusammenarbeit des «Roi très chrétien», des allerchristlichsten Königs, mit einem islamischen Staat gegen einen gemeinsamen christlichen Gegner nicht unproblematisch war, befand sich Frankreich in einem Legitimationszwang. Angriffe auf die Allianz zwischen Halbmond und Lilie konterte man französischerseits mit dem Hinweis, daß Frankreich nur aufgrund seiner guten Beziehungen zum Osmanischen Reich in der Lage sei, die Interessen der römischen Kirche und der Christenheit als solcher im Orient zu schützen. Dies war nicht ganz falsch, denn in der Tat hat Frankreich oft kirchliche und christliche Interessen verteidigen können, allerdings diese Möglichkeit ebenso oft zur Durchsetzung eigener Interessen eingesetzt. Nicht übersehen werden darf auch, daß der Christenschutz im Osmanischen Reich keineswegs das Motiv für die Zusammenarbeit zwischen Osmanen und Franzosen, sondern deren Nebenprodukt war. Eigentlich beschränkten sich Frankreichs Rechte auf den Schutz und die Interessenvertretung der Personen und Institutionen der römischen Kirche im Osmanischen Reich; doch bald schon gelang es, auch auf einheimische Christen Einfluß auszuüben und für ihre Interessen wirksam einzutreten.

Bereits um die Wende vom 16. zum 17. Jahrhundert führte der französische Botschafter im Osmanischen Reich, Savary de Brèves, in seinem ›Discours sur l'alliance qu'a le roi avec le grand seigneur et de l'utilité qu'elle apporte à la chrétienté‹, aus, welche machtpolitische Bedeutung in diesem Zusammenhang den christlichen Maroniten zukommen könne.[6] Die Allianz mit dem Osmanischen Reich habe es ermöglicht, enge Kontakte zu den Maroniten herzustellen. Als potentielle Alliierte könnten sie Frankreich bei einem eventuellen Vorgehen gegen den derzeitigen Bündnispartner, also die Osmanen, von Nutzen sein. Hier wurde frühzeitig in seltener Freimütigkeit die imperialistische Komponente der Beziehungen zwischen Frankreich und den libanesischen Maroniten formuliert, die sonst fast ausschließlich Gegenstand idealisierender Darstellung waren.

Unierte Kirchen in Syrien als Produkt christlicher Missionsarbeit und Keimzelle europäischen Einflusses

Seit dem Mittelalter war Syrien ein Anziehungspunkt für christliche Orden und ihre Missionare gewesen, hatten die Heiligen Stätten des Christentums in Palästina das Interesse aller in diesem Raum vertretenen Kirchen auf sich gezogen. Vom 16. Jahrhundert an nahm deren Aktivität zu, setzte auch eine verschärfte Rivalität zwischen den Kirchen ein: Gegenstand des Missionseifers europäischer Geistlicher und Kongregationen konnten nicht die Muslime sein – der Islam sieht für Apostel die Todesstrafe vor; er richtete sich vielmehr auf die Gemeinschaften orientalischer Christen in Syrien. So entstanden aufgrund der langanhaltenden Kontinuität der Missionsbemühungen der römisch-katholischen Kirche unter den orientalischen Christen mit Rom unierte Parallelkirchen zu den östlichen Kirchen, in denen die Riten und die Liturgiesprache der ursprünglichen Mutterkirche erhalten blieben. Auf diese Weise erleichterte Rom den orientalischen Christen den Übertritt. Diese Bewegung konnte sich nur unter dem Schutz europäischer Mächte – italienischer Staaten, später mehr und mehr Frankreichs, seit dem 19. Jahrhundert auch Österreichs – entwickeln: Die orientalischen Kirchen standen der Schwächung und der Entstehung einer Konkurrenz naturgemäß feindlich gegenüber.

Unter den Bedingungen des 18. und vielmehr noch des 19. Jahrhunderts wurden diese Fragen zum Politikum: Die Unierten Kirchen gehörten zum Klientel Frankreichs, die Orthodoxen waren Träger russischen Einflusses. Jede missionarische Aktivität, die Tätigkeit der Orden gewannen politische Relevanz. Gewann ein katholischer Missionar einen Angehörigen der Orthodoxen Kirche für die griechisch-katholische Gemeinschaft, bedeutete dies auch einen Verlust für den russischen und einen Zuwachs für den französischen Einfluß.

Wie sehr die Verbindung von Großmachtinteressen mit denen von lokalen Gemeinschaften machtpolitisch determiniert war, wird deutlich an der britischen Syrienpolitik, wie sie sich im Syrien der ersten Hälfte des 19. Jahrhunderts entwickelte. Die Bildung einer protestantischen Klientel, die Großbritannien als Einflußfaktor hätte nutzen können, erwies sich als unmöglich.[7] Großbritannien wandte sich nun einer Gruppe zu, mit der es nichts gemein hatte außer der Gegnerschaft zu Frankreich und seinen Schützlingen, nämlich den Drusen.[8] Zwischen ihnen und den Maroniten waren angesichts der schnellen und dynamischen Entwicklung der maronitischen Gemeinschaft – zweifellos gefördert auch durch die maronitischen Frankreichbindungen – Spannungen erwachsen, bei denen es um die Macht im Libanongebirge ging. Zwei deutlich voneinander zu unterscheidende Gruppen mit unterschiedlichen Gesellschaftsordnungen, die sich verschieden entwickelten und entgegengesetzte Bestrebungen verfolgten, standen sich hier gegenüber.[9] Die Polarisierung wurde intensiviert durch die Involvierung von Großmachtinteressen: Ein maronitisch-französischer Block stand einem britisch-drusischen gegenüber.

Wo immer Religion ins Spiel kam, wurde dies sofort politisch gedeutet. Der protestantische Missionar Jowett schrieb beispielsweise 1823 über seine Tätigkeit in Nazareth: „Wir boten unsere heiligen Schriften an die Bewohner aus [, ...] nur die Lateiner stehen der Bibelverbreitung im Wege, und ihre Priester sprengen aus, es sey blos darum zu thun, eine englische Parthie zu stiften."[10] Besonders negativ wurden humanitäre Aktionen von protestantischer Seite im Urteil römisch-katholischer Beobachter bewertet. Als böse Wölfe wurden syrischen Waisenkindern die protestantischen Missionare beschrieben,[11] die sich ihrer annehmen wollten; ebenso wurden preußische Hilfsmaßnahmen angesichts von Unruhen als verkappte Missionsversuche gesehen.[12] Nicht nur protestantische Bemühungen, auch österreichische Hilfsmaßnahmen trafen auf französisches Mißtrauen: Österreichische Hilfsgelder richteten sich nach französischer Auffassung weniger an das Unglück als an die Käuflichkeit der Bevölkerung.[13] Daß Frankreich in seiner Förderung des römisch-katholischen Glaubens und der mit Rom unierten Gemeinschaften ebenfalls politischen Nutzen suchte und fand, wurde dabei immer wieder freimütig und ausdrücklich konstatiert.[14]

Die Sonderrolle des Libanongebirges als Hochburg der konfessionellen Minoritäten und Schwerpunkt europäischer Einmischung

Das Libanongebirge hat stets im Rahmen der syrischen Geschichte eine besondere Rolle gespielt. Als unzugängliche, aber zum Meer hin offene Gebirgsregion wurde es zahlreichen Minoritäten zum Rückzugsgebiet.[15] Unter ihnen stellten die maronitischen Christen einen bedeutenden Anteil. Sie hatten seit jeher Bindungen zu den 'lateinischen', den christlichen Küsten des Mittelmeers gesucht. Das gemeinsame Bestreben, die Unabhängigkeit zu bewahren sowie Verfolgung oder gar Ausrottung zu entgehen, hielt die Gruppen des Libanongebirges zusammen, erforderte jedoch eine Ausbalancierung des inneren Gleichgewichts.[16] Europäische Mächte hatten hier seit Jahrhunderten Einfluß genommen, äußere Einmischung mußte hier besonders drastische Auswirkungen auf die Gemeinschaften haben. Die bereits erwähnte zunehmende Aktivität römisch-katholischer Orden – ermöglicht durch die Kapitulationen – bereitet den Boden für eine Syrienpolitik auf konfessioneller Grundlage. Zahlreiche Klöster werden gegründet, ebenso Bildungseinrichtungen – 1656 etwa das Kolleg von Antoura, die Keimzelle der späteren Université Saint Joseph, die bis heute eine der angesehensten im Nahen Osten ist. In der Küstenstadt Saida wird zu Beginn des 17. Jahrhunderts ein französisches Konsulat eingerichtet. Ludwig XIV. interessiert sich für die Maroniten, versichert sie schriftlich seines Schutzes. Ohne daß es bereits zu einer wirklichen politischen Zusammenarbeit zwischen Frankreich und den syrischen Christen kommt, entsteht hier auf kultureller und religiöser Ebene das Vertrauensverhältnis zwischen Frankreich und den (mit Rom unierten) einheimischen Christen, das später entscheidenden Einfluß auf die syrisch-libanesische Geschichte haben sollte.

Andererseits gibt es erfolgreiche Versuche der Zusammenarbeit zwischen Machthabern im Libanon und europäischen Staaten, die nicht auf der Grundlage gemeinsamer Religion beruhen. In der ersten Hälfte des 17. Jahrhunderts gelingt es dem libanesischen Fürsten Fachredin (1598–1635), seine Herrschaft so auszuweiten und zu festigen, daß sich aus dem traditionell autonomen Libanon ein eigener Staat zu entwickeln beginnt. Basis ist das gemeinsame Autonomiebestreben der verschiedenen libanesischen Religionsgemeinschaften. Dieser kleinste gemeinsame Nenner ist Voraussetzung für einen vorübergehenden Erfolg Fachredins. Er ist bemüht, seine Position gegenüber den Osmanen zu festigen, indem er seine Interessen mit denen eines europäischen Partners zu verbinden sucht. Eine Art Allianz zwischen dem Libanon und dem Großherzogtum Toscana entsteht. In Florenz sieht man in dieser Verbindung die Möglichkeit, zu den asiatischen Waren Zugang zu finden, die mehr und mehr – zuungunsten der italienischen Handelsstaaten – um das Kap der Guten Hoffnung nach Europa gelangen. Florenz setzt weniger auf gemeinsame Religion als auf Unabhängigkeitsbestrebungen, die alle Religionsgruppen des Libanon gemeinsam haben, die das typische Charakteristikum des Libanon darstellen. Fachredin dagegen möchte europäischen Handelsinteressen und europäischen Expansionsdrang der Gründung eines unabhängigen Staates nutzbar machen. Auch wenn Fachredin letztlich scheitert – noch ist das Osmanische Reich eine Großmacht, die immerhin 1683 Wien bedrohen und im 17. Jahrhundert mehrere Mittelmeerinseln einnehmen kann, noch sind die europäischen Mächte nicht in der Lage, den Osmanen ihren Willen aufzuzwingen –, markiert dieses Intermezzo bereits jene Konstellationen und Interessenlagen, die für Syriens Rolle im internationalen Kontext künftig maßgeblich sein sollten.

Das 18. Jahrhundert: Verdichtung der europäischen Interventionen

Im 18. Jahrhundert kommt es häufiger zum Zusammenwirken lokaler Autonomiebestrebungen und der imperialen Politik europäischer Großmächte: In Galiläa kann der lokale Machthaber Zahir al-Umar seinen Einflußbereich ausdehnen und sich gemeinsam mit einem ägyptischen Rebellen vorübergehend erfolgreich gegen osmanische Provinzgouverneure behaupten. Zur gleichen Zeit findet ein russisch-osmanischer Krieg statt, im Juli 1770 wird die osmanische Kriegsflotte von der russischen zerstört; russische Kriegsschiffe beherrschen in der Folge das Ostmittelmeer, landen in Saida und unterstützen Zahir al-Umar, indem sie Beirut blockieren, das dann auch in Zahirs Hände fällt. Die begrenzte Kooperation zwischen dem Rebellenführer in Galiläa war jedoch eine reine ad hoc-Zusammenarbeit, nicht Teil langfristiger Planung oder großangelegter Strategie; eine konfessionelle Komponente fehlte ihr, sie blieb Episode.

Weniger spektakulär als solche militärischen Zwischenspiele, aber längerfristig in ihren Auswirkungen sind Interventionen, die sich im Syrien des 18. Jahrhunderts mehr und mehr auf den Libanon konzentrieren: Frankreich interveniert zugunsten der maronitischen Patriarchen zu Beginn dieses Jahrhunderts, ein Abgesandter des französischen Königs erneuert 1737 gegenüber den Maroniten die Schutzzusagen Frankreichs, die Erneuerung der Kapitulationen stärkt 1740 abermals die Stellung Frankreichs, im ganzen Osmanischen Reich. 1708 kann der französische Konsul in Saida für seine Schützlinge Steuererleichterung durchsetzen.[17] Diese Entwicklung im Libanon begünstigt die Maroniten: Sie werden von den dortigen Machthabern gefördert und ermutigt, werden als Gegengewicht gegen die anderen Gemeinschaften benutzt. Aus den syrischen Städten verlegen bezeichnenderweise zunächst der melkitische (griechisch-katholische) Patriarch Kyrill VI. Tanas 1725, dann 1730 der armenisch-katholische Patriarch Ibrahim Azarivian ihre Sitze ins Libanongebirge. Frankreich schafft die Voraussetzungen für eine wirksame Einflußnahme der römischen Kirche auf die Maroniten. So kommt es in der ersten Hälfte des 18. Jahrhunderts zu einer Reform der maronitischen Kirche. Sie wird zu einer gut organisierten Institution, der maronitische Klerus wird in die Lage versetzt, eine Führungsrolle in der Gemeinschaft zu übernehmen, die über den Bereich des rein Religiösen hinausgeht und bis in die Gegenwart von direkter politischer Bedeutung ist.

Noch spielt die Zusammenarbeit zwischen den europäischen

Mächten und einheimischen Gemeinschaften keine entscheidende Rolle, doch die gegenseitigen Kontakte mehren sich, die Tendenz zur Zusammenarbeit wächst. Es ist nur folgerichtig, daß sich entsprechende Neigungen der orientalischen Christen und der europäischen Mächte zu einer Zeit verstärkten, als die Macht des Osmanischen Reiches zurückging und es „vom Subjekt zum Objekt" herabsank.[18] In dieser Phase begannen direkte Eingriffe europäischer Mächte, die vorher punktuell und vereinzelt vorgekommen waren, prinzipieller in ihrer Natur und umfassender in ihrer Zielsetzung zu werden und langfristigen strukturellen Wandel zu bewirken.

Ein Ereignis markiert den Wendepunkt zwischen beiden Phasen: Die Syrieninvasion Napoleon Bonapartes im Jahre 1799: Einerseits ist sie ein Einzelereignis, das als solches keine bleibende Wirkung hatte – die Expedition als solche scheiterte bekanntlich. Aber es werden bereits Verhaltensweisen in der Bevölkerung sichtbar, die typisch für das 19. Jahrhundert werden sollten, es begegnen uns deutlich nach Konfessionen zu unterscheidende Reaktionsweisen. Als die französischen Truppen 1799 in Syrien einfielen, versuchte Bonaparte sofort eine Kontaktnahme mit den Maroniten in der Absicht, Unterstützung zu erhalten. Obwohl die maronitische Reaktion sehr zurückhaltend war, kam es in ganz Syrien zu typischen Reaktionen. Die Drusen erwogen für den Fall eines französischen Sieges die Auswanderung aus dem Libanongebirge.[19] Beim Herannahen des französischen Heeres kam es zur Flucht der muslimischen Bevölkerung einerseits, zu freudigen Willkommenskundgebungen von Christen andererseits.[20] An mehreren Orten, so in Jerusalem, gab es nach dem französischen Rückzug antichristliche Ausschreitungen.[21]

Diese Reaktionen zeigen, welche Erwartungen an das Erscheinen der Franzosen geknüpft wurden: Eine Schwächung der muslimischen und eine Stärkung der christlichen Position. In Napoleon Bonapartes weitgespannten Plänen konnte der Einflußnahme auf das Mosaik der Religionsgemeinschaften nur taktische Bedeutung zukommen; nichtsdestoweniger war er sich der Problematik bewußt und versuchte, sich der spezifischen Möglichkeiten, die sich boten, zu bedienen: Seinen Offizieren schärfte er ein, die Muslime immer bevorzugt zu behandeln, die Christen seien ohnehin frankreichfreundlicher.[22] Er ging auch so weit, verkünden zu lassen, die Franzosen seien «de véritables musulmans»[23]; er ließ ausstreuen, er lese jeden Tag im Koran und wolle eine Moschee stiften.[24] Andererseits bekannte er sich gegenüber den Maroniten als gläubiger Katholik, durch den die Kirche Triumphe erleben werde.[25]

Der Hintergrund: Die orientalische Frage – Reformen im Osmanischen Reich als Folge europäischen Drucks

Druck der europäischen Mächte war im 19. Jahrhundert eines der bestimmenden Elemente, die zu Reformen im Osmanischen Reich führten. Zwei wesentliche Einschnitte charakterisieren diese Zeit der frühen osmanischen Reformversuche (Tanzimat): das Reformedikt von 1839 (Hatt-i Scherif von Gülhane), das als "a charter of rights for the Ottoman subjects"[26] bezeichnet worden ist, sowie das Reformedikt von 1856 (Hatt-i Hünayun). Beide wurden in Situationen erlassen, in denen sich das Osmanische Reich unter extremem äußerem Druck befand und sich existentieller Gefährdung ausgesetzt sah: 1839 bedrohte der ägyptische Gouverneur Muhammad Ali, der mit Frankreich verbündet war, die innere Einheit des Osmanenstaates und schien kurz davor zu stehen, dem 'Kranken Mann am Bosporus' den Todesstoß zu versetzen. Nur eine Intervention der Alliierten Großbritannien, Österreich, Preußen und Rußland (sie schlossen am 15. Juli 1840 zu diesem Zweck den Vertrag von London) konnte die expandierende ägyptische Großmacht in ihre Schranken weisen.

Auch 1856 war eine Reformcharta der Preis für die Bewahrung des Osmanischen Reichs vor äußerer Gefahr durch auswärtige Mächte: Im Krimkrieg hatten Frankreich und England den Türkenstaat gegen Rußland verteidigt, und diesmal war der Zusammenhang zwischen Reform und ausländischer Intervention noch offensichtlicher. Ein *inner*osmanisches wurde als Präambel einem *internationalen* Abkommen, dem Vertrag von Paris, vorangestellt, mit dem am 18. Februar 1856 der Krimkrieg beendet wurde. Dies bedeutete die explizite Festschreibung der Internationalisierung innerer Angelegenheiten eines souveränen Staates. Schon im Januar 1856 hatten die Alliierten in einem Memorandum an die 'Hohe Pforte' in milder Form diese Richtung gewiesen: Es sei eine «illusion pernicieuse», das osmanische Territorium vor äußerer Bedrohung zu schützen, es aber weiter seinen «vice intérieurs» und damit dem sicheren Untergang zu überlassen. Europa werde «en ami» auch über die Verwirklichung der Reformmaßnahmen wachen. Nachdem sie die äußere Gefährdung abgewehrt haben, wollen Frankreich und England nun auch bei der Abschaffung derjenigen Übel mitwirken, so das Memorandum, die zu diesem Angriff von außen geführt haben.[27] Damit ist die Verbindung hergestellt zwischen der osmanischen Reformbewegung, äußerer Einmischung und der Koexistenz der Religionsgemeinschaften: Divergenzen zwischen den Religionsgemeinschaften an den heiligen Stätten[28] in Palästina hatten die Einmischung der Schutzmächte[29] der jeweiligen Gruppe – Frankreichs auf seiten der römischen Kirche und Rußlands auf seiten der 'Orthodoxen' – provoziert und aus einem lokalen, in der Sache vollkommen belanglosen Streit zwischen Mönchen einen internationalen Konflikt gemacht. Dieser eskalierte, als Rußland ganz grundsätzlich und allgemein weitgehende Protektoratsrechte über die orthodoxen Christen im Osmanischen Reich geltend machte, und führte letztendlich zum Krimkrieg.

Die Stellung der Bevölkerungsgruppen zueinander, insbesondere die Lage der nicht-muslimischen Gemeinschaften, waren ein wichtiger Bestandteil der Reformerlasse von 1839 und 1856. Zumindest theoretische Gleichstellung der Angehörigen der nicht-muslimischen Gemeinschaften, die beide Edikte enthielten, bedeutete nicht weniger als die Auflösung der Grundlagen des traditionellen islamischen Staates. Christen und Juden, die bisher zahlreichen erniedrigenden Auflagen unterworfen gewesen waren, eine Sondersteuer entrichten mußten, die von vielen Ämtern ausgeschlossen waren und auch von der Theorie her sein mußten, sollten über Nacht per Dekret den Muslimen gleichberechtigt werden. Was 1839 erstmals festgelegt worden war und 1856 erneut bekräftigt wurde, stand in Zusammenhang mit einer Entwicklung, die ganz allgemein auf eine Erneuerung des Osmanischen Reiches abzielte. Die Stellung der Religionsgemeinschaften zueinander war nur eine, wenn auch eine ganz wesentliche Problematik des Gesamtkomplexes. Zwar spielte der Einfluß europäischer Mächte, der oft genug zum offenen Druck ausartete, gerade hier eine wichtige Rolle, die Reformen aber, die die Position und das gegenseitige Verhältnis der Gemeinschaften betrafen, dürfen nicht allein als Ergebnis fremder Einmischung, nicht ausschließlich als Produkt imperialistischer Interventionspolitik gedeutet werden. Mehr und mehr verbreitete sich auch in den Kreisen der osmanischen Elite die Überzeugung, daß die Einheit des Staates – angesichts des Gärens in der osmanischen Gesellschaft – nur durch einschneidende Veränderungen und radikalen Wandel des osmanischen Selbstverständnisses erhalten bleiben könne. Aus einem traditionellen islamischen Staat sollte das Osmanische Reich in eine Gemeinschaft gleichberechtigter Bürger – ungeachtet religiöser und nationaler Kriterien – umgewandelt werden.[30]

Vor dem gesamtosmanischen Hintergrund fand die skizzierte Entwicklung spezifische Ausprägungen in den einzelnen Teilen des Osmanischen Reiches, je nach der Zusammensetzung der Bevölkerung, den soziokulturellen und historischen Gegebenheiten.

Die gesellschaftliche Krise in Syrien unter äußerem Einfluß: Syrien im Brennpunkt der Orientalischen Frage

Zwar hatten seit Jahrhunderten bereits die Kontakte und sogar regelrechte Zusammenarbeit zwischen einzelnen Gruppen des Libanongebirges und fremden Mächten mit 'imperialistischen' Zielsetzungen Tradition, doch waren es erst die spezifischen Gegebenheiten des Zeitalters der 'Orientalischen Frage', die zu einer so starken Verdichtung der Außenbindungen syrischer Gruppen führten,[31] daß diese zu einem bestimmenden Faktor in der syrischen Geschichte wurden und bis heute destabilisierende Wirkung haben konnten.

In den 1830er Jahren hatte der ägyptische Machthaber Muhammad Ali – theoretisch Vasall der Pforte, faktisch Herrscher einer aufstrebenden regionalen Großmacht – Syrien okkupiert. Während Frankreich seine Interessen durch die Unterstützung Ägyptens, dem die Zukunft im Nahen Osten zu gehören schien, am besten gewahrt glaubte, entwickelten die übrigen europäischen Großmächte eine zunehmend kritische Einstellung gegenüber dem expandierenden Ägypten und der damit drohenden Veränderung des Status quo im Orient. Die ägyptische Herrschaft führt zu einer Straffung und Systematisierung der Verwaltung und staatlichen Kontrolle und auch zu einer Verbesserung der Lage der Christen in Syrien, wie sie unter Muhammad Alis Herrschaft bereits in Ägypten verwirklicht worden war.[32] Frankreichs Position in Syrien, traditionell beruhend auf der Verbindung mit den Christen des Landes und nun ergänzt durch die Allianz mit Ägypten, schien durch Muhammad Alis Christenpolitik gestärkt: «L'influence francaise [...] grandissait chaque jour davantage en même temps que l'administration égyptienne prenait de la consistance: s'aidant l'une et l'autre [...] nos consuls avaient la péeminence.»[33]

Zeigten einheimische Christen und Europäer in Syrien einhellig Genugtuung über die ägyptische Politik, kam von muslimischer Seite die entgegengesetzte Reaktion.[34] Nicht-Muslime durften vor muslimischen Gerichten als Zeugen auftreten, erhielten Sitz und Stimme in neugeschaffenen Stadträten, fanden Zugang zu Verwaltungspositionen, die ihnen bisher verschlossen geblieben waren. In Damaskus kam es zum – in direktem Widerspruch zum islamischen Recht stehenden – Neubau einer Kirche. Zu betonen ist, daß die ägyptische Politik reine Machtpolitik war, nicht etwa bestimmt durch humanitäre oder liberale Gesinnung: Mit der Gleichstellung von Christen, Juden und Muslimen sollte Europa günstig gestimmt werden, die ägyptische Expansion zu unterstützen oder zumindest zu tolerieren. Darüber hinaus sollten dynamische Bevölkerungsgruppen der ägyptischen Herrschaft nutzbar gemacht werden. Nicht übersehen werden darf, daß Ägypten ganz bewußt eine Politik des Teilens und Herrschens betrieb. Dies zeigte sich im Laufe der Jahre, als gegen muslimische Aufständische christliche Truppen eingesetzt wurden. Speziell im Libanon verschärfte die ägyptische Politik den sich anbahnenden Gegensatz zwischen Christen und Drusen. Mit voller Absicht förderte die ägyptische Besatzungsmacht im Libanongebirge die Zersetzung des Feudalsystems und die Zerstörung des konfessionellen Gefüges.

Was zunächst als Einführung einer wirksamen und einheitlichen Verwaltung, als Beendigung chaotischer und anarchischer Zustände in Syrien begrüßt worden war, entwickelte sich bald zu einer Unterdrükkungsmaschinerie. Syrien sollte den Ägyptern als Menschenreservoir für die Bedürfnisse seiner Armee dienen, als Quelle für Steuergelder und Rohstoffe, als strategisches Vorfeld für den sich abzeichnenden Konflikt mit der osmanischen Zentralregierung. Schienen die Christen zunächst von der ägyptischen Reform zu profitieren, so waren sie bald ebenso wie die muslimischen Gemeinschaften der repressiven Ausbeutungspolitik des ägyptischen Besatzungsregimes ausgesetzt.

1839 zeigt eine Niederlage der osmanischen Armee gegen die ägyptische deutlich, daß mit Ägypten als der aufkommenden nahöstlichen Vormacht zu rechnen war. Ein Ägypten, das als expandierender, dynamischer Staat und als Verbündeter Frankreichs künftig in der Region dominieren und den Nahen Osten zu einer Zone französischen Einflusses machen würde, wollten und konnten die übrigen europäischen Mächte, allen voran Großbritannien, nicht dulden: Die zunehmenden Schwierigkeiten, die sich für Frankreich in Syrien angesichts der skizzierten Entwicklung ergaben, kamen den anderen europäischen Mächten, vor allem Großbritannien, gelegen. Syrien bildete einen der potentiellen Zugänge zu Indien, ermöglichte vom Mittelmeer aus den Vorstoß ans Rote Meer und den Persischen Golf. Der britische Außenminister Palmerston formulierte hinsichtlich Syriens im Zusammenhang mit der britisch-französischen Konkurrenz in diesem Raum: "The mistress of India cannot permit France to be mistress directly or indirectly of the road to her Indian dominions."[35] War zunächst Frankreichs Stellung durch die gute Zusammenarbeit zwischen seinem Alliierten Ägypten und seinen Schützlingen unter den syrischen Christen gefestigt und gegenüber allen anderen ausländischen Mächten gestärkt worden, so hatte die ägyptische Repressionspolitik, die sich zunehmend auch gegenüber den syrischen Christen bemerkbar machte, die entgegengesetzte Wirkung. Die wachsenden Spannungen zwischen den beiden Verbündeten Frankreichs machten es immer schwieriger, beide Bindungen gleichzeitig aufrechtzuerhalten. Als es zum offenen Konflikt kam, mußte sich die französische Regierung zwischen Ägypten und den syrischen Christen entscheiden. Der französische Ministerpräsident Thiers setzte auf die Ägypter. Der libanesische Aufstand, der vorübergehend noch einmal die libanesischen Gruppen einigte, bedeutete das Ende der ägyptischen Herrschaft in Syrien.

Die Alliierten, besonders England, waren gut vorbereitet. Britische Agenten – unter ihnen nicht zufällig der römische Katholik Richard Wood – hatten längst in Anbetracht des Dilemmas der französischen Syrienpolitik unter den syrischen Christen agitiert.[36] Beim Ausbruch des libanesischen Aufstandes von 1840 standen den Aufständischen auch britische Waffen zur Verfügung. Die Landung alliierter Streitkräfte an der syrischen Küste gab den Ausschlag: Die ägyptische Okkupation Syriens war beendet.

Die vorübergehende Aufgabe der Bindung eines Staates an seine traditionelle Schutzgemeinschaft aus machtpolitischen Erwägungen hatte unmittelbare Auswirkungen. Die Maroniten wandten sich an die Briten um Unterstützung und erbaten ihren Schutz, erklärten selbst ihre Bereitschaft, sich der anglikanischen Kirche zuzuwenden.[37] Aus dem kurzen maronitisch-britischen Zwischenspiel konnte sich aber keine dauerhafte Bindung ergeben. Eine spezifische machtpolitische Konstellation und Interessenlage hatte diese Bindung ermöglicht – aber die tiefe maronitische Abneigung gegen die protestantische 'Häresie' und die ebenso tief verwurzelten und traditionsreichen Bindungen an Frankreich, «fille aînée de l'église», sollten sich als dauerhaft erweisen. Britische Bemühungen, in der Situation nach 1840 die Bindung zu den Maroniten durch anglikanische Missionstätigkeit zu halten und auszubauen, hatten den gegenteiligen Effekt: Die Maroniten banden sich nur um so enger an Frankreich.[38]

Dennoch: Seit den Ereignissen von 1840 ist Frankreichs einstmals herausragende Stellung im syrischen Raum im Verhältnis zu den anderen Mächten geschwächt. Im Dezember 1840 schreibt ein Konsul: «Les influences russe et anglaise sont [...] les deux principaux points sur lesquels l'attention doit être portée»[39] und 1841 zieht ein anderer bedauernd den Vergleich zu früheren Zeiten: «Autrefois, en effet nous régnions sans partage, et [...] aujourd'hui on nous discute, on nous pèse, on nous compare.»[40]

Die Mitte des 19. Jahrhunderts: Europäische Einmischung und Rivalität als bestimmender Faktor der syrischen Geschichte – Zerfall der gesellschaftlichen Strukturen

Während der ägyptischen Besatzungsperiode waren von auswärtigen Mächten die Religionsgemeinschaften bewußt und massiv gegeneinander ausgespielt worden. Die Ägypter hatten absichtlich die Bevölkerungsgruppen zueinander in Gegensatz gebracht, europäische Mächte hatten versucht, über die ethisch-religiösen Einheiten Syriens Einfluß zu nehmen. Die Verflechtung der Interessen von rivalisierenden Großmächten und von lokalen Gruppen war gefährlich. Die Großmächte wurden auf dem syrischen Schauplatz in ihrer Handlungsfreiheit eingeschränkt und riskierten, in die lokalen Wirren verwickelt und den Gesetzmäßigkeiten innersyrischer Konflikte unterworfen zu werden; denn der Einfluß, den die europäischen Staaten ausübten, hing davon ab, inwieweit sie die Bestrebungen der von ihnen protegierten Gemeinschaften erfolgreich unterstützten. Europäische Mächte sahen sich unversehens in lokale Auseinandersetzungen verwickelt, in Konfrontationen, die sie nicht gewünscht oder verursacht hatten, sondern in die sie hineingezogen wurden. Ein libanesischer Führer formulierte pointiert: "Our affairs have become the concern of Britain and France. If one man hits another the incident becomes an Anglo-French affair, and there might even be trouble between the two countries if a cup of coffee gets split over the ground."[41]

Die Großmächte ihrerseits verfolgten oft Interessen, in deren Rahmen Syrien nur ein strategischer Baustein war, in denen einheimischen Gruppen nur die Rolle von Statisten zukam, die je nach augenblicklicher Interessenlage benutzt wurden. Die syrischen Gemeinschaften, deren Horizont weitgehend auf den syrischen Raum beschränkt war, sahen sich andererseits in Konstellationen, die ihnen unverständlich waren, hineinversetzt, wurden nach Gesetzmäßigkeiten unterstützt und ermutigt, gehemmt oder fallengelassen, die nicht ihrem Lebens- und Erfahrungsraum entsprachen, sondern internationalen Dimensionen.

In ihrer Intensität und ihrer Wirksamkeit erreichte die Politik des Schutzes von Religionsgemeinschaften und der Einflußnahme auf sie und über sie einen Höhepunkt nach der Krise von 1840. In einer ›Note sur la Syrie‹ formulierte 1842 ein französischer Konsularbeamter:

«Aujourd'hui, toutes les sectes chrétiennes [...] loin de se considérer comme véritables sujettes de la Porte, confondent leurs intérêts avec ceux des Gouvernements (sic!) européens – dont la foi s'identifie avec la leur. Ainsi, les Grecs sont radicalement Russes, et prient dans leurs Eglises pour l'Empereur Nicolas, leur souverain. Les Maronites et les autres Catholiques en font autant envers la France.»[42] Rußlands Position ähnelte der Frankreichs, hatte doch Rußland 'echte', organische Bindungen zu den orthodoxen Christen. Der russische Einfluß wird als «adversaire redoutable» für den Katholizismus dargestellt, es komme zu einer Art «lutte entre l'influence Russe et Française».[43] Ein ernsthafter Gegner war jedoch auch der französische Einfluß für Rußland und seine Anhänger. Jeder Erfolg für die griechisch-katholische Gemeinschaft war ein Erfolg Frankreichs zuungunsten Rußlands. Russische Agenten und russisches Geld kamen nach Syrien: Offizielle Vertretungen Rußlands waren während der Zeit der ägyptischen Besetzung Syriens in Aleppo, Latakia, Beirut und Saida errichtet worden.[44] In Jerusalem wurde nach dem Abzug der Ägypter ein russisches Konsulat eingerichtet. Dennoch war für die russische Religionspolitik der syrische Raum ein Nebenschauplatz; der eigentliche Schwerpunkt lag auf dem Balkan, wo Rußlands Schützlingen allein zahlenmäßig eine größere Relevanz zukam und wo auch rein geographisch Rußlands Interessen unmittelbarer waren.

In den Jahren nach Ägyptens Rückzug aus Syrien baute Großbritannien seine bereits erwähnte Verbindung zu den Drusen aus. England hatte wesentlich dazu beigetragen, das Osmanische Reich vor seiner Vernichtung durch die Ägypter zu bewahren, und der britische Außenminister nutzte diese Situation aus, "to persuade the Porte to give to the Druzes such privileges and such exemptions as may satisfy their reasonable desires"[45]. Und der britische Generalkonsul in Syrien, Oberst Rose, erhielt auf seine Meldung, die Drusen seien an einer "connection with England" interessiert, von seiner Regierung die Antwort: "[...] the British Government will gladly establish that connection with the Druses, which the Druse chiefs desire"[46]. Großbritannien bemühte sich, die Bindungen nach den Linien aufzubauen, die durch die Art der Beziehungen der anderen Mächte zu ihren Schützlingen vorgegeben waren.

Entsprechende Versuche machten die Briten auf dem Bildungssektor[47] und im Handel,[48] sie scheinen aber keinen dauerhaften Erfolg gehabt zu haben. Eine Politik der diplomatischen und konsularischen Protektion der Drusen[49] führte Großbritannien da, wo sie als Gegengewicht zu Frankreichs Christenprotektorat fungieren konnte, noch einige Jahrzehnte weiter.

Eine zunehmende 'Konfessionalisierung' der Entwicklung im syrischen Raum war kennzeichnend für die Zeit zwischen 1840 und 1860. Der wachsende europäische Einfluß, der sich vorwiegend als Religionspolitik geltend machte, als Versuch, die Gemeinschaft der eigenen Schützlinge zu fördern und zu unterstützen bzw. über sie eigene Absichten zu verwirklichen und Ziele zu erreichen, führte gerade in diesem Zeitraum zu einer Polarisierung nach Religionsgemeinschaften. Die Probleme im syrischen Raum wurden auf diese Weise so stark einseitig unter konfessionellen Gesichtspunkten gesehen, daß andere Aspekte gar nicht erkannt oder nicht ausreichend berücksichtigt wurden. Diese Tendenz entwickelte insofern prägende Kraft, als das Bewußtsein, dieser oder jener Gemeinschaft anzugehören, verstärkt wurde. Mehr denn je kam der Religionsgemeinschaft als gesellschaftlicher Grundeinheit, als sozialem und politischem Bezugsrahmen Bedeutung zu. Die Bindung an eine europäische Schutzmacht entwikkelte sich zu einem nicht unwesentlichen Element der eigenen Identität bei den nicht-muslimischen Gruppen. Ebenso verstärkte diese Entwicklung die Entfremdung zwischen Muslimen und Nicht-Muslimen. Die muslimische Bevölkerung empfand die verbesserte Stellung der einheimischen Christen als Ergebnis ihrer Bindung ans christliche Ausland. In zahllosen Einzelfällen griffen syrische Christen auf die Protektion ihrer Schutzmacht zurück, eine unverhältnismäßig große Anzahl von ihnen nahm Dienste – wenn oft auch nur pro forma[50] – in europäischen Konsulaten an, entzog sich so osmanischer Souveränität und gewann deutlich Vorteile. Vielfach kam es dabei zu Mißbräuchen, und in Syrien scheinen solche besonders häufig gewesen zu sein.[51]

Ökonomischer und sozialer Wandel: Minderheiten im Aufwind

In der zunehmenden wirtschaftlichen Durchdringung des Nahen Ostens durch Europa kam die enge Zusammenarbeit zwischen syrischen Christen und europäischen Interessen ebenfalls zur Geltung. Während die Muslime den fremden Ungläubigen stets zumindest distanziert gegenüberstanden, suchten die Christen die Zusammenarbeit. Oft hatten sie durch den Besuch von Klosterschulen die nötigen Sprachkenntnisse erworben, waren durch Neigung den Europäern verbunden, andererseits aber mit den lokalen Bedingungen vertraut – sie bildeten die idealen Partner für Europas Syrienhandel. Noch im späten 18. Jahrhundert hatte Frankreich hier eine Vorrangstellung,[52] die es aber seit der Französischen Revolution und den nachfolgenden Napoleonischen Kriegen endgültig verlor. Mit dem Aufkommen des Industriezeitalters in Europa und der Dampfschiffahrt (zwischen Europa und Syrien 1835) wurde Syrien stärker als je in die Entwicklungen und Tendenzen einer europäisch dominierten Weltwirtschaft einbezogen. Das Handelsvolumen vervielfachte sich.[53] Europäische Fertigwaren, aber auch Rohstoffe flossen ins Land, syrische Rohstoffe, vor allem aber Geld, flossen ab. Der Niedergang des lokalen Handwerks, Geldknappheit, Preisanstieg, Verteuerung der Kredite waren die Folge. Europäische und amerikanische Kriege, Krisen und Konjunkturschwankungen bestimmten in steigendem Maße die syrische Wirtschaft. Alte Handelsstraßen wurden aufgegeben, neue Handelswege entstanden. Nutznießer der neuen Entwicklung waren zwangsläufig diejenigen, die von Anfang an auf sie gesetzt hatten. Europäische Handelshäuser, die sich in Syrien niederließen, stützten sich vor allem auf christlich-syrische Mitarbeit. Europäische Seidenspinnereien beschäftigten in Syrien mehrheitlich Christen; christliche Zwischenhändler nahmen Geschäfte mit Europäern auf; christliche Strohmänner halfen, Beschränkungen und Verbote für Europäer zu umgehen – etwa das osmanische Seidenhandelsverbot für Europäer von 1826. Zahlreiche jüdische und christliche Handelshäuser traten in Wirtschaftsbeziehungen mit Europa.[54] Selbst Großbritannien stützte sich zwangsläufig auf christliche Handelspartner.[55]

Diese Beispiele sollen genügen, die Tendenz zu belegen, die sich abzeichnete: In erster Linie profitierten Christen vom wirtschaftlichen Wandel, der Syrien in der ersten Hälfte des 19. Jahrhunderts betraf. Daß sicher auch Christen – etwa Handwerker – zusammen mit ihren muslimischen Landsleuten unter den Leidtragenden der Entwicklung waren und zu den Verlierern angesichts der wirtschaftlichen Veränderungen gehörten, wirkte sich weniger auf das sozialpsychologische Klima aus als das demonstrative Auftrumpfen christlicher Neureicher, das ein zeitgenössischer Beobachter so beschreibt: "[...] Native Christians had become merchant princes, lived in palaces resplendent with gilt and marble, flaunted their wealth, sported their gorgeous finery, and indulged in every species of expense and luxury."[56] Die politische und rechtliche Emanzipation der Christen unter dem Einfluß ausländischer christlicher Mächte, ihr tagtägliches Verhalten, das zunehmend selbstbewußter und teilweise provokant wurde, die enge Verbindung zu den europäischen Konsulaten, die in jeder Alltagsangelegenheit zur Wirkung kommen konnten; all dies wurde von den syrischen Muslimen mit steigendem Unbehagen empfunden und ertragen. Einheimische Quellen bestätigen hier die Aussagen europäischer Beobachter. Ein Damaszener Patrizier schildert in seinen Memoiren die Atmosphäre um die Mitte des 19. Jahrhunderts: Die Christen waren immer unruhiger geworden, zahlten die traditionellen Steuern (wie sie im klassischen islamischen Staat vom Nicht-Muslim erhoben werden) nicht mehr, verkehrten respektlos mit Muslimen, als seien sie ihresgleichen. Von Europa würden sie darin unterstützt. Die europäischen Mächte seien es, die ihnen erst die Gedanken von Gleichberechtigung in den Kopf gesetzt hätten. Den Wünschen der Christen werde von den örtlichen Behörden in vielen Fällen entsprochen, denn jeder Christ könne durch Beziehungen Anspruch auf Intervention eines Konsulats erheben; Christen bezeichneten sich sogar als „Untertanen" dieser oder jener Macht. In manchen Orten (genannt wird die Stadt Zahla) übten die Christen ungestrafte Schikanen gegen die Muslime aus von Verbalinjurien bis zu Tätlichkeiten. Ganz klar wird auch die Funktion der Christen im Europahandel erkannt: Die Christen kauften und horteten Waren, die Europa benötige, von Europäern würden ihnen die nötigen Mittel vorgestreckt. So komme es zur Knappheit von Waren und zu Preissteigerungen.[57]

Auch ein christlich-syrischer Chronist sah provozierendes Verhalten der Christen als Ursache für die Zuspitzung der Lage.[58] Demonstratives prunkvolles Auftreten des christlichen Klerus erregte stets besonders die muslimische Bevölkerung, provozierte auch Ausschreitungen.

Der Höhepunkt der Krise: Der Ausbruch der Gewalt in Syrien führt zum militärischen Eingreifen Frankreichs

Der Sommer 1860 schließlich brachte den gewaltsamen Ausbruch des angestauten Hasses, der lange latent vorhandenen Ressentiments. Aus dem Bürgerkrieg auf kleiner Flamme, der seit den Tagen der Ägypter im Libanongebirge herrschte, wurde nun ein Flächenbrand. Die Ursachen waren verschiedener Art, aber der Gegensatz zwischen den Konfessionsgruppen trat in den Vordergrund, besonders als der Konflikt in ein Christenmassaker ausartete. Der Funke sprang auf Damaskus über – auch dort gab es ein Massaker an den Christen der Stadt; die dortigen Konsulate waren ebenfalls Ziel der Gewalttätigkeit. Die gesellschaftliche Krise, die durch Intervention von außen wesentlich mitverursacht worden war, kam in unkontrollierter Gewalt zum Ausbruch. Drusen und Muslime konnten dabei auf Duldung, teilweise sogar auf Unterstützung durch Behörden und osmanische Truppen rechnen. Die Times sah in dem Konflikt "essentially one between the two great religions which divide mankind".[59] Frankreichs Vorschlag, eine europäische Streitmacht in die Region zu entsenden, erhielt angesichts der allgemeinen Entrüstung in Europa die einhellige Zustimmung der Mächte.

Faktisch kam es dann zur Entsendung eines französischen Expeditionskorps nach Syrien. In der Diskussion, die bald einsetzte, kamen gegensätzliche Standpunkte der verschiedenen Staaten und die vielfältigen Implikationen der Problematik der Beziehungen zwischen den europäischen Mächten und den syrischen Gemeinschaften wieder zum Tragen. Syrienpläne aller Art gewannen plötzlich Aktualität. Die traditionell enge Bindung Frankreichs zu den syrischen Christen hatte Frankreich prädestiniert als die Macht, die in dieser Lage eingreifen konnte und mußte. Winfried Baumgart schließt aus dem damaligen Gesamtkontext, daß Frankreich beabsichtigte, „ein politisches Protektorat über Syrien oder zumindest über den Libanon" zu errichten.[60] An entsprechenden Plänen, insbesondere auch in Verbindung mit den syrischen Christen, hatte es schon in den vorhergehenden Jahrzehnten nicht gefehlt. Helmut von Moltke etwa schlug vor, ein unter europäischer Aufsicht stehendes Palästina solle vorzugsweise von einem deutschen Prinzen regiert werden.[61] Eine Art christlicher Kleinstaat schwebte dem französischen Konsul Bourée im Jahre 1840 vor, als der französische Einfluß einen Tiefstand erreicht hatte. Ein solcher Staat würde, welchen Status er immer auch erhalte, ganz automatisch Frankreich verbunden sein und seinen Interessen dienen.[62] Auch Alphonse de Lamartine, einerseits romantischer Dichter, andererseits aber auch Politiker, schlug vor, kurzerhand eine Syrieninvasion durchzuführen und «proclamer l'indépendance [...] sous la garantie de la France», um Rußland und England zuvorzukommen.[63] 1833 schlug der russische Graf Mordvinov dem Zaren die Eroberung des heiligen Landes vor; der Zar reagierte jedoch unter Verweis auf die zahlreichen damit verbundenen Schwierigkeiten zurückhaltend.

Nun, da französische Truppen tatsächlich in Syrien standen, waren – gemäß den unterschiedlichen Standpunkten – die Reaktionen ganz verschieden. England hatte zwar unter dem Eindruck der Ereignisse einer Intervention zugestimmt, wollte aber eine französische Präsenz möglichst zeitlich beschränkt wissen; Palmerston sprach bereits von der drohenden Umwandlung des Mittelmeers in einen französischen Binnensee.[64] Rußland wollte die Situation ausnutzen, um aus der französischen Intervention einen Präzedenzfall zu machen. Es strebte eine allgemeine Vereinbarung der Mächte an, nach der eine Intervention nach syrischem Muster künftig bei entsprechenden Anlässen zulässig sein sollte.[65] Österreich unterstützte die französische Politik sowie die russischen Pläne und steckte bereits territoriale Ansprüche ab für den Fall einer bevorstehenden Aufteilung des Balkans.[66] Preußen sah, als die Entsendung eines preußischen Kontingents erwogen wurde, nach den Worten seines Gesandten in London, Graf Bernstorff, immerhin eine „schöne Gelegenheit, Deutschland im Orient zu vertreten".[67]

Das Problem wurde nach den Gesetzmäßigkeiten der Orientalischen Frage gelöst: Die französischen Truppen wurden abgezogen, und nicht ganz Syrien, wohl aber der Libanon, erhielt ein neues Statut unter internationaler Aufsicht.

Die Folgen der Verflechtung von Interessen äußerer Mächte und syrischer Gemeinschaften: Entstehung des Staates Libanon und Scheitern des libanesischen Konfessionalismus

Die im Zeitraum der Orientalischen Frage vertiefte Spaltung, die konfessionelle Polarisierung, die unter ausländischem Einfluß zwar nicht geschaffen, aber doch wesentlich verstärkt worden war, und die deutlich unterschiedlichen Perspektiven der Gemeinschaften, die sich damals entwickelten, haben Auswirkungen bis in die Gegenwart: Infolge des 1. Weltkriegs wurde das Osmanische Reich aufgeteilt. Die arabischen Regionen Vorderasiens wurden als Völkerbundsmandate an Großbritannien und – so der syrische Raum – an Frankreich übertragen. Frankreich setzte nach wie vor auf eine Aufteilung in regionale und ethnische Einheiten. Fünf 'Staaten' wurden geschaffen: Großlibanon, Damaskus, Aleppo, ein Drusenstaat im Hauran (südwestlich von Damaskus), ein Alawitenstaat im Gebiet von Latakia (zwischen dem Orontes und dem Mittelmeer).

Die intensivsten Spannungen und Gegensätze ergaben sich im Großlibanon. Der traditionelle, historische Libanon wurde um Regionen erweitert, deren Bewohner – es waren vor allem Sunniten und Schiiten – nichts mit einem Staat verband, der zu einem großen Teil von nichtmuslimischen Gruppen beherrscht sein sollte. Die territoriale Basis des Libanon war nun zwar erweitert – aber um Regionen, die nichts von der spezifischen Eigenart des Libanon hatten, nicht die libanesische historische Erfahrung gemacht hatten. So konnte später der Libanon nicht unzutreffend als „künstlicher Staat" bezeichnet werden, der aber „einen historischen Nukleus besaß".[68] Offensichtlich war sich Frankreich der demographischen Problematik – der Anteil der Christen war im neuen

Libanon weit geringer als im traditionellen Libanon – durchaus bewußt, die durch Schaffung eines 'Großlibanon' (in den heutigen Grenzen) entstanden war; denn in den zwanziger Jahren förderte Frankreich den Zustrom christlicher Flüchtlinge aus Armenien.

Spannungen bezüglich der künftigen Orientierung eines libanesischen Staates und vor allem seiner Außenbindungen zeigten sich bald. Selbst die Existenz eines libanesischen Staates an sich war umstritten. Während die Schaffung eines separaten Staates Libanon eine typisch christliche Bestrebung war, war das natürliche muslimische Ziel der Anschluß an einen arabischen Nationalstaat, zumindest aber die Zugehörigkeit zu einem Großsyrien.

Nur in einem libanesischen Staat stellten die Christen einen Bevölkerungsanteil, der ihnen einen wesentlichen Anteil an der Macht gab. In jeder anderen Lösung, in einem syrischen oder gar umfassenderen vorderasiatischen arabischen Nationalstaat, wären die Christen eine Minderheit, eine Randgruppe gewesen. Dies brachte die Beiruter Zeitung ›L'Orient‹ am 10. Juni 1936 auf folgende Formel: «Un nationalisme libanais, pour être logique [...] devrait être essentiellement antiarabe.»[69] Den Muslimen, besonders denen, die in den neu angegliederten Gebieten lebten, konnte andererseits nicht daran gelegen sein, abgetrennt von Syrien in einem Staat zu leben, der weitgehend christlich kontrolliert war. Der stärker werdende arabische Nationalismus, der im Libanon vorwiegend die muslimische Bevölkerung ansprach, beinhaltete Ziele, mit denen separatstaatliche Entwicklungen nicht vereinbar waren. So gab es auch christliche Kritiker an der Angliederung neuer Gebiete an den traditionellen Libanon: «Un Liban tout intoxiqué d'arabisme et où 45 p. 100 des Libanais se refusent à être Libanais n'est pas un Liban viable.»[70]

Die Christen, vor allem die Maroniten, sahen ihre Bestrebungen am besten geschützt durch die Interessengemeinschaft mit Frankreich, das seinen Einfluß zunächst durch ethische und geographische Aufspaltung allgemein, dann aber vor allem durch die Schaffung eines christlich dominierten Gebildes zu sichern bestrebt war. So strebten die Maroniten im Jahr der endgültigen libanesischen Unabhängigkeit offiziell französischen Schutz und französische Garantien an. Der maronitische Patriarch formulierte diese Forderung in einem Leserbrief an die französische Zeitung Le Monde (20. 7. 1945): «Vu que le Liban est le seul refuge des Chrétiens, que l'indépendance du Liban soit protégée spécialement par la France [...] qu'il est de l'intérêt du Liban de procéder à la conclusion d'un traité avec la France qui sauvegarde les intérêts des deux pays, sans toucher l'indépendance du Liban.»[71]

Besonders signifikant ist die Kompromißformel, die 1945, als der Libanon endgültig die Unabhängigkeit erlangte, den Zusammenhalt des Landes sichern sollte und als libanesischer 'Nationalpakt' in die Geschichte einging: Libanon solle sich weder völlig ins arabische Umfeld integrieren noch einen engen Anschluß an den Westen suchen; die höchsten Ämter im Staat wurden an die Religionsgemeinschaften verteilt.

Damit waren exakt die libanesischen Kernprobleme getroffen: „Libanon war keine wirkliche Einheit, sondern eben ein Zusammenschluß von Gemeinschaften, eine Mosaikgesellschaft im Zustand der Koexistenz“,[72] eine «association islamo-chrétienne».[73] Gleichzeitig waren es unterschiedliche Außenbindungen, verschiedene Orientierungen der einzelnen Gemeinschaften, die das – damals wie heute – Grundproblem der libanesischen Gesellschaft waren und sind. Die Identifizierung der Religionsgemeinschaften mit soziokulturellen Bezugssystemen, die außerhalb des Libanon lagen, sollte sich auch in den kommenden Jahrzehnten als typisch libanesisches Problem erweisen.

Während die Bindung speziell an Frankreich etwas in den Hintergrund trat, in erster Linie eine kulturelle Funktion behielt und in der historischen Dimension der maronitischen Identität eine wichtige Rolle spielte, trat an ihre Stelle bei den libanesischen Christen die Bindung an den 'Westen', auch im konkret politischen Sinn. Die Definition des Libanon als Bindeglied zwischen 'Orient' und 'Okzident' kam aus einem spezifisch maronitischen Blickwinkel: «Si le Liban se définit [...] par sa fonction de trait d'union entre l'Orient et l'Occident, il devient clair que la double allégeance spirituelle [...] entraîne logiquement la coexistence de la langue arabe [...] et d'une langue occidentale.»[74] Mit diesen Worten konstruierte ein Libanese in den 1960er Jahren die kulturelle Dimension der Brückenfunktion seines Landes zwischen Ost und West. Insofern trifft der Vorwurf, den der Drusenführer Walid Dschumblat seinen maronitischen Landsleuten gemacht hat, bei ihnen gebe es keinen libanesischen Nationalismus, sondern einen 'Maronitismus',[75] zwar zu, doch er ließe sich auch auf andere Gemeinschaften beziehen: Sunniten, Schiiten und Drusen; sie alle haben ihr eigenes Libanon-Verständnis.

Der von muslimischer Seite auf die Maroniten angewandte Begriff 'Isolationists'[76] ist eine Libanonvorstellung, die eine Integration ins arabisch-islamische Umfeld voraussetzt, welche eben von den Maroniten abgelehnt wird. Die Identifizierung mit der islamisch-arabischen Umwelt war und ist für die muslimischen Gruppen nur natürlich. Im Spannungsfeld zwischen (christlicher) Westorientierung und (muslimischer) Neigung zum arabischen Sozialismus Abd al-Nasirs (Nassers), der sich in der Auseinandersetzung mit dem Westen gebildet hatte und somit eine antiwestliche Komponente beinhaltet, kam es 1958 erstmals zu einer bürgerkriegsähnlichen Konfrontation und in der Folge zu einer amerikanischen Intervention, durch die der Status quo im Libanon erhalten blieb.

Wieder waren es äußere Faktoren, diesmal in Form der palästinensischen Präsenz, welche seit den späten 1960er Jahren im Libanon an Bedeutung und Einfluß gewann, die zu inneren Spannungen und zum Ausbruch des Libanon-Konflikts von 1975 führten, der bis heute anhält. Äußere Mächte und die Verflechtung ihrer Interessen mit denen der libanesischen Gemeinschaften sind nach wie vor wesentliches Element im Libanonkonflikt. So wie für den christlichen Libanon der Westen positiver Bezugspunkt war, mußte er für die Gegenseite, die Muslime, zum Negativpol werden. Besonders extrem zeigt sich dies bei den libanesischen Schiiten, deren radikal-fundamentalistische Strömung dies so formulierte: „Wir beginnen unseren Kampf gegen das Böse an der Wurzel, und die Hauptwurzel des Bösen ist Amerika."[77]

Die Entstehung des Staates Israel hat die Problematik gleichzeitig kompliziert und verschärft. Israel hat auch schon früh versucht, auf die Koexistenz der libanesischen Bevölkerungsgruppen Einfluß zu nehmen und somit die Negativerwartungen der muslimischen Seite erfüllt.[78] Ganz drastisch hat sich die israelische Verbindung zu den Maroniten seit 1982 anläßlich der israelischen Libanoninvasion gezeigt. Folge war eine Vertiefung der Gegensätze, eine Zunahme des Fanatismus, die sich intensiv militärisch im Libanon engagierten (1982–1985), wurden mit Gegnern konfrontiert, deren Kompromißlosigkeit und Radikalität nicht einkalkuliert worden waren. Die Konfrontation wurde durch Terroranschläge selbst in westliche Hauptstädte getragen.

In der Tat hatte sich die Qualität der Auseinandersetzung verändert. Durch das Aufkommen des islamischen Fundamentalismus, durch die Re-Islamisierung, war die Religion wieder in den Mittelpunkt gerückt, hatte sich damit auch ein neues Potential an Fanatismus gebildet. In dieser Situation intervenierten westliche Staaten, allen voran Frankreich und die USA (Großbritannien und Italien waren zwar auch an der Multinational Force im Libanon beteiligt, ihre *Streitkräfte* verhielten sich jedoch klugerweise zurückhaltend), in der Meinung, die libanesische 'Legalität' zu schützen. In Wahrheit stützten sie ein Regime, das nur an der Aufrechterhaltung der bisherigen Zustände interessiert war, also vorwiegend maronitische Interessen vertrat. Wieder einmal waren ausländische Mächte (Frankreich, die USA, Israel) mit orientalischen Christen gegen die muslimischen Gruppen vereint, die – im Zeichen der Retraditionalisierung, der Rückkehr zum Islam – ohnehin in zunehmendem Gegensatz zu nicht-islamischen Gruppen und Staaten stehen mußten.

Eine Konstellation und eine Stimmung waren gegeben nicht unähnlich derjenigen Atmosphäre, die im Zeitalter der 'Orientalischen Frage' geherrscht hatte. Wie damals kam es im Libanon zu konfessionell polarisierten Ausschreitungen und Vertreibungen. Mit den technischen Mitteln und den Methoden des 20. Jahrhunderts gelang es allerdings den muslimischen Gruppen, die Auseinandersetzung bis in die Länder ihrer westlichen Gegner hineinzutragen.

Der gesellschaftliche Umbruch im islamischen Orient war tiefgreifend. Die Krise der osmanischen Gesellschaft und der Gesellschaften anderer islamischer Staaten erreichte im 19. Jahrhundert ihren Höhepunkt, hat jedoch weit zurückreichende historische Wurzeln. Die Entstehung und Ausbreitung des Islam geschahen in steter intellektueller und auch physischer Auseinandersetzung mit der nicht-islamischen Welt. Für die klassische Periode des Islam spricht C. H. Becker von der „auf dem Gegensatz von Muslim zu Nicht-Muslim aufgebauten Konstruktion des ganzen Staates“.[79]

Wie ein roter Faden durchzieht die Konfrontation mit dem christlichen Abendland die Geschichte der islamischen Kernländer. Das islamische Völker- und Kriegsrecht ist weitgehend von dieser Auseinandersetzung geprägt. Sie war fast zwangsläufig vorgegeben durch die Nähe der islamischen Religion zu Juden- und Christentum und das Selbstverständnis des Islam als Vollendung und Überwindung der beiden monotheistischen Schwesterreligionen. Das daraus resultierende Überlegenheitsgefühl der Muslime fand seinen Ausdruck in der islamischen Gesellschaftsordnung. Die Dominanz, die Höherwertigkeit des Islam in zahlreichen Gesetzen und gesellschaftlichen Normen spürbar, umfaßte das gesamte Lebensspektrum vom Religiösen (Verbot für Nicht-Muslime, ihre Religion in der Öffentlichkeit demonstrativ auszuüben) über das Alltägliche (Kleiderordnung) bis hin zur Rechtsprechung (Verbot, Aussagen von nicht-muslimischen Zeugen gegen muslimische Angeklagte zuzulassen) und der Besteuerung (Sondersteuer für Nicht-Muslime).

Die zunehmenden Mißerfolge der islamischen Welt in der militärischen Auseinandersetzung mit dem christlichen Europa, die in der Folge sich mehrenden Eingriffe der europäischen Mächte in die inneren Verhältnisse islamischer Staaten und vor allem ihre Bemühungen, die Lage der christlichen Minderheiten zu verbessern, lösten im Islam eine Bewußtseinskrise aus. Die seit Jahrhunderten gültige Ordnung, das gesamte Wertesystem schien sich aufzulösen. So mußten Reformen, die die Gleichberechtigung der Nicht-Muslime dekretierten und die aus europäischem Blickwinkel als bloße Korrektur, als Modernisierung aufgefaßt werden konnte, dem Muslim als völlige Entwertung seiner auf religiösen Prinzipien aufgebauten Weltordnung erscheinen. Ökonomische Veränderungen, die mit diesem Prozeß verbunden waren, und die Zunahme spektakulärer Symbole einer solchen Entwicklung – etwa vermehrte europäische Konsularpräsenz und ostentativ zur Schau gestellter Reichtum einheimischer Christen – verschärften die Krise und führten zu dem Ausbruch unkontrollierter Gewalt im Jahr 1860. Syrien war prädestiniert für eine solche Explosion: Hier war der Anteil von Nicht-Muslimen hoch genug und folglich die europäische Intervention so intensiv, daß ein ausreichendes Konfliktpotential für eine Eskalation zur Gewalt vorhanden war. Die Bevölkerungsstruktur gerade des Libanon war der Grund dafür, daß dort die Störung des Gleichgewichts und die gesellschaftliche Krise permanent wurden und bis heute andauern.

Anmerkungen

[1] Zur Einordnung der Problematik in den weiteren Kontext vgl. Malcolm E. Yapp, The Making of the Modern Near East 1792–1923. London 1987 sowie M.S. Anderson, The Great Power and the Near East, 1744–1923. London 1970.

[2] Der Begriff Syrien wird hier im historischen Sinn verwendet, entsprechend etwa dem arabischen 'bilad al-Scham': Er umfaßt neben der heutigen Republik Syrien auch das historische Palästina und den Libanon. Vgl. zum Begriff und zur Abgrenzung Eugen Wirth, Syrien. Eine geographische Landeskunde. Darmstadt 1971, S. 25.

[3] Zu nicht-muslimischen Gruppen im Osmanischen Reich vgl. Justin McCarthy, Muslims and Minorities. New York 1983.

[4] Vgl. Koran, Sure 9, Vers 28/29.

[5] Dies belegen zahlreiche Quellen, so z. B.: Der mittelalterliche ägyptische Historiker Makrizi erwähnt, daß sich ein christlicher spanischer Fürst im 14. Jahrhundert erfolgreich für ägyptische Christen beim Malukenhof einsetzte, vgl. Ferdinand Wüstenfeld, Macrizis Geschichte der Kopten. Ndr. Hildesheim 1979, S. 32 (arab.), S. 77 (deutsch). Christlichen Klerikern im mamlukischen Ägypten erteilten die muslimischen Behörden eine 'wasiya' (Ermahnung, Rat, Instruktion), in der u. a. vor Kontakten mit dem christlichen Abendland gewarnt wurde, zitiert bei Antoine Fattal, Le satut légal des non

Musulmans en pays d'Islam. Beirut 1958, S. 216–217. Eine französische Flugschrift aus dem Jahre 1625 rühmt den französischen Einsatz für das Christentum im Orient, zitiert bei François Charles Roux, France et chrétiens d'Orient. Paris 1939, S. 33.

[6] Savary de Brèves legte diese Aspekte dar in seinem ›Discours sur l'alliance qu'a le roi avec le grand seigneur et de l'utilité qu'elle apporte à la chrétienté‹; er ist in extenso wiedergegeben in I. de Testa, Recueil des traités de la Porte Ottomane avec les Puissances Etrangères. Vol. 1. Paris 1864–1911, S. 175, 178.

[7] Vgl. A. Tibawi, S. 34 u. 36–37. Ein französischer Konsulatsbeamter wies sogar darauf hin, daß das französische Ansehen durch die protestantische Missionstätigkeit insofern verstärkt wurde, als die konservativen Maroniten die protestantischen Bemühungen als Gefahr empfanden und sich ihnen gegenüber nur um so stärker an Frankreich banden; vgl. Jouannin, Note sur la Syrie, im Archiv des französischen Außenministeriums, Mémoires et Documents, Turquie, Vol. 122, Nov. 1842.

[8] W. Polk, The British Connection with the Druzes. In: Middle East Journal XVII/1, 2 (1963), S. 154–156; S. Salih, The British-Druze Connection and the Druze Rising of 1896 in the Hawran. In: Middle Eastern Studies XIII/2 (1977), S. 251–257.

[9] Zum gesellschaftlichen Hintergrund vgl. D. Chevallier, La société du Mont Liban à l'époque de la révolution industrielle en Europe. Paris 1971 und A. Havemann, Rurale Bewegungen im Libanongebirge des 19. Jahrhunderts. Berlin 1984.

[10] Übersetzung von Auszügen aus Jowetts Tagebüchern in: Magazin für die neueste Geschichte der evangelischen Missions- und Bibelgesellschaft (1862/1863), S. 382.

[11] Jobin, La Syrie en 1860 et 1861. Lettres et Documents. Paris 1880, S. 211.

[12] C. Lavigerie, Souscription recueillie en faveur des chrétiens de Syrie. Paris o. J., S. 56.

[13] So der französische Konsul Bourée. Archiv des französischen Außenministeriums, Correspondance, politique des consuls, Turquie, Beyrouth, Vol. 2, 8. 9. 1841.

[14] Vgl. Archiv des französischen Außenministeriums, Mémoires et Documents, Turquie, Vol. 122, f. 96 und f. 464–465.

[15] X. de Planhol, Les fondements géographiques de l'histoire de l'Islam. Paris 1968, S. 42, reiht den Libanon unter die «montagnes-refuges» ein.

[16] Es ist auffallend, wie sehr die Charakterisierung der heutigen Schweiz und der Gefahren für ihren Zusammenhalt durch den Schweizer Nationalrat Guy-Olivier Segond auf damalige wie heutige libanesische Verhältnisse zutreffen: „Schematisch kann man die alte Eidgenossenschaft als eine Interessengemeinschaft bezeichnen [...]. Dieses Allianzbündel erlaubte den Widerstand gegen mächtige Nachbarn." Konträre Außenbindungen, so der Autor weiter, könnten zum „Auseinanderfallen" des Landes führen. Vgl. Neue Züricher Zeitung, 14. 12. 1988, S. 27.

[17] Vgl. R.M. Haddad, Syrian Christians in Muslim Society. Princeton 1970, S.36–37 (Anm.).

[18] So Hans-Joachim Kissling, Das Osmanische Reich bis 1774. In: Berthold Spuler (Hrsg.), Handbuch der Orientalistik: Abt.I. Bd.VI. Abschnitt 3. Leiden–Köln 1959, S.3–46, hier S.46.

[19] So I. Harik, Politics and Change in a Traditional Society. Lebanon 1711–1845. Princeton 1968, S.203–204.

[20] J.C. Herold, Bonaparte in Egypt. London 1963, S.272.

[21] N. Moschopoulos, La Terre Sainte. Athen 1957, S.204.

[22] S. Chauleur, Histoire des Coptes d'Egypte. Paris 1960, S.142.

[23] Proklamation vom 2. Juli 1798, wiedergegeben bei I. de Testa (wie Anm.6), S.541.

[24] So ein zeitgenössischer Chronist, s. Niqula Turk, Chronique d'Egypte 1798–1804 (Mudhakkirat). Ed. Gaston Wiet. Kairo 1950, S.53 (arab.), S.71 (frz.).

[25] Zitiert bei F. Charles Roux (wie Anm.5), S.104–105.

[26] Moshe Ma'oz, Ottoman Reform in Syria and Palestine 1840–1861. Oxford 1968, S.22.

[27] Das Memorandum, aus dem hier eine Passage inhaltlich wiedergegeben wird, ist publiziert in: Correspondence, Papers, Treaties ets. Respecting the Rights and Privileges of the Latin and Greek Churches in Turkey. Presented to Both Houses of Parliament. Vol.II. London 1856, S.203–204.

[28] Zu den Heiligen Stätten vgl. C. Wardi, The Question of the Holy Places in Ottoman Times. In: Moshe Ma'oz, Studies on Palestine During the Ottoman Period. Jerusalem 1975, S.385–393.

[29] Zum Religionsprotektorat allgemein vgl. Horst Gründer, Religionsprotektorate und europäische Mächterivalitäten im Zeitalter des Imperialismus. In: Geschichte in Wissenschaft und Unterricht. Bd.7 (1983), S.416–433.

[30] Vgl. R.H. Davision, Turkish Attitudes Concerning Christian-Muslim Equality. In: American Historical Review 59 (1953/54), S.844–864, hier S.851, 852.

[31] Diese Thematik ist Gegenstand zahlreicher Untersuchungen geworden. Allgemeine Darstellungen geben: Philip K. Hitti, The Impact of the West on Syria and Lebanon in the Nineteenth Century. In: Cahiers d'histoire mondiale II/3 (1955), S.608–633 und Alfred Schlicht, The Role of Foreign Powers in the History of Lebanon and Syria from 1799 to 1861. In: Journal of Asian History 14/2 (1980), S.97–126. An Detailstudien liegen u. a. vor: A. Tibawi, British Interests in Palestine 1800–1901. London 1961. W. Polk, The Opening of South Lebanon, 1788–1840. Cambridge (Mass.) 1963. M. T. Pacenkova, Politika Francii na bliznem vostoke i sirijskaja ėkspedicija 1860–1861 gg. Moskau 1966. C.E. Farah, The Lebanese Insurgence of 1840 and the Powers. In: Journal of Asian History 1 (1967), S.105–132. D. Hopwood, The Russian Presence in Syria and Palestine 1843–1914. Oxford 1969. J. P. Spagnolo, France and Ottoman Lebanon 1861–1914. London 1977. A. Sinno, Deutsche Interessen in Syrien und Palästina 1841–1898. Berlin 1982.

32 Vgl. dazu Alfred Schlicht, Les chrétiens en Egypte sous Mehemmet Ali. In: Le Monde Copte 6 (1979), S. 44–51.

33 Archiv des französischen Außenministeriums, Mémoires et Documents, Turquie, Vol. 122, Note sur la Syrie (pièce no. 1), f. 42. Die Verbesserung der Lage der Christen wird in zahlreichen Quellen bestätigt: Ein einheimischer christlicher Autor schrieb: "When the Egyptian Government had conquered the country of Syria [...] equality was established between [all] subjects" (F. J. Scheltema, The Lebanon in Turmoil. Syria and the Powers in 1860. Book of the Marvels of the Time Concerning the Massacres in the Arab Country by Iskander Ibn Yaq'ub [sic] Abkarius. New Haven 1920, S. 126). Der ›Jewish Intelligencer‹, das Organ der 'London Society for Promoting Christianity amongst the Jews' berichtet: "The Christian missionary enjoys perfect liberty [...] under the Egyptian Government, more so indeed than under the British Government, at Malta or India" (zitiert bei A. Tibawi [wie Anm. 31], S. 16).

34 Vgl. Berichte des französischen Generalkonsuls in Alexandria (in G. Doubin, La première guerre de Syrie [1831, 1832]. Kairo 1931, Dok. 31, S. 105) und des französischen Konsuls in Larnaka (Archiv des französischen Außenministeriums, Correspondance politique des consuls, consulats divers, Vol. 1, f. 316 und f. 343–344).

35 Zitiert bei H. L. Hoskins, British Routes to India. London ²1966, S. 268.

36 Noch im September 1840 glaubte Thiers mit folgenden Argumenten den ausländischen Bemühungen begegnen zu können: «Le langage à tenir dans ces cotrées, c'est que la France protègera les chrétiens, s'ils ne se rendent pas rebelles; c'est qu'avec la meilleure volonté du monde elle ne pourra pas les sauver du fer égytien, s'ils ont la sottise de céder aux suggestions étrangères.» Zitiert bei F. Charles Roux, Thiers et Méhemet-Ali. Paris 1951, S. 160.

37 Wie selbst französische Quellen zugeben mußten: Archiv des französischen Außenministeriums, Correspondance politique des Consuls, Turquie, Beyrouth, Vol. 1., 20. 07. 1840, f. 118 und ibid., 18. 12. 1840, f. 281.

38 Archiv des französischen Außenministeriums, Mémoires et Documents, Turquie, Vol. 122, f. 122 (November 1842).

39 Archiv des französischen Außenministeriums, Correspondance politique des consuls, Turquie, Beyrouth, Vol. 1, 18. 12. 1840, f. 281.

40 Ibid., Vol. 2, 19. 08. 1841, f. 184.

41 Zitiert bei K. Salibi, The Modern History of Lebanon. New York 1965, S. 79.

42 Archiv des französischen Außenministeriums, Mémoires et Documents, Vol. 122, f. 24.

43 Brief des Jesuitenpaters Planchet vom 25. 01. 1844 in: Französisches Außenministerium, Archiv des Konsulats Beirut, Karton 36.

44 D. Hopwood (wie Anm. 31), S. 15.

45 Palmerston an Botschafter Ponsonby in Konstantinopel, zitiert bei F. J. Scheltema (wie Anm. 33), S. 61 (Anm.).

46 Zitiert bei H. Temperley, England and the Near East. London 1936, S. 440.

[47] H. Ülman, 1860–1861 Suriye buhrani. Ankara 1966, S. 12.

[48] W. Polk (wie Anm. 8), S. 155.

[49] H. Ülman (wie Anm. 47), S. 11 und M. T. Gökbilgin, 1840'tan 1861'e kadar Cebel-i Lübnan meselesi ve Dürziler. In: Belleten 10/40 (1946), S. 641–703.

[50] Ein britischer Botschafter schrieb hierzu: "In many cases all idea of connection between the title and function of Dragoman [Konsulatsdolmetscher] was lost, and persons were strutting in the habit of a Diplomatic Interpreter, who were unable to read the Patent by which they held their privileges [...]" (zitiert bei H. L. Bodman, Political Factions in Aleppo 1760–1826. Chapel Hill 1963, S. X). In gleichem Sinn der französische Konsul H. Guys, Esquisse de l'état politique et commercial de la Syrie. Paris 1862, S. 110.

[51] Der russische Konsul Duhamel wies hierauf deutlich hin: «il se fait que la moitié de la ville de Beyrouth est soustraite à l'autorité du gouvernement local» (zitiert bei J. Hajjar, L'Europe et les destinées du Proche-Orient. Paris 1970, S. 161). Derselbe Konsul: «Dans aucune partie du Levant, les agents consulaires ne se permettent autant d'abus qu'en Syrie» (ibid., S. 162).

[52] C. Issawi, British Trade and the Rise of Beirut 1830–1860. In: International Journal of Middle Eastern Studies 8/1 (1977), S. 91–101, hier S. 91, nennt für das Jahr 1789 20 französische Firmen in Syrien, deren Handelsvolumen mehr als das Doppelte aller anderen ausländischen Firmen zusammen umfaßt haben soll.

[53] Ziffern für Import und Export bei D. Chevallier (wie Anm. 9), S. 196 und H. Guys (wie Anm. 50), S. 229.

[54] Vgl. vor allem D. Chevallier, passim, und C. B. Houry, De la Syrie considérée sous le rapport commercial. Paris 1842, S. 65 u. 86–87.

[55] C. Issawi (wie Anm. 52), S. 98, zitiert aus einer Liste der einheimischen Handelspartner Großbritanniens: Von 29 Namen waren 26 Christen. Gleiche Tendenz zeigt ein Bericht, den ein französischer Konsul 1827 über den Handel von Beirut verfaßte: Unter den dort ansässigen Kaufleuten, die in Handelsbeziehungen zu Europa standen, waren 5 Muslime, 15 einheimische Christen sowie 14 Europäer verschiedener Nationalität (unter ihnen 6 Franzosen und 4 Österreicher). Archiv des französischen Außenministeriums, Correspondance commercial des consuls, Beyrouth, Vol. 1, f. 398.

[56] C. H. Churchill, The Druzes and the Maronites Under the Turkish rule. From 1840–1860. London 1862, S. 118.

[57] K. Salibi (ed.), Muhammad Abu as-Su'ud al-Hasibi: Lamahat min tarikh Dimaschq fif'ahd at-Tanzimat. In: Al-Abhath 21/2, 3, 4 (1968), S. 117–153, hier S. 117–119.

[58] Iskandar ibn Ya'qub, dessen Text von F. J. Scheltema (wie Anm. 33) ediert wurde, S. 127: "[...] the Christians, when this political liberty was bestowed on them, did not continue their accustomed relations with the Moslemin, [...] but dared to put on green clothes of which they were not allowed [to wear] so much as a single thread. And they opened wineshops in the market-places [...]. And this added offence to offence [...]."

[59] Zitiert bei W. Baumgart, Die europäischen Großmächte und die französische Intervention in Syrien 1860/61. In: Historisches Jahrbuch. Bd. 106. Nr. 2 (1986), S. 361–385, hier S. 365.

[60] Ibid., S. 371 ff.

[61] F. J. Scheltema in ›Conclusion‹ (S. 169).

[62] Archiv des französischen Außenministeriums, Mémoires et Documents, Turquie, Vol. 43, f. 23–24.

[63] A. de Lamartine, La question d'Orient. O. O. u. o. J. (1840?), S. 3.

[64] W. Baumgart (wie Anm. 59), S. 383.

[65] Ibid., S. 366.

[66] Ibid., S. 379.

[67] Zitiert ibid., S. 368.

[68] Arnold Hottinger, Der Bürgerkrieg im Libanon. In: W. Wagner (Hrsg.), Die internationale Politik 1975/1976. München–Wien 1981, S. 208.

[69] Zitiert bei P. Rondot, Les institutions politiques du Liban. Paris 1947, S. 51.

[70] Ibid., S. 49 (Zitat aus L'Orient' vom 5./6. September 1931).

[71] Zitiert ibid., S. 111–112.

[72] Wie der Libanese Halim Barakat formuliert hat; zitiert bei W. Köhler, Die Staatskrise des Libanon. In: Orient 4 (1975), S. 68–104, hier S. 81.

[73] S. Abou, Le bilinguisme arabe-français au Liban. Paris 1962, S. 331.

[74] Ibid., S. 59.

[75] Le Monde, 25. 08. 1982, S. 4.

[76] Kamal Joumblatt, I Speak for Lebanon. London 1982, passim.

[77] Risala maftuha (Offener Brief) der Hizb Allah. O. O. 1985, S. 10. Der Gesamttext der Schrift ist jetzt publiziert in englischer Übersetzung bei A. R. Norton, Amal and the Shia. The Struggle for the Soul of Lebanon. Austin 1987 (als Appendix B).

[78] Vgl. Walter Eytan, Israele ed il Libano. In: Affari Esteri 17/67 (1985), S. 299–316, wo aus den Tagebüchern des ehemaligen israelischen Premierministers Moshe Sharett zitiert wird; vgl. vor allem S. 304–305.

[79] C. H. Becker, Islamstudien. Vom Werden und Wesen der islamischen Welt. Leizig 1924. Bd. 1, S. 10.

Verzeichnis der Bilddokumente

Abb. 1: Handel zwischen Schwarzen und Europäern in Senegal. Kupferstich in Olfert Dappers Afrika-Werk: Umbstaendliche und Eigentliche Beschreibung von Africa, Und denen darzu gehoerigen Koenigreichen und Landschaften / als Egypten / Barbarien /Libyen / Biledulgerid / dem Lande der Negros / Guinea / Ethiopien / Abyßina / und den Africanischen Jnsulen: zusamt deren Verscheidenen Nahmen / Grentzen / Staedten / Fluessen / Gewaechsen / Thieren / Sitten / Trachten / Sprachen / Reichthum / Gottesdienst / und Regierung [...]. Amsterdam: Jakob von Meurs 1670, S. 359. 12 × 16 cm. Bamberg, Staatsbibliothek.

Abb. 2: Aztekische Kindestaufe. Zeichnung im Codex Florentinus des Fray Bernardino de Sahagún aus dem 16. Jahrhundert, Buch VI, Kap. 37, Fol. 170. 8 × 8,5 cm. Florenz, Biblioteca Medicea-Laurenziana.

Abb. 3: Albert Eckhout, Tarairiu-Frau (Tapuaya-Indianerin). Öl auf Leinwand. 265 × 157 cm. 1641. Kopenhagen, Nationalmuseet, Etnografisk Samling.

Abb. 4: William Alexander, Chinesische Dame mit Dienerin. Bleistift und Wasserfarbe. 34,3 × 23,5 cm. Undatiert (England, um 1795?). London, Victoria and Albert Museum, Department of Prints and Drawings.

Abb. 5: Der Kontinent Amerika. Tapisserie aus der Werkstatt der Brüder Jan Frans und Peter van der Borght. 342 × 500 cm. Brüssel, um 1750. Wien, Kunsthistorisches Museum, Sammlung für Plastik und Kunstgewerbe.

Abb. 6: Als Miliztruppe in den niederländisch-portugiesischen Auseinandersetzungen eingesetzte indianische Plantagenarbeiter. Zeichnung von Frans Post. Detail einer Karte in dem Werk von Frans Plante, Res Brasiliae. Leiden 1647, Tafel 4. [Ganze Karte:] 42,5 × 54,5 cm. Rotterdam, Stichting Atlas Van Stolk.

Abb. 7: Ninigret, Ratsmitglied der Ost-Niantics. Ölgemälde eines unbekannten Künstlers. 33 1/8 × 30 1/8 inches. Datiert 1647. Providence (Rhode Island), Museum of Art, Rhode Island School of Design, Gift of Mr. Robert Winthrop.

Abb. 8: Niederländische Angestellte beim Abendessen auf Deshima. Kolorierter, Rin Shihei zugeschriebener Holzschnitt aus dem Jahr 1783. 22 × 38,5 cm. Amsterdam, Rijksmuseum.

Abb. 9: Jacques-André-Joseph-Camelot Aved, Porträt des Sa'id Pascha. Öl auf Leinwand. 238 × 161 cm. 1742. Versailles, Musée National du Château de Versailles.

Personenregister

Åaby, Peter 59
Abou, S. 279
Ackroyd, Joyce 243
Adams, William 224–225
Adriaenszoon, Marijs 189–190
Afonso (auch: Nzinga Mbemba), Manikongo 14
Afonso V., König von Portugal (1438–1481) 31
Aguirre Beltrán, G. 59
Albertini, Rudolf von 135
Albertinus, Aegidius 35
Albuquerque, Alfonso de 5
Alcántara, Pedro de 48
Alden, John 93–94
Alexander, William 100–101. 281
Alexander I. Pawlowitsch, Zar von Rußland (1801–1825) 135
Alexander (III.) der Große, König von Makedonien (336–323 v. Chr.) 135
Alfaro Siqueiros, D. 55
Alfonso, Soldat 181
Allen, Beverly Spargue 139
d'Almada, André Alvares 30–31. 33–34. 36
Althusius, Johannes 103. 133
Alvarez, Manuel 35
Anderson, M. S. 274
Andrä, Helmut 94. 97
Andreä, D. W. 7
Andros, Gouverneur 205
d'Anghiera, Pietro Martire s. Angleria, Petrus Martyr de
Angleria, Petrus Martyr de (auch: Pietro Martire d'Anghiera) 67. 71. 74. 96
Anson, George 109. 117. 135
Aouwer, Jan 231
Appleton, William W. 134. 139
Aristote s. Aristoteles
Aristoteles (auch: Aristote) 113. 122
Atkinson, Geoffrey 141
Attiret, Jean Denis 121. 138
Aurich, Ursula 139
Aved, Jacques-André-Joseph-Camelot 248. 250. 282

Backerus, Johannes Cornelis 181
Bacon, Roger 124
Bailyn, Bernard 162. 213
Barakat, Halim 279
Barcelos, Christiano J. de Senna 36
Barros, João de 103–104. 126. 133. 141
Barrow, John 124–125. 130. 141. 143
Bartholomew, James R. 243
Bastian, Jean Pierre 59
Batimansa, König in Afrika 30
Baumgart, Winfried 268. 279
Baumgartner, Jakob 60
Bayle, Constantino 52. 60
Beasley, W. G. 244
Beck, Thomas 18. 20. 200. 241. 321. 323
Becker, C. H. 273. 279
Beckles, Hilary 160. 162–164
Behaim, Martin 35–36

Belaval, Y. 142
Bernardino de Sahagún s. Sahagún, Bernardino de
Bernstorff, Graf, preußischer Gesandter 269
Bestermann, Th. 134
Bezzenberger, Günter E. Th. 93
Bitterli, Urs 18. 137. 245. 320
Blackburn, Roderick 195
Blanc, Vincent le 35
Blixen, Tania 66
Blusse, Leonard 241. 244
Boccalini, Traiano s. Trajano Boccalini
Boccalini, Trajano (auch: Traiano Boccalini) 119. 138
Bodin, Jean 103. 133. 136
Bodman, H.L. 278
Boff, Leonardo 61–62
Bonino, Jose Míguez 60
Bonomi, Patricia U. 195
Borden, John 207
Borges, Pedro 59
Borght, Jan Frans van der 146. 281
Borght, Peter van der 146. 281
Bossuet, Jacques Bénigne 127–128
Botero, Giovanni 110. 126. 135. 141
Bourdon, Léon 37
Bourée, Prosper 268. 275
Bout, Jan Evertsen 178. 183
Bouvet, Joachim 111. 127. 135. 141
Boxer, Charles Ralph 133. 137. 188. 240–245
Bradford, William 207. 215
Brenner, Peter J. 244
Brèves, Savary de 252. 275
Brill, Paul 188
Bry, Theodor de 23. 65. 87. 90. 95. 97–98
Budumel Bixirim 33
Buhl, Fritz 94
Bunzo, Aoki 235

Cabeza de Vaca, Álvar Núñez 84
Cabot, John 168
Cabot, Sebastian 168
Ca'da Mosto, Alvise da 29–30
Cadamosto, Luis de 35–36
Caesar, Martinus 243
Cameron, Nigel 103. 132
Camões, Luís Vaz de 107
Camphuis, Joannes 228. 230. 235
Camps, Leonard 230
Carletti, Francesco 225. 241
Caron, François 226. 235–236. 242
Carreira, António 36–37
Cartwright, Kommissar 203
Carvalho, Lopo Sarmento de 230
Carvalho, Pero Fernandez de 230
Caso, Alfonso 59
Catarina von Braganza 226
Chabod, Federico 135–136
Champlain, Samuel 213
Chang, Richard T. 245
Charles I., König von England (1625–1649) 169. 203
Charles II., König von England (1660–1685) 169. 203–204. 226
Charlevoix, Piere-François-Xavier 236
Charpentier Cossigny, Joseph-François 118–119. 130. 138. 142
Chauleur, S. 276
Chevallier, D. 275. 278
Ch'ien, Chungs-shu 143
Christoph, Peter 188
Churchill, C.H. 278
Cidade, Hernani 133. 141
Cieslik, Hubert 241
Clark, Edward W. 212. 215–216
Clavijero, Javier 55
Clerc, Nicolas Gabriel (auch: Nicolas Gabriel Le Clerc) 141
Cocks, Richard 241
Coelho, Francisco de Lemos 34. 37
Coen, Jan Pieterzoon 5. 225
Cohen, David Steven 189–191
Collani, Claudia von 135

Collis, Maurice 109. 135
Colón, Christóbal s. Kolumbus, Christoph
Concha Malo, Miguel 61
Condorcet, Marie Jean Antoine Caritat, Marquis de 129. 142
Confucius s. Konfuzius
Conring, Herrmann 113. 136
Cooper, Michael 244
Cortés, Hernán (auch: Cortez) 5. 19. 41. 52. 67. 71. 74. 96
Cortez s. Cortés, Hernán
Coulou, Herausgeber 35
Couwenhoven, Jacob van 178. 183
Craig, Albert 243
Cromwell, Oliver, Lord-Protector 152. 156. 202
Cruz, Gaspar da 114. 126. 137. 141
Cruz, Juan de la 48

Dacia, Jacobo de 55
Dame, Jan Janszoon 189
Dante Alighieri 141
Dapper, Olfert 22–23. 281
Daus, Ronald 240
David, Madeleine V. 140
Davision, R. H. 276
Dawson, Raymond 139. 142
Débien, Gabriel 161. 164
Delaporte, Abbé 135
Delphy, Gaspar 141
Demel, Walter 18. 136–137. 141. 321
Dermigny, Louis 135
Dias, Augusto E. da Silva 36
Dias, Bartolomeu 1
Dias, Manuel Nunes 36
Diderot, Denis 112. 139
Dijck, Van, Schultheiß (Schout) in Neu-Niederland 184
Dincklage, Van, Vizedirektor Neu-Niederlands 177–178. 184. 194–195
Doeke, Roos 242
Dommer, A. von 97
Donck, Adriaen Van der 176–180. 182–185. 194
Donelha, André 37
Dore, Ronald P. 245
Doubin, G. 277
Downes, Andrew 162. 163
Dri, Rubén R. 61
Dryander (auch: Johannes Eichmann) 23. 80–82. 92
Dschumblat, Walid 271
Du Halde, Jean Baptiste 122. 137. 139. 141
Duhamel, russischer Konsul 278
Du Iarric, Pierre 122. 139
Dunn, Richard S. 151. 162–164
Dussel, Enrique D. 60–61

Ebering, E. 139
Echeagaray, José Ignacio 60
Eckhout, Albert 64–65. 281
École, J. 135
Edmond, Jean Baptiste 143
Eichmann, Johannes s. Dryander
Elekens, Jacques 213
Eliot, John 205. 208. 212. 214. 216
Elizondo, Virgilio P. 61
Elserack, Jan van 227
Emanuel s. Manuel I.
Emmer, Piet C. 213. 321
Engl, Lieselotte 18
Engl, Theo 18
d'Entrecolles, Jesuitenpater 124
Enzensberger, Hans Magnus 6–7. 18
Everaert, John G. 18
Eytan, Walter 279

Faber, Gustav 91–92. 98
Fachredin, libanesischer Fürst 255
Farah, C. E. 276
Faria i Sousa, Manuel 138
Federmann, Nikolaus 66
Feijóo y Montenegro, Benito Jéronimo 124. 141

Ferdinand II., der Katholische, König von Aragón (1479–1516), als Ferdinand V. König von Kastilien und León (1474/75–1516) (auch: Fernandus) 94
Ferguson, Donald 137
Fernandus s. Ferdinand II., der Katholische
Feyerabend, Sigmund 69. 87. 97
Fiore, Joachim von 47
Fisch, Jörg 117. 132. 135. 137. 242
Förster, Stig 19
Folkerts, Jan 195
Forster, Robert 19
Foster, George M. 59
Fouquet, Karl 89. 93. 98
Fox, Dixon Ryan 189
Franz, Günther 137
Friedrich II., der Große, König in Preußen (1740–1786) 111
Fries, Lorenz 23. 71. 79. 81. 85–86. 88. 95–97
Fritzemeyer, Werner 141
Fürstenberg, von, Kardinal 135

Gaastra, Femme 241
Galenson, David 162
Gama, Vasco da 1. 3–4. 103
Gand, Pierre de 42
Garcia, Felix 137
García, Jesus 61
Garcia, José Manuel 35
Garcian de la Madre de Deos, Geronymo 107. 134
Gatterer, Johann Christoph 130–131. 143
Gemelli Careri, Giovanni Francesco 138. 140
Gempaku, Sugita 235
Gensho, Mukai 233
Gentaku, Otsuki 235
Georg III. [Wilhelm Friedrich] s. George III.
George III., König von England (1760–1820) (auch: Georg III. [Wilhelm Friedrich]) 101
Georges, Ferdinando 169
Germanus, Nicolaus 2
Gewecke, Frauke 19. 95–96
Ghirardini, Giovanni 138. 120
Glamann, Kristof 242
Glockner, Hermann 139
Gock, M. Van 242
Godinho, Vitorino Magalhães 27. 36
Göbel, Johann Wilhelm 136
Gökbilgin, M. T. 278
Goens, Rijklof van 228
Goethe, Johann Wolfgang von 121–122
Gollwitzer, Heinz 133
Gomes, Diogo 30. 35–36
Gomes, Fernão 27. 31
Gómez Canedo, L. 59
González de Mendoza, Joan (Juan) 114. 118–119. 137–138
Goodman, Grant K. 243
Goor, J. van 243
O'Gorman, Edmundo 60
Gorton, Samuel 202–203
Gravière, Jurien de la 131. 143
Green, Samuel 212
Green, T. H. 135
Grimm, Fréderic-Melchior Baron de 121. 129. 139. 142
Grimmell, D. 93
Grose, T. H. 135
Grosier, Abbé 109. 135
Grossmann, Karl 131–132. 143
Gründer, Horst 276
Grüninger, Johannes 94. 95
Guerreiro, F. 35
Guerrero, Andrés G. 62
Gundlach, Franz 97
Gunkel, Alexander 163. 164
Gutenberg, Johannes 119
Guy, Basil 134. 141
Guys, H. 278

Haddad, R. M. 276
Häbler, Konrad 94
Hagen, Pieter van der 224
Hair, P. E. H. 37
Hajjar, J. 278
Hakluyt, Richard 35
Hakuseki, Arai 233. 243
Hanau, Peter 245
Handler, Jerome S. 163–164
Hanke, Lewis 96
Hanson, Elisabeth 216
Harik, I. 276
Harlow, Vincent T. 163
Hasibi, Muhammad Abu as-Su'ud al 278
Havemann, A. 275
Havens, Thomas R. 245
Hazard, Paul 126. 141
Hegel, Georg Wilhelm Friedrich 122. 131. 139. 142–143
Heinrich der Seefahrer, Infant von Portugal 26
Helvétius, Claude Adrien 136
Henkel, Willi 60
Hensanjo, Tokyo Daigaku Shiryo 242
Herder, Johann Gottfried 111–113. 122. 129. 136. 139
Herold, J. C. 276
Herrera y Tordesillas, Antonio de 125. 141
Heylyn, Peter 104–105. 133
Hidalgo, Miguel 55
Hideyoschi, japanischer Fürst 223
Hinton, Th. B. 60
Hippel, Wolfgang 162
Hitti, Philip K. 276
Holsingh 241
Hoorn, Generalgouv. der VOC 228
Hoornaert, Eduardo 62
Hopwood, D. 276–277
Horowitz, David 213–214
Hoskins, H. L. 277
Hotten, John Camden 162
Hottinger, Arnold 279
Houry, C. B. 278
Hudson, Geoffrey 139
Hudson, Henry 168
Huffines, Marion L. 93
Hulsius, Levinus 23. 72. 87. 90. 92. 94–95. 97–98
Humboldt, Alexander von 18. 244
Hume, David 135
Hutten, Philipp von 66
Hvalkof, Søren 59

Ienobu, Tokugawa, jap. Shogun (1707–1712) 233
Ieyasu, Tokugawa, jap. Shogun (1603–1616) 224–225
Ingham, John M. 61
Iskandar Ibn Ya'qub, Abkarius 277–278
Issawi, C. 278
Iwao, S. 242

Jaenen, Cornelius J. 215
James, Duke of York 169. 205
„James the Printer" 208
James I., König von England (1603–1625) 241
Jansen, Marius B. 243
Jansen, Michael 177
Jarry, Madeleine 139
Jennings, Francis 212–214
Jernegan, Marcus 162
João II., König von Portugal (1481–1495) 27
Jobin, Abbé 275
Johann Moritz von Nassau-Siegen (auch: [Johan] Maurits von Nassau[-Siegen]) 65. 181. 224
Johnson, William W. 19
Jones, Colin 241
Joumblatt, Kamal 279
Jowett, protestantischer Missionar 254. 275
Juárez, Benito 55
Jurien de la Gravière, Jean Baptiste Edmond 143

Justi, Johann Heinrich Gottlob 112. 118. 136. 138

Kaempfer, Engelbert 236. 242. 244
Kammen, Michael 188–189. 195
Kang Xi, Kaiser von China (1661–1722) 16. 118–119. 127
Kao, Dionysius (auch: Dionyzius Kao) 142
Kao, Dionyzius s. Kao, Dionysius
Kapitza, Peter 244
Karl V., Röm. König (1519–1556), Kaiser (1530–1556) 74. 96
Kasper, Walter 61
Katagiri, K. 244
Kato, S. 241–242
Kazui, Tashiro 245
Keen, Benjamin 96
Keene, D. 244
Keim, Josef 98
Kellaway, William 214
Kempski, Hans Ulrich 137
Kenkyu-kai, Hosei Rangaku 243
Kenney, Alice P. 188–191. 194
Kessel, Jan van 65
Kessler, Henry H. 191. 194–195
Kieft, Willem 171. 173–176. 179. 186. 189–191
Kimonoto, Saburo 245
Kircher, Athanasius 105. 133
Kissling, Hans-Joachim 276
Kistler, Bartholomäus 94
Kiyosi, Yabuuti 243
Klein, P. W. 242
Klöss, Erhard 19
Knefelkamp, Ulrich 98. 320
Koch-Hillebrandt, Manfred 95
Köhler, W. 279
König, Hans-Joachim 98. 320
Könnecke, Gustav 97
Kokan, Shiba 235
Kolbe, Andreas 81
Kolumbus, Christoph (auch: Cristóbal Colón) 1. 18. 67. 70. 72. 92. 94. 103. 131. 220
Konetzke, Richard 19
Konfuzius (auch: Confucius) 139. 141
Koyré, Alexandre 142
Kreiner, Josef 244–245
Krickeberg, Walter 59–60
Krieg, Walter 97
Krieger, C. 243
Krynsen, Bouwen 181
Kubilai Chan, Großkhan der Mongolen (1260–1294) und Kaiser von China (1279–1294) (auch: Kublai Khan) 16. 106
Kublai Khan s. Kubilai Chan
Kuiper, J. Feenstra 243
Kunstmann, Friedrich 36
Kutscher, G. 59
Kuyter, Jochem 175–176. 178. 191

Lach, Donald F. 132–133. 135. 138. 140
Lademacher, Horst 188
Lafaye, Jacques 60
Lamartine, Alphonse de 268–279
La Montagne, hugenottischer Arzt und Jurist 173
La Mothe le Vayer, François 107. 111. 134–135
Landis, Dennis C. 93–94
Las Casas, Bartolomé de 6–7. 18. 42. 55. 118
Lasso de la Vega, Luys 60
Lavigerie, C. 275
Leach, Douglas Edward 213
Leander, B. 59
Le Clerc, Nicolas Gabriel s. Clerc, Nicolas Gabriel
Le Comte, Louis 134–135. 137
Le Gobien, Charles 134
Lehmann-Nitsche, Roberto 93–94
Leibniz, Gottfried Wilhelm 106. 110–111. 123–124. 127. 134–135. 140–141
León-Portilla, Miguel 59
Lequin, Frank 244

Le Roux des Hautesrayes, französischer Orientalist 130. 135
LeRoy Innes, Robert 242
Léry, Jean de 66. 73. 95–96
Lewis, Oscar 59
Ligon, Richard 155–157. 163–164
Llaguno, J. 56
Lobo, Agostinho 230
Loiskandl, Helmut 95
Loockermans, Govert 195
Lopes, Marília P. L. dos Santos (auch: Marília Lopes-Hanenberg) 19. 321
Lopes-Hanenberg, Marília s. Lopes, Marília P. L. dos Santos
Lopetegui, León 60
Louis XIV. s. Ludwig XIV.
Ludwig XIV., König von Frankreich (1643–1715) (auch: Louis XIV.) 120. 124. 127. 255
Ludwig XV., König von Frankreich (1715–1774) 249
Lutz, Heinrich 135

Maack, Reinhard 91–93. 98
Mably, Gabriel Bonnet de 112. 121. 136. 139. 321
Macartney, George Viscount 101. 130
Macaulay, Thomas Babington 132
Macedo, Jeronimo de 230
MacLean, J. 243
Macrizi s. Makrisi, Taki ad-Din Abu l-Abbas Ahmed al
Maffei, Giovanni Pietro (auch: Io Petrus Maffei) 133
Maffei, Io Petrus s. Giovanni Pietro Maffei
Maika, Dennis J. 195
Mailla, Joseph-Anne-Marie de Moyriac de 130. 135. 142
Makrisi, Taki ad-Din Abu l-Abbas Ahmed al (auch: Macrizi, Makrizi) 274
Makrizi s. Makrisi, Taki ad-Din Abu l-Abbas Ahmed al
Malone, Patrick M. 212. 214–215
Manuel I., König von Portugal (1494–1521) (auch: Emanuel) 32. 94
Ma'oz, Moshe 276
Marcilio, María Luiza 61
Markmann, Heinz 245
Marques, João M. da Silva 36–37
Marshall, Peter J. 136. 244
Martínez, H. 61
Martire d'Anghiera, Pietro s. Angleria, Petrus Martyr de
Martyr de Angleria, Petrus s. Angleria, Petrus Martyr de
Massarella, Derek 241. 244
Mather, Cotton 207. 212
Mather, Increase 215
Matsuura, Daimyō von Hirado 227
[Johan] Maurits von Nassau[-Siegen] s. Johann Moritz von Nassau-Siegen
Mauro, Fra 2
Maza, Francisco de la 60
McCarthy, Justin 274
Méhemet-Ali s. Muhammad Ali
Mehemmet Ali s. Muhammad Ali
Meier, Johannes 60
Meiners, Christoph 130–131. 142
Melyn, Cornelis 173. 175–176. 181. 184. 190–191. 194
Mendes Pinto, Fernão 107. 134
Méndez Arceo, S. 56
Mendoza, Pedro de 68
Menk, Gerhard 93
Menninger, Annerose 19. 24. 41. 65. 97–98. 101. 147. 249. 322
Menzel, Johanna M. 136
Metacomet s. Philipp, Sachem der Wampanoags
Meurs, Jakob von 22. 281
Meyn, Matthias 36. 188
Milbradt, Hilmar 93
Mimler, Manfred 36. 188. 213
Minuit, Peter 170
Mitsutomo, Yuasa 245

Moctecuhzoma II. s. Moctezuma II.
Moctezuma II., Herrscher des Aztekenreichs (1502–1520) (auch: Moctecuhzoma II.) 73
Moland, Louis 134
Molière 124
Moltke, Helmut von 268
Mondschein, Johannes E. 89. 93–94. 98
Montaigne, Michel Eyquem de 119. 126. 138. 141
Montesquieu, Charles-Luis de Secondat 108. 112. 115. 134. 136–137
Mordvinov, Graf 268
Morelos, José María 55
Moschopoulos, N. 276
Mota, A. Teixeira da 36–37
Moule, Arthur Christopher 134
Moyssén, Xavier 60
Muakami, N. 241
Müller, Andreas 140
Münster, Sebastian 23. 65. 71. 73. 85–86. 88. 95–98
Münzer, Hieronymus 30. 36
Muhammad Ali (auch: Méhemet-Ali, Mehemmet Ali) 258. 260. 277
Mulack, Christa 61
Mulder, W. Z. 241
Mundy, Peter 113–114. 137
Mungello, David E. 140
Murias, Manuel 133
Murphy, Arthur 139

Nachod, Oskar 242
Nagazumi, Yoko 243
Napoleon I., Kaiser der Franzosen (1804–1814/15) (auch: Napoleon[e] B[u]onaparte) 257
Napoleon[e] B[u]onaparte s. Napoleon I.
Nasir, Abd al- (auch: Abd el Nasser) 272
Nasser, Abd el s. Nasir, Abd al-
Nebel, Richard 41. 59–61. 322
Nebenzahl, Kenneth 19
Needham, Joseph 140
Nesselrath, Heinz-Günther 134
Neuhof, Johan s. Nieuhof, Joan
Nieuhof, Joan (auch: Johan Neuhof) 101. 135
Ninigret, Sachem der Ost-Niantics 198–200. 282
Noort, Oliver van 235
Nooter, Eric 195
Nordholt-Schulte, J. W. 189
Norton, A. R. 279
Nozomu, Hayashi 241
Nzinga Mbemba s. Afonso, Manikongo

Okamoto, Y. 241
Olschki, Leonardo 133
Oncken, August[e] 136
Opstall, M. E. van 243
Orozco, J. Clemente 55
Ortiz Echániz, Silvia 59
Osterhammel, Jürgen 244
Outshoorn, Cornelis van 243

Pacenkova, M. T. 276
Palmerston, Henry John Temple, Viscount 261. 268
Parry, John H. 19
Partenheimer-Bein, Anneli 36. 188. 322
Paske-Smith, M. 241
Pauer, Erich 244–245
Paul V., Papst (1605–1621) 138
Pauw, Cornelis de 111. 122. 136. 139–140
Pavia, Simão Vaz de 230
Paz, Octavio 60
Pelliot, Paul 134
Penhawitz, Häuptling der Carnasies 171
Perdue, Theda 210. 214–215
Pereira, Duarte Pacheco 29–31. 36
Pereira, Galeote 137

Peres, Damião 36. 37
Perry, Matthew 240
Petri, Heinrich 23
Philipp, Sachem der Wampanoags (auch: Metacomet) 10. 201. 204–205. 207. 209. 211–215
Philipp I., der Großmütige, Landgraf von Hessen (1509–1567)
Philipp II., König von Spanien (1556–1598) 170
Pietschmann, Horst 19. 60
Pires, Tomé 125
Pistor, Julius 98
Piwonka, Ruth 195
Pizarro, Francisco 5
Planchet, Jesuitenpater 277
Planck, Abraham 189
Planhol, X. de 275
Plante, Frans 166. 282
Plischke, Hans 94. 98
Polk, W. 275. 278
Polo, Marco 4. 106. 124. 132–134. 220. 244
Porter Casanate, Pedro 52
Post, Frans 166. 282
Prakash, Om 242
Prévost, Antoine François 138
Prien, Hans-Jürgen 59
Prior, O.H. 142
Puente de Guzmán, Alicia 61
Pufendorf, Samuel 104. 133
Ptak, Roderich 19
Pulleyblank, E.G. 244
Purchas, Samuel 225

Qian Long, Kaiser von China (1735–1796) 101. 121. 131
Quesnay, François 112. 136
Quiroga, Vasco de 42. 52

Rachlis, Eugene 191. 194. 195
Rada, Martín de 114. 137
Radermacher, Daniel 242
Radford-Ruether, Rosemary 61
Rainolds, Richard 35
Raleigh, Walter 9
Ranke, Leopold von 129. 131. 142
Rau, Vírginia 36
Reichwein, Adolf 139
Reinbothe, Hermann 134
Reinhard, Wolfgang 19. 245
Renaudot, Eusèbe 140
Reyes García, Luis 60
Rhodes, Alexandre de 123. 140
Ricard, Robert 36. 59
Ricci, Matteo (auch: Matthaeus Riccÿ) 119–120. 138
Riccÿ, Matthaeus s. Ricci, Matteo
Richard G., J. Pablo 61
Riess, Ludwig 241
Riker, David M. 195
Rink, Oliver A. 188–191
Rivera, Diego 55
Rondot, P. 279
Roos, Doecke 242
Rose, Oberst, britischer Generalkonsul in Syrien 264
Rothermund, Dietmar 19
Rousseau, Jean Jacques 117. 138
Roux, François Charles 275–277
Rowbotham, Arnold H. 134. 142
Rowlandson, Mary 201. 204. 209–210. 212–216
Roy, Olivier 140
Rüger, Wolfgang 59
Ruiz, S. 56
Ruppel, Heinrich 98

Sahagún, Bernardino de (auch: Bernardino de Sahagún) 40–42. 281
Sa'id Pascha 248–249. 282
Salazar, Juan de 67
Salentiny, Ferdinand 19
Salibi, Kamal 277–278
Salih, S. 275
Salisbury, Neal 206. 213–215
Sánchez, Emilio 48
Saraiva, António José 134
Saris, John 225. 241
Sassamon, John 204. 212

Satow, Ernest 241
Schelle, Gustave 142
Schelluyne, Dirck van 183–184. 194
Scheltema, Johann F. 277–279
Schleich, Thomas 17. 20. 167. 219. 241. 243. 245. 321. 323
Schlicht, Alfred 276–277. 323
Schlözer, August Ludwig 113. 131–132. 136. 143
Schmidel, Ulrich s. Schmidl, Ulrich
Schmides, Huldricus s. Schmidl, Ulrich
Schmidl, Ulrich (auch: Huldricus Schmides, Ulrich Schmidel) 66–70. 72–73. 83–84. 86. 88–90. 92–98
Schmidt, Willibald 98
Schmitt, Eberhard 3. 18–20. 36. 137. 164. 188. 213. 241. 319–321
Schomburgk, Robert 163
Schottenloher, Karl 94. 98
Schulenburg Prado, Guillermo 60
Schulin, Ernst 142–143
Schuller, Rudolf 94
Schurig, Arthur 96
Schwebell, Gertrude C. 245
Scott, James Brown 133
Segond, Guy-Olivier 275
Segovia, Fray Antonio de 52
Seiichi, Iwao 242
Séjourné, L. 59
Seligman, E. R. A. 137
Semedo, Alvarez s. Semmedo, Alvaro
Semmedo, Alvaro (auch: Alvarez Semedo) 138. 140
Serna, Jacinto de la 42–43. 59
Sharett, Moshe 279
Shihei, Rin 218–219. 282
Shunzhi, Kaiser von China (1644–1661) 101
Sichtermann, Albert 228
Sidotti, Jesuitenpater 233
Siebold, Philipp Franz Jonkheer von 235
Siller A., Clodomiro L. 61
Silveira, Luís 36
Singleton, Esther 189
Sinno, A. 276
Sixel, Friedrich Wilhelm 94. 96
Smith, Ábbot E. 150. 159. 162–164
Smith, Adam 115. 137
Sobrino, Jon 61
Soto, Shilene 61
Souza, George Bryan 240
Spagnolo, J. P. 276
Specx, Jacob 241
Spence, Jonathan 140
Spruit, Ruud 188
Spuler, Berthold 276
Staden, Hans 23. 65–68. 70. 72–73. 75–82. 88–90. 92–93. 95–98
Stam, Juan 60–61
Staunton, George Leonard 101
Stockwell, Quentin 215
Stöcklein, Joseph 124. 140
“Stonewall John” 208
Stuyvesant, Peter 174–179. 181–186. 188. 190. 194–195
Sumitada, Omura 221
Suphan, Bernhard 136

Tanco, Becerra 48
Temperley, H. 277
Temple, Richard C. 137
Teresa de Avila s. Hl. Theresia von Ávila
Testa, I. de 275–276
Tezuka, Kazuaki 245
Hl. Theresia von Ávila (auch: Teresa de Avila, Hl. Therese von Avila) 48. 107
Hl. Therese von Avila s. Hl. Theresia von Ávila
Thevet, André 67. 73. 96
Thiers, Adolphe 262. 277
Hl. Thomas (Apostel) 48

Thomas, Dalby 155. 163
Thomas, N.D. 60
Thomasius, Christian 127. 141
Thunberg, Karl Peter 232. 235. 243
Tibawi, A. 275–277
Tienhoven, Cornelis van 173. 175. 178. 180. 183. 186. 189. 191
Titsingh, Isaak 219. 230. 235. 244
Todorov, Tzvetan 20. 245
Torre Villar, Ernesto de la 60
Toshiaki, Honda 235. 244
Totman, Conrad 245
Trigault, Nicolas (auch: Nicolaus Trigautius) 119. 138
Trigautius, Nicolaus 138
Trinidad, Saúl 60
Trugot, Anne Robert 128. 142
Tscharner, Eduard Horst von 139
Turk, Niqula 276
Twiller, Wouter van 181
Tytler, Izumi K. 241

Uchteritz, Heinrich von 151. 156–157. 163
Ülman, H. 278
Umar, Zahir al 256

Valencia, Fray Martín de 52
Valentijn, François s. Valentyn, François
Valentyn, François (auch: François Valentijn) 108. 134. 228. 242
Valignano, Jesuitenpater 223
Vargas Ugarte, Rubén 52. 60
Varthema, Ludovico 79
Vaughan, Alden T. 210. 212–213. 215–216
Vega, Lasso de la 48
Veque, Johan van der 224
Vermeulen, Ton 243
Verrazano, Giovanni da 168
Vespucci, Amerigo 66. 70–71. 77. 94
Vieira, Christovão (auch: Christovão Vieyra) 137
Vieyra, Christovão s. Vieira, Christovão
Villafuerte, Juan 52
Vogt, E.Z. 60
Voltaire, François-Marie Arouet de 107–109. 112. 121. 127–128. 134. 139. 142
Voogt, Gerrits 235. 242
Voss, Gustav 241
Vossius, Isaac 119–120. 138. 140

Wagman, Morton 190–191. 194–195
Wagner, W. 279
Wallerstein, Immanuel 20
Walter, Richard 108–109. 117. 123. 135. 137. 140
Wamsutta, Sachem der Wampanoags 204
Wardi, C. 276
Weckmann, Luis 59
Weetamoo, Sachem der Wampanoags 215
Weis, Eberhard 136
Whitaker, Graf 156
Wiener, Philip P. 132
Wiet, Gaston 276
Wilhelm II., Prinz von Oranien (auch: Willem II.) 191
Willem II. s. Wilhelm II.
Williams, Glyndwr 136. 244
Williams, Roger 199. 203
Winslow, Gouverneur von New Plymouth 212
Winter, P. J. van 188
Winthrop d. J., John 203. 205
Wirsching, Andrea 323
Wirth, Eugen 274
Wolf, Eric R. 2. 20
Wolff, Christian 111. 135
Wolff, Martine 242
Wolfram, Eberhard 137
Wood, Richard 262
Wright, W.B. 243
Wüstenfeld, Ferdinand 274

Yapp, Malcolm E. 274
Yoshimune, Tokugawa, jap. Shogun (1716–1745) 233–234
Ysbrants Ides, Evereard 142
Zee, Henri und Barbara van der 188–191. 194–195
Zubillaga, Felix 60
Zumárraga, Juan de 48

Sachregister

Abendland 66. 70. 72–73. 80. 89. 90. 92. 102. 108. 249. 273
Aberglaube 127
Abessinien (auch: „Abyßina“) s. Äthiopien
Absolutismus 17. 240
Absolutismus, aufgeklärter 112. 113. 125
Ackerbau 105
Acre, Flächenmaß 159
Adel 7. 23. 111. 169. 222
Adler 43. 44
Adoption 209. 210
Ägypten (auch: „Egypten“) 22. 58. 258. 260. 261. 274. 276
Ägypten, Flotte 1
Ägypter 136. 256. 260–263. 267. 274
Ärzte 23. 78. 124. 154. 173. 231. 233
Ästhetik 122
Äthiopien (auch: „Ethiopien“; „Etiopia“) 22. 35
Affen 147. 229
Afrika 5. 6. 14. 15. 17. 19. 22–37. 57. 66. 118. 132
Afrikaner 5. 22–37. 157
Agaven 52
Agenten 7. 150. 153. 224. 262. 264
Agrarkult 53
Akkulturation 55. 65
Alaun 229
Alawiten 269
Albany 169. 189. 209. 215
Aleppo 264. 269
Alexandria 2
Algonkins 172. 189. 191. 206. 208
Alkohol 147. 175. 228. 323
Allegorie 17. 65. 66. 129. 147
Allerchristlicher König s. Französischer König
Alphabetisierung 102. 208
Altarsakrament 46
Alte Welt 18. 19. 55. 95. 131. 244. 245
Amal 279
Amazonas 8
Amazonen 79
Amboina 4
Americana 65–98
Amerika-Allegorie 65
Amerika-Flotte, spanische 8. 68
Amerika-Reisende, deutsche 66–98
Amerikaner 102. 240. 272
Amerikanische Revolution (s. auch Unabhängigkeit der amerikanischen Kolonien) 11
Amersfoort 194
Amsterdam 22. 23. 101. 170. 172. 177. 185. 188. 190. 227. 236
Anáhuac, Hochland 45
Anarchie 261
Anatolien 53
Anatomie 81
Anatomieprofessor 23. 80. 81
Anglikanische Kirche 262
Angola 14
Anthropologie 44. 48. 57. 95

Anthropophagen s. Kannibalen
Antike 108. 110. 115. 121. 125. 126. 131. 141
Antillen 70. 71. 85. 164
Antiochia 56
Antiphone 43
Antoura, Kolleg 255
Antwerpen 28. 181
Anwalt 177
Apostolat 48
Apparate 3. 234
Aquarell 100. 101
Araber 4. 270. 277
Arbeit 6. 13. 85. 150. 162. 163. 210. 244. 245
Arbeiter 43. 115. 151. 155. 157. 160. 161. 167. 172. 186
Arbeitgeber 13. 151
Arbeitshäuser 152
Arbeitskräftemangel 148
Architektur 119. 120. 138. 207. 208
Arguim 26–29. 31
Arier 102
Armbrust 7
Armenien 270
Armut 24. 43. 49. 56–58. 113. 115. 152
Artillerie 116. 119. 129. 222. 236
Asiaten 13
Asienbild, europäisches 17
Astrologie 81
Astronomen 234
Astronomie 97. 101. 122. 123. 140. 234
Asunción 69. 83. 84. 89
Atheismus 55
Atlantik 8. 9. 13. 168
Aufklärung 16. 47. 109. 124
Aufseher 156
Augenzeugenberichte (s. auch Reiseberichte) 16. 65. 66. 70. 72–74. 79. 80–83. 86–88. 90. 101. 113
Augustiner 42. 53. 114
Ausbeutung 57. 69. 161. 261
Ausbildungsvertrag 154
Autobiographie 107
Autochthone 42. 46. 47. 48. 66
Azteca s. Azteken
Azteken (auch: Azteca u. Mexica) 4. 17. 19. 40–42. 44. 45. 59. 73. 96. 116
  Kriegerkaste 45
  Kultzeremonien 50
  weise Männer s. Tlamatinime
  Priesterkaste 45
  Schöpfungsmotto s. in Xóchitl in Cuícatl
  Schöpfungsmythen 45. 47
  Weltordnung 45
Aztekisch 41. 42

Babylon 58
Bären 209
Bakufu 232
Balkan 264. 269
Bamberg 19. 98. 137
Bananen 156
Bandainseln 4
Barbados 151. 156. 157. 161. 162
Barbaren 72. 103. 104. 105. 107. 112. 117. 118. 127. 132. 134. 136. 141. 201. 207. 241
Barbaren, „rothaarige“ 11
Barbarien 22
Barock 47. 65. 120
Basel 23
Batavia 225. 226. 228. 230. 234. 243
Batavia, Chinesenkolonie 231
Baumwolle 30–32. 221
Beermeldenteig 41
Befreiungstheologie 54. 56. 57. 59
Beirut 256. 264. 270. 278
Bengalen 11. 228. 229. 242
Bergbau 4
Berlin 7. 163
Bernstein 229
Bestseller 66. 68. 75. 80. 82. 97
Bethlehemiten 52
Betrug 23. 108

Bettelorden 46
Bettler 151
Beverwijk 189
Bevölkerungsexplosion 115
Bewindhebber s. WIC, Direktoren u. VOC, Direktoren
Biber 169. 199. 205. 206
Biberfilzhüte 205
Biberkriege 20
Bier 173
Bild 17. 70. 91. 120
Bild-Topos 19
Bilderschrift, aztekische 41. 45
Bildquellen 18
Bildung 17. 88
Biledulgerid 22
Biologie 17
Bischöfe 55
Bistum 14. 15
Blumen, künstliche 101
Bodhisattva 223
Bodleian Library 225
Bogen 41. 68. 70. 72. 237
Bohnen 41
Bonavist 156. 163
Boote (s. auch Kanu) 77. 158
Bootsbauer 160
Borax 229
Bosporus 258
Boston 212. 215
Botaniker 232. 234
Brandenburger (s. auch Preußen) 5
Brandwein 24. 173
Brasiliana 67. 71. 75. 76. 78. 79. 81. 82. 84. 86
Brasilien (auch: Portugiesisch-Amerika) 23. 31. 64–98. 166. 167. 181. 182. 190. 193
Brasilien, niederländische Kolonie 65
Bratsche 33
Breukelen s. Brooklyn
Bristol 153
Bristol-Kanal 176
Briten s. Engländer
Brooklyn 171. 194
Brüssel 146
Buch der Wunder 4. 220
Buchdruck 65. 104. 119. 120. 124. 129. 208
Buchdrucker 81
Buchhändler 23
Buchhandlung 127
Buchmarkt (auch: Americana-Markt) 65. 66. 70–72. 74. 75. 79. 80. 82. 85. 87. 89. 91
Buddhismus 120
Bücher 23. 119. 133. 234. 235
Büffel 33. 229
Buenos Aires, Universität 94
Bürgerkrieg 11. 151. 267. 272. 279
Bürgerrecht 67. 158
Bürokratie 111
Büttner 154
Bungo 221
Burjäten 130
Buße 44. 49
Byzantinische Spiritualität 48
Byzantinisches Christentum 53
Byzanz 46. 48. 53

Cabo Verde s. Kap Verde
Cacheu 30
Calvinisten 108
Cambridge, Massachusetts 212
Campeche 52
Canarsies 170. 171
Candelaria 52
Carios 69. 82. 85. 88
Carta Marina 23. 71. 79. 80. 85. 95. 97
Casa da Guiné 28
Casamansa 30
Cassava 157. 163
Cathay (s. auch China) 134
Cazas das Indias e Mina 36
Centzonhuitznahuaque 51
Cerro Rico, Silberberg (s. auch Potosí) 4
Ceuta, Eroberung 1

Chalchiuhtlícue 41. 45
Chalzedon 57
Charta 202. 203. 205
Cherokee 214
Chiapas 50
Chibcha 17
Chichimeca 45. 52
Chile 52
China (auch: Reich der Mitte) 11. 12. 16. 18. 19. 100–143. 220–222. 226. 229. 231. 237. 239. 240
China, ewiger Stillstand 129. 130
China, Führungsschicht 109
China, Gesellschaftsschichten 101
China, Isolationismus 12. 18. 116. 129
China, Provinzen 109. 115
China, Rückständigkeit 124. 125
Chinabild 136. 142
Chinamode 121. 138. 232
Chinawurzel 228
Chinesen 11. 12. 100–143. 220. 243
Chinesisch 124. 129. 231
Chinesische Schrift 123. 124
Chinesische Türme 121
Chinesische Zimmer 121
Chinesischer Kaiser (auch: Himmelssohn; s. auch Mandschu-Kaiser) 18. 101. 111–113. 127. 131. 135
Chinesisches Meer 136
Chinoiserien 121. 232
Chintz 221
Christen 14. 15. 25. 72. 110. 201. 223. 250. 251. 259–262. 264. 265–267. 270. 271. 274–278
Christen, „bessere" 16
Christen, orientalische 251–255. 257. 274. 275
Christologie 44. 49. 50. 54–58. 61
Christus des Kalvarienberges 49
Christus, kerygmatischer 56
Cihuacóatl-Tonantzin 53
Cipangu (s. auch Japan) 4. 220
clavis Sinica 123
Cluny 46
Coatlícue 45. 51
Codex Florentinus 40. 41
Connecticut 168. 174. 202. 203. 205
Connecticut River 168. 170. 171. 206
Cora-Indianer 50
Council of State 152
Coyolxauhqui 45
Cristo de Tepalcingo 50
Cuajinicuilapa 49
Cuba 7
Curaçao 190
Curlers Plantage 190

Dänen 5. 11
Daimyo 220. 224. 227. 233
Damaskus 260. 267. 269
Damaszener 266. 267
Dampfschiffahrt 266
Darién 8
De Bry, Verlagshaus 65
De Vaca-Expedition 84
Deismus 108. 109
Dekadenz 129. 130
Dekhan, Hochland 11
Delaware 168
Delaware Bay 168
Delaware River 170. 172. 191. 192. 206
Den Haag 176. 178. 180. 182. 184. 185. 189–191. 193. 194
Deportation 4. 156
Deserteure 83. 84
Deshima 169. 218. 219. 226–245
Despotie 17. 110–113. 125. 136. 173
Deutsch 69. 98
Deutsche 2. 12. 23. 68–98. 112. 118. 137. 151. 163. 268
Deutscher Kaiser 96
Deutscher Sprach- und Kulturraum 87

Deutschland 85. 139. 162. 190. 269. 276
Devotio Moderna 47
Dialektik 48
Dialektik, chalzedonische 56
Diener 25
Dienerin 100. 101. 210
Dietz 92
Diplomatie 11. 125. 169. 181. 200. 205. 215. 249–279
Dissidenten 202
Diu 1
Dogmatik 55. 57
Doktrin 108
Dolmetscher 7. 231. 233–278
Dolores 52
Dominikaner 14. 15. 42. 52
Dreißigjähriger Krieg 156
Drogen 9
Dromedare 229
Drusen 251. 253. 257. 264. 267. 269. 271. 275
Drusenführer 271
Dschunke 220. 222. 225
Duke of York 205

Edelmetallbedarf, europäischer 4
Edelmetalle (s. auch Gold u. Silber) 3. 8. 199
Edelsteine 27
Edo 226. 231–233. 242. 245
Edo, Handelskammer 229
Efze 89
EIC 13. 16. 101
Einblattdruck 70
Einhegung 150
Einkommen, pro Kopf 102
Einwanderung 149. 180. 185. 190. 191
Einwanderungsbestimmungen 172. 174
Eisen 31. 73
Ekklesiologie 56. 57
El Cristo de la Consolación 50
El Cristo Yacente 50
El Refugio 52
El Señor de la Columna 50
El Señor de las Lluvias 50
El Señor de las Maravillas 50
El Señor del Perdón 50
El Señor del Pozo 50
Elefanten 229
Elfenbein 5. 27. 30. 31. 33. 222
Emigration 149–151. 153. 154. 160. 162. 182. 189
Engagés 13. 148. 161. 164
England (auch: Großbritannien) 13. 33. 109. 124. 134. 139. 150. 153. 155. 162. 168. 185. 194. 202. 203. 244. 253. 258. 261–264. 272. 277. 278
England, Restauration 151. 202
Engländer (auch: Briten; s. auch Schotten u. Iren) 2. 4–6. 11–13. 33. 34. 104. 113. 117. 125. 152. 168. 171. 172. 174. 187. 207. 223–225. 237. 239
Englische Gärten 121
Englische Krone 153. 202. 203
Englische Revolution 241
Englischer König 101. 226
Englisches Parlament 6. 153. 159
Entdeckungen (auch: Entdeckungsfahrten; s. auch Zeitalter der Entdeckungen) 3. 16. 18. 19. 25–27. 35. 36. 46. 72. 116
Entdeckungen, Finanzierung 27
Entfremdung, kulturelle 58
Entführung 153
Entradas s. Konquistadorenzüge
Entwicklungsland 116
Enzyklopädie 136
Ephesos 53
Epidemien s. Seuchen
Erbsen 156
Erfindungen 119. 129. 138
Eroberung (auch: Eroberungszüge; s. auch Entradas u. Konquista) 1. 3–5. 7. 9. 10. 16. 42. 68. 69. 74. 116. 118. 169

Eroberung, geistige 42
Erotik 86
Erster Weltkrieg 269
Erstes Kolonialzeitalter 6. 12
Erzbischof von Mexiko 48
Estado da India (auch: portugiesisches Vizekönigreich Indien) 1. 5. 11. 221. 222
Ethik 6. 17. 54. 104. 105. 110. 135. 208. 209. 215. 238. 262
Ethnographie 65. 68. 69. 71. 75. 79. 84. 86
Ethnohistorische Forschung 10
Ethnologen 91. 92
Ethnologie (auch: Völkerkunde) 41
Ethnozentrismus 14. 72. 74. 89. 90–92. 202
Ethologie 91
Etorufu, Insel 237
Eucharistie 46. 50. 51
Eunuchen 111
Europabild 133
Europäische Mächte 5. 12. 102. 250–279
Europäische Mangelgesellschaft 2
Europäische Randständigkeit 2
Europäische Überlegenheit 1. 26. 104. 106. 125. 130. 132
Europäisches Sendungsbewußtsein (auch: „Heilsbringermentalität") 3
Europäisierung (s. auch Expansion, europäische; Entdeckungen; Eroberung; Konquista) 1. 55. 211. 239
Europagedanke 133. 135
Exotik 16. 65. 80. 102. 146. 223. 229. 249
Expansion, ägyptische 258. 260. 261
Expansion, atlantische 19
Expansion, aztekische 45
Expansion, chinesische 19
Expansion, englische 153
Expansion, europäische (auch: abendländische Expansion) 1–3. 6. 14. 19. 23. 36. 41. 54. 92. 95. 103. 130. 164. 241. 249. 255
Expansion, puritanische (s. auch Konquista, puritanische) 205
Expansion, US-amerikanische 240
Extremadura 53

Fabelwesen 17. 79
Faktoreien, europäische 11. 12. 26. 28–30. 33. 34. 225. 226. 230. 241
Fanatismus 272
Farben (s. auch Farbstoffe) 3
Farbstoffe (s. auch Indigo) 30. 229
Farmen 148. 170. 172. 173. 182. 183
Farmer 149. 175. 179
Fastenzeit 51
Fauna s. Tiere
Federdiadem 76
Federschmuck 65. 68. 70–73. 147
Feinmechanische Geräte 3
Feldarbeit 85. 155. 208
Feldarbeiter (auch: Landarbeiter) 148. 156. 180
Felle 33. 170. 221. 229
Feministinnen 58
Ferner Osten 230
Feste 33. 46. 49. 69. 86. 209. 223. 232
Festungen 23. 26. 28. 160. 175. 182. 207. 211. 237
Feudalismus 7. 11. 111. 150. 237. 239. 261
Fidalgos 240
Fiktion 16. 83
Fischer 9. 156. 160
Fischer, chinesische 109
Fischfang (auch: Fischerei) 9. 24. 172. 180
Fleisch 156
Flora s. Pflanzen
Florenz 255
Florida 8
Florida-Straße 8

Flotte, chinesische 117
Flotte, Vernichtung der ägyptischen 1
Flugblatt 6. 70
Flugschrift 66. 70. 72. 73. 75–77. 79. 182. 275
Flushing 194
Folklore 46
Folter 119
Formosa 226. 241. 242
Fort Amsterdam 170
Fort Casimir 191
Fort Christina 191
Fort Good Hope 172
Fort Mount Hope 204
Fort Nassau 169
Fort Orange 170. 172. 189
Fortschritt 119. 130–132
Fra Mauro-Karte 2
Frankfurt 98
Frankfurter Buchmesse 69
Frankreich 33. 77. 115. 249. 251. 252–256. 258. 259. 261. 262. 264. 265. 267–270. 273. 275. 278
Franziskaner 15. 40. 42. 47. 52. 223
Französisch 122
Französisch-Kanada s. Kanada
Französische Krone 67
Französische Revolution 265
Französischer König 252. 256
Franzosen 2. 5. 6. 11. 12. 33. 34. 73. 77. 78. 112. 114. 118. 130. 131. 134. 135. 214. 216. 252–257. 267–269. 275. 278. 279
Frau der Zweiheit 41
Frauen 25. 55. 57. 58. 64. 65. 76. 83. 84. 86. 100. 101. 114. 115. 149. 152. 156. 158. 162. 204. 225. 230
Freeman 159
Freewoman 159
Freie Reichsstadt 69
Freihandel 101. 177. 180. 187. 190
Freiheit 113. 131. 149. 150. 189
Freiheitsrechte, individuelle 112. 119
Frieden 26. 110. 127. 173. 179. 180. 181. 192. 233. 236
Friesland 188
Frömmigkeit, spätmittelalterliche 46
Fronleichnamsprozession 46
Frontier s. Indianergrenze 45
Frühneuzeit s. Neuzeit, frühe
Fuhrleute 156

Galiläa 256
Gambia, Fluß 30. 33
Gamboas, Fluß 30
Gartenarchitektur 120. 121
Gazellen 33
Geba, Fluß 30
Gedenktafeln 89
Gefängnisse 152
Gefangenschaft 23. 67–70. 73. 77. 78. 80. 81. 83–85. 90. 92. 137. 151. 153. 178. 201. 209. 210. 212. 216
Gegenreformation 69. 106
Geistesgeschichte 18. 133
Geistlicher Stand 7
Gelbfieber 155
Gelehrte 17. 80. 119. 128
Gemälde 49. 65. 112. 198
Gemeinwohl 55
Gemüse 148. 156
Generalstaaten 168. 169. 172. 173. 176–178. 180–185. 188. 192. 193. 194
Genever 232
Genius 131
Genozid 4. 14
Geographie 2. 3. 26. 52. 75. 110. 126. 233
Geometrie 97. 105
Gerber 190
Gerichte 175–178. 260
Germanen 46

Gesandtschaften 12. 101. 114. 125. 135. 223. 226. 229. 231. 232. 234. 249. 256. 269
Geschenke 37. 101. 107. 192. 229
Gesellschaftsvertrag 112
Gesetze 24. 33. 42. 73. 74. 110. 157. 159
Gesichtsschmuck 65
Gestirnsgott 45
Gewaltenteilung 17. 112
Gewinn (auch: Profit) 26. 27. 29–31. 82. 149. 150. 152. 153. 161. 170. 171. 179. 187. 188. 192. 205. 216. 220–222. 226. 229
Gewürze s. Spezereien
Gewürzhandel s. Handel, Gewürzhandel
Gewürzinseln (s. auch Malaiischer Archipel; Bandainseln; Molukken; Amboina) 4. 224
Ghetto 16
Giftgeschosse 8
Giraffen 229
Glas 221
Goa 1. 221. 222
Goa, Eroberung von 1
Götter, indianische 41. 44–46. 48–51. 53. 55. 56. 59. 60
Göttingen 130
Göttinnen (auch: Götter, weibliche) 45. 53. 58. 106
Götzen 23. 24
Gold 5. 8. 27–31. 33. 49. 68. 73. 114. 220. 222. 228
Goldenes Zeitalter 48
Goldgier 1. 107
Goldmünzen 228
Goldrausch 167
Goldreiche 67
Gortonoges 202
Gott 56. 79. 107
Gotteserkenntnis 15. 107
Gottesessen 41
Graf von Hanau 93
Graf von Waldeck 93
Graf zu Katzenelnbogen 92
Gran Chaco 69
Gravesend 194
Griechen 103–105. 119. 122. 128. 141
Griechenland 128. 139
Groningen 188
Großbritannien s. England
Große Tartarei 128
Großlibanon 269
Großmächte 11. 125
Großsyrien 270
Grundherrschaft 7. 14
Guadalajara 53
Guadalupe 46
Guadalupe, Mexiko (s. auch Jungfrau von Guadalupe) 48. 52. 53
Guadalupe-Kult s. Jungfrau von Guadalupe
Guanahaní (auch: San Salvador) 1
Guatemala 7
Guayana 8
Gürteltier 147
Guiné do Cabo Verde (auch: Rios de Guiné de Cabo Verde) 29. 31. 37
Guinea 22. 27. 29–31. 33–37
Gulden 170. 171. 182. 183. 226

Habsburg 43. 251
Händler (auch: Kaufleute)
- afrikanische 26. 28
- Amsterdamer 169. 181. 192
- asiatische 3. 12
- Beiruter 278
- bewaffnete 4
- chinesische (s. auch Ko Hong) 12. 108. 109. 222
- englische 224
- europäische (auch: europäische Kaufleute) 11. 19. 32. 112. 149. 150. 152–155. 161. 177. 266
- flämische 224
- Hoorner 169
- italienische 225

japanische 222. 223. 228–230
jüdische 266
Küstenhändler 5
neuenglische 213
niederländische (s. auch VOC u. WIC) 174. 175. 207. 224–245
Pelzhändler 169
portugiesische 6. 27. 33. 220. 221. 231. 240. 241
schottische 152. 179
Häresie 250. 262
Häuptling s. Sachem
Häute 24. 33. 229
Haiti s. La Española
Hamburg 69
Hamburger Handschrift 69. 87
Handel
allgemein 19. 31. 32. 73. 82. 177. 192. 264. 278
afrikanischer (s. auch Handel, Guineahandel) 31
asiatischer 4
Binnenhandel 105
Chinahandel 12. 18. 222. 224. 225
chinesische Konsortien s. Ko Hong
Gewürzhandel 4
Goldhandel 5
Guinea-Handel 26. 27. 31. 34. 35. 36
illegaler 175
Indianerhandel 11. 206. 209
innerasiatischer 12. 220
internationale Konsortien (auch: Geschäftskonsortien) 12
Japanhandel 220–245
Kantonhandel 109. 135
Messen 221
mit Gefangenen 216
mit Indentured Servants 152. 153
mit Sklaven s. Sklavenhandel
Pelzhandel 10. 14. 16. 169. 170–172. 199. 205. 206. 213
Preise 114. 153. 155. 170. 215. 226
Syrienhandel 265
Taxierungshandel 229
Umschlagplätze 28. 29. 31. 226
Waffenhandel 207. 225
Zwischenhandel 27. 32. 33
Handelsagenten 34
Handelsbeschränkungen 172. 177. 187
Handelsmächte s. europäische Mächte
Handelsnetz, afrikanisches 2. 27–33
Handelsnetz, amerikanisches 9
Handelsnetz, asiatisches 2
Handelsplätze 11. 29
Handelspolitik 14. 35. 101
Handelspolitik, isolationistische 12
Handelsraum, arabischer 6
Handelsraum, des Indischen Ozeans (auch: Wirtschaftsraum des Indischen Ozeans) 1
Handelsraum, indischer 4
Handelsraum, malaiisch-chinesischer 4
Handelsrecht 6. 11. 26. 27
Handelswaren (auch: Handelsgüter; s. auch Kolonialwaren) 2. 4. 5. 9. 25. 26. 28–34. 170. 209. 210. 221. 227. 238. 255. 266
Handelswege 26. 29. 31. 266
Handwerk 16. 24. 122. 148. 151. 155. 156. 160. 162. 185. 207. 208. 214
Hans-Staden-Allee 89
Harnisch 7
Hartford 171. 174. 183
Hatt-i Hünayun 258
Hauran 269
Hausangestellte 156
Haushaltswaren 209
Hawran 275
Hebamme 41
Heiden 14. 104. 107. 115. 204
Heilige 50–52. 56

Heilige Stätten (der Christen) 252. 258. 276
Heiliges Land 268
Heilsbringermentalität s. Europäisches Sendungsbewußtsein
Hellespont 136
Hempstead 194
Hermelin 249
Herr der Zweiheit 41
Herzog von Moskau 188
Hessen, Landgrafschaft 67. 75. 82. 92. 93. 98
Hexerei 50
Himmelssohn s. Chinesischer Kaiser
Hindus 12
Hinterindien 226
Hirado 221. 224–227. 241. 242
Hirsche 229
Historikertag 18. 137
Hochkulturen, asiatische 15
Hochkulturen, indianische (auch: metropolitane Süd- und Mittelamerikas; indianische metropolitane Kulturen u. indianische Metropolen) 1. 7–9. 41. 73. 103
Hofkosmograph 67. 74
Hofmaler 121
Hohe Pforte s. Osmanisches Reich
Holländer s. Niederländer
Hollandologie s. Rangaku
Holz 10. 23. 31. 45. 170
Holzschnitt 68. 70. 72. 95. 218
Homberg 67. 89. 92. 93. 98
Hongitochtenflotte 4
Honig 30
Huaficori 49
Huasteca Veracruzana 51
Huaxteca 44
Hudson River 168–170. 174. 188. 189. 206. 213. 214
Huejotzinca 46
Huitzilopochtli 45. 51
Humanisten 104. 133
Hundsköpfige 79
Hunger 58. 115
Huronen 10
Hymnen 46

Iberische Halbinsel (auch: Iberien; s. auch Spanien u. Portugal) 46. 48. 67
Iberoamerika s. Lateinamerika
Ichcatepec 51
Idealstaat 112
Ideogramm 123
Ideologie (auch: Weltanschauung) 15. 17. 18. 41. 74
Idolatrie 73
Ikonographie 65
Imperialismus 1. 102. 116. 117. 131. 250–279
in Xóchitl in Cuícatl (Blume und Gesang) 46. 59
Indentured Servants 13. 148–164. 208. 210
Indianer (s. auch Indios) 5. 9–11. 14. 16. 41. 65. 94. 147. 164. 170–174. 179. 182. 184. 192–194. 198–215
Indianer, christianisierte (auch: getaufte Indianer u. Praying Indians) 43. 204. 205. 208. 214
Indianer, Individualeigentum 209
Indianer, Rückverteilung von Eigentum 209
Indianergrenze (auch: Frontier u. Siedlungsgrenze) 11. 211. 213
Indianerhaß 212
Indianerporträt 198–200
Indianerreservate 16
Indianische Bündnissysteme 7
Indianische Identität 43
Indianische Verkehrsmittel (s. auch Kanu) 10
Indianische Wege 10
Indien 1. 3. 4. 11–13. 18. 27. 35. 103. 117. 126. 131. 133. 137. 139. 140. 142. 220. 222. 229. 261. 277
Indien, Seeweg nach 1. 220

Indigenisation 56
Indigo 5. 6. 148
Indigoterie 6
Indio Macehual 53
Indiobild 66. 70. 73. 74. 82. 89–91
Indios 5. 14. 42–62. 69. 71. 73–77. 82. 84. 86. 87. 89–91. 166. 167
Indios, hispanisierte 43
Indischer Ozean 1. 19
Individualität 127
Industriezeitalter 265
Ingenieur 170
Inka 4. 17. 18. 59. 116
Inkulturation 3. 15. 16. 56
Instrumente 33
Insulinde s. Malaiischer Archipel
Intervention 117. 250. 256–259. 267. 272
Investitionen 3. 170. 188
Iren 152. 157
Irland 152
Irokesen 10. 205. 213
Islam (auch: Islamische Welt; s. auch Mohammedaner; Orient; Orientalen; Moghulreich) 2. 250–279
Islamischer Staat 250–252. 259. 267
Israel 233. 253. 255. 272
Italiener 110. 120. 138. 233
ito-wappu 226

Jacona 53
Jagd 172
Jaguar 43. 44
Jakatra (s. auch Batavia) 5
Jalisco 52. 53
Jalofos 37
Jamaica 161
James Town Massacre 10
Japan 4. 11. 12. 127. 128. 169. 218–245
Japan, Christenverfolgung 236
Japan, Isolationismus 226. 239. 243. 245
Japaner 102. 218. 219
Japanerde 229
Japanflotte, amerikanische 240
Japanisch 231. 233
Japanische Christen 223
Japanischer Kaiser 220
Japanologie 235. 236
Java 13. 79
Jerusalem 3. 257. 264
Jesuiten 14–16. 35. 42. 47. 52. 105. 109. 110. 114. 120–122. 124. 138. 140. 141. 214. 221. 223. 233. 236. 239. 241. 277
Jesuitenorden, Aufhebung 15
Jesús María 51
John Carter Brown Library 163
Juden 2. 51. 128. 250. 251. 259. 260
Juden, getaufte 33
Jugendliche 153
Jungfrau von Guadalupe (auch: Virgen de Guadalupe u. María de Guadalupe) 48. 49. 54. 56. 58. 60. 61
Juquila 53
Jurisdiktion 10. 112. 172. 183. 202. 260. 273
Jusha 244

Kaffee 148
Kaiserkanal 114
Kaliko 221
Kalikut 4
Kalvarienberg 49
Kameralisten 112. 118
Kampfer 228
Kampfhunde 7
Kanada (auch: Französisch-Kanada) 14. 16. 95. 212. 214. 215. 216. 236
Kanegawa, Vertrag von 239
Kannibalen (auch: Anthropophagen u. Menschenfresser) 17. 19. 23. 65. 67–71. 73–75. 78–92. 97. 98. 118. 126
Kannibalen-Topos 79. 86

Kanonisches Recht 47
Kanton 12. 109. 121. 137. 138. 142. 221. 234
Kap Blanco (auch: Cabo Blanco) 25. 26
Kap der Guten Hoffnung 19. 169. 187. 224. 241. 243. 255
Kap Verde (auch: Cabo Verde) 26. 33. 36. 37
Kaper, französische 68. 77. 78
Kapitäne 28. 68. 76. 150. 152–155. 181. 185. 206. 213
Kapital 6. 9. 159. 205
Kapitalismus 20. 36
Kapitulationen, französisch-türkische 251. 254. 256
Kapkolonie, Südafrika 13
Kapverdische Inseln 27. 31–33
Karacke 221
Karawanen 28
Karawanserei 1
Kariben 72. 85
Karibik (auch: Westindien) 6–8. 18. 97. 146. 147. 162. 163. 167. 212
Karlsruhe 91
Karmeliter 42
Karneval 51
Kartoffeln 156. 157
Kartographen 66
Kartographenschule, jüdische 2
Kartographie 2. 66. 71. 75. 249
Kastilien 94
Katalanischer Weltatlas 2
Kathedrale 52
Katholischer Glaube, Mexikanisierung 48
Katholizismus 7. 43. 55. 233. 253. 254. 256. 257. 264
Katholizismus, Dogmen 47
Kaufleute s. Händler
Kautschuk 147
Kent, Grafschaft 101
Keramik 45. 76
Keule 78
Kiefts Krieg 173. 174. 192
Kimonos 221
Kinder 16. 25. 34. 40. 41. 151. 153. 204. 230. 231. 254
King Philipp's War 10. 201–215
Kirche 8. 14. 15. 25. 47–49. 175. 257. 259. 260. 262
Kirchen, Unierte 252–254
Kirishito 241
Klassik 120. 122. 126. 127. 131. 139
Klassizismus 122
Kleiderordnung 114
Klima 13. 110. 113. 155. 161. 162
Klöster 150. 254
Klosterschulen 265
Knechte 41. 179. 210
Ko Hong 12
Königlich Bayerische Akademie der Wissenschaften 36
Koexistenz, friedliche 207
Kolonialismus 19. 58. 212. 240
Kolonialmächte, europäische s. Europäische Mächte
Kolonialmüdigkeit 13
Kolonialspanier 7. 42–62
Kolonialsystem, altes 13
Kolonialwaren 147. 149. 170
Kolonien
  Handelskolonien 5
  Patronatskolonien 172. 189. 190
  Plantagenkolonien 148–161
  Siedlungskolonien 5. 10–13. 31. 170
Kolonisation (auch: Kolonisierung) 6. 9. 46. 60. 150. 152
Kolonisatoren 42. 51. 52
Kolonisten 8. 171. 172. 175–177. 181. 182. 185. 187. 189. 192. 193. 239
Kolumbien 7
Kolumbus-Brief 70
Kolumbusfahrt (auch: Kolumbus' Landung) 1
Kompaß 119. 138
Kompilation 66. 87. 98. 105. 114. 236

Konfuzianismus 107. 109. 111. 112. 122. 134. 139. 140. 141. 237. 243. 244
Konkurrenz 4. 11. 16. 29. 31. 33. 34. 79. 80. 82. 91. 160. 170. 187. 191. 214. 222. 250. 261
Konquista 5. 7. 8. 13. 42. 46. 69. 96
Konquista, puritanische 204. 212
Konquistadoren 5. 7. 8. 14. 42. 51. 69. 74
Konquistadorenzüge (auch: Entradas) 7. 69
Konstantinopel 277
Konsulate 255. 256. 262. 264–267. 275. 278
Konvertiten 15. 16
Konzert der Mächte 240
Konzil von Chalzedon 57
Konzil von Ephesos 53
Konzil von Trient 47
Kopernikanisches System 123
Kopten 274. 276
Korallen 229
Koran 251. 257
Koromandelküste 11. 229
Korruption 104. 109. 122
Korufun 221. 240
Kosaken 240
Kosmographen 66
Kosmographie 17. 23. 65. 66. 71. 85. 86. 88. 97. 98. 104. 133
Kosmologie 56
Kosmopolitismus 127. 128
Kotau 125
Kranker Mann am Bosporus 258
Krankheit 23. 75. 78. 79. 124. 149. 155. 156. 161. 228
Kreativität 119
Kredit 6. 266
Kreolen 43
Kreuzzüge 3. 251
Krieg 7. 45. 69. 71. 76–78. 84. 115. 118. 152. 169. 170. 171. 173. 174. 178. 184. 185. 199–215. 225. 256. 258. 259. 272. 279
Kriegsgefangene 5. 151. 156. 157. 201. 204. 209. 210. 212. 215
Kriegsgott 45
Kriegsmystik 45
Kriegsrecht 205. 273
Kriegsrecht, indianisches 201
Krim 2
Kriminalität 157. 162
Krimkrieg 258. 259
Kritik 128. 131
Kronkolonialismus, portugiesischer 220
Kronkommission, englische 202. 203. 204
Kronland 205
Kuba s. Cuba
Kulttanz (s. auch Powwow) 68
Kultur (auch: Kulturen; s. auch Hochkulturen) 1–3. 5–8. 10. 16–18. 23. 35. 41. 42. 44. 66. 70. 72. 74. 90–92. 103. 104. 107. 112. 116. 122. 125. 127. 130. 132. 133. 141. 147. 201. 206. 211. 215. 240. 271
Kultur der Armut 43
Kulturelle Überlegenheit 102
Kulturgeschichte 18. 108
Kulturzentrismus 17
Kunst 41. 66. 101. 105. 121. 122. 124. 126. 131. 138. 139. 207. 235. 241. 249
Kupfer 221. 222. 228. 229
Kupferstich 101
Kuriositäten 3. 221. 225
Kuriositätenkabinette 228
Kurländer 5
Kyoto 226
kyrios 49
kyu-ri 238
Kyushu 220. 221. 223. 224

La Concepción 52
La Española (auch: Haiti) 7

La Preciosa Sangre de Jesús 50
La Purísima 52
La Soledad 52
Lagos 28
Laienbruderschaften 46. 47
Lambaia 33
Lançados 33. 34
Lancaster 201
Lancaster, Vertrag von 213
Landarbeiter s. Feldarbeiter
Landgraf von Hessen 82. 92
Landsknecht 68
Landspekulation 203
Landstreicher 153
Landtag 186. 194
Landwirtschaft 20. 24. 32. 148–164. 170. 182. 187. 207. 234
Lanze 7
Latakia 264. 269
Latein 23. 41. 69. 233
Lateinamerika (auch: Iberoamerika; s. auch Spanisch-Amerika u. Mittelamerika u. Südamerika) 19. 57–60
Leder (s. auch Häute) 228
Leeward Islands 161
Lehrlinge 67. 154
Leiden 244
Leinen 114. 156. 157
Lendenschurz 157
Lepra 155
Levante 2
Leyenda negra 8. 74
Libanon 252. 256. 257. 260. 261. 262. 267–274. 276. 278. 279
Libanon, konfessionelle Minderheiten 254–259
Libanon-Konflikt 272
Libertinisten 107
Libyen 22
Lippensteine 76
Lissabon 28. 32. 77
Literatenbeamte 109
Literatur, antike 121
Literatur, chinesische 122
Literatur, deutsche 89. 139
Literatur, englische 142
Literatur, europäische 136
Literatur, portugiesische 107. 141
Lobby 4. 203
Lob-Lolly 156. 163
Lohn 159. 160
Lohnarbeit 148–164. 167. 208. 210
London 153. 199. 200. 202. 212. 213. 241. 269
London, Vertrag von 258
Long Island 171. 172. 174. 186
Lord Protector 202
L'Orient, Zeitung 270. 279
Loyalität 171. 174
Lusíadas 107
Luxus 114. 116. 249. 266
Luxusindustrie 115
Luxusverbote 115
Luz 52

Maas 188
Macao 12. 221–224. 240
Macehuales 43
Magellan-Straße 224
Mailand 95
Mais 41. 162
Makassar 230
Malabarküste 11
Malaguetta-Pfeffer (auch: Malagueta-Pfeffer) 5. 27. 30. 31
Malaiischer Archipel 4. 11. 224. 241
Malakka 1. 4. 221
Malakka, Eroberung von 1
Malakka, Straße von 4
Malaria 155
Mallorca 2
Mamluken 274
Mandarine 109. 112. 132
Mandschu 11. 12. 105. 116
Mandschu-Kaiser 16
Manhattan 170. 172. 173. 176. 179. 186. 189. 190. 192

Manila 223. 243
Maniok 156. 163
Manitou 213
Manors 172
Manufakturen 115
Marburg 23. 67. 68. 80. 92
Marburg, Universität 81. 97
María de Guadalupe s. Jungfrau von Guadalupe
Mariä Himmelfahrt 46
Marienbilder 52
Marienfrömmigkeit 47. 51. 53
Marienkult 46. 52
Mariologie 44. 53. 54. 55. 58
Markt 2. 4. 6. 114. 222. 226
Markt, afrikanischer 26–37
Markt, europäischer 28. 101
Marokko 1. 29
Maroniten 251–257. 262. 264. 270. 271. 272. 275
Maronitismus 271
Marter 209
Martyrium 15. 48
Maryland 168
Massachusetts 171. 199. 201. 202. 203. 212. 213. 215
Mathematik 105. 123. 140. 233
Matriarchat 58
Mauren 5. 46
Maya 17. 44. 59. 60
Mbanza Congo 14. 15
Medellín, Bischofskonferenz von 48
Medizin 23. 76. 78. 79. 81. 119. 124. 234. 239
Meiji, Dynastie 240
Meißen 163
Mekka 4
Mekka-Pilger 4
Menschenfresser s. Kannibalen
Menschenopfer-Kulte 45. 46. 50. 59. 73
Menschenraub 206
Menschenrechte 55
Menschenwürde 55
Mercedarier 52
Messias 56
Mestizen s. Mischlinge
Mestizische Jungfrau von Guadalupe s. Jungfrau von Guadalupe
Metanoia 56
Metaphorik 85
Metaphysik 44. 57
Mexica s. Azteken
México-Tenochtitlán (auch: Tenochtitlán) 42. 45. 73
Mexiko (auch: Neu-Spanien) 7. 40–62. 73. 96
Michoacán 52
Middelburg 242
Midwout 194
Mikroskope 229
Militär (auch: Truppen; Streitkräfte; s. auch Soldaten; Waffen; Soldateska; Konquistadoren) 1. 5. 7. 11. 28. 34. 42. 83. 105. 116–119. 125. 128. 149. 150. 152. 159. 166. 167. 174. 177. 181. 185. 194. 199. 202. 204. 205. 207. 211–213. 222. 236. 257. 261. 267–269. 272
Millers River 204. 213
Milna 29
Ming, Dynastie 11. 29. 222
Mischlinge (auch: Mestizen) 43. 65. 77
Mischwesen 16
Missale 47
Mission 14–16. 42–62. 106–110. 114. 116. 138. 140. 167. 199. 208. 216. 221. 222. 226. 236. 241. 252–254. 262. 275. 277
Missionare 15. 40. 42–62. 77. 106. 108. 109. 112. 115. 119. 120. 122. 123. 127. 130. 140. 215. 223. 239. 254
Mississippi 11
Mittelalter (s. auch Spätmittelalter) 2. 5. 16. 19. 46–48. 59. 80. 132. 237. 252. 274

Mittelamerika (auch: Zentralamerika u. Mesoamerika; s. auch Spanisch-Amerika u. Lateinamerika) 1. 5. 6. 8. 19. 44. 71
Mittelmeer 4. 254. 256. 261. 268. 269
Mittelmeerinseln 255
Mixteca 44
Miyako 223
Mobilität 150. 151
Möbel 221. 228
Modelwitz 163
Moderne 58. 106. 110
Moghulreich 11. 12
Mohammedaner (s. auch Islam) 12. 123. 140. 250. 251. 259. 267. 276
Mohammedanische Überlegenheit 273
Mohawk River 168
Mohawks 170. 189. 214
Mohikaner 206. 212
Mole (auch: Molli) 41
Monarchie, aufgeklärte 110–113
Mongolei 128
Mongolen 130
Monopol 4. 11. 12. 18. 27. 28. 33–35. 172. 185. 187. 190. 213. 221. 223
Monopolhandelsgesellschaften (auch: Monopolgesellschaften) 12. 13
Monopolprodukte (s. auch Muskat; Nelken u. Zimt) 12
Monopson 12
Monster 16
Monterrey 53
Montserrat 46
Moral 7. 17. 74. 105–108. 110. 111. 113. 119. 127. 237
Morelia, Augustinerkonvent 53
Morenita von Tepeyac 49
Moschee 257
Moschus 229
Mühlen 172
München 65. 69
Münchner Handschrift 69. 87
Muisca 59
Multikulturelle Welt 102
Multinational Force (im Libanon) 272
Munition (s. auch Schießpulver) 170. 207
Musik 33. 105. 120
Muskat 4. 11. 229
Mysterien 50. 52
Mythen der Neuen Welt 79
Mythologie 41. 50

Nachfrage 9. 149. 152. 153. 155
Nagasaki 12. 19. 219. 221–223. 225. 226–245
Nagasaki-ya 234
Naher Osten 255. 260. 261. 265. 274. 277. 278
Nahrungsmittelknappheit 9. 115
Nahua-Völker 44. 45
Náhuatl 51. 53. 59
Namban 241
Napoleonische Kriege 265
Narragansett Bay 199. 206
Narragansetts 199. 202. 203. 205–207. 209. 211. 212
Nation 110. 117. 118. 125. 126. 129. 237
Nationalcharakter 109
Nationalismus 54. 270. 271
Nationalsozialismus 131
Nationalstaat 17. 240. 270
Nationalstolz 88
Natividad 52
Naturgeister 50
Naturgesetz 17. 24. 238
Naturrecht 104. 141
Naturwissenschaft 17. 104. 140. 234
Nautik 71
Navigation Acts 152
Nayarit 50. 51
Nazareth 53. 57. 254

Nelken, Spezerei 4. 11. 229
Nelkenanbau 5
Neu-Amsterdam 168. 170. 174–178. 183. 186. 189. 190. 193. 199
Neu-England 8. 18. 100. 168. 171. 174. 176. 177. 194. 199–215
Neu-England, vereinigte Kolonien 171. 174. 199. 203. 204
Neu-Holland 181. 187. 190. 193
Neu-Niederland 173–195. 205. 206
Neu-Schweden 174. 191
Neu-Spanien s. Mexiko
Neue Welt 16. 18. 19. 55. 65–68. 70–72. 74. 75. 79. 81. 82. 86. 88–91. 94. 95. 98. 149. 205. 245
Neuchristen 16
Neufundland 8
Neuzeit 6. 131. 132
Neuzeit, frühe (auch: Frühneuzeit) 2–4. 8. 9. 11–13. 15. 17. 18. 103. 113. 117. 125. 132. 137. 162
New England Company 214
New Haven 172
New Jersey 168
New Plymouth 171. 202–205. 207. 213. 215
New York (s. auch Neu-Amsterdam) 168. 172. 189. 199. 205
New York State Library 168. 188
Newtown 194
Niantics 198–200
Nidda 92
Niederländer (auch: Holländer) 2. 4–6. 11. 13. 19. 34. 116. 119. 125. 167. 195. 199. 206. 218. 219. 223–245
Niederländisch 23. 142. 231. 234
Niederländisch-Indien 5
Niederlande (auch: Holland) 134. 168. 169. 171. 178. 179. 183. 184. 186. 188. 190. 193. 224. 226. 228. 230. 241
Niederlande, Goldenes Jahrhundert 171
Nomaden 45
Nordafrika 29
Nordamerika 1. 5. 6. 8–11. 14. 15. 162. 168–215
Nordwest-Monsun 221
Nord-West-Passage 168
Notar 183. 184. 194
Novelle 122
Nürnberg 3
Nürnbergereien 3
Nuestra Señora de Guanajuato 53
Nuestra Señora de Ocotlán 53
Nuestra Señora de Rayo 53
Nuestra Señora de Tamazula 53
Nuestra Señora de Zapopan 53
Nuestra Señora del Refugio 52
Nuestra Señora del Roble 53
Nuestra Señora del Socorro 53
Nuestra Señora de la Consolación 53
Nuestra Señora de la Defensa 52
Nuestra Señora de la Loreto 52
Nuestra Señora de la Raíz 53
Nuestra Señora de la Salud 52
Nuestra Señora de los Afligidos 53
Nuestra Señora de los Angeles 53
Nuestra Señora de los Dolores de Acatzingo 53
Nuestra Señora de los Remedios 52
Nuno, Fluß 30

Oaxaca 50
O-Bon 232
Obst 148
Öffentlichkeit 67. 70. 72. 76. 82. 86–90. 181. 182. 236
Österreich (s. auch Habsburg) 253. 254. 258. 269
Österreicher 278
Offizien 23
Ohio 11
Oktroi s. Patent
Olmeca 44
Omecíhuatl 41. 45

Ometecuhtli 41. 45
Ometéotl 45
Ontologie 56
Opferkulte 47. 49
Opiumkrieg 117. 237
Optik 105
Orange 213
Orangen 30
Ordenações Manuelinas 32
Orient 6. 113. 115. 116. 126. 132. 133. 142. 249. 252. 260. 269. 271. 273
Orientalen 3. 5. 122
Ormuz 1. 4
Ormuz, Eroberung von 1
Orontes 269
Orthodoxe 253. 259. 264
Osaka 226
Osmanen s. Türken
Osmanisches Reich 113. 250–279
Osmanisches Reich, Reformen 258. 259
Ostasien 103. 168. 237
Ostindienfahrer 221
Ostindiengesellschaften, europäische (s. auch EIC u. VOC) 11. 101. 109. 225. 249
Ostindienkompanie, englische s. EIC
Ostindienkompanie, niederländische s. VOC
Otomí 44
Otter 169
Oztotéotl 50

Pacht 150. 159. 160
Päpstliche Bulle „Sublimis Deus“ 14
Palästina 252. 258. 268. 274
Palästinenser 272
Palmas, Fluß 30
Palmen 31
Panegyrik 102
Papagei 147
Papier 119
Paradiesvögel 229
Paraguay 69. 85
Paraná, Fluß 69. 81
Paris 249
Paris, Vertrag von 258
Passagiere 152. 153. 155
Paßsystem, portugiesisches 4
Patent (auch: Oktroi) 169
Patriarch, armenisch-katholischer 256
Patriarch, maronitischer 256. 270
Patriarch, melkitischer 256
Patriarchat 110
Patrizier 68. 86. 266. 267
Pátzcuaro 52
Paulistas 167
Pavillon 121
Pavonia 189
Pawcatuck River 199
Peking 110. 111
Pelze 10. 171
Pelztiere, Ausrottung 172
Pennsylvania 168
Pequot-Krieg 199. 211. 212
Pequots 199. 206. 211. 212
Perlen 114. 199. 208. 222
Perl-Fluß 221
Perlmutt 2. 289
Pernambuco (auch: Recife) 67. 68
Persien 229
Persischer Golf 4. 261
Peru (auch: Perú) 4. 7. 67. 69. 74
Peru, Vizekönigreich 67
Petition 173–195. 175. 177. 179–181
Pfauen 229
Pfeffer 27. 229
Pfefferküste 220
Pfeile 41. 68. 70. 72
Pferde 7. 27–30. 33. 209. 229. 242
Pflanzen (auch: Flora) 4. 23. 65. 75
Pflanzer (auch: Plantagenbesitzer) 148. 150. 152. 153. 155. 158–160. 167
Pfund Sterling 101. 155. 159. 213. 215
Philippinen 223. 230. 233

Philosophie 46. 59. 111. 112. 122. 123. 126. 131. 135. 136. 238
Philosophie, praktische 110. 111
Physiognomie 35
Physiokraten 112
Pilgerväter 205
Piraterie 32. 149. 212
Plantagen 13. 18. 148–164
Plantagenbesitzer s. Pflanzer
Plantagenwirtschaft 6. 13
Plassey, Sieg von 117
Plastik s. Skulptur
Platonisches Ideal 111
Pneumatologie 56
Pockenschutzimpfung 124
Polen 12
Porträt 65. 101. 249
Portugal 19. 29. 31. 34. 35
Portugal, Personalunion mit Spanien 11. 170
Portugiesen 1. 4. 5. 11. 12. 19. 25–37. 78. 89. 107. 116. 125. 126. 133. 141. 167. 181. 187. 190. 220–224. 226–228. 230
Portugiesen, schwarze 25. 35. 37
Portugiesisch 25. 231. 233
Portugiesisch-Amerika s. Brasilien
Portugiesische Krone 12. 27. 28. 32–34. 221
Portugiesischer Infant 26
Portugiesischer König 27. 31. 33. 94
Portugiesischer Vizekönig 223
Porzellan 101. 119. 121. 222. 228
Potosí (s. auch Cerro Rico) 4
Powwow 216
Praying Indians s. Indianer, christianisierte
Preußen (s. auch Brandenburger) 254. 258. 269
Preussische Akademie der Wissenschaften 140
Preussische Nationalbibliothek 163
Prinz von Nassau-Siegen 65
Prinz von Oranien 191
Privilegien 26. 27. 31. 154. 171. 179. 180. 225. 227. 241. 251
Profit s. Gewinn
Proletariat 160
Propaganda 249
Prostitution 152. 231
Protektoratsmächte s. Schutzmächte
Protestantische Weltmission 106
Protestantismus 44. 59. 61. 108. 109. 254. 275
Providence, Rhode Island 163
Ptolemäische Geographie 2
Publizisten 23. 113
Puebla, Bischofskonferenz von 48. 61
Pulvermacher 67. 81
Purépecha 44. 46
Puritaner 152. 171. 199–215

Quecksilber 229
Quetzalcóatl 45. 47. 49. 50. 56. 60
Quing, Dynastie 130. 142

Rangaku 232. 235. 238. 244
Rasse 130. 131
Rassenkrieg 201. 212
Rassismus 16–18. 131. 202. 214
Reais, Währung 27
Recife s. Pernambuco
Reconquista 8
Redemptioners 154
Regenkult 45
Regensburg 69. 94
Regentenklasse 174
Registrierbüro 153
Regla Christiana Breve 48
Reich der Mitte s. China
Reichspolizeiordnung 114
Reichtum 12. 16. 54. 58. 68. 74. 101. 113–116
Reis 6
Reiseberichte (s. auch Augenzeugenberichte) 16. 23. 25. 34. 35. 67–98. 107. 110. 125. 130. 132. 135. 140. 156. 157. 163. 220. 244

Reisplantagen 6
Reisschnaps 228
Religion 8. 35. 42–62. 75. 76. 103. 104. 105. 107. 126. 128. 142. 152. 157. 211. 216. 227. 232. 233. 250–279
Religion, ägyptische 58
Religion, afro-amerikanische 44
Religion, babylonische 58
Religion, indianische 42–62
Religionslosigkeit 73
Remedios 52
Renaissance 47. 141
Rensselaerswijk 172. 192. 193
Republique de Lettres 236
Resgates 29. 30
Revolution Gottes 58
Revolutionen, Zeit der großen 13
Rezeption 19. 74. 79. 81. 86. 90. 98. 233
Rhode Island 163. 199. 200. 202–204. 207
ri, kosmisches Prinzip 238
Rio Case 30
Rio de la Plata 69. 88. 94
Rio de la Plata, Provinz 67. 68
Rio Grande, Westafrika 30
Rios de Guiné de Cabo Verde s. Guiné do Cabo Verde
Ritenstreit 15
Rituale 49. 50. 68. 76. 78. 84. 86. 92. 209. 216
Riukiu-Inseln 19
Roanoke 9
Robinsonade 80
Römer 104. 105. 122. 141
Rohstoffe 9. 25. 261. 266
Rokoko 120
Rom 139. 253. 254
Roman 122
Rosenkränze 25
Roter Mann 91
Rotes Meer 261
Ruhr 155
Rundschild 41
Russen 2. 125. 237. 253. 256. 264. 278
Russische Kontinentalexpansion 2
Russisch-osmanischer Krieg 256
Rußland 113. 258. 259. 264. 276

Sachbuchautor 91
Sachem 171. 198. 199–200. 204. 206. 215
Saffran 229
Sahara 25
Saida 255. 256. 264
Saint Domingue 18
Sakai 226
Sakoku 236. 239. 245
Salamanca, Universität 40
Salpeter 229
Salz 75. 162
Samurai 232. 233. 235. 236. 237
San Andrés Chamula 49
San Bartolo Nuacalpan 52
San Carlos, Kloster 53
San Juan de Dios, Kloster 52
San Salvador s. Guanahaní
Sandelholz 221. 229
Sannup 209
Santa Catarina 83. 84
Santa María 52
Santiago, Kapverdeninsel 31–33
Santiago Mataindigenas 56
Santo Amaro, Insel 67
Santo Christo de Chalma 50
Santo Entierro 51
Santo Jesus 56
Santo Tomás 56
Santoetik 50
São Domingos, Fluß 30
São Jorge da Mina s. Mina
São Tomé 15
São Vicente 67–69. 83. 84. 89
Satsume 220. 239
Sayoyoroku 241
Schäfer 156
Schafe 201

Schauspielkunst, chinesische 120
Scheren 73
Schießpulver (s. auch Pulvermacher u. Munition) 119. 124. 214. 215
Schiffahrt 26. 170. 182. 266
Schiffbau 9. 170. 237
Schiffbruch 77. 220
Schiffe 9. 13. 26. 28. 31–34. 67–69. 78. 83. 117. 147. 150. 152. 185. 188. 220–222. 224. 225. 227–229. 232. 236. 256
Schiffe, Ausrüstung 32
Schiffe, gecharterte 26
Schiffskanonen 4
Schiffsnamen
L'Amphitrite 138
La Bayonnaise 142
Princess 176. 179. 191
Liefde 224. 241
Schiffspassage 149. 154. 155. 182
Schiiten 250. 251. 269. 271. 272. 279
Schildkröte 147
Schilling 209
Schlange 44
Schmidlforschung 91. 94
Schmiede 24. 154. 208
Schmuggel 220. 222
Schotten 152. 157. 179
Schottland 152. 156
Schout s. Schultheiß
Schout-Fiscaal 183. 184. 192
Schulden 6. 67. 154. 160
Schulen 52
Schultheiß (auch: Schout) 183. 184. 191
Schutzmächte (auch: Protektoratsmächte) 11. 259. 265
Schwarze s. Afrikaner
Schwarzes Meer 4
Schweden 5. 191. 192. 232
Schweine 85. 157
Schweiz 275
See der Irokesen 205
Seegefecht 77
Seekrieg, zweiter englisch-niederländischer 171
Seeland 188. 229. 242
Seeleute 13. 14
Seeleute, chinesische 138. 220
Seeleute, englische 224
Seemeile, portugiesische 27
Seeterror 4
Seeteufel 116
Segregation 215
Seide 101. 104. 114. 121. 221. 222. 226. 228. 229. 241. 242. 266
Seide, wilde 9
Seidenspinnereien 266
Sekten, islamische 251
Senegal (auch: „Zenega“) 22. 23. 30
Senegal, Fluß 29
Señor de Chalma 50
Señor de Chavarriete 50
Señor de Chipinque 50
Señor de la Peña de Mazatepec 50
Señor de Tila 50
Señor del Sacromonte de Amecameca 50
Seuchen (auch: Epidemien) 9. 13
Shogun 224. 225. 229. 230. 232–235
Shuinjo 241
Siam 142. 221. 240
Siebenjähriger Krieg 118
Siedler 32. 35. 150. 151. 154. 161. 170–172. 177. 182. 185. 186. 189. 192. 205
Siedlungsgrenze s. Indianergrenze
Sierra Leone 25. 29–32
Silber 3. 68. 73. 114. 221. 222
Sinologie 140. 236
Sinophilie 121. 124. 128. 135
Sinozentrismus 104
Sitten 23. 25. 41. 68. 73. 74. 76. 79. 90–92. 104. 113. 133. 142. 156. 157. 161
Skalpieren 69
Skandinavien 190

Sklaven
allgemein 4. 13
afrikanische 5. 6. 25. 27–29. 31. 65. 146. 147. 149. 152. 155–158. 160. 162. 167. 230
asiatische 230
chinesische 103
indianische 69. 74. 78. 83. 156. 208. 210–212. 214
Sklavenaufstände 149. 157
Sklavenfang 167
Sklavenhändler
afrikanische 6
portugiesische 15. 25
Sklavenhandel 15. 30–32. 118. 153
Sklavenhandel, Abschaffung 6
Sklavenhandel, Modalitäten 6
Sklaverei
allgemein 5. 6. 13. 18. 118. 136. 157. 160. 163. 164. 210. 211. 214
industrielle 6
Rechtsinstitution 6
Skulptur 45. 49. 120
Soldaten
allgemein 52. 151
chinesische 116. 118
deutsche (auch: deutsche Söldner) 156
englische 152. 204
niederländische 178
portugiesische 137. 181. 222
Soldateska 7. 8
Sonnenkönig 126
Sonnenschirm 101
Sonnenvolk s. Chichimeca
Soteriologie 56
South Carolina 208
Sozialismus, arabischer 272
Sozialphilosophie 122
Sozialpsychologie 95. 266
Soziologen 54
Spätmittelalter 2. 3. 46
Spanien 11. 54. 93. 169. 181
Spanier 8. 11. 19. 42–62. 103. 114. 116. 118. 125. 223. 274
Spanisch-Amerika (auch: Iberoamerika) 14. 15
Spanische Krone 7. 8. 67. 74. 230
Spanischer Erbfolgekrieg 127
Spanischer König 494
Spezereien (auch: Gewürze) 3. 27. 221. 222. 229. 238. 239
Spiegel 229
Spielzeug 225. 229
Spiritualismus 59
Spiritualität, byzantinische 48
St. Augustine 8
St. Christopher 162
St. Lorenz-Wasserweg 10. 11
St. Martin 190
Staatstheoretiker 110. 112. 126
Stadenforscher 91
Stahl 124
Staten Island 184. 190. 194
Steuern (auch: Abgaben) 28. 150. 172. 173. 175–177. 179. 180. 182. 185. 193. 232. 256. 259. 261. 267. 273
Stoffe s. Textilien
Strafen 158. 176. 184
Straubing 68. 69. 86. 87. 89. 93. 94. 98
Straußenvögel 229
Stuart Restauration s. England, Restauration
Stuttgart 69
Stuttgarter Handschrift 69. 87. 93
Subsistenzwirtschaft 160
Sudan 26
Südafrika (s. auch Kapkolonie u. Kap der Guten Hoffnung) 13
Südamerika (s. auch Spanisch-Amerika u. Brasilien) 1. 5. 6. 8. 19. 65. 70–72. 77. 90. 93. 94. 97. 98
Südchinesisches Meer 226
Südwest-Monsun 221
Sunniten 250. 251. 269. 271
Surinam 161. 187

Suwa Matsuri 232. 243
Swansea, britische Inseln 176
Swansea, New Plymouth 204
Synkretismus 15. 42–62
Syrieninvasion, Napoleonische 257

T-Karten 2
Tabak 147. 150. 159. 232
Tabasco 50
Tabu 65. 72
tabula rasa 71
Tacátzcuaro 49
Tancítaro 53
Tanegashima 220
Tanzimat 258
Tapisserie 146. 147. 249
Tapuaya 64. 65
Tarairiu 64
Tartaren 117
Tartarischer Chan 134
Tata Dios 50
Taxco 50
Tayaó 50
Technik (auch: Technologie) 1. 3. 9. 16. 120. 124. 125. 127. 129. 130. 148. 207. 208. 214. 229. 237. 239. 244
Tee 101. 221. 228. 231
Teehäuser 231
Tenochtitlán s. México-Tenochtitlán
Teocalli 53
Teoinnan 53
Teoqualo 41
Teotihuacán 49
Teotihuacana 44
Tepeyac, Hügel 48. 49
Terror 4. 45. 272
Texel 185
Texcocosee 45
Textilien (auch: Stoffe u. Tuche) 3 16. 23. 27. 28. 30. 104. 208–210. 221. 229
Tezcatlipoca 45. 50. 56
Theater 46
Thebaner 128
Theologie 46. 106. 238
Theologie der Armut 56
Theologie der Volksfrömmigkeit 56
Theologie, natürliche 106. 134
Theotokos 53
Tiere 14. 23. 24. 33. 65. 75. 76. 147. 170. 221. 229
Times, Zeitung 267
Timor 221
Tlacaélel-Huitzilopochtli 45
Tlahuizcalpantecuthli 45
Tláloc 45. 50
Tlamatinime 46. 59
Tlaxcala 53
Tlaxcalteca 46
Tlazoltéotl 45
Toba 223
Tokugawa, Dynastie 226. 232. 239. 241. 243. 245
Toleranz 106. 109. 127. 181. 187. 245. 250
Tollán 49
Tolteca 44
Tonantzin-Cihuacóatl 45
Tonkin 127. 229. 242
Toponyme 52
Toscana, Großherzogtum 255
Tótec 45
Totonaca 44
Township 171. 186. 202
Transzendenz 46. 55
Trient 47
Tschingisiden 11
Tuche s. Textilien
Türken (auch: Osmanen) 133. 249. 255. 258
Tungusen 11
Tunkin s. Tonkin
Tupinambá (auch: Tupí) 65. 68. 69. 77. 78. 81–84
TV-Journalist 91
Tyrannei 113
Tzitzinime 51

Überbevölkerung 151
Überfluß 110
Überproduktion 4
Uelzen 101
Uhren 221. 234
Unabhängigkeit der Amerikanischen Kolonien 3
United Colonies of New England s. Neu-England, vereinigte Kolonien
Universalgeschichte s. Weltgeschichte
Université Saint Joseph 255
Unterhaltungsliteratur 75. 80. 82
Urschrift 123
Ursprache 123
USA 239. 240. 272. 273
Utopie 57

Vagabunden 151
Valladolid, Mexiko 52
Van der Borght, Werkstatt 146
Venezianer 106. 220
Verbannung 202
Verbotene Stadt 101
Vereinigte Staaten von Amerika s. USA
Vergewaltigung 118
Verleger 65. 66. 69. 72. 87. 90. 91
Vermarktungsstrategie 162
Vernunft 118. 127
Vernunft, reine 104
Versailles 249
Vespucci-Mannschaft 71. 77
Vietnam 123
Vietnamkrieg 7
Virgen de Guadalupe s. Jungfrau von Guadalupe
Virgen de San Lucas 52. 53
Virgen del Montserrat 46
Virgen del Pilar 46
Virgen del Rosario 52
Virgen de la Merced 52
Virgen de los Remedios 56
Virginia 18. 168. 171. 172
Virginia Company 151
VOC
  allgemein 11. 12. 15. 101. 135. 168. 169. 218. 219. 224–245
  Direktoren 236
  Kammer Seeland 242
  Personal 12. 101. 218. 228. 230. 234. 238. 239
  Retourflotte 13
  Unterhaltskosten 12
Völkerbundsmandat 269
Völkerkunde s. Ethnologie
Völkermord s. Genozid
Völkerrecht 141. 249. 273
Volksfrömmigkeit, marianische 46
Volksfrömmigkeit, trinitarische 46. 47
Volksreligion 44. 56
Volksreligiosität, iberische 46. 55
Volksreligiosität, mexikanische 43–62
Vorsehung 44. 46. 204. 213
Vorurteil 72. 95. 118. 245

Wachs 30. 31. 33
Waffen 3. 4. 9. 16. 69. 76. 116. 160. 170. 172. 174. 182. 184. 193. 201. 207. 209. 214. 220. 221. 237. 238. 262
Waffenstillstand, zwölfjähriger 169
Wagakusha 244
Wallfahrten 46. 107
Wallonen 170
Wampanoags 203. 204. 207–209. 211. 215. 216
Wampum 199. 206. 213
Wandschirme 221. 228. 232
Waren s. Handelswaren
Warwick 202
Wassersucht 155
Weberei 24
Weiblichkeit Gottes 61
Wein 221
„Weiße" 25. 161. 171. 172. 179
„Weiße Götter" 46
Weizen 209
Weltanschauung s. Ideologie
Weltbild 2. 3. 125. 129

Weltgeschichte (auch: Universalgeschichte) 1. 102. 113. 125. 127. 131. 132. 136. 142. 143
Weltwirtschaft 20. 102. 266
Weltsystem, modernes 20
Wendekreis des Krebses 169
Werkzeug 9. 16. 24. 155. 209
Westen, „der“ 103. 131. 237. 240. 271. 276
Westindien s. Karibik
Westindienkompanie, niederländische s. WIC
Westindienkompanie, schwedische 191
Whampoa 221
WIC
- allgemein 168–195. 206. 213
- Anteilseigner 172
- Ausschüsse 180. 182
- Direktoren (auch: Bewindhebber u. Herren XIX) 170–195
- Kammer Amsterdam 170. 174. 182. 183. 190. 193
- Kammern 188
- Personal 171. 172. 186

Wien 255
Wien, Belagerung 249
Wigwam 204. 206–208
Wilde 15. 16–18. 72. 74. 76. 91. 92. 103. 179. 190. 208
Wilder Mann 80
Wilmington 191
Windhunde 229
Winslows, Familie 203
Wirtschaft 1. 10. 19. 23. 136. 150. 151. 162. 179. 206. 242. 265–267
Wissenschaft 16. 41. 42. 105. 111. 119. 122–124. 128. 129. 131. 139. 142. 207. 232–239. 243
Wissenschaften, spekulative 105
Wissenstransfer 207. 208
Wölfe 201
Wohlstand 113. 116. 125. 129. 182. 206. 266
Wolfhagen 67
Wolle 221. 229
Worcester, Schlacht von 156
Wunder Asiens 16. 103
Wunderglaube, mittelalterlicher 44

Xipe 45
Xipe Tótec 50

Yokoseura 221
Yucatán 52
Yüan, Dynastie 16. 106

Zacatecas 52. 53
Zahla 267
Zapoteca 44
Zar 268
Zaragoza 46
Zebras 229
Zehnt 172
Zeitalter der Entdeckungen 19. 102. 129
Zeitalter Europas 132
Zeitalter Ludwigs XIV. 124
Zensur 81
Ziegenhain 92
Zimt 11
Zinacantecos 50
Zinn 229
Zinnober 229
Zisterzienser 46
Zitronen 30
Zivilisation 2. 16–18. 23. 103. 116. 119. 125. 127. 129. 136. 139. 140. 207. 243
Zivilisierte 18. 74
Zucker 6. 13. 31. 147. 150. 156. 159. 160. 162. 229
Zuckerherstellung 148
Zuckerinseln 148–164
Zuckermühlen 31
Zuckerrohrschnaps 147
Zwangsarbeit 8. 149
Zweiter Weltkrieg 102
Zweites Vatikanum 48. 57
Zwölf Apostel 52

Die Autoren

Thomas Beck, geb. 1955, wissenschaftlicher Assistent am Lehrstuhl für Neuere Geschichte, Universität Bamberg. Studium der Geschichte und Germanistik in Würzburg, an der State University of New York und an der Universität Bamberg, dort auch Promotion. Wichtigste Veröffentlichungen: Kaufleute als Kolonialherren. Die Handelswelt der Niederländer vom Kap der Guten Hoffnung bis Nagasaki, 1600–1800. Bamberg 1988 (Hrsg. zus. mit Eberhard Schmitt u. Thomas Schleich); Politische Gruppen und Ziele während der Schreckensherrschaft in Frankreich, 1792–1794. Illertissen 1990.

Walter Demel, geb. 1953, Studium der Geschichte und Rechtswissenschaft an der Ludwig-Maximilians-Universität München, 1978 M. A., 1981 Dr. phil., 1988 Dr. phil. habil. Seit 1989 Professor für Geschichte der Frühen Neuzeit an der Universität der Bundeswehr München und Lehrbeauftragter an der Universität München. Wichtigste Veröffentlichungen: Der bayerische Staatsabsolutismus 1806/08–1817, München 1983; im Erscheinen: Als Fremde in China, München 1992. Darüber hinaus Beiträge zur Geschichte des bayerischen Adels und der europäisch-chinesischen Beziehungen in der Frühen Neuzeit.

Marília P. L. dos Santos Lopes, geb 1960, Historikerin, Licenciatura im Fach Geschichte an der Universidade Clássica de Lisboa, Magisterstudium der Geschichte und Soziologie an der Universität Bamberg, anschließend dort Promotion zum Dr. phil. (1991), seit 1989 Forschungsbeauftragte der Comissão Nacional para as Comemorações dos Descobrimentos Portugueses. Verschiedene Veröffentlichungen zur Geschichte und zur Kultur des Entdeckungszeitalters, zuletzt: Afrika. Eine neue Welt in deutschen Schriften des 16. und 17. Jahrhunderts, Stuttgart 1992.

ANNEROSE MENNINGER, geb. 1961, Studium der Geschichte und Germanistik, M. A.; wiss. Mitarbeiterin am Lehrstuhl für Neuere Geschichte, Universität Bamberg. Veröffentlichungen: Die Vermarktung des Indio. In: Ulrich Knefelkamp und Hans-Joachim König (Hrsg.): Die neuen Welten in alten Büchern. Bamberg 1988, S. 91–117; Kommentare zu Bilddokumenten in: Urs Bitterli und Eberhard Schmitt (Hrsg.): Die Kenntnis beider 'Indien' im frühneuzeitlichen Europa, München 1991; Die Kannibalin Amerika: Zur Rezeption eines Bild-Topos in den Erdteilallegorien Jost Ammans und Hans Weigels (1577), Bamberg 1991 (Kleine Beiträge zur europäischen Überseegeschichte. Heft 11).

RICHARD NEBEL, geb. 1946, Dr. theol., Dr. habil. Studien in Theologie, Missions- u. Religionswissenschaft (Würzburg, Bonn, Freiburg) sowie Hispanistik u. Mexikanistik (Salamanca, México, D. F.), Lehrtätigkeit in Bamberg, Barcelona, Bayreuth, z. Z. Gastprofessur an der Kath. Universität Eichstätt. Wichtigste Veröffentlichungen: Altmexikanische Religion und christliche Heilsbotschaft. Mexiko zwischen Quetzalcóatl und Christus, Immensee (Schweiz) 1983, [2]1990; Santa María Tonantzin Virgen de Guadelupe. Religiöse Kontinuität und Transformation in Mexiko, Immensee 1992.

ANNELI PARTENHEIMER-BEIN, geb. 1952, Studium der Geschichte und Germanistik an der Universität Mainz, 1977–1982 wissenschaftliche Mitarbeiterin an der Forschungsstelle Europäische Expansion nach Übersee, derzeit Hausfrau und Mutter. Spezialgebiet: Niederländische und Brandenburgisch-Preußische Expansion nach Übersee im 17. und 18. Jahrhundert; Übersetzungen historischer und moderner wissenschaftlicher Texte aus dem Niederländischen ins Deutsche. Wichtigste Veröffentlichungen: Beiträge in den von Eberhard Schmitt herausgegebenen Bänden 2–4 der „Dokumente zur Geschichte der europäischen Expansion", München 1984–1988; „Die Vereinigte Ostindische Compagnie der Niederlande – Ein Abriß ihrer Geschichte" von Femme S. Gaastra (Übersetzung), in: E. Schmitt, Th. Schleich und Th. Beck (Hrsg.): Kaufleute als Kolonialherren: Die Handelswelt der Niederländer vom Kap der Guten Hoffnung bis Nagasaki 1600–1800, Bamberg 1988 (Ausstellungskatalog).

Thomas Schleich, geb. 1951, Studium der Geschichte, Romanistik, Philosophie und Theologie in Bochum, Freiburg, Tours und Paris. 1979 Promotion an der Ruhr-Universität Bochum, seit 1978 Wiss. Assistent am Friedrich-Meinecke-Institut der Freien Universität Berlin, 1983 Stipendiat des Deutschen Historischen Instituts Paris und Professeur associé am Centre de recherches comparées sur les sociétés anciennes in Paris. 1984 Assistent des Verbandes der Historiker Deutschlands, seit 1985 Akad. Rat am Lehrstuhl für Neuere Geschichte der Universität Bamberg. Wichtigste Veröffentlichungen: Aufklärung und Revolution. Die Wirkungsgeschichte Gabriel Bonnet de Mablys in Frankreich 1740–1914 (1981); (Hrsg. zus. mit H. U. Gumbrecht und R. Reichardt:) Sozialgeschichte der Aufklärung in Frankreich. Trägerschichten, Medien, Wirkungen. 2 Bde. (1981); (Hrsg. zus. mit E. Schmitt u. a.:) Der Aufbau der Kolonialreiche (1987); (Hrsg. zus. mit Piet C. Emmer u. a.:) Wirtschaft und Handel der Kolonialreiche (1988); (Hrsg. zus. mit E. Schmitt und Th. Beck:) Kaufleute als Kolonialherren. Die Handelswelt der Niederländer vom Kap der Guten Hoffnung bis Nagasaki 1600–1800 (1988).

Alfred Schlicht, geb. 1955, Dr. phil., Promotion 1981. Legationsrat I. Klasse im Auswärtigen Amt. Lehrbeauftragter an der Universität Bonn. Zahlreiche wissenschaftliche Veröffentlichungen zu den Beziehungen zwischen Europa und dem Nahen Osten, den Minderheiten in der islamischen Welt und aktuellen Problemen des Nahen Ostens.

Andrea Wirsching, geb. 1964, studierte Geschichte und Literaturwissenschaft an den Universitäten Augsburg, Erlangen und Bamberg. Seit Abschluß des Studiums und einer weiteren Ausbildung in der Geschäftsleitung eines fränkischen Weingutes.